中國古代物質文化史

纺织（上）

赵丰　尚刚　龙博　编著

开明出版社

编委会

项目编辑组

出版说明

在人类历史长河中，我们的民族创造出光辉灿烂的中华文明，虽历经坎坷而连绵不绝，成为我们这个星球上唯一从远古走来，中途不曾断裂的最完整的一脉文化体系，留下了博大丰厚的文化遗产，对人类文明进步作出了独特而巨大的贡献。完整而丰富的地上、地下物质文化遗存就是中华文明传承与发展的最好佐证。然而遗憾的是，到目前为止，尽管我们的物质遗存如此丰赡，却没有一部全面系统基于实体的物质资料而构建和叙写的中国古代文化史。我们这个出版项目的主旨，就是尝试弥补这个巨大缺憾和学术空白。

以往我们看到的中国历史著作，大都是基于传统文献资料，来进行政治、经济、军事、文化等各个领域的书写和诠释。当我们开始有意识地利用考古资料、地上文物遗存资料，并借助人类学、民族学、社会学等研究方法和手段来观察历史时，我们的研究空间和视域顿时更加广阔，某些隐藏至深的信息得以深入发掘，原有的历史认识进一步丰富而立体。这是因为历史本身的复杂性，决定了我们发掘历史信息的方法和途径也应该是多方面的。而随着近几十年考古发掘工作的不断推进，地下考古发现越来越丰富，地上文物遗存越来越受关注，同时学界的相关研究也越来越多，这些地下、地上文物遗存所展示给我们的信息就越来越系统，这些信息所构成的历史文化空间就越来越恢宏。最终使得我们不仅有必要而且也有可能不再拘泥于传统的历史记述与研究的路数，另辟蹊径，书写一部基于物质的中国古代文化史，即首先立足于地下、地上文物遗存，同时充分参考文献资料来诠释这些文物遗存的文化内涵与外延而构建的中国古代物质文化史。

这样的一部中国古代物质文化史，必然是一部能够让我们从物质实体出发来认识博大精深的中国古代文化的历史，一部广阔而深邃、客观而生动、系统而完整的历史，既能反映政治、经济、军事、文化、法制、科技、社会各方面情况，又能反映人们的生产、生活、信仰以及思想观念、审美理念、价值取向、生活情趣等。从中我们可以感受到历史发展的脉搏，探索历史最生动的层面，还原历史本来面貌。

从某种意义上来说，编纂这样一部系统科学的物质文化史不但势在必行，而且极具创新价值、学术价值和开拓意义。这样的工作，对于彰显中华民族的伟大创造力、诠释中华民族优秀的历史文化、使我们更好地认识源远流长的中华文明有着极为重要的意义。同时这种注重物质的客观性和系统关联性的学术视角，也必然会在学术领域产生积极的影响，对于推动历史学、人类学、考古学等学科的深入研究具有积极意义。此外，我们也希望这部书能够进一步唤起我们珍视历史、热爱文物、保护文物的意识。一个爱护文物、爱护历史文化遗产、尊重历史的民族，才是一个有未来的民族。

我们的中国古代物质文化史项目从策划到最终立项经过了数年时间的酝酿，从立项到陆续开始出版又经历了数年。我们计划全套书共出70卷，除索引卷外，分为通史和专题两个系列，以纵、横的脉络建立历史时空坐标。纵的是通史系列，分为史前、商周、秦汉、魏晋南北朝、隋唐五代、宋元明清六个阶段，按中国历史的时间顺序，遵循物质文化变化节奏和规律，在历史大背景下宏观阐述中国古代物质文化史的发展进程，使读者对文化遗存在中国历史洪流中有个整体、全局性的把握。横的是专题系列，按照材质、用途和功能、艺术表现形式等的不同分为石器、陶器、瓷器、玉器、青铜、金银器、漆器、兵器、乐器、家具、纺织、货币、天文历法、水利、建筑、墓葬、雕塑、绘画、书法篆刻等类。内容丰富的类别再做进一步的细致分类，并分册出版，如绘画类包括壁画（寺观壁画、墓室壁画、石窟寺壁画）、卷轴画等；雕塑类包括石窟寺雕塑、墓葬雕塑和其他雕塑等。各专题或以时间为轴或以类别为序，展现各个物质形态继承与发展、沿袭与嬗变的过程，通过点线面结合，揭示物质遗存所特有的发展曲线和深层次的历史内涵。每卷随文附图200幅左右，以体现内容和版面的活泼生动，强调实证效果，增强视觉感知及可读性。对于某些卷册，如龟兹、敦煌等，由于涉及大量译名，还会附加名词索引。

经过编委、各位作者和编辑人员的共同努力，如今这套书终于要依次与读者见面。个中滋味，甘苦各半。回顾起来，我们不得不说，这样大规模高难度的项目，在当今要集合如此众多的专家学者，进行如此大量的资料、图片的收集与整理工作，其难度远超我们的预期；尤其是若没有足够的资金支持，仅凭一家出版社的力量，几乎是不可能开展也不可能完成的。对此，国家出版基金会给我们提供了最大限度的支持，不仅是资金方面，还有精神方面，使得我们有决心、有信心也有力量把这个项目逐步完成。也正因为这样，这套书才能有幸与读者见面。在此，我们对国家出版基金会表示由衷的感谢。此外，参与主编策划和书稿撰写的各位专家、学者也付出了异常艰辛的努力，他们每个人本身的工作都很忙，可为了这套书的构思策划，为了每一卷书稿的高质量完成，还是付出了大量的时间和精力，做了最严谨而细致的工作，在此也对他们表示诚挚的谢意。

项目编辑组

总序：中国历史和文化的物质表征

《中国古代物质文化史》经过参与该书策划、撰写和编辑的诸多学者的共同努力，现在终于问世了。这个总序本来应该由项目的主编、前国家文物局局长、北京大学兼职教授张文彬先生来写，以阐述项目成果即本套书的编写宗旨、设计体例、内容特点，并介绍每分卷的写作情况等。由于张文彬先生在主持项目过程中遇身体不适，我这个后来被指定的执行主编只有勉为其难，代张文彬先生撰写这个《中国古代物质文化史》的总序了。鉴于这套书的编写宗旨、内容特点及框架体例等在出版说明中已有介绍，每分卷的写作情况在每本书的后记中也多有述及，无须我在这里重复。下面，我拟从中国物质文化史的概念定义、发展历程、专项分类三个方面，谈谈自己对中国古代物质文化史以及编写这套书的粗浅认识。

一、中国物质文化史的含义

人们通常这样认为，"物质文化，是指为了满足人类生存和发展需要所创造的物质产品及其所表现的文化"。物质文化既然是文化的一种呈现形态，那么，与"物质文化"相对应的另一种文化呈现形态就应是"非物质文化"，它们之间的关系是怎样的呢？要弄清这个问题，还需要从"文化"这个最基本的概念说起。

关于文化的定义很多，二十世纪五十年代有人作过统计，据说那时就有164种之多。文化人类学的鼻祖英国学者爱德华·伯内特·泰勒（Edward Burnett Tylor，1832—1917）是第一个从学术的角度对文化进行定义的学者。他认为，文化是复杂的整体，它包括知识、信仰、艺术、道德、法律、风俗，以及其他作为社会成员所习得的任何才能与习惯的综合体，是人类为使自己适应其环境和改善其生活方式的努力的总成绩[1]。泰勒关于"文化"的定义，尽管还存在不全面等问题（如泰勒没有提及需要后天习得的文化要素"语言"），却已给后人奠定了很好的解释基础，以后的学者又不断有补充和发展。英国功能主义人类学家A. R. 拉德克利夫-布朗（Alfred Radcliffe-Brown，1881—1955）认为，文化是一定的社会群体或社会阶级与他人的接触交往中习得的思想、感觉和活动的方式，是人们在相互交往中获得知识、技能、体验、观念、信仰和情

1 [英]泰勒：《原始文化》，上海文艺出版社，1992年。

操的过程，文化只有在社会结构发挥功能时才能显现出来，如果离开社会结构体系就观察不到文化。美国学者阿尔弗雷德·克鲁伯（A.L Kroeber）和克莱德·克拉克洪（Clyde Kluekhohn）在1951年出版的著述中，对西方164种文化的定义进行了评析后，提出了他们新的定义，即“文化存在于各种内隐的和外显的模式之中，借助符号的运用得以学习与传播，并构成人类群体的特殊成就，这些成就包括他们制造物品的各种具体式样，文化的基本要素是传统（通过历史衍生和由选择得到的）思想观念和价值，其中尤以价值观最为重要”[1]。以后，还有一些学者对文化下过定义，如美国学者罗伯特·F·莫菲这样定义文化：“文化是意义、价值和行为标准的整合系统，社会的人们据此生活并通过社会化将其在代际传递。”文化具有这样一些特点：“文化定义关键部分就是，它意指行为的规则和确定方式，而不是指行为的本身”“文化是我们在这个世界上的行为导引和对这个世界经验的符号表达”“文化也是所有知识、信念和生存技能的百科全书”“行为的不同习惯方式，以及某些特定的物质制品或艺术风格，可以使文化具有典型特征”[2]。根据以上学者对文化这一概念的解释，我们可以将文化理解为：

文化是人类社会在长期发展过程中凝固下来并在代际传承的价值观念、社会机制和行为规则，社会的人们据此思维、交流和行为，并且产生和创造具有特征的物质制品或艺术风格。

上述对文化的解释，包括了三个层面：其核心层面是人们的社会性，其中间层面是人们基于这种社会性的思维和行为，其外表层面则是人们思维和行为的产物。文化从表至里的三个不同的层面，其他两个层面都蕴含在表层的物质层面之下，故文化的三个层面又可以归结为两个不同的范畴（或两种不同的存在状态）——无固定形态的非物质的范畴就是所谓“非物质文化”（无形文化），有固定形态的物质范畴就是通常所说的“物质文化”（有形文化），这两种文化范畴构成了完整的文化形态。作为前人的完成了代际传承，经历了时间的筛选的两种文化的存在形态，已经成为我们需要加以关注、保护和传承的遗产。按照通行的解释，“非物质文化遗产”是人类创造这些物质文化的过程以及人类各社群为了满足自己精神生活需要的具有社会性、凝固性和典型性的行为，它是被各地区和社群视为其文化传统的表现形式、知识和技能，包括了口头传说、表演艺术、社会风俗、礼仪节庆、传统工艺等；而“物质文化遗产”，则是人类这些思维和行为的创造物，是有固定形态的可以被视觉感知的人类创造、制作和使用的人工遗留物。

说到文化的物质层面，就不得不提到考古学的一个核心概念“考古学文化”。我的专业是考古学，我们考古学家天天都在与考古学的文化打交道，不少考古学家还强调我们的考古学文化与别的学科的文化如何的不一样。翻开《中国大百科全书·考古卷》，该书对考古学文化的解释代表了目前中国考古界的主流认识：“文化一词有着不同的含义，一般是指人类社会在科学、技术、艺术、教育、精神生活以及其他方面所达到的总成就，如中国文化、文化遗产等。考古学中所讲的文化，有其特定的含义，专门指考古发现中可供人们观察到的属于同一时代、分布于共同地区、并且具有

1 Kroeber,A.L. and Kluckhohn,C, Culture:A Critical Review of Concepts and Definition, Random House, New York, 1952.

2 [美]罗伯特·F·莫菲（Robert F. Murphy）：《文化与社会人类学引论》，北京：商务印书馆，2009年。

共同的特征的一群遗存。”[1]从这个定义中也可以看出，所谓具有独特性的考古学文化，与其他学科的文化概念并没有什么不同。文化的物质表层要素——即可以观察到的一定时期、一定区域的一群经常共存的具有共同特征的遗迹和遗物——就是考古学的文化；获取并研究这些文化的物质表征，透过现象去发现本质，揭示隐藏在物质表层之下的创造和使用这些遗存的人们的行为及其社会关系，即这些物质遗存所蕴含的非物质的东西，就构成了考古学这一学科的基本内涵。

考古学在包括中国在内的不少国家和地区的学科分类中，是历史学的分支，是以物质材料为主要研究对象去探究人类历史的一门学问。这里，我们有必要再谈谈物质文化史与考古学的联系与区别。考古学是通过调查和发掘地下古代物质遗存、并通过这些遗存提供的信息来理解和复原古代社会历史的学科，物质文化研究也是通过古人的物质文化遗存来重构古代社会历史，从研究目的上来看，二者并没有什么不同。正是由于这样的原因，苏联的全国性考古研究机构曾经被命名为“物质文化史科学院”或“物质文化研究所”[2]，以后才改为“考古学研究所”。仅从研究机构名称上来说，物质文化研究与考古学之间无疑具有密切的关系。不过，物质文化研究与考古学尽管内涵大致相同，其外延（主要是研究对象、研究内容等）也还存在差异。考古学研究的主要是埋藏在地下的古代物质遗存，物质文化研究的对象则包括了地下、地上和传世的古代文化遗存，后者比前者的研究范围要宽；考古学不仅研究古人遗留下来的物质遗存所包含的历史文化信息，还要研究获取这些物质遗存并提取其包含信息的技术和方法，后一方面的研究已经不是物质文化史研究所关注的问题。就中国的考古学科而言，其构成包括了考古学理论与方法、中国考古学、外国考古学、专门考古学等，如何开展田野考古和如何更多地提取遗存的历史信息，已经包含在考古学方法和专门考古学的分支中。可以这样说，中国考古学是基于考古获取的物质资料和考古学的研究方法所构建的中国物质文化史；而中国物质文化史，则是通过考古发现和现存于世的实物资料所构架的能够反映历史发展主线的中国古代史。

英国学者鲁惟一（Michael Loewe）和美国学者夏含夷（Edward Louis Shaughnessy）在《剑桥中国古代史》的序言中，将研究中国古代史的材料分为“文献资料”和“物质资料”两类，前者包括了出土文献和传世文献，后者也就是通过考古调查和发掘获取的实物资料。他们指出：“一个不注意考古证据的历史学家会感到他无法去顺应当代的学术潮流；同样，一位不熟悉传统文献的考古学家会难以把握相当一部分的中国文化之精髓。”正是基于这种考虑，这两位学者在主编《剑桥中国古代史》时，组织了历史学家和考古学家两个领域学者，各自基于不同类型资料来分别撰写同一个时期同一个区域的历史[3]。《剑桥中国古代史》的先秦卷面对的是文献资料并不丰富的“原史时代”，所以他们采取了历史学家和考古学家各自表述而不加整合的编写方式。即使在文献资料逐渐丰富的汉唐时代，甚至文献资料已经非常丰富

1 中国大百科全书总编辑委员会《考古学》编辑委员会：《中国大百科全书·考古学》，北京/上海：中国大百科全书出版社，1986年。

2 王伯洪、王仲殊：《苏联考古工作访问记（一）》，《考古》1959年第2期，101—104页。

3 The Cambridge History of Ancient China: From the Origins of Civilization to 221B.C, Edited by Michael Loewe and Edward L. Shaughnessy. Cambridge University Press, 1999.

的宋元明清时代，主要基于通过物质的资料来编写一套中国古代的历史，与主要采用文献资料编写的中国古代历史并行于世，这对于全面认识和理解中国的古代文化和古代社会，仍然会有很大的帮助。

二、中国古代物质文化发展的历程

我们这套“中国古代物质文化史”是由纵、横两部分组成。最前面的是“中国物质文化史综述”，这是按中国历史的纵向时间顺序来概述中国古代物质文化史的发展进程。中国古代漫长的物质文化发展进程从来不是匀速前进，波澜不惊的，发展中会有大小不同的转折，高低不同的峰谷。根据物质文化面貌变化节奏的不同和撰写史书详略的不同，一套多卷本的中国古代物质文化史也有不同的分卷方式。如果编写比较简明的中国古代物质文化史，我个人倾向于以魏晋之际将其划分为两个阶段，也就是一套两卷本的书系。如果编写稍微详细的中国古代物质文化史，我希望划分为四卷，四卷本除了以魏晋之际作为一个分界外，另两个分界可定在龙山时代与二里头文化时代之间、五代十国与北宋之间。如果要编写更为详细的中国古代物质文化史，也就是类似本书系的规模，我们可将其细分为史前中国、商周、秦汉、魏晋南北朝、隋唐五代、宋元明清六个阶段即六卷，这样分卷主要基于这样一些理由。

我们知道，最能导致物质文化发生大变化的因素，是重大技术发明带来的产业革命。这些发明或本土自身产生，或域外传播而来。正是基于这些重大发明，才导致了中国古代社会的巨大变化，才引起中国物质文化的多次明显转折。在这些创造性的发明中，首先应该提到的是谷物栽培和动物驯化。谷物中的人工粟等人工栽培作物大约在距今一万年前后出现在中国北方的黄河流域，以后向周边传布，甚至远布至青藏高原地区，形成了范围广大的北方旱地粟作农业区。而稻等人工栽培作物，更远在一万多年前就出现在中国南方长江中游地区，以后更传播至东北至朝鲜半岛，东南至东南亚等广阔的温暖湿润的区域，形成了广大的南方水田稻作农业区。农业的发生和推广，使得人类的生活资源趋于稳定，从而脱离了栖居山洞和追猎迁徙的不稳定生活，开始走出山洞步入旷野，在平川形成了定居的聚落，产生了钻孔、磨制和制陶等新的工艺，促使社会逐渐复杂化和多样化，奠定了中国万年农业文明的基础。大约在距今4000年前后，大麦、小麦和青稞等作物传入中国，这种适应性强的谷物丰富了旱地农业的种类，除了在低海拔地区普遍种植外，青稞这类作物还经过了高原严酷的自然选择，成为青藏高原的单一谷物。至于工业的技术革命，从先前的手工业发展成为近代化的大工业，在中国开始较晚，直到清代晚期的鸦片战争后才逐渐引入西方工业革命的成果，从而从某种程度上推动了社会的变革。因此，以农业革命的发生和工业革命的引入为标志，将中国的物质文化史划分为三个大的时代，也就是猎取时代、农业时代和工业时代（相当于以生产工具为标准划分社会发展史的旧石器时代，新石器、青铜、铁器的时代，以及机器的时代），应该是比较恰当的。只是中国的工业时代已经属于近代，古代的物质文化史不宜包括工业革命时代；而旧石器时代的人类物质文化遗存较少，如果把它作为书系中的一本就显得单薄，故将其与新石器时代合并称为“中国史前物质文化史”，只是在这个“史前时代”

中，也明确划分出这两个时代而已。换句话说，这套中国古代物质文化史去掉了工业时代，弱化了猎取的时代，强调的是建立在农业革命基础上的石器、铜器、铁器三个时代。物质文化材料的年代越早，保存至今的也就越少，因而石器时代和青铜时代只能各自作为一卷，而物质文化材料丰富的铁器时代却被划分为四卷，可能会给人以前轻后重之感，尽管历史时代考古学的重要性已不如更早的时代。

说到史前时代，这就不可避免地会涉及介于史前与历史时代之间的"原史时代"。学术界一般认为，原史时代是一个过渡性质的时期，这一时期无论是属于本社群文字还是他社群文字的文献记录都相当有限，仅据这些零星和片段的文字和文献资料无法复原该社群历史的主要梗概，要认识一时期该社群的历史需要综合考古学、人类学、文字学、历史学及自然科学的知识体系和研究手段[1]。原史时代可有广狭二义：严格的原史时代不包括传说时代，而是以成熟文字体系的出现为开始，以这种文字体系撰写的史书出现为结束。具体到中国古代史来说，也就是商代晚期至西周时期，其开端以殷墟甲骨文的出现为标志，结束以中国最早的编年体史书《春秋》开始的年代为标志，二者间的年代跨度很小[2]。宽泛的原史时代以中国古史传说时代为开始，以文字产生后出现史书为结束，具体到中国古代史来说，其开端可以上推到传说中的夏代甚至龙山时代，而其下限则与狭义的原史时代相同。不过，就物质文化这个层面来看，无论是技术上还是艺术上，大约相当于夏代后期的二里头文化与先前的龙山时代诸文化都发生了许多变化，而这种变化在战国中期又一次出现。这之间的时间幅度约略相当于中国考古学界的夏商周时代或史学界的先秦时代，也约略相当于西方汉学界所说的"从文明起源到秦统一"的阶段[3]。在这个时代里，青铜既是一种制作工具、武器和礼仪用器的最重要材料，制造青铜器又是当时技术含量最高的工艺，青铜器具这类作品还是当时艺术的集中体现，如果史前时代是以石器制作为标志的石器时代，这个时代就是以青铜为标志的青铜时代。尽管关于中国青铜时代开始和结束的时间，学术界还有一些不同的说法。

按照我个人的见解，中国的原史时代应当定位在二里头文化中期至战国前期，这是基于这样几个考虑。首先，从二里头文化兴盛开始，具有中国金属铸造的特色的泥范铸造技术开始出现，并完成了从红铜时代（或称铜石并用时代）向青铜时代的转变；而人工铁器尽管早在两周之际就已引入中国，却也是在战国前期偏晚才与青铜冶铸技术相结合，使得大量冶炼铁和普遍使用铁器成为可能，才真正进入了铁器时代。其次，也是从二里头文化兴盛期起，青铜鼎等礼器、青铜戈等兵器，以及兽面纹等动物纹样才出现并流行，独特的中国艺术传统才开始形成；而到了战国前期以后，先前流行的礼器种类和装饰纹样已经趋于消失，来自北方草原地区的艺术风格已经占据主导地位。其三，从中国的史学传统来看，中国古人向来有将秦以前的历史划分为五帝时代和三王时代的传统，现代的史学家也还将先秦史单独出来，并将夏以前的传说时代与夏商周三代区分开来。因此，我们将夏、商、周三代作为中国物质文化

---

1 Daniel,Glyn,A Short History of Archaeology. London: Thames and Hudson.1981.

2 李学勤先生就这样说，这样一个原史时代与中国古代历史时代的对应关系，学者们认识也不尽相同，李学勤先生认为，商与西周时期属于原史时代，而不同于商和西周的东周已脱离了原史时代而跨入真正意义的历史时代了。参看李学勤《东周与秦代文明》，北京：文物出版社，1984年。

3 鲁惟一、夏含夷主编的《剑桥中国古代史》，其副标题就是"从文明起源到秦统一"，由此可见一斑。

发展历程中的第二个时期，也就是这套书通史系列的第二卷。

中国中心地区在战国后期就已出现了统一的趋势，东齐西秦是当时最有可能推进统一事业进行的大国，在齐国当时就有一批学者聚集在一起，开始构拟大一统后的政治构架，勾画新王朝的理想图景。秦国结束了战国时期诸侯割据的局面，建立了中央集权的大一统王朝，开创了中国历史的一个全新的时代。从此广泛推行的郡县制代替了传统的封建制，由中央政府控制的官营手工业作坊遍及全国各地，各地间的商业往来也较过去更为频繁。在这种背景下，秦汉王朝直接统治范围内物质文化产品，无论是工艺、种类，还是形制、纹饰，都逐渐呈现高度一致的状况，中国大部分地区的延续了千百年的区域文化差异从此逐渐减弱甚至消失。尽管从战国后期到西汉前期，这一时期物质文化的总体面貌还处在从商周旧制向秦汉新制的转变过程中；尽管在三国至两晋时期，中国的物质文化的发展进程发生了从“早期中国”到“晚期中国”的大转变；但如果模糊这个具体的分界，将秦汉时期这个中国古代文化发展的高峰期作为中国物质文化史的一个时期，单独设置秦汉卷作为这套书通史系列的第三卷，这应该是恰当的。

从三国鼎立局面形成一直到隋代，除了西晋短暂的统一外，中国出现了长达三百余年的分裂局面。北方古族在这期间纷纷进入中原，出现了空前的民族大融合。在这种历史背景下，各地区在文化面貌上的差异也进一步缩小，但由于从西晋以后长期的南北对峙，以及僻处一隅的某些由少数民族建立的国家保留了比较多的自身文化传统，这一时期文化除了存在着比较明显的南北差别外，在北方还存在一些更小的地区之间的差异。隋王朝结束了自西晋以后长期的分裂混乱局面和南北对峙的政治文化格局，中国遭受长期战乱破坏的社会经济得以恢复和发展。唐王朝继承了隋王朝的统一基业，实行了一系列重要的政治、经济和军事的改革措施，将中国古代社会推向了秦汉王朝以来又一个空前鼎盛的发展阶段。盛唐气象强大而持久，流风余韵，一直延续至五代十国间。基于这种考虑，虽然两晋南北朝和隋唐都是宗教热情极度高涨的时期，但两晋南北朝与隋唐五代的物质文化仍然存在比较大的差异。因此，我们将两晋南北朝与隋唐五代各自作为中国物质文化史的一个时期，各自单独作为一卷。

至于宋元明清时期，这个时期文献资料已经非常丰富，考古学家讲历史时期考古一般都只讲到元，北京大学过去的中国考古学教材最后一卷就是《宋元考古》，就反映了这个问题。我们认为，尽管在中国历史的重要性中，明清时期的物质遗存的确不如早先时期，但作为中国物质文化史应该是一个完整的过程。因此，我们这套中国古代物质文化史通史系列的最后一卷，从宋代一直写到清代，希望这些年代较晚的物质文化资料有助于丰富对这段时期历史的认识。

三、中国古代物质文化的种类

如同历史著述有通史和专门史一样，按照中国物质文化发展阶段编写的历史，只是基于物质文化遗存透露的历史文化信息，按照时间发展顺序和物质文化表征的变化程度连缀而成的中国物质文化的“通史”，“通史”中不同时段的物质文化史则相当于“断代史”。就整个中国物质文化史来说，有了这个“通史”系列，虽然可以从纵向认识整个中国古代物质文化发展的概貌，却难以从横向全面展示中国古代物质文化的方方面面。因此，还需要根据中国古代物质文化遗存的分类，按“类”来叙述某类物质文化遗存的分述系列，这个系列就是中国物质文化的“专门史”。

物质文化具有可视性，不同的物质文化具有不同的面貌特征，因而可以根据这些特征展开分类。物质文化是一个笼统的概念，我们所面对的古代物质文化是过去人们行为创造的物质遗留，也就是人们通常所称的“物质文化遗产”或“文物”。物质文化遗产的体量有大有小，大的文化遗产如建筑、壁画、纪念碑等，当初选址、设计、创造时就考虑了永固性等因素，没有考虑其位置变换，今天我们采取保护措施时也不便于将其移至他处，只能在原地保存（从保留关联信息的角度，也只能在原地保存）；小的文化遗产如家具、陈设、用具等，当初设计制作时就考虑了方便移动的使用功能，今天我们对其进行保护时，可以将其搬移到博物馆等具有更好保存环境的空间去保存。因此，物质文化遗产即文物首先可以划分为不可移动文物和可移动文物两大类，这两大类文物各自可以作为中国古代物质文化史“专门史”中的一个系列。

不可移动文物包括了大到历史城镇、传统村落、古代遗址等综合性的文物，也包括了宫殿衙署、寺观祠庙、陵园坟墓、石刻造像等专门性的文物，这些文物有三类不同的保存状态：第一类文物在历史上就已经废弃，成为历史的陈迹，呈现在人们面前的只是残缺不全的局部，有的还全部或大多掩埋在地下。历史上城镇村落的废墟、曾经一度兴旺的工矿作坊场所、废弃并垮塌殆尽的寺观祠庙、地面建筑甚至封树都已经不存的帝陵坟墓，乃至于一座房屋或一座塔幢的废址等，都属于这类文物。第二类文物虽然失去了它在历史上的作用，却仍然屹立在地表，被作为其他用途或作为历史名胜而存在。已经没有皇室官员使用的宫殿衙署、中断了宗教活动的寺观祠庙、原有功能已经退化或消失的石窟碑刻、已经弃置或被改做他用的城堡等，都属于这类文物。 第三类恐怕已不能简单地称之为文物，而是具有“物”和“非物”的综合体。至今还基本保持着原来的功能和文化传统，并随着时代的推移，继续在发生着变化，古今重叠且文化延续的城镇和村落，至今还有人居住的古村落民居，仍在使用传统工艺进行生产的作坊、农庄、牧场等，都可归属此类。

可移动文物，包括历史上各时代的重要工具、武器、礼仪用器、生活用器、艺术品、文书、档案、图书等，这些文物的材料和材质大致有两大类：第一类采用曾经具有生命的物质制作而成，也就是被称为“有机质文物”的一类，如竹木漆器、骨牙角器、纤维制品等。这类文物的存在周期相对较短，对保存条件要求也较高。第二类采用没有生命的物质制作而成，也就是被称为“无机质文物”一类，包括地球自然演化形成的天然材料和人工合成的金属材料，如玉石制品、金属制品等。这类文物的存在周期相对较长，对保存条件的要求也相对较低。

上述对于物质文化遗产即文物的分类方式，是以文物的保存状态和保存条件作为分类标准，这对于文物的保护研究来说，无疑是最恰当的分类方式。不过，这种分类没有考虑这些文物的用途和功能，而文物这方面的属性恰好是从文物这一文化的表层物质现象通向创造和使用这些文物的人、人的行为及其社会关系的桥梁，是将物质资料变为物质文化史的重要途径。因此，我们这部中国古代物质文化史的“专门史”不采取上述分类方式来分卷，而是按照材质和功能对不可移动文物进行分类。

中国文物管理部门对于不可移动文物的分类，以全国重点文物保护单位的分类最具代表性。该文物分类体系将不可移动文物分划为古遗址、古墓葬、古建筑、石窟寺及石刻、近现代重要史迹及代表性建筑等类。这些类型的不可移动文物，除了古遗址是以文物的保存状态为分类标准，近现代重要史迹及代表性建筑是以时代为分类标准，其类型与以功能作为分类标准的类型有所不同外，其他诸类都可以作为中国物质文化专门史的不可移动分系列。由于遗址大多都在中国物质文化通史系列中曾经引述，且通史系列的物质材料主要就是遗址加上遗址和墓葬等出土的各类可移动文物，专门史系列可以不必再列出遗址作为一卷；由于中国物质文化史只是有关古代中国，不涉及近代中国，故本丛书也没有近现代重要史迹及代表性建筑的内容。

中国文物管理部门对于可移动文物的分类，以全国首次可移动文物普查的分类标准最为详细。该分类标准“根据文物的异同，即构成每件文物基本物质的自然属性和社会属性之差异性、同一性”，将可移动文物划分为金/银器、铜器、铁器、陶/泥器、瓷器、砖瓦、宝/玉石器、石器石刻、漆/竹器、绘画、书法、拓片、珐琅器、玻璃器、骨/牙/角器、纺织/绣品、皮革、玺印、文具/乐器/法器、货币、雕塑/造像、古人类遗体遗骸、文献图书、徽章/证件、邮品、票据、音响制品、交通/运输工具、度量衡器、武器装备/航天装备、古脊椎动物化石和古人类化石、其他共32类[1]。正如该分类系统的分类标准有文物的自然属性和社会属性两个一样，可移动文物实际上可以划分为两个小系列：一个系列是按照文物的自然属性即材料和材质划分的系列，如玉石器、金银器、铜器、铁器、陶器、瓷器、玻璃器、骨牙角器等；一个系列是按照文物的社会属性即功能用途等划分的系列，如纺织品、货币、雕塑、武器、度量衡器等。我们编写的这套中国物质文化史的可移动文物部分基本就按照这个体系进行划分，只是一些偏小的文物类型和产生年代较晚的文物类型难以单独成册，我们这套古代物质文化史只能暂且舍弃了。

在艺术史学界，尤其是西方关于中国艺术史的研究，往往综合考虑其时代、功能和形式等方面的因素，将能够基于视觉观察的物质文化领域的中国艺术品划分为四大类。第一大类是主要兴盛于商周时期的青铜艺术；第二大类是主要存在于两汉时期的汉画艺术；第三大类是风行于晋唐时期的佛教艺术；第四大类则是从宋代以后大盛的以卷轴画为主体的绘画艺术。青铜艺术比较单纯，其物质材料就是青铜器。绘画艺术也不复杂，主要是卷轴画，此外就是壁画。汉画艺术的涉及面较广，包括了汉代画像砖、画像石、独立雕塑和建筑雕刻等诸多类型的文物。佛教艺术就更为广泛，与佛教相关的石窟、雕像、壁画、供器等，乃至于佛教寺庙建筑等都可归属于佛教艺术。以上四大类，只是中国艺术门类的主流，其他如产生于中国本土且长期与佛教艺术并存的道教艺术，在东亚地区具有广泛影响的建筑艺术（尤其是园林建筑），具有中国特色的玉器、漆器、瓷器等艺术类型，也从不同的方面丰富和补充着中国艺术史和中国物质文化史。

正是基于以上诸方面的考虑，我们主编的这套中国物质文化史的专门史划分为了不可移动文物和可移动文物两大系列，前者又包括了古建筑、石窟寺、古陵墓、古水利、古天文等不同的功能类型，后者更包括了玉器、铜器、铁器、瓷器、金银、玻璃

1 国家文物局编：《第一次全国可移动文物普查工作手册》，北京：文物出版社，2013年。

等不同的材料材质类型，雕塑、绘画等不同艺术表现形式的类型，以及兵器、货币、纺织品等不同社会功能的类型。每个类型作为一卷，有的类型因文物丰富再细分为若干册。这种最终分卷的分类标准的不一致，我想读者应该是能够理解的。

四、另类的中国物质文化史

编写一套系统的中国古代物质文化史，是主编张文彬教授提出的构想。张文彬教授早年就读于北京大学历史系考古专业，以后曾在郑州大学历史系任教，对中国古代物质文化史自然非常熟悉；他又曾担任国家文物局局长和中国博物馆学会会长，熟悉全国的文物状况和博物馆藏品情况，是主编中国古代物质文化史的最好人选。在已经拟定了基于文物分类的物质文化史编写纲要，这套书各卷刚启动编写不久，张文彬教授就因病卧床，不能继续主持编写工作。还在张文彬教授患病之前，我就受他之命协助联络作者；张文彬教授患病后，我受参与编写工作的朋友的推举，担任这套书的“执行主编”。我基于自己对中国古代物质文化史的理解，增强了这套书的纵向通史系列，其他基本上按照张文彬教授原先拟定的编写体例来组织。现在大部分分卷已经定稿，回过头来看当时全书的设计框架，总觉得还有一些不尽如人意之处。这些主要表现在以下两个方面：

首先，一套完整的古代物质文化史通史不仅要有以时间为纲的通史主干，还应该有相应的纵向旁支。就如同北宋司马光主持编写《资治通鉴》（下简称《通鉴》），他首先按照年代编出汇集史料的“长编”，以此为基础才编写《通鉴》这部翔实的编年体通史。与此同时，为了说明自己对史料异同的取舍，还编写了《资治通鉴考异》作为附属，以驳斥相反意见并客观保存异说。由于皇帝日理万机，没有那么多时间来翻阅294卷的《通鉴》，他们还编写了简写本30卷的《通鉴目录》，以满足特定读者的需要。除此之外，为了弥补《通鉴》覆盖时间跨度上的不足，司马光等还编写了20卷的《稽古录》这样的简录，时间上溯至传说中的伏羲，下延至宋英宗末年。可见司马光等人编写《通鉴》，原本有一整套完整周密的构想，即便都是编年体的史书，也有主有从，有繁有简，有纲有目，所以《通鉴》才显得与众不同，为史家所重。作为一套体例完整的中国物质文化史，在通史部分也需要像《通鉴》那样，除了需补充强化史前的旧石器时代卷和新增近现代卷，编写与中国古代物质文化史相关的资料和研究汇集外，还需要考虑简化本的中国古代物质文化史。

简化本的中国古代物质文化史以上下两卷最为恰当，这是因为基于可视的物质文化形态和面貌，在公元三至四世纪间，也就是三国至两晋间，以佛教传入并流行中国为标志，中国的主流物质文化发生了重大变化——在佛教传布开来之前，中国的城市和乡村的标志性建筑和景观是统治者的宫殿、衙署、宗庙、神祠，人们崇奉的是祖先以及社稷、山川、天地诸神祇，并且这些神祇都不采用造像的形式来表现；而在佛教流行中国后，中国城市的标志性建筑和人文景观除了宫殿和衙署外，佛教寺庙（包括仿效佛寺而建的道教宫观）成为城乡最引人瞩目的标志性建筑和人文景观，大量佛教造像和少许道教造像占据了人们精神世界，成为最广泛的崇奉对象。因此，西方汉学界往往都是以佛教传入并流行中国作为中国历史和艺术的最重要的转折标志，这以前的中国为“早期中国”，这以后的中国是“中晚期的中国”。早期中国的文化主流是传统的自然发展过程，尽管不断会有来自周边，尤其是来自北方草原地区文化的影响，但这种影响的程度是有限的，没有造成传统的变异、转移或中断。晚期的中国，由于外来佛教的强力介入，使原先中国的主流文化发生了变异，佛教深深地浸入到社会生活的各个方面。原先不事偶像崇拜的中国社会，开始将大量财富用于制作顶礼膜拜的佛教像设和象征物，用于营建覆盖这些像设和象征物的殿堂楼塔，从而导致国家财政来源的分流，带来相应的经济和社会问题。宗教的驱动力量往往巨大且持久，以佛教传入中国且在中国流传为标志，将中国物质文化史划分为早晚两个大的时期，我想应该比较恰当。佛教传入中国的年代，尽管可以追溯到两汉之际前后[1]，但在整个东汉时期，佛教都是混杂在中国传统的神仙方士中流传，还没有得到人们的广泛认知。佛教成为一种专门的宗教为人们所接受，不会早于三国两晋时期。三国两晋时期正是中国制度、思想和文化的大变革时期，文学上有所谓“魏晋风骨”，反映在物质文化上，这时期的城市、陵墓、器用、书画等也都出现了一系列新的气象。据此，以三国两晋之际作为首要转折点，将中国古代物质文化史的通史部分划分为两个大的时期，编写一套两卷本的中国古代物质文化史简本，这一定是很有意义的。

其次，我们这套中国古代物质文化史虽配有大量的图片，但基本体例还是以文字为主，图片配合文字出现。而物质文化的视觉感知非常重要，故以文物的图像为基础而加以文字解说和诠释，对于形象地认知和理解中国古代物质文化非常必要。中国国家博物馆（原中国历史博物馆）研究员孙机先生，曾编写了一本《汉代物质文化资料图说》。这是孙机先生基于多年对汉代文物研究的心得，在数十篇论文的基础上完成的图文并茂的著作[2]。这种以图说的方式叙述一个朝代的物质文化史，既是中国“左图右史”史学传统的延续，又是博物馆陈列必要的基础研究和公众获取知识的良好途径，应当大力推广。只是这种以图说史的著述，另有一套独特的编写体系，需做大量资料整理的工作，还需有系统的研究积累，编写难度很大，故迄今未见以图说的形式撰写的其他时代的中国物质文化史的著作。续写一套中国古代物质文化史图说，应当很有必要。

作为一套全方位的“中国古代物质文化史”，理所当然应有一个“中国古代物质文化史图说”系列。这套图说不宜按照中国的历史时代来述说，而应该以物质文化本身发展演变的阶段性来编写。如果按照我们前面所说的中国物质文化发展的进程，需要有史前、三代、秦汉三国、两晋南北朝、隋唐五代、两宋·辽金西夏·南诏大理、蒙元、明清诸时代。每个发展阶段则应该有都城市镇、宫殿衙署、坛壝社稷、神祠寺观、祭祀礼器、街坊住宅、园囿苑林、陵园坟墓、矿场作坊、生产工具、钱币量具、路河邮驿、衣冠服饰、家具陈设、生活用器等名目，每个名目下再细分为若干种类来展开图文的叙述。这样一部图说的中国古代物质文化史，可以弥补目前这套书的不足，

---

1 关于佛教传入中国的时间，有两种说法：一种是西汉末期汉哀帝元寿年间，大月支使者伊存向博士弟子景庐口授《浮屠经》之说，见《三国志》卷三〇裴松之注引曹魏鱼豢《魏略·西戎传》；一种是东汉明帝永明年间，蔡愔出使大月支，与僧人摄摩腾和竺法兰一起用白马驮回佛经和佛像至洛阳之说。二说的年代相差不多，且都与大月支有关。

2 孙机：《汉代物质文化资料图说（增订本）》，北京：文物出版社，2008年。

能够从更具体和更微观的层面展现中国古代物质文化的面貌。

我希望，今后如果能够有比较充裕的时间，组织相关专家编写一套这样的中国古代物质文化图说，对于更加深入地理解古代中国，普及传统文化知识，推进博物馆教育，将是一件很有意义的事情。

编写中国古代物质文化史是一项长期的工作，要有相当长时间的资料积累和研究积累。北京大学的考古学科，自1952年以来先后编写过多个版本的《中国考古学》征求意见稿，如1960年、1972年版的《中国考古学》铅印本等，并有“多卷本中国考古学”这样的重大科研项目来推动，但迄今为止，这套多卷本《中国考古学》仍然没有问世。这其中既有新的考古资料不断涌现所带来的认识的更新，也有老一辈学者与新一辈学者认识上的差异，当然也还有这样和那样的原因。不过，仅从这一事例就可以看出，要编写一套优秀的学术著作是多么的不容易。《中国考古学》从某种意义上来说，与《中国古代物质文化史》有许多共通之处，要编写这样一套书需要投入较长的时间和相当的人力和精力。这部《中国古代物质文化史》作为一项国家出版项目，有出版的时间限定，我这个慌忙上阵的执行主编，只能尽可能召集一些长期从事中国考古学教学和科研，手头有比较现成的研究成果或讲稿，经过补充、整理、强化就可以成书的研究者，来承担中国古代物质文化史的通史系列各卷的撰写任务[1]。由于撰写时间的限制使得一些作者在完成初稿后，可能没有更多的时间来广泛征求意见和做细致的加工完善。可安慰的是，这套《中国古代物质文化史》本来就有为今后编写《中国考古学》和修订补充各专门物质文化史征求意见的意图。如果读者发现这套《中国古代物质文化史》存在着这样或那样的不足，就尽管提出批评和建议，我们一定虚心听取，以便在今后编写《中国考古学》系列时能够做得更好些。

孙 华

1 考虑到我所在的北京大学考古文博学院，也在考虑重启多卷本《中国考古学》的编写，为了使二者不发生重合，保持《中国古代物质文化史》通史系列自身的特色，我主要邀请了北京大学以外的高校考古专业的专家和教师来承担各卷的编写任务。

目 录

绪 论 中国传统纺织概述

第一章 史前的纺织文化

第二章 商周时期的纺织文化

第三章 秦汉时期的纺织文化

第四章 魏晋南北朝时期的纺织文化

第五章 隋唐五代的纺织文化

绪论 中国传统纺织概述

中国是文明古国，也是纺织大国。中国纺织文化与中华文明几乎同步，五千年来薪火相传，从未间断，一直伴随着中华文明的发源和发展。当历史的车轮驶过人类的发展足迹，有无数的物质文明之花在道路两旁绽放，而纺织中的丝绸仿佛是一朵永不凋零的鲜花，在中华文明进程中摇曳生姿，汇聚着华夏文明之菁华——丝绸的生产和贸易关系到国计民生，丝绸科技是古代创造发明中独特的一部分，养蚕所用的生物学知识、织机的机械学原理、染料化学等都是古代社会中的高科技，纺织科技对传统科技特别是造纸、印刷术的发明等也有很多直接的贡献。另外，丝绸礼仪是古代社会制度的重要组成部分，丝绸艺术与古代美术及当代时尚密不可分。丝绸之路把中国的纺织品、纺织技术与文化传播到世界各地，使中国与世界很多地方实现了广泛的交流。同时，大江南北采葛绩麻，漠北塞外纺毛织褐，各种纺织纤维得以创造性利用。宋元以后，棉纺技术得到普及和发展，在广大劳动人民的生产生活中占据着十分重要的地位。可以说，纺织文化尤其是丝绸文化已经渗透到中华文明的方方面面，五千年的蚕桑织造文化穿越古今，用经纬织成天地世界，并对世界文化有着长久深远的影响。

第一节　纺织原料

纺织原料是纺织业的基础。我国历史上采用的纺织原料均为天然纤维，绝大部分由农业和畜牧业生产所得，如蚕丝、麻、棉、毛等，但也有部分如葛纤维长期依赖于野生采集而得。在丝、棉、毛、麻四大类纤维中，一般认为蚕丝纤维品质优良，有“纤维皇后”之称，是中国纺织纤维的代表。

一、蚕丝纤维

1. 家蚕的种类

家蚕又称桑蚕，是一种食桑叶而吐丝的昆虫，在分类学上属鳞翅目家蚕蛾科。家蚕种类繁多，随着对其认识的加深，人们不断培育出新品种。

家蚕的祖先是古代野桑蚕。野桑蚕在广阔的蚕区内或在野桑树上生活，化性自一化、二化至多化，由野桑蚕驯化而来的家蚕亦有一化、二化至多化等化性。汉《淮南子》卷二十二曰："原蚕一岁再登，非不利也，然王者法禁之，为其残桑也。"原蚕就是二化性蚕，一年孵化二次。晋时郑缉之《永嘉记》中又记载了八辈蚕，一年中养八次，都是多化性蚕。"永嘉有八辈蚕：蚖珍蚕，三月绩；柘蚕，四月初绩，蚖蚕，四月初绩；爱珍，五月绩；爱蚕，六月末绩；寒珍，七月末绩；四出蚕，九月初绩；寒蚕，十月绩。"北魏贾思勰《齐民要术》所载蚕的种类更多："今世有三卧一生蚕、四卧再生蚕、白头蚕、颉石蚕、楚蚕、黑蚕、儿蚕，有一生再生之异。灰儿蚕、秋母蚕、秋中蚕、老秋儿蚕、秋末老獬儿蚕、绵儿蚕、同茧蚕或二蚕三蚕共为一茧。"由此可见，当时对蚕的命名已综合化性、眠性、蚕体斑纹颜色、养蚕时间等因素。

明清时期，人们对蚕的观察更细、分类更详。宋应星《天工开物》载："凡蚕有早、晚二种，晚种每年先早种五六日出，结茧亦在先，其茧较轻三分之一。若划蚕结茧时，彼已生蛾出卵，以便再养矣。"清人高铨《吴兴蚕书》记载了浙江湖州一带的蚕种，"有头蚕、有二蚕、三蚕、四蚕、五蚕，种类纷纭，错出于春、夏、秋三时。湖人所重在头蚕，饲养颇广"。此外还有种名如泥种、石灰种、懒替种、石小罐种、白皮种、丹杵种等。《蚕桑捷效书》所载蚕种亦多，"金种蚕身甚小，花种遍体烂斑，乌种满身灰黑，莲子种茧之小者，金桔种茧之大者，束腰则腰有束痕，平头则两头平满"。

2. 家蚕茧的种类

家蚕茧的种类多以茧形、茧色划分。《天工开物》载："凡茧色唯黄、白二种，川、陕、晋、豫，有黄无白，嘉湖有白无黄。若将白雄配黄雌，则其嗣变成褐茧。黄丝以猪胰漂洗，亦成白色，但终不可染漂白桃红二色。凡茧形亦有数种：晚茧结成亚腰葫芦样，天露茧尖长如榧子形，又或圆扁如核桃形。又一种不忌泥涂叶者，名为贱蚕，得丝偏多。"清人俞墉《蚕桑述要》载："茧有黄白二种，黄有蛾黄、杏黄之别；白有雪白、湖白之分；黄者色鲜而性脆，白者光亮而性韧。湖丝多白，黄者甚少。"因此，家蚕茧的茧色和形状虽有多种类型，但总体以白而丝紧者为佳。《蚕桑捷效书》称："总以茧之坚结而厚，平圆紧小者为良，其松浮薄大之茧，丝少而难抽。"

为了确保缫丝质量而选茧，选茧时就产生了茧的品类划分。《吴兴蚕书》载："茧之品类不齐，不容无所区别。有误食热叶及嘴伤，萦丝宽慢，其茧软而松者，是谓绵茧。有蛆生蚕腹，茧成穿穴而出者，是为蛆钻茧。有老不化蛹，毙左子右柬茧内，秽汁浸润者，是为映头茧。有薄绪缠身，赤蛹外露者，是为凹赤茧。有山火太旺，匆遽吐丝，不及周遍环绕，其茧一头穿破者，是为穿头茧。有粘附帚，结成深印者，是为草凹茧。有蚕溺沾染，渍成黄瘢者，是为尿绪茧。有上山太稠，或二蚕、或三四蚕共成一茧者，是为同宫茧。大率蚕丰收则茧皆整齐、蚕歉收则茧多参错。"这种分类，与今日非常接近。

3. 贮茧技术

收茧之后如不及时处理，茧中蚕蛹约过七日便要化蛾破茧而出，于是人们发明了贮茧技术。

最古老的贮茧方法也许是通过日晒杀蛹而使其不再羽化。《齐民要术》中记载了两种贮茧法："用盐杀茧，易缫而丝肕，日曝死者，虽白而薄脆，缣练衣著，几将倍矣。"即盐浥法和日晒法。其中盐浥法："藏茧之法，先晒令燥，埋大瓮地上。瓮中先铺竹箦，次以大桐叶覆之，乃铺茧一重，以十斤为率，掺盐二两。上又以桐叶平铺，如此重重隔之，以至满瓮，然后密盖，以泥封之。"[1]金元时期，又发明笼蒸法。元人《韩氏直说》云："蒸馏之法，用笼二扇，用软草轧一圈，加于釜口，以笼两扇坐于上。其笼不论大小，笼内匀铺茧，厚三四指许。频于茧上以手背试之，如手不禁热，可取去底扇，却续添一扇在上。亦不要蒸得过了，过了则软了丝头，亦不要蒸得不及，不及则蛾必钻了。"在元人王祯看来，笼蒸法最好。至明清之间，人们又在盐浥法的基础上创造了瓮泥法。明徐光启《农政全书》云："盐著于茧，到底浥湿。今人只于瓮中藏茧，另用纸或箬或荷叶包盐一、二两置茧上亦可。但只须瓮口密封，不走气耳。此必用盐泥乃可。"

烘茧之法始于清代后期，当时又称炕茧。《蚕桑实济》记载了这种方法："其炕以石条或火砖或土砖封砌，如炕床样。其打炕之大小，视乎取茧之多少。茧多炕大，一日可炕数百斤。此乃炕外生火，火气自然上达，既无湿热患，且无焦枯之虞。"在四川、广东一带，则用竹编烘笼或蚕箔铺茧，再用炭火烘之。这种烘茧法产量高、速度快，而且不受其他条件的限制，故一直沿用至今。

4. 野蚕与野蚕茧

野蚕在自然环境中生长，人们在采集利用之余也选择若干种进行人工放养，所得野蚕丝能制成一些独特的丝织物品种。

（1）野桑蚕

野桑蚕俗称野蚕，我国先民在驯化家蚕之前所采集利用的茧丝即来自于此。家蚕驯化后，它时而有发，被看作是一种祥瑞，亦被人们利用。晋崔豹《古今注》载："汉元帝永光四年（公元前40年），东莱郡东牟山，有野蚕为茧。茧生蛾，蛾生卵，卵着石。收得万余石，民以为蚕絮。"《后汉书·光武帝纪》载："建武二年（公元26年），野蚕成茧，被于山阜，人收其利焉。"清蔡蓉升、蔡蒙《双林镇志》载："桑蚕，吾乡年年有之，六月至八月皆可采之。届时妇女儿童皆肩负一篓，手持一竿，竿头缚一小钩，于桑下谛视而钩摘之，采茧卖于贩客。客卖于茧行，行又卖于乡人作丝。"野蚕茧色滞白或淡黄，呈纺锤形或圆锥形。其丝色黄而性硬，光暗而缕糙，一般供织纤细织物，也作丝绵用。

（2）柞蚕

《尚书·禹贡》载，兖州厥贡"檿丝"，据考证檿丝就是柞蚕丝[2]，但未知其详。晋郭义恭《广志》中开始出现柞蚕之名，"有柞蚕，食柞叶，可以作绵"。宋元之后，柞蚕首先在山东登州、莱州等地推广人工放养，产量大增。明末清初时期，又向东

---

1 〔宋〕陈旉：《农书》卷下。

2 蒋猷龙等：《中国蚕类利用简史及其茧丝性状比较研究》，《丝绸》1993年第10期。

北、西南等地推广，贵州遵义绸、河南鲁山绸、陕西刘公绸等均用柞蚕丝织成。

柞蚕体大色绿，茧形下端椭圆、中部膨大、上端稍尖，并有茧柄，刚吐出的茧丝和结成的茧都为滞白色，自然条件下逐渐转为褐色。

（3）天蚕

天蚕茧呈椭圆形，茧有深绿、浅绿、金黄等色，又以绿色最为著名。一般认为天蚕原产日本，但《唐会要·祥瑞上》载：贞观十一年（637年）六月六日滁州言“野蚕成茧遍于山阜，至十三年野蚕又食槲叶，成茧大如柰，其色绿，凡已上六千五百七十石”。这种绿色野蚕茧据推测就是天蚕茧[1]。

（4）樗蚕

晋郭璞《尔雅》上已有“樗茧”之名的载录。樗蚕以臭椿（樗）、香樟、枫杨等树叶为食，故又称椿蚕。清代以来始有人工放养。清王元廷《野蚕录》载其“丝织为绸，紫耀光滑，有椒香，能辟蠹”。

（5）樟蚕

樟蚕又称枫蚕，以其主食樟、枫或枫杨之叶而得名。宋代陆佃《埤雅》载：“横州之地枫始生叶，有虫食之，其形似蚕，四月，亦如蚕之将丝，州人擘其丝，光明如琴弦。”这种奇特的剖腹取丝方法在明代方以智《物理小识》中也有记载：“樟虫入醋死，引腹中筋长丈余，闽人用缘蒲葵。枫蚕之丝亦韧，可作大钓缗。”

此外尚有野蚕多种，如椒蚕、柳蚕、榆蚕、枸杞蚕、乌桕蚕等，也曾被用于丝织或丝绵生产。

5. 蚕丝纤维

吐丝结茧是桑蚕适应环境而生存的一种本能。一般来说，一头蚕所吐的丝长约800—1000米，但这也根据蚕茧品种的不同有很大的区别。古代的茧一般比今天要小得多，因此茧丝长度无疑也会大大减小，而经过专门培养的茧丝可以达到几千米。

一头蚕吐出的一根茧丝纤维由两根呈钝三角形的丝素和包裹于丝素之外的丝胶组成，是一种天然蛋白质长纤维。丝素是构成纤丝主体、不溶于水的纤型蛋白。丝素的各种氨基酸由肽键联结而形成肽链，再由肽链构成蛋白质。丝素是茧丝的主体，生丝或丝织物经精练除去大部分丝胶后，剩余部分主要就是丝素。丝素中存在着两种区域，一种是肽链排列得比较整齐密集的结晶区，另一种是肽链排列较不整齐的非结晶区。结晶区为一些较小的氨基酸如乙氨酸、丙氨酸、丝氨酸的残基，有时也包括酪氨酸等排列成紧密、整齐、有序的结构。非结晶区由18种人体所必需的氨基酸组成，因此它对人体的肌肤具有极佳的亲和力。特别是侧链较大的氨基酸，带有大量的活性基团，聚合成疏松、紊乱、无序的结构。正是这种结构对蚕丝的优良柔软性、吸湿性和染色性起到了主要作用。

1 蒋猷龙等：《中国蚕类利用简史及其茧丝性状比较研究》，《丝绸》1993年第10期，第62—64页。

唐代杜甫《缫丝行》曰“缫丝须长不须白”，说明当时人们对丝品质的要求并不很高。但元代《农桑辑要》引《士农必用》说：“缫丝之诀惟在细、圆、匀、紧，使无褊、慢、节、核（按：接头为节，疙疸为核），粗恶不匀也。”说明当时人们对丝的品质要求为细、圆、匀、紧。当时还根据丝的品质分成全缴丝、双缴丝、单缴丝三等：“将清丝用指面喂在丝窝内，自然带上去，使无接头也，此名全缴丝，圆紧无疙疸，上等也；中作纱罗，上等匹段。如蛾眉杖上只两缴，名双缴丝；不甚圆紧，有小疙疸，中等也；不中纱罗，中中等匹段。如蛾眉杖上只一缴，名单缴丝，又名歇口丝，褊慢，有大疙疸，不中匹段，只中绢帛，亦不坚壮。”明清辑里湖丝的质量标准乃是八个字：细、圆、匀、坚、白、净、柔、韧。说明人们对丝的品质要求越来越高。

《诗经·召南·羔羊》云“素丝五总”，按照《诗传名物集览》的解释，“总”是一种表示丝线规格的名称，“蚕之所吐为忽，十忽为丝”。显然，此处一忽指蚕所吐的一根茧丝，一丝则是缫制而成的一根生丝，“十忽为丝”说明当时生丝的常用规格为十粒茧的定粒缫产物。对照出土文物来看，商周时期的生丝粗细有所不限，但多在10—15粒之间。但到元明清时期，这种要求有所提高。元代《农桑辑要》说，缫丝时将清丝“约十五丝之上（黄丝粗，减茧数）总为一处，穿过钱眼”，即十五粒茧的定缫。清代卫杰《蚕桑萃编》云：“茧五六个或七八个合成清丝一缕为七茧丝，其丝细品高；十一二个合成一缕为中匀丝，其丝肥而品略次；若以十八九个合成一缕则粗而下矣。”当时茧丝纤度较细，七茧丝相当于13/15旦，更有用三四粒茧缫制的细丝称为“合罗丝”，较9/11旦的更细。而今天的七茧丝纤度大大增加，20/22旦的十分常见。

二、麻葛纤维

1. 麻的种类

麻类纤维是我国最早使用的纺织原料。其种类甚多，不同种类的麻纤维性能亦不同。

（1）大麻

大麻又称火麻，属桑科。一年生草本植物，雌雄异株，雌株为苴，雄株为枲，在我国绝大部分地区均有分布。

河南郑州大河村新石器时代遗址出土有不少大麻种籽，推测当时已有大麻的纺织利用。商周以后生产愈盛，河北藁城台西村商代遗址和墓葬中均有大麻布出土。湖南长沙马王堆西汉墓中更有质量上好的大麻布发现，经检验分析，其纤维投影宽约22微米，截面积153微米，断裂强度为4克[1]。

历史上我国大麻纤维使用的主要范围为除东南沿海之外的广大地区。《魏书·食货志》载，当时用大麻布充税的州郡县约四十个，其中用大麻布充税的整州有十八个，相当于今河北、山西、陕西、甘肃、河南、山东、内蒙古、辽宁、江苏等地。新疆曾出土过一件唐代大麻布，上有“澧州慈利县调布”字样，说明它来自中

1 上海纺织科学研究院等：《长沙马王堆一号汉墓出土纺织品的研究》，北京：文物出版社，1980年。

南地区[1]。

（2）苎麻

苎麻又名野麻，属荨麻科。我国在新石器时代已开始使用苎麻纤维进行纺织生产，河姆渡遗址出土了不少草绳，即用苎麻制成，钱山漾遗址中还出土了不少精制的苎麻制品，说明苎麻是南方传统的纺织原料。

周秦汉唐，苎麻一直是黄河流域和长江流域的主要麻类纤维之一，其织成品称为纻，是一种较为凉爽透气的织物。《左传·襄公二十九年》载："子产献纻衣焉。"《战国策·齐策》载："后宫十妃，皆缟纻。"长沙马王堆汉墓中亦出土了三块苎麻织物，新疆吐鲁番也出土了两块分别写有"婺州兰溪县脚布"和"宣州溧阳县调布"字样的苎麻织物，根据分析测试，其各项指标均与现代苎麻接近[2]。我们也能在南朝诗歌中看到《白纻舞》的诗歌，说明当时的苎麻织物确是一种较为高档的织物。

宋元之后，苎麻生产逐渐减少，但仍在南方地区用以织夏布、蚊帐等。

（3）苘麻

苘麻又称青麻，属锦葵科。苘麻一般用于制绳索，但亦用于制作较粗糙的布。河姆渡遗址中已见用苘麻搓成的绳索。罗愿《尔雅翼》载："䕯、蕡、苘、檾、𣎴，一物也。""䕯，枲属，高四五尺，或六七尺，叶似苎而薄，实如大麻子。今人绩以为布及造绳索。"王祯《农书》中亦说，苘麻"可织为毯被，及作汲绠牛索，或作牛衣、雨衣、草履等具"。

（4）蕉麻

蕉麻在文献上经常被记为芭蕉或甘蕉，属巴蕉科。是我国南方生长的植物，可用于织蕉布。晋郭义恭《广志》中记载："芭蕉，一曰芭菹，或曰甘蕉。……其茎解散如丝，织以为葛，谓之蕉葛。虽脆而好，色黄白，不如葛色。出交趾建安。"唐宋时期，南方土贡中还经常能看到蕉葛或交隔之名，说明这一直是南方的特产。

其他在历史上曾经使用过的麻类纤维还有黄麻、山麻（薜）、菅等。

2. 麻的初加工技术

麻的种类虽多，但其初加工技术却基本一致，即采用各种方法使麻纤维脱胶，去除半纤维素、果胶、木质素等杂物。

麻纤维的脱胶方法主要是沤渍，即用微生物脱胶。《诗经·陈风·东门之池》所载东门之池，可以沤麻，可以沤纻，可以沤菅，即是用此类方法。西汉《氾胜之书》还记载了其时间，"夏至后二十日沤枲，枲和如丝"。较为温暖的气候能使微生物迅速繁殖而加快麻纤维的脱胶。北魏贾思勰《齐民要术》中更对沤麻用水及程度作了描述，"沤欲清水，浊水则麻黑，水少则麻脆。生熟合宜，生则难剥，太烂则不任"[3]，

1 王炳华：《吐鲁番出土唐代庸调布研究》，《丝绸之路考古研究》，乌鲁木齐：新疆人民出版社，2009年。

2 上海市纺织科学研究院等：《长沙马王堆一号汉墓出土纺织品的研究》，北京：文物出版社，1980年，第61—70页。

3 〔北魏〕贾思勰：《齐民要术》卷二《种麻》。

这样就能控制麻纤维的质量。至于水温，除依靠自然气候控制外，也得采用人工掌握。《齐民要术》指出冬天可用温泉水沤麻，如此得麻"最为柔韧"。而三国吴人陆玑《毛诗草木鸟兽虫鱼疏》则记载了苎麻"煮之用缉"的方法，即用煮练之法进行脱胶。此类方法，已非微生物脱胶，故而推测当加有适量碱性物质。

3. 葛纤维

葛又名葛藤、葛麻，其根可食，其藤含有丰富的纤维素，可作纺织原料。

葛藤长在野外，一般均为采集利用。吴县草鞋山遗址发现的葛织物是距今最早的葛纤维利用物证[1]。《诗经》中涉及葛的采集和纺织的地方就更多了。如《王风·采葛》："彼采葛兮，一日不见，如三日兮。"《周南·樛木》："南有樛木，葛藟萦之。"汉彭康《越绝书·越地传》中还有吴越时期人工栽培葛的记载，"葛山者，勾践罢吴，种葛。使越女织治葛布，献于吴王夫差"。《周礼·地官》中有一官职为"掌葛"，"掌以时征絺綌之材于山农，凡葛征草贡之材于泽农"。秦汉之后，葛的生产逐渐衰落。李白《黄葛篇》诗云："黄葛生洛溪，黄花自绵幂。青烟蔓长条，缭绕几百尺。闺人费素手，采缉作絺綌。缝为绝国衣，远寄日南客。苍梧大火落，暑服莫轻掷。此物虽过时，是妾手中迹。"[2]这也说明了葛织物在唐代已不流行。

葛纤维的初加工方法是用水煮法。《诗经·周南·葛覃》："葛之覃兮，施于中谷，维叶莫莫，是刈是濩，为絺为綌，服之无斁。"濩即煮，《毛传》曰："濩，煮之也。"后来孔颖达也说"于是刈取之，于是濩煮之，煮治已讫，乃缉绩之，为絺为綌"。即将葛藤割下，用水煮烂，然后在流水中捶洗干净，取其纤维进行纺织。

三、毛纤维

1. 毛的种类

在我国历史上，毛纤维的使用很早就开始了。《诗经·豳风·七月》中说"无衣无褐，何以卒岁"。这里的褐就是一种粗疏的毛织品。实物的发现更为丰富。1957年在青海诺木洪发现一处相当于周代早期的遗址，出土了大量羊毛和牦牛毛的织物[3]。新疆哈密一带也发现了许多相当于周早期的墓葬和遗址，出土了大量精制的高档毛织品[4]，说明了我国使用毛纤维的历史很悠久。

（1）羊毛

羊毛是毛纤维的主要来源，羊毛的种类与羊的种类相关。我国人工饲养的羊主要有绵羊和山羊两大类，其中绵羊剪毛是获取羊毛纤维的主要来源。清代杨屾在《豳风广义》中记载了八种羊的名称："哈密一种大尾羊，大食一种胡羊，临洮一种

---

1 南京博物院：《江苏吴县草鞋山遗址》，《文物资料丛刊》第3期，北京：文物出版社，1980年。

2 李白：《黄葛篇》，《全唐诗》卷一六四。

3 青海省文物管理委员会等：《青海都兰县诺木洪塔里他里哈遗址调查与试掘》，《考古学报》1963年第1期，第17—44页。

4 赵丰：《古代纺织品研究》，《中国考古学年鉴（1991年）》，北京：文物出版社，1992年。

洮羊，江南一种吴羊，英州一种乳羊，我秦中一种绵羊，一种羖䍽羊，同华之间一种同羊。”这里除羖䍽羊属山羊外，其余均属绵羊。绵羊在南方也有分布，宋代周去非《岭外代答》卷九《禽兽门·绵羊》载：“绵羊，出邕州溪峒及诸蛮国，与朔方胡羊不异。有白黑二色，毛如茧纩，剪毛作毡，尤胜朔方所出者。”

羊绒用于纺织的历史也相当久远。宋应星《天工开物·乃服》载：“一种矞芀羊，唐末始自西域传来，外毛不甚蓑长，内毳细软，取织绒褐，秦人名曰山羊，以别于绵羊。此种先自西域传入临洮，今兰州独盛，故褐之细者皆出兰州，一曰兰绒，番语谓之孤古绒，从其初号也。”

（2）牦牛毛

牦牛早先产于亚洲中部山地，在我国分布于青藏高原一带。牦牛古称犛牛，诺木洪出土有周代牦牛织品，《尔雅》中提及有“犛罽”，即用牦牛毛织成的较精细的显花毛织物。

（3）骆驼毛

骆驼毛有粗、细两种纤维，细者称为骆驼绒。新疆乌鲁木齐阿拉沟战国时期古墓群曾出土大批毛织物，其中有用骆驼毛织制者。《新唐书·地理志》记载了会州会宁郡（今甘肃境内）土贡驼毛褐，丰州九原郡（今内蒙古境内）土贡驼毛褐、毡的情况，说明我国利用驼毛纤维的历史很长。

（4）兔毛

《新唐书·地理志》载“宣州宣城郡土贡兔褐”，“常州晋陵郡土贡兔褐”，“扬州广陵郡土贡兔丝”。兔丝可能是兔毛纱线，而兔褐显然是兔毛织成的毛织品，这说明唐代前后在我国东南地区已常用兔毛纺织。李肇《国史补》卷下还记载：“宣州以兔毛为褐，亚于锦绮”，但“覆有染丝织者尤妙。故时人以为兔褐真不如假也。”虽然其质量不精，但其影响却是不小。

（5）羽毛

我国古代还利用鸟羽进行纺织。早在新石器时代，人们就衣兽皮，戴羽冠，后来则逐渐开始用羽毛制作纺织品。《南齐书·文惠太子传》载太子“善制珍玩之物，织孔淮毛为裘，光彩金翠”。而最有名的乃是唐代安乐公主的百鸟裙。《新唐书·五行志》载安乐公主“使尚方合百鸟毛织两裙，正视为一色，旁视为一色，日中为一色，影中为一色，而百鸟之状皆见，以其一献韦后。公主又以百兽毛为鞯面，韦后则集鸟毛为之，皆具其鸟兽状，工费巨万”。这里除百鸟毛之外还有百兽毛，原料不择其类，丰富多样。自此后，“贵臣富家多效之，江岭奇禽异兽毛羽采之殆尽”，说明唐时利用羽毛纺织曾盛于一时，其后直到明清时期仍见有羽毛的应用，大量明清帝后所用丝绸服饰，也经常采用孔雀羽进行妆花或刺绣装饰。《红楼梦》中提及晴雯为宝玉补裘，也是用了孔雀羽毛捻成的线。

2. 毛的初加工技术

我国古代毛纤维初加工的工序约为三道：采毛、净毛和弹毛。

(1)采毛

以采羊毛为例,采毛起初是将羊身上自然脱落的毛收集起来,再发展到从羊皮上采集羊毛。早期史料中提及的“织皮”可能就是指此。南北朝时出现剪羊毛的采毛技术。《齐民要术》卷六载:“白羊(即绵羊)三月得草力,毛床动则铰之。铰讫,于河水中净洗,毛则生白净也。五月毛床将落,又铰取之,铰讫,更洗如前。八月初,胡莱子未成时,又铰之,铰了亦洗如初。其八月半后铰者勿洗。”“羖羊(山羊),四月末五月初铰之。性不耐寒,早饺,寒则冻死。……毛堪酒袋兼绳索之利。”这说明当时绵羊一年剪毛三次,而山羊一年剪毛一次。宋代洪皓在《松漠纪闻》卷下中记载了剪羊毛的方法,“羊顺风而行,三月、八月两剪毛。当剪时如欲落絮,不剪则为草绊落,可捻为线”。又说“春毛不值钱,为毡则蠹,唯秋毛最佳”。

《天工开物·褐毡》中记载了两种采集山羊绒的办法:梳绒是用细密的竹篦梳子将山羊身上已脱或将脱的绒梳下来,而拔绒则是用手指甲把较细的山羊绒拔下来,这种方法效率更低,“每人穷日之力,打线只得一钱重,费半载工夫方成匹帛之料。若搊绒打线,日多拔绒数倍”。

(2)净毛

仍以羊毛为例,采毛完毕后,要将羊毛去除油脂和杂质,称为净毛。在西北地区,至今仍用黄沙搓毛去除油脂,是一种原始的净毛方法。

(3)弹毛

弹毛的方法与弹棉接近。王祯《农书》卷三六中载:“弹弓,以竹为之,长可四尺许。……控以绳弦,用弹棉英,如弹毡毛法,务使结者开,实者虚,假其功用,非弓不可。”结者开、实者虚就指这种使毛开松的工艺。

四、棉纤维

1. 棉花的种类

棉花是锦葵科棉属作物,分一年生草本棉和多年生灌木棉两类。灌木棉是指亚洲棉,又叫中棉,原产印度,虽然一般是一年一生,但由于亚洲温热,中棉也可以经冬不死,而成长为多年生的灌木或小树。此外还有一种木棉,是南亚一带生长的高大型落叶乔木,又称英雄树,其花只堪作为棉絮,却无法用于纺织。因此一般不用作纺织原料。

一年生的草本棉,古称白叠,主要分布在我国西北地区。《梁书·西北诸戎传》记载高昌一带有“草实如茧,茧中丝如细纑,名为白叠子,国人多取织以为布”,这种白叠子就是棉花。唐代的吐鲁番文书中,多次出现当时农民自种或请人代种棉花的记载,新疆巴楚的脱库孜沙来遗址中曾发现过晚唐时期的棉籽,棉籽色黄粒小,留有部分短纤维,据鉴定属非洲草棉种[1]。但是,这种非洲棉并不一定起源于非洲,

1 沙比提:《从考古发掘资料看新疆古代的棉花种植和纺织》,《文物》1973年第10期,第48—52页。

其可能的起源地为地中海沿岸的阿拉伯地区。印度人从阿拉伯地区引入了草棉，然后再传入中国。

多年生的棉花主要分布在我国东南沿海一带。《尚书·禹贡》中曾记载扬州之域“岛夷卉服，厥篚织贝”，据考证，“卉服”即用棉花之属制衣，“织贝”通“吉贝”，孟康注《汉书》时说：“闽人以棉花为吉贝。”我国目前所知最早的棉制品，是在福建崇安武夷山岩墓船棺中出土的[1]。从历代记载来看，闽广一带的多年生棉花一般具有较高大的树型、较高的纤维产量，并被人们用以纺织。宋代方勺《泊宅篇》卷三载：“闽广多种木棉。树高七八尺，树如柞。……深秋即开，露白绵茸茸然，土人摘取出壳，以铁杖杆尽黑子。徐以小弓弹令纷起，然后纺绩为布。名曰吉贝。”南宋赵汝适《诸蕃志》中亦载：“吉贝树类小桑。……絮长半寸许，宛如鹅毛。有子数十。南人取其茸絮，以铁筋碾去其子，即以手握茸就纺。”[2]海南岛中部区域，现在仍有多年生灌木状连核木棉，株高一丈余，一般收获季节在十二月，棉铃青褐色，籽黑绵白，纤维平均长度28毫米，细度3000支。由此看来，古代文献中所称的南方木棉应该就是这种多年生的灌木状木棉。

2. 轧棉技术

轧棉是把棉花中的籽核和棉纤维进行分离，从而获取皮棉的过程。轧棉初用辗轴。元代司农司《农桑辑要·木棉》中记载：“用铁杖一条，长二尺，粗如指，两端渐细，如赶饼杖杆。用梨木板，长三尺，阔五寸，厚二寸，做成床子。逐旋取绵子，置于板上，用铁杖回旋，赶出子粒，即为净棉。”而同时期稍后的王祯《农书》卷二十一则记载了较为先进的轧棉工具搅车，“用四木作框，上立二小柱，高约尺五，上以方木管之。立柱各通一轴，轴端俱作掉拐，轴末柱窍不透。二人掉轴，一人喂上棉英。二轴相轧，则子落于内，绵出于外。比用辗轴，功利数倍”。但这种轧车还是手摇车，一车需有三人共同操作。到明代则出现了一人自摇、自踏、自喂的脚踏轧车。徐光启《农政全书》和宋应星《天工开物》中均有记录。《嘉庆松江府志》则记载有流行于上海一带的轧车，“以木为之，形如三足几，坐则高与胸齐，上有两耳卓立。空耳之中，置木轴，一径三寸，有柄在车之左，以右手运其机向外，复置铁轴，一径半寸，有轮在车之右，以左足运其机向内，皆用木楔笼紧，中留尺许地。取花塞两轴之隙，而手足胥运，则子自内落，无子之花自外出”。现在少数民族地区使用的轧车还配以有齿槽的轧轴，轧棉效果更好。

3. 弹棉技术

皮棉还需经过弹棉过程而达到纤维松散的目的。南宋艾可叔《木棉诗》云：“车转轻雷秋纺雪，弓弯半月夜弹云。”说明弹棉技术在南宋已出现，其工具则是以竹或木及弦线制成的弹花弓，宋代多以竹制，尺寸较小，明代多以木制，尺寸较大，而今天所用者，基本上还是继承明制。“弹花者名弓，弓以木作圆柱状，长四五尺，粗盈握，弓上端镶薄板，方面斜，纵横四寸许，其下端于圆柱之末，刻之使弯，圆而厚，阔

1 高汉玉：《崇安武夷山船棺出土的纺织品》，《福建文博》1980年第2期，第21—27页。

2 〔南宋〕赵汝适：《诸蕃志》，《丛书集成初编》本，上海：商务印书馆，1937年，第35页。

二寸馀，以弦施于两端，弦之馀者绕柱上。击其弦者为弹花槌，槌长七八寸，隆其两端，极光润。弹花必坐，其坐者如椅而矮，几及地，名弹花凳。凳之背贯以竹竿，如钓鱼者，而曲竿之极处悬绳，绳下着弓，以左手执弓，右手持槌，坐击之。棉着弦而起，轻如柳絮，宜于无风处弹之，弹声清脆，闻及邻室，其弓弦以羊肠为之。”[1]

第二节　纺织的技术过程

一、纺织基本原理体系

纺织是一门工程技术，其主要任务是以纺织纤维为原料，经过纺织加工，制成各类最终产品。纺织加工包括纺纱、织物成形和染整三个重要的工艺加工环节。

1. 纱线工艺

纱线工艺的总体目标是把纺织纤维制成纱或线。当然，对不同的纤维会有不同的纺纱工艺。棉花和羊毛等的原纤维是短纤维，所以需要将短纤维沿同一方向集合起来进行加捻而形成纱线。蚕丝纤维本身就是长纤维，它的特点是单根的茧丝太细，所以必须把多个茧子的丝线合并起来形成一根强度较高的生丝。麻纤维的长度较棉、毛为长，但远不如丝那么长，所以，麻纤维通常要经过纵向的打结连接，形成较长的麻线。它们之间的纱线形成原理和工艺都不相同。

（1）棉纺和毛纺

棉纺和毛纺的本质比较接近，都是在充分解除纤维原料原有的局部横向联系（即松解）的基础上牢固建立首尾相接的纵向联系（即集合）。古代的棉纺和毛纺通常要经过开松、梳理、牵伸和加捻四个重要的加工步骤（图0-2-1）。

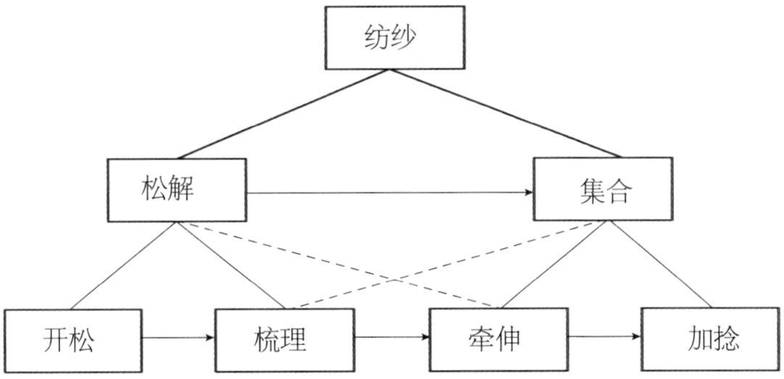

图 0-2-1　纺纱过程示意图

开松是把大的纤维团、块扯松成小块、小纤维束的作用过程，其主要目的是缩小纤维之间横向联系的规模，为以后进一步松解成为单纤维状态创造条件。从广义上看，原麻脱胶和蚕丝脱胶也属于“开松”范畴。

梳理是用梳理机上密布的针齿，把纤维小块或小纤维束进一步松解成为单纤

1 〔清〕张春华：《沪城岁事衢歌》。

维状态的过程。经梳理后，纤维之间的横向联系被基本解除，但大多数纤维仍然呈屈曲状态，且带有弯钩。

牵伸是把梳理后集束成形的条子进一步抽长、拉细，使条子逐步达到预定粗细的工艺过程。牵伸时纤维间产生相对位移，借助于摩擦作用，纤维弯钩被逐步消除，纤维从屈曲状态变为顺直。

加捻是借助于回转运动，把牵伸后细长的须条绕其自身轴线扭转，由此产生的经向压力使纤维之间的纵向联系得以固定的工艺过程。通过加捻作用，纱条获得一定的力学性能。

纺纱中最为重要的工具是纺专或纺车。最原始的纺纱技术是使用纺专纺纱。纺专又称纺缚、纺坠、纺锤，由一根捻杆和纺轮组成。捻杆常为木质，较难保存，因而新石器时代遗址中发现的几乎均是不带捻杆的纺轮。纺专的记载首见于《诗经·小雅·斯干》：“乃生女子，载寝之地，载衣之裼、载弄之瓦。”据考，瓦即纺专。

手摇纺车至迟在战国秦汉时期已经出现，但它的主要功用却是用于摇纬、并丝等。较为可信的材料证明，它在魏晋时期被广泛用于真正的纺纱，使纺纱的效率得以大大提高。脚踏纺车是在手摇纺车的基础上发展起来的。元明时期，关于脚踏纺车的记载就更多，王祯《农书》上记载了两种纺车，木棉纺车专用于纺棉，而小纺车专用于加捻麻缕。

（2）缫丝

缫丝是专门利用蚕茧中的长丝纤维进行加工的过程。通过破坏蚕茧中丝纤维间的无定向联系，把几根茧丝并在一起，首尾衔接，再卷绕到丝框上成绞。

破坏蚕茧中丝纤维间的联系，是通过煮茧的方法，用热水把茧子表面的茧丝从茧子中舒张出来，但把同一组中的茧丝相互间进行合拼，形成更粗的生丝。煮茧与缫丝同时进行，所以，煮茧釜通常就是缫丝釜，设备相同。宋代秦观《蚕书》云：“常令煮茧之鼎，汤如蟹眼。”元代《士农必用》载：“其水温以蟹眼汤为标志。”但到后来，煮茧水温趋高，“候水大热，然后下茧，用做丝手就水中将茧左剔右拔，令茧推荡滚转，挑惹起丝”。

缫丝工艺可按茧之生熟分为生缫和熟缫两种。其中的缫丝用水要求甚高。清代《湖蚕述》说：“丝欲其细而白，欲白必多换汤水，欲细不可惜工夫。”周庆云《南浔志》中还记录了当地产丝色白光肥和水重丝韧的水质因素。“穿珠弯，俱在镇南，近辑里村，水甚清，取以缫丝，光泽可爱”，“其水较它地每十斤必重二两，所缫之丝亦可多挂两枚铜钿而不断”。

（3）绩麻

绩麻是先把麻皮松解劈分成缕，再逐缕捻接集合成纱的过程。

2. 织造工艺

中国古代的织造主要是指梭织物，是通过经纬线的交织形成织物稳定结构的过程。这个过程以机织为例，要经过整经、穿经、开口、引纬和打纬五个步骤（图0-2-2），对不同纤维而言其织造工艺并没有很大改变。

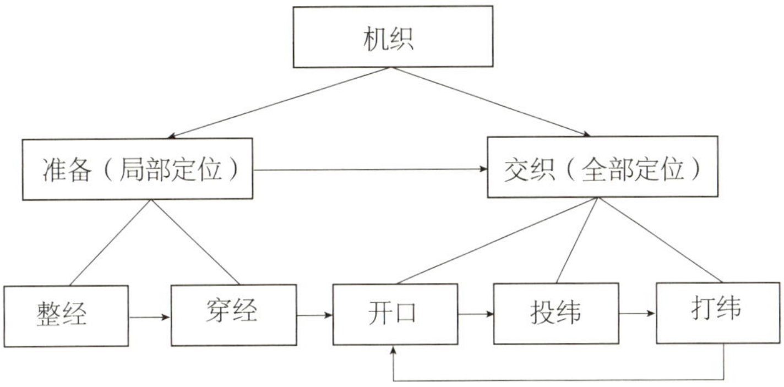

图 0-2-2　机织过程示意图

整经是将各根经纱整齐排列成片，在各根经纱之间建立局部固定的横向联系。

穿经是将经纱穿入综眼和筘齿，是更进一步使经纱在排列次序、排列宽度和密度等方面暂时地、局部地固定下来，也就是使综、筘附近的经纱在筘齿的控制下，在左右方向上不发生相对运动，只保留在上下方向有若干相对活动的余地。

开口是把经纱分成上、下两大组，以便在中间穿入纬纱。通过两组经纱在上下方向沿筘齿缝暂时的相对运动，为全体经纱在左右方向上确立完全固定的横向联系准备条件，同时还把前一根纬纱与以前的纬纱在前后方向上的横向联系完全固定下来。

引纬是在上下两组经纱形成的梭口中穿入纬纱，为完全固定经纱在左右方向上的横向联系准备条件。

打纬是把纬纱打入上下两组经纱交会的地方，为排除纬纱在前后方向上的活动可能性准备条件。通过下一次开口，上下两组经纱的全部或局部互相交换位置，并加以固定。

开口、引纬和打纬互相配合，周而复始，相辅相成，形成织物。

3. 染整工艺

染整是借助于化学、物理、生物等作用，赋予纤维、纱线和织物以色彩、光泽、手感及功能效果的加工过程。染整工艺可以分为练漂、染色、印花和整理四个重要步骤（图0-2-3）。除练漂有不同的加工工艺之外，其他加工过程棉、毛、麻、丝基本相仿。

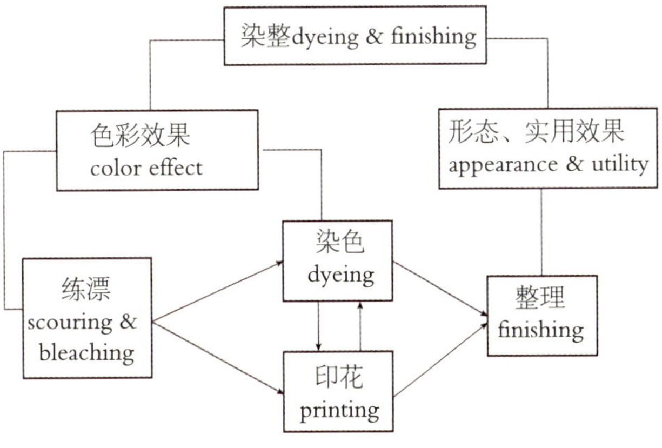

图 0-2-3 染整过程示意图

练漂是通过化学方法去除纤维表面的附着物质，从而使其表面显出原色光泽，既改善外观，又便利后续加工。

染色是采用物理或化学方法，使纺织材料全面上色以求美观，可以染纤维、染纱线、染坯布。

印花是采用特殊手段使纤维条、绞纱或织物按照事先设定的布局进行局部上色，以获得美的外观。

整理有湿整、干整和特种整理，其目的是赋予纺织材料以光洁、绒面、挺括等形态效果和不透水、不缩水、免烫、不蛀、不易燃烧等实用效果。

第三节　中国纺织的文化意义

一、中国纺织与语言学

语言是随着社会实践的发展而产生的，尤其是在语言的形成时期，它往往与生产实践密切相关。在古代汉语词汇中，有大量的字和词与纺织生产有关。

在已经发现的甲骨文中，以“糸”为偏旁的有一百多个。许慎《说文解字》所收“糸”旁字二百六十七个，“巾”旁字七十五个，“衣”旁字一百二十多个，都直接或间接与纺织有关。在以“糸”为偏旁的文字中关于纺织工序的有缫、绎、经、纬、绘、织、综、统、纪、纺、绝、继、续、绍、纡、约、紊、辫、结、练、绣、缋、编、缉等，关于纺织纤维和纺纱搓线的有绪、缅、纯、绡、绺、细、级、线、缕、绳、纫、缪、绸等，关于纺织品种类的有缯、纨、绮、缣、绨、缟、绫、缦等，关于纺织品色彩的有绢、绿、缥、缇、紫、红、绀、缲、缁、缛等，关于服装饰品的有缨、绅、绶、组、纽、纶、缘、绔、绦、纲等，其他引申义的还有纸、彝、绥等（图0-3-1）。

到南北朝时期，由纺织衍生出来的文字进一步增多。梁顾野王《玉篇》收录与“糸”相关的糸、丝、素、索等七部共计四百余字。而到宋本《玉篇》中则收“糸”部计四百五十九字，“巾”部一百七十二字，“衣”部二百九十四字。至清代《康熙字典》中的“糸”部约有八百三十个字，又较宋代增加80%。这说明语言文字也在随着纺织本身的发展而发展、而丰富。

在现代汉语中，源自纺织的一些词、成语或词组多具有非常形象的表达力，如“综合”、“分析”、“继续”、“线索”、“约束”、“成绩”、“编辑”、“组织”、“机构”、“纠葛”、“联络”、“连绵”、“经天纬地”、“提纲挈领”、“作茧自缚”、“青出于蓝而胜于蓝”、“近朱者赤，近墨者黑”等。其中“分析”的原意是将初剥下的麻皮浸渍后使其纤维分离，引申出今日的分析之意；“成绩”是把分析后的麻的短纤维加捻连结成有用之线，故称有了成绩；“继续”是把一段段短麻线联接成较长的绳子，因此有连续的含义；“约束”和“束缚”原是把麻绳索再捆成束；“作茧自缚”原是一个家蚕吐丝结茧的过程，后都用来指自我束缚、自我封闭；“锦绣河山”、“锦上添花”等都是用丝织物及刺绣的美丽来形容其他事物的美好；“经天纬地”盖取经纬相关构成整个天地之意，如今的地理学上所用的经度纬度也来源于此；“组织”的原意是织物的经纬线交织的结构，后泛指各种人为的组合；“机构”乃是织机的

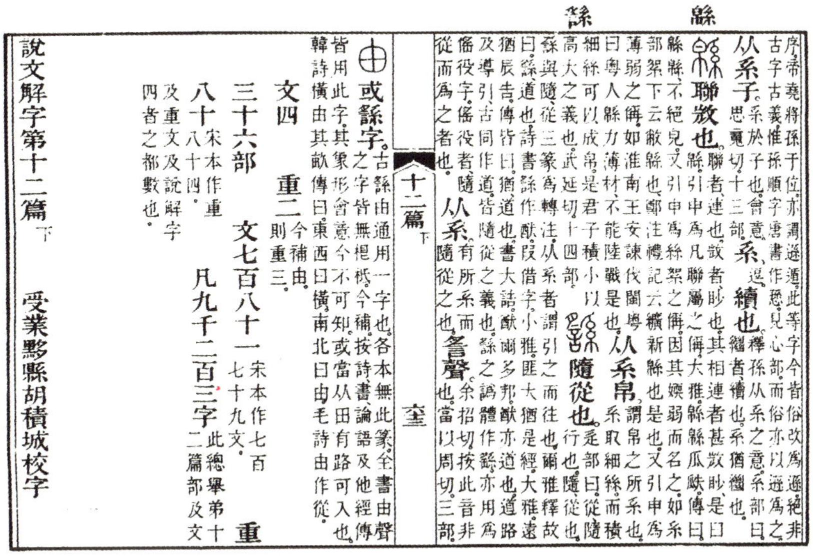

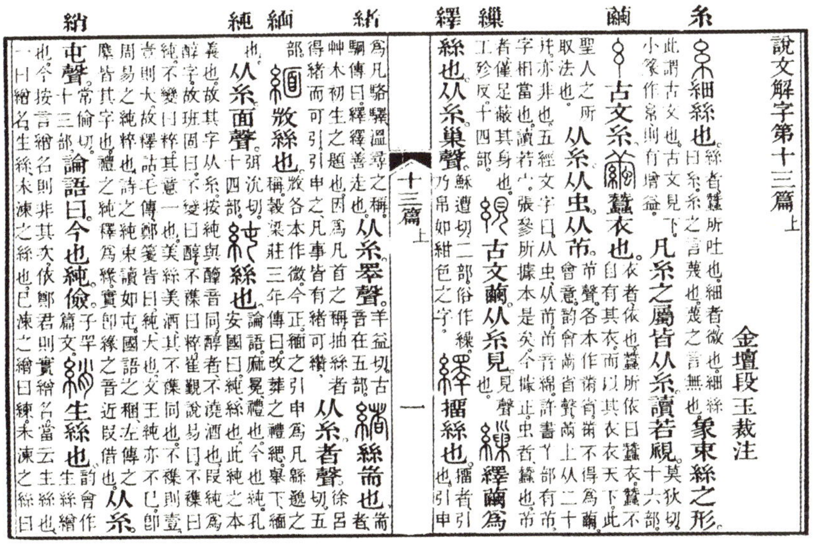

图 0-3-1《说文解字注》页面，汉，许慎著；清，段玉裁注

结构，后泛指一切机械和组织结构；“综合”原是指众多的丝线穿过综眼而被有序地集合在一起；“青出于蓝胜于蓝”是指用蓝草染料染色后能得到比草色更深更有力度的色彩，用于比喻后辈超过前辈；“近朱者赤，近墨者黑”则是对染工整日在染缸旁被染料沾染的形象描绘，比喻人的思想易受环境的影响。

二、中国纺织与文学

我国历代除了大量专业性的纺织科技著作如《蚕书》、《梓人遗制》、《天工开物》等直接记述纺织生产外，还有大量的诗词小说等文学作品与纺织有关。这些文学作品出现的基础是传统社会中的男耕女织生产状况。由于妇女纺织在古代社会中具有生产生活上的重要性，甚至成为某些家庭的经济来源，因此，“女织”成为文学家们的重要题材不足为怪。“女织”的重要地位是出现大量关于纺织文学作品这一文化现象的基础，而纺织文学作品则是反映纺织技术、纺织生产及生产者状况等的真切画卷。

我国最早的文学作品《诗经》中已有许多关于纺织生产的描述。著名的《豳风·七月》中有一段描写蚕桑丝绸生产的诗句：

七月流火，八月萑苇。蚕月条桑，取彼斧斨，以伐远扬，猗彼女桑。七月鸣鵙，八月载绩。载玄载黄，我朱孔阳，为公子裳。

翻译成现代文就是：七月火星流向西，八月芦苇收获齐。养蚕之月修桑树，双手举起那大斧，砍掉桑树长条枝，攀着嫩枝摘叶子。七月伯劳叫叽叽，八月丝成把麻绩。染色有黑又有黄，我染朱红更漂亮，拿给公子做衣裳。

《周南·葛覃》描写的是采葛纺织的过程：

葛之覃兮，施于中谷，维叶莫莫，是刈是濩，为絺为绤，服之无斁。

翻译成现代文就是：葛草长得这么长，蔓生在那谷中央，叶儿茂盛绿变黄。割下煮好纺绩忙，粗布细布分别织，穿之不厌新衣裳。

《陈风·东门之池》反映了麻类纤维加工的过程：

东门之池，可以沤麻。彼美淑姬，可以晤歌。东门之池，可以沤纻。彼美淑姬，可以晤语。东门之池，可以沤菅。彼美淑姬，可以晤言。

翻译成现代文就是：东门护城河水旁，浸洗大麻好地方。良善姬家那姑娘，可以和她同歌唱。东门护城河水旁，浸洗苎麻好地方，良善姬家那姑娘，可以和她来谈话。东门护城河水旁，浸洗菅茅好地方。良善姬家那姑娘，可以和她诉衷肠。

此外，《小雅·采绿》则与染色原料有关：

终朝采绿，不盈一匊。予发曲局，薄言归沐。终朝采蓝，不盈一襜。五日为期，六日不詹。

翻译成现代文就是：整个早晨去采绿，采的不满两手掬。我的头发曲又卷，我要回家去沐浴。整个早晨去采蓝，一衣兜也盛不满。约定五天就回家，六天不回我难安。

春秋战国到汉魏六朝，赋在文学作品中非常多见，其中也有关于纺织生产的描写。最著名的是战国时期思想家荀况的《赋篇》第二十六，把蚕的生理特征、一生变化等作了详细的描写。但当时大量与纺织有关的文学作品还是诗歌，如汉代古诗《上山采蘼芜》：

上山采蘼芜，下山逢故夫。长跪问故夫，新人复何如？新人虽言好，未若故人姝。颜色类相似，手爪不相如。新人从门入，故人从阁去。新人工织缣，故人工织素。织缣日一匹，织素五丈余。将缣来比素，新人不如故。

再如汉乐府《陌上桑》，描写了一个采桑女子罗敷的故事，十分著名：

日出东南隅，照我秦氏楼。秦氏有好女，自名为罗敷。罗敷善蚕桑，采桑城南隅。青丝为笼系，桂枝为笼钩。头上倭堕髻，耳中明月珠。缃绮为下裙，紫绮为上襦。

此外，六朝有许多诗歌如《白纻舞》、《蚕丝歌》、《三妇艳》、《采桑度》等也是以纺织为题。

唐代是我国诗歌创作的高峰期，与纺织相关的诗歌更多。有很多著名诗人都写下了这类诗篇或诗句。唐代诗人中以此为题材写得最多的是白居易、王建等人。白居易是一位现实主义诗人，多有反映劳动人民生活的作品，如《缭绫》、《红线毯》、

《重赋吟》等，这些诗作专以丝绸生产为题。其中《缭绫》一首广为传唱：

缭绫缭绫何所似？不似罗绡与纨绮。

应似天台山上月明前，四十五尺瀑布泉。

中有文章又奇绝，地铺白烟花簇雪。

织者何人衣者谁？越溪寒女汉宫姬。

去年中使宣口敕，天上取样人间织。

织为云外秋雁行，染作江南春水色。

广裁衫袖长制裙，金斗熨波刀翦纹。

异彩奇文相隐映，转侧看花花不定。

昭阳舞人恩正深，春衣一对值千金。

汗沾粉污不再著，曳土踏泥无惜心。

缭绫织成费功绩，莫比寻常缯与帛。

丝细缫多女手疼，扎扎千声不盈尺。

昭阳殿里歌舞人，若见织时应也惜。

王建是中唐诗人，曾写下如《簇蚕词》、《田家行》、《织锦曲》、《捣衣曲》等反映蚕桑丝织生产的诗。其中《织锦曲》描写四川织锦户的生活：

大女身为织锦户，名在县家供进簿。

长头起样呈作官，闻道官家中苦难。

回花侧叶与人别，唯恐秋天丝线干。

红缕葳蕤紫茸软，蝶飞参差花宛转。

一梭声尽重一梭，玉腕不停罗袖卷。

窗中夜久睡髻偏，横钗欲堕垂著肩。

合衣卧时参没后，停灯起在鸡鸣前。

一匹千金亦不卖，限日未成宫里怪。

锦江水涸贡转多，宫中尽著单丝罗。

莫言山积无尽日，百尺高楼一曲歌。

唐代的纺织诗歌大多写丝织生产，但也偶见如鲍溶《采葛行》等一类作品写其他纺织生产。

宋词中也有不少纺织景象。苏轼《浣溪纱》就曾描写农村的纺织生产：

麻叶层层苘叶光，谁家煮茧一村香，隔篱娇女络丝娘。

簌簌衣巾落枣花，村南村北响缫车，牛衣古柳卖黄瓜。

辛弃疾有《鹧鸪天》云："陌上柔桑初破芽，东邻蚕种已生些。"又有《粉蝶儿》云："昨儿春如十三女儿学绣，一枝枝，不教花瘦。甚无情，便下得，雨僝风僽。向园林，铺作地衣红绉。"均与丝绸生产有关。而宋词中写得最好的纺织词要数无名氏的《九张机》，写活了一个织锦女子把相思之情织入图案的故事：

一张机，采桑陌头试春衣。风晴日暖慵无力，桃花桃上，啼莺言语，不肯放人归。

两张机，行人立马意迟迟。深心未忍轻吩咐，回头一笑，花间归去，只恐被花知。

三张机，吴蚕已老燕雏飞。东风宴罢长洲苑，轻绡催趁，馆娃宫女，要换舞时衣。

四张机，咿哑声里暗颦眉。回梭织朵垂莲子，盘花易绾，愁心难整，脉脉乱如丝。

五张机，横纹织就沈郎诗。中心一句无人会，不言愁恨，不言憔悴，只恁寄相思。

六张机，行行都是耍花儿。花间更有双蝴蝶，停梭一晌，闲窗影里，独自看多时。
七张机，鸳鸯织就又迟疑。只恐被人轻裁剪，分飞两处，一场离恨，何计再相随。
八张机，回文知是阿谁诗。织成一片凄凉意，行行读遍，恹恹无语，不忍更寻思。
九张机，双花双叶无双枝。薄情自古多离别，从头到尾，将心萦系，穿过一条丝。

除宋词外，宋诗也有很多以纺织为题材的作品。

明清时期，小说盛行，明代冯梦龙的《三言两拍》中经常能见到这类描写。如《醒世恒言》中曾写到江苏盛泽镇有一个名叫施复的手工业者，原是一家每年养几筐蚕的小机户，但由于他养蚕、缫丝的技术好，织出的绸亦质量上佳，商人们争相增价抢购。几年间他就增添了三四张机子，并雇工织造。另一部明代小说《金瓶梅》则以开绸缎铺的西门庆作主要人物，其中写到的丝绸品名、贸易情况也十分多（图0-3-2）。

图 0-3-2　绸庄图，明，《金瓶梅》插图

曹雪芹是江宁织造曹寅的后代，对纺织生产有着非同一般的理解。因此，其名作《红楼梦》中亦有大量的描写丝绸纺织品之处，如锁子锦、妆花缎、蝉翼纱、轻烟罗、茧绸、羽纱、刻丝、弹墨、洋绉、西洋布、雀金呢、哆罗呢、氆氇、倭缎等，不胜枚举。

元明清诗的成就亦不小，尤其是清代方志中的竹枝词，多有与蚕桑丝织相关者。如董恂《南浔蚕桑乐府》和方观承《作蚕词》，生动详尽地描述了从“浴种”到“锦绣”的全过程。更有意义的是康熙、乾隆皇帝都在当时的《耕织图》中各题写了二十三首描写养蚕、织绸、染色的诗歌。

三、中国纺织与美术

丝织品一直就是重要的书画材料之一，后来还成为书画的装裱材料，因此，纺织与美术有着密不可分的关系，但更重要的是纺织生产也是中国古代美术中的常见题材[1]。

1　周赓：《略论丝绸对中国绘画的影响》，《丝绸史研究》1985年第2期。

商代青铜器上已见有蚕的纹饰，商周时期还有大量玉蚕、石蛹出土。到战国时期，出土了许多刻有采桑场面的青铜壶，采桑图反映了当时采桑女劳动、欢爱、歌舞、祭祀的情景，十分生动。汉魏六朝至隋唐，纺织图经常出现在画像石、画像砖、壁画、木板画上，尤其是汉画石，在山东滕州的宏道院和龙阳店、山东嘉祥武梁祠、山东肥城西北孝堂山郭巨祠、山东济宁晋阳山慈云寺、江苏沛县留城镇、江苏铜山洪楼地区、江苏泗洪曹庄、四川成都曾家包等都有涉及纺织主题的画像石的发现，其中曾母断机训子的主题多次出现，虽是强调训子，但图中“断机”的机具都为斜织机，也从直观上反映了古时纺织工具的形制。在甘肃省嘉峪关的魏晋壁画墓中，则发现大量关于采桑、丝绢的画像砖[1]。

唐代除新疆和田丹丹乌里克遗址出土有几块机神、传丝公主及纺织生产场面的画板之外，还有两幅传世名作：张萱《捣练图》和《倦绣图》，画中反映了丝绸精练、刺绣、缝衣等过程，其中的仕女服饰也反映了当时的纺织图案。

南宋初年，于潜县令楼璹绘制《耕织图》，创一代范式，共设耕图二十一事，织图二十四事。其正本进呈宋高宗，被翰林画院摹绘成彩色绢本，收于宫内，成为皇室成员了解蚕织生产的参考和欣赏品。现传宋元时期的吴皇后题注本中共有浴蚕、暖种、拂乌儿、摘叶、切叶、体喂、一眠、二眠、三眠、暖蚕、大眠、眠起喂大叶、忙采叶、箨簇、拾巧上山、装山、熁茧、下茧、蚕蛾出种、谢神、约茧、剥茧、称茧、盐茧、瓮藏、生缫、络垛、籰子、做纬、经靷、浆丝、挽花、下机、入箱等画面，并绘有最早的脚踏缫丝车和提花绫机，生动而详尽[2]。乾隆时期，有人进元程棨本《耕织图》，其上所绘严格按照宋楼璹次序。乾隆令人制成《耕织图》的刻石，藏于颐和园（图0-3-3）。

明清时期，《耕织图》摹本纷纷问世，尤其是清代特别重视。康熙三十五年

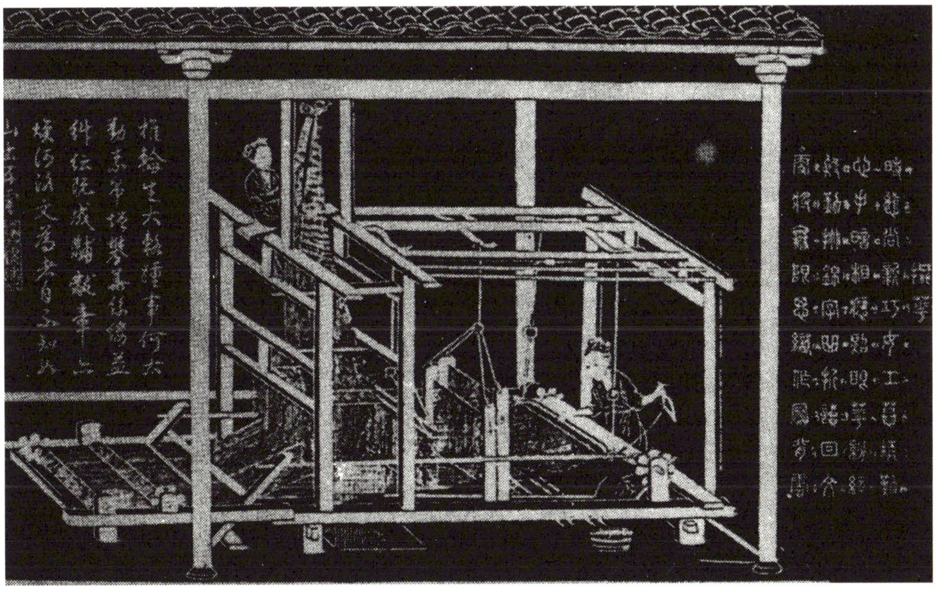

图 0-3-3　元程棨《耕织图》石刻拓本，清乾隆，法国国家图书馆藏

1 赵丰：《汉代踏板织机的复原研究》，《文物》1996年第5期，第87—95页。
2 林桂英、刘锋彤：《宋〈蚕织图〉卷初探》，《文物》1984年第10期，第31—34页。

（1690年）二月，康熙皇帝命宫廷画家焦秉贞仿楼璹图绘成《御制耕织图》（图0-3-4），并亲自写序作诗，刊发各地，劝谕农桑。后来雍正、乾隆各朝也予以效法，一时间摹刻《耕织图》之风大盛，一些农书、方志上印有《耕织图》，连许多石刻、窗户木雕、瓷器彩绘、年画纸币上都有《耕织图》的插图（图0-3-5）。

《耕织图》的盛行，还导致同类主题的《棉花图》的诞生。乾隆三十年（1765年），直隶总督方观承主持绘制《棉花图》十六幅，内容包括播种、灌溉、耘畦、摘尖、采棉、拣晒、收贩、弹花、拘节、纺线、挽经、布浆、上机、织布、练染，每幅图上均配有乾隆和方观承的配诗。此后，河南省博爱县鄢庄有《耕织图》刻石反映农业和棉纺生产，上海豫园农业公所跂织亭的隔扇上也刻有棉花栽培和织作的图幅，共十六幅。

图0-3-4　木刻本《耕织图》，清康熙，焦秉贞

图0-3-5　玉雕《耕织图》，清，北京故宫博物院藏

四、中国纺织与礼仪

纺织与礼仪制度的密切关系突出表现在服饰制度上。在中国古代社会中，丝织品是尊贵身份与地位的标志，而棉麻织品则是普通人的服用品。在丝织品中，不同的花色品种，不同的图案又可以区别不同的身份和地位。

《尚书·益稷》中已见对早期冕服十二章的记载，“予欲观古人之象，日、月、星辰、山、龙、华虫作会、宗彝、藻、火、粉米、黼黻、絺绣，以五色彰施于五色作服，汝明”。十二章纹样有其深刻的寓意，每一种纹样都有其特定的含义。十二章纹样天子用全，诸侯王以下则依次递减。这种纹饰自上古起一直沿用到清代，几未间断，是重要的礼仪标志。

史载秦朝服色尚黑，西汉尚黄，东汉则尚赤。但汉代又根据时令为服色之别。《后汉书·舆服志》载五时色朝服为春青、夏朱、季夏黄、秋白、冬黑。紫色亦有贵者燕居之服，而绿色则为民所常服。

唐代常服又称宴服。高祖时天子用赭黄袍衫，遂禁臣民服用赤黄之色，并规定亲王及三品以上服大科绫罗紫色袍衫，五品以上服朱色小科绫罗袍，六品以上服黄丝布交梭双紃绫，六品七品用绿。至太宗时命七品服绿色，龟甲双巨十花绫，九品服青丝布杂绫。大抵紫、绯、绿、青四色以定官品之高卑，即始于隋唐。

宋代官服色彩等级与唐基本相同，但时服中亦区分织锦图案。第一等用天下乐晕锦，第二等用簇四盘雕细锦，第三等用黄狮子大锦，第四等用翠毛细锦，第五等用红锦，其余将校则赐窄锦袍，有翠毛、宜男、云雁、狮子、练雀、宝照大和宝照中锦七等。

明清皇帝用龙袍，国戚或重臣用蟒袍，文武百官更多用补子表示品级。洪武二十四年规定常服补子品级如下：公侯伯、附马：麒麟、白泽；文官：一品仙鹤、二品锦鸡、三品孔雀、四品云雁、五品白鹇、六品鹭鸶、七品鸂鶒、八品黄鹂、九品鹌鹑；武官：一品二品狮子、三品四品虎豹、五品熊罴、六品七品彪、八品犀牛、九品海马；杂职练鹊；风宪官獬豸。清代补子有圆、方之分，圆补主要为龙、蟒之类，用于王公贵族；方补用于百官，其中文官：一品鹤、二品锦鸡、三品孔雀、四品雁、五品白鹇、六品鹭鸶、七品鸂鶒、八品鹌鹑、九品练鹊；武官：一品麒麟、二品狮、三品豹、四品虎、五品熊、六品彪、七品八品犀牛、九品海马。

除依照礼制官服需要用纺织品的花色来区别等级之外，农工商、释道儒亦都有自己特定的服饰。

五、中国纺织与风俗

我国悠久的纺织历史对风俗风情也产生了极大的影响。主要的蚕丝和棉纺业中均出现一些神话传说和故事，纺织生产过程中也体现出极为浓厚的乡土风情。

传说中蚕桑业的创始人为黄帝元妃嫘祖。《史记·五帝本纪》载：“黄帝娶于西陵之女，是为嫘祖，嫘祖为黄帝正妃。”《路史·后纪五》载：“黄帝元妃西陵氏曰嫘祖，以其始蚕，故又祀先蚕。”但民间也常把马头娘供为蚕桑丝织的发明者，《三教搜神大全》卷三《蚕女》中对马头娘的故事有详细记载，该故事在我国广大蚕区广为流传，各地均祀马头娘或马鸣王菩萨为蚕神。此外，还有很多其他的蚕神，如蚕三姑、青衣神、蚕母娘娘、蚕花五圣等。

丝织业中一般把黄帝轩辕氏作为始祖神，苏州机神庙即名“轩辕宫”。染色业的始祖为葛洪，尤其在杭州附近，每年四月初十，染业工人均要上葛岭祭祖师爷葛仙翁。棉纺业在我国的普及较蚕桑丝织为晚，元代以后，人们通常把黄道婆看作棉纺业的始祖来供养，松江一地曾立祠以祀。

有关纺织生产的各种习俗，其中以关乎养蚕者最为典型。唐代王建《簇蚕词》中已见部分内容。“蚕欲老，箔头作茧丝皓皓。场宽地高风日多，不向中庭晒蒿草。神蚕急作莫悠扬，年来为尔祭神桑。但得青天不下雨，上无苍黾下无鼠。新妇拜簇愿茧稠，女洒桃浆男打鼓。三日开箔雪团团，先将新茧送县官。已闻乡里催织作，去

图 0-3-6 “蚕母”雕版印刷像，北宋，浙江温州国安寺石塔出土

与谁人衣上著”。目前以著名蚕乡杭嘉湖一带的习俗最为完备。

在科学不发达的古代，人们把丰收的期望寄托于神灵的保佑，因此进行各种祭祀活动。据史书记载，从3000多年前的周代开始，统治者对祭祀蚕神活动就很重视。历朝历代，皇宫内都设有先蚕坛，供王后或皇后亲蚕时祭祀用，每当养蚕之前，需杀一头牛祭祀蚕神嫘祖，祭祀仪式十分隆重。民间也是如此，蚕神的崇拜是蚕乡风俗中最重要的活动。除祭祀嫘祖外，各地根据当地的风俗祭祀他们所崇拜的蚕神，有祭祀“蚕花娘娘”的，有祭祀“蚕三姑”的，也有祭祀“蚕花五圣”、“青衣神”等蚕神的。浙江温州曾发现宋代“蚕母”像（图0-3-6）[1]。民间供奉蚕神的场所也不完全相同，有的建有专门的蚕神庙、蚕王殿，有的在佛寺的偏殿或所供奉的菩萨旁塑个蚕神像，有的蚕农家在墙上砌有神龛供奉印有蚕神像的“神码”。

养蚕一般在清明前后开始，浙江湖州地区有轧蚕花、划龙船之盛会，其实是养蚕之前的精神调节和购置蚕具的活动。养蚕之前要祛蚕祟，即用各种神像、画符或其他法术驱赶一切有害于蚕的鬼邪、病毒、虫害，同时也是一种卫生防疫措施。养蚕时蚕室门口用红纸书“育月知礼”或“育蚕”等字，告知互不往来，称为“蚕关门”。蚕过三眠，俗称“出火”，此时蚕茧收成已成定局，蚕农家家做一种米粉小汤团，称为“茧圆”，以祀蚕神。蚕儿上山结茧时，蚕农可以开门走动，称“蚕开门”，并且各亲戚间还以猪蹄、鱼鲜、花果、糕点等食品互相赠送并探询养蚕收成，俗称“望蚕讯”。端午、小满前后，蚕农往往要举行一些庆祝活动，如湖州称“谢蚕花”，德清称“吃蚕花饭”，盛泽则有小满戏，请来戏班公演。

1 金柏东：《温州发现〈蚕母〉套色版画》，《文物》1995年第5期，第87—89页。

养蚕时禁忌甚多。金代出现的《务本新书》载蚕之杂忌有“忌食湿叶，忌食热叶。蚕初生叶，忌屋内扫尘。忌煎煿鱼肉。不得将烟火纸撚于蚕层内吹灭。忌侧近舂捣。忌敲击门、窗、槌、箔及有声之物。忌蚕屋内哭泣、叫唤。忌秽淫辞。夜间无令灯火光忽射蚕屋窗孔。未满月产妇，不宜作蚕母。蚕母不得频换颜色衣服，洗手常要洁净。忌带酒人切桑饲桑及抬解、布蚕。蚕生至老，大忌烟熏。不得放刀于灶上、箔上。灶前忌热汤拨灰。忌产妇、孝子入家。忌烧皮、毛、乱发。忌酒、醋、五辛、羶、腥、麝香等物”。文中所禁多合科学道理，现在蚕乡也有此类禁忌。嘉湖一带还有许多语言禁忌，如忌“亮”字，忌说“酱”，因亮蚕、僵（与酱同音）蚕是蚕病，等等。

第四节　中国纺织的发展阶段

从全国各地出土纺织品的情况来看，中国的纺织生产已有六千年的历史。从纺织生产技术的角度出发，可将这一段历史分为手工生产和机械生产两大阶段，而在手工生产阶段中，又可分为前后两个时期，从商周到中唐称为古典体系，中唐之后至宋元明清为传统体系。如再细分的话，商周是古典体系的形成期，秦汉是古典体系的高峰期，而魏晋南北朝直至唐代中期是古典体系的解体并逐渐融合新技术因素的转折期。唐晚期至宋是传统体系的形成期，蒙元时期则又一次吸收西方纺织技术的一些长处，明清是传统体系的成熟期。清晚期开始西方近代纺织技术的又一次冲击，使传统体系逐渐瓦解，纺织生产的近代技术体系最终在民国时期建立，此时进入机械化生产的阶段。

一、古典体系

自殷商时期至唐代中期，中国纺织生产古典体系的主要特征可以总结为以下几个方面。

纺织生产已经普及到国家的大部分地区，并形成了一些地方特色。从青铜时代以来，毛纺织的重心一直就在西北新疆一带，而中原特别是黄河中下游地区是丝绸生产的中心，麻纺织也非常发达。汉唐政府在首都长安和齐、楚、蜀等丝织品主产地区设立了官方的纺织生产机构。直到唐代初期，黄河中下游的中原地区以及巴蜀一带仍然是丝织品生产的重地，但长江中下游特别是江南一带的丝织品生产在安史之乱后发展很快，到唐后期基本形成了中原、巴蜀、江南三足鼎立的局面。相比之下，棉纺织在汉晋时期才传入新疆一带，到唐代已在新疆及敦煌一带流行。

纺织品生产是古时劳动人民生产生活的重要内容。凡宜桑麻之地，每家每户均得植桑养蚕，或是绩麻织布，以作赋税。汉代已有年贡赋丝织品500万匹的记载，曹魏时正式实行户调制，一直到唐代初期实行租庸调制，均以丝麻织品为征收对象。而在一般流通市场上，自北魏以至唐中期，绢帛曾长期作为流通货币而存在，常用以支付大宗买卖。

桑树树型以高干桑为主，蚕的品种则以二化性为主。用于缫丝的工具在商周时是青铜甗作缫丝锅，并发明简易的缫丝工具进行热汤缫丝。约自汉代起开始使用手摇缫丝车进行缫丝，一直到唐代为止未变。

迟至春秋战国时，丝织生产中已出现了两种织机及织造技术，一是踏板织机，用脚控制织机的开口，二是提花机，用多综片来控制经丝的提升规律。织物的组织结构亦是织造技术的重要体现。这一时期织物主要的基本组织结构是平纹组织，所有的起花织物组织也均由平纹组织衍生而来或是内含平纹规律。此时尚未产生真正的斜纹组织，某些所谓的斜纹仅是不同的平纹通过并丝织法而产生的斜纹效果。纱罗织物在此时流行的是一种特殊的四经绞罗，又称链式罗。此外，提花织物尤其是织锦的显花方式通常是经显花，即用多彩的经丝在织物表面按一定规律显露而呈现花纹。

我国传统的染料以植物染料为主。自商周至南北朝，虽有部分染料从周边区域引进，但以国产为主。红色染料以茜草为主，亦大量使用矿物染料朱砂；蓝色用蓼蓝、菘蓝进行未发酵的直接染色；黄色则用黄栌、栀子。染色工艺多采用媒染法，主要的媒染剂则是草木灰和含铁物质。印花技术来自手工描绘，汉代开始出现真正的印花，其工具是青铜凸纹印花版，但仍结合手绘同时进行。这一方法一直沿用至唐宋时期。同时，魏晋隋唐时期也逐步出现了新型的防染印花方法。而这一时期的刺绣基本使用锁绣或类似锁绣的劈针绣法，细致而繁琐。

织物图案也直接与技术相关。早期的织物图案从几何纹起步，其后逐渐发展到动物与几何纹的结合，汉代织物最为经典的纹样是在道家思想影响下的动物与云气纹的结合，到魏晋南北朝时依然有大量的动物纹出现，直至唐代初期，即使是在西域艺术大量影响丝织品图案的情况下，动物纹样仍与联珠纹相结合，顽强地坚守着自己的阵地。

此外，丝绸之路上的丝绸贸易也表现出这种阶段性。从早期草原丝绸之路上的毛纺织技术交流，到汉武帝时张骞出使西域，中国与西方交流的主要通道是经过中亚西亚一直到达地中海沿岸地区，特别是汉唐间中原政府对西域的经营，使得由沙漠与绿洲相连而成的西北丝绸之路一直发挥着重要作用，同时也在中外经济文化交流史上占有极其重要的地位。而与这条西北丝绸之路相比，虽然同时期也已经与朝鲜、日本等国展开了海上的丝绸贸易，但其在中外交流中的比重还显得较小。

二、传统体系

自唐代中期起至清代，我国的纺织生产体系发生了极大的变化，各种新的技术手段代替了旧的技术。相对于近代纺织机械工业生产而言，这一时期所使用的技术是我们今天所看到的较为传统的内容，因此，我们将它称为传统体系，其特点表现在以下几个方面。

自安史之乱起，北方的战乱使南方的纺织生产得到官方的重视，到宋室南迁，南方更加成为丝织品生产的重心。元代起，棉花种植开始在全国各地普及，丝织品生产区域进一步集中到江南一带。总的来说，这一时期的蚕桑丝织产区主要集中在江南一带。如明代的官营织染局大部分集中在江浙两省，清代官营织造则完全集中在南京、苏州和杭州三地，称为江南三织造。南方大量生产丝织品，供全国各地尤其是北方京师朝廷的消费。

从纺织生产与社会经济的关系来看，由于唐代中期开始实行两税法，纺织品在中央财政中的地位大大降低，绢帛的货币作用也大大减弱，以后各代逐渐改用钱进行纳税。而民间的丝织品生产更趋于商品化和专业化，江南一带形成了很多以丝织生产为主业的专业城镇，以及以此为依托的丝织品交易专业市场。

丝织品的对外贸易也有了极大的变化。由于中亚地区的伊斯兰化，西北方向的丝绸之路时有阻隔，而南方的海上丝绸之路却繁荣起来。宋元时期，南方沿海有大量的港口城市出现，丝绸产品经海运输往朝鲜、日本和东南亚各国，再转运到其他国家。特别是明代郑和下西洋的壮举，写下了海上丝绸之路最动人的篇章。

从技术上来看，蚕桑生产由于其重心移至江南而使其生产技术更加适应南方的环境，中低干桑成为桑树的主要类型，出现了大量中低干桑密植的桑园。养蚕技术方面则总结出在上蔟时加温的“出口干”之法，既有益于缫丝的解舒，又能保证江南丝绸纤薄的风格。缫丝车型制亦有较大改进，最迟在宋代已出现了完善的脚踏丝车，缫丝工艺中亦总结出“出水干”的经验。与此同时，棉纺织生产由于从南方海上丝绸之路上引进大量新的技术而得到了飞速的发展。

宋元时期的普通织机已广泛使用两片综片。起初为单动型的双综双蹑机，元代出现互动型双综双蹑机，取代了早期的中轴式单综织机。在提花机型方面，束综提花机在宋代开始一统天下，束综提花机用线综所制花本来控制提花，其中又分为小花本和大花本提花机两类，这是中国古代织造技术进步的重要标志之一。

织物的组织结构也有了很大变化。其基本组织中陆续出现斜纹、缎纹等，纱罗组织中链式罗逐渐少见，而大量出现有固定绞组织的纱罗，起绒织物使用剪绒方法，重组织中较多地使用地络类和特结经固定的重织物，显花方式也由经显花转向纬显花，不少采用挖梭工艺的织品如缂丝和妆花得以流行。所有这些，都是这一时期织造技术中的新因素。

印染原料和技术也有发展。唐代以后，红色染料以红花和苏木为主，染色工艺使用酸性染法和媒染法，蓝色染料则更多采用石灰发酵制备靛蓝并用还原法染色。黄色染料变化较小，只是多用槐花而已。媒染剂也多用明矾来替代草木灰。唐宋时防染印花盛行，除少量其它印花方法外，灰浆防染、蜡染、灰缬、夹缬等成为主流手段，特别是元明开始的蓝印花布，是棉纺织业、靛蓝染色工艺及防染印花工艺的集大成功者。

刺绣针法也在唐代晚期出现重大变化，其时大量使用平针及其变化针法，及至有丰富变化的各种地方绣盛行起来以后，锁绣针法就极为少见了。

唐代是丝织品艺术风格最为多样化的时期。特别是宝花图案的应用，使丝织品装饰主题从动物转向花卉鸟虫类。到了宋代，丝织品装饰风格更多地体现出文人的爱好，写生花卉成为丝织品装饰图案的主流，服饰及其他各种丝织用品上广泛使用各种花卉如牡丹、莲花、梅花、菊花、桃花、竹叶等，以及与此相配合的蜂蝶鱼虫、鹭鸶雁鹊之类，其造型风格也更偏向写实主义。明清时期丝织品的装饰风格仍以花卉纹样为主，但表现形式却逐渐趋于程式化，题材更多地以吉祥图案为主，以纹样寓意吉祥，几乎达到“图必有意，意必吉祥”的地步。

三、工业体系

清代晚期，西方先进的纺织技术对我国产生了极大的影响，不少实业界人士从西方引进新型的动力机器设备、新型的原料和工艺，并聘用西方技术人员在中国建厂，由此诞生了中国近代蚕桑丝织业，并形成了近代纺织生产的工业体系。

中国的近现代纺织工业起源于19世纪末的机器缫丝业。1861年英商在上海设立纺丝局，是为中国第一家外资纺丝企业，1872年，陈启源在广东南海县创办了我国第一家民族资本的生丝生产企业继昌隆汽机缫丝厂。这些企业不仅采用先进的工业化生产机械，而且仿照西方工厂的生产形式进行运作，带来了中国近代工业化生产体系。此后，丝织品织造业及印染业等也先后开始采用工业化生产模式。

科学养蚕和蚕种改良改善了蚕的品种，杂交育种使蚕茧质量又得以提高。机器缫丝起初采用意大利式和法国式坐缫车，后又改用日本式立缫车，使生丝产量和质量均有较大提高。此外，各种新型的人造纤维风靡一时，使原料生产构成发生了较大的变化。

在织造技术方面，我国在19世纪末引进飞梭织机，使双手投梭接梭改成一手拉绳投梭，既加快速度又加阔门幅。此后又利用齿轮传动来完成送经和卷布动作。20世纪初，进一步采用铁木机和电力织机，织机构件大多为铁制，并由电力驱动。在提花机方面，则引进木制贾卡式纹版提花机，后又逐渐扩大了针数并将机身改成铁制，这些设备的更替，标志着现代织造技术的引进。到20世纪下半叶，缫丝机和丝织机更进一步向自动化方向发展，一直到电脑控制的智能化的纺织生产机械。

随着化学工业的发展，化学染料逐渐取代了传统的植物染料。自19世纪末起，中国已大量使用化学染料染色。20世纪初，我国民族资本家设厂进行机器染色，先染各色纱线，后染布匹。机器印花在20世纪30年代出现，先采用滚筒印花机，后又采用平网印花机，印花工业也由水印发展为浆印，与此相配合的蒸化、水洗以及整理工艺也得到了完善。

第一章
史前的纺织文化

世界各国的纺织文化都是从野生纤维的利用开始，中国也不例外。我国纺织渊源古老，早在十万年前的旧石器时代中期，先民已经充分利用我国优越的自然条件，广泛采集各种可以利用的野生纤维和可能得到的动物毛发，用于制作原始的绳索和网具进行狩猎采集。这种对天然纤维的创造性利用使人类摆脱了洪荒，或可视为早期纺织的起源。至旧石器时代晚期，缝纫技术、搓捻线缕、编织布帛已经出现。新石器时代的先民对天然纤维的认识日渐深刻，并发明了纺坠和原始腰机，开始织制真正意义上的纺织品。进入新石器时代的后半期，男耕女织原始分工出现，纺织原料的利用、原始纺织工具的制造、纺织产品的数量质量都得到长足进步。此时我国特有的丝织技术出现，蚕桑完成了从野生到驯化培育的转变，人们开始栽桑、育蚕、缫丝并织造丝织品。人类就此摆脱早期蒙昧的生活状态，为后世纺织生产的发展奠定了坚实基础。

第一节　蚕桑丝织的起源

一、关于蚕桑文化起源的传说

蚕桑丝织是中国古代文明的特质之一，男耕女织也是中国封建社会赖以生存和发展的基础。因此，中国古代关于蚕桑文化起源的传说流传甚远，民间所祭祀的蚕神种类也甚多，但从记载来看，大致可分为官方和民间两大类。

在官方传说中最为著名的是黄帝元妃嫘祖创造蚕桑。嫘祖始蚕之说，初见于宋代罗泌《路史·后记》，其文曰："（黄帝）元妃西陵氏曰嫘祖。以其始蚕，故祀先蚕。"又见于元代张履祥《通鉴纲目前编·外纪》，其书载："西陵氏之女嫘祖为黄帝元妃，始教民育蚕，治丝茧以供衣服，而天下无皴瘃之患，后世祀为先蚕。"事实上，在嫘祖之前，人们可能是将黄帝本人作为养蚕的发明人。北齐时，京城北之西、去皇宫十八里之外有蚕坊，蚕坊之中有蚕宫，蚕宫之内有蚕室，路西有皇后蚕坛，路东有先蚕坛。"每岁季春谷雨后，吉日，使公卿以一太牢祀先蚕黄帝轩辕氏于坛上。"但北周则将嫘祖西陵氏祀为先蚕。"后周制，皇后乘翠辂，率三妃、

图 1-1-1　嫘祖西陵氏像，元，王祯《农书》

三妃、御媛、御婉、三公夫人、三孤内子至蚕所，以一太牢亲祭，进奠先蚕西陵氏神。”[1]说明人们逐渐地将养蚕发明人归到女性的名下。由于嫘祖又称西陵氏，其族源来自四川境内西陵峡附近，因此也有人推测嫘祖的养蚕技术，当来自四川境内。她嫁于黄帝之后，只是将四川的养蚕技术传播到了中原，而不是真正的发明者（图1-1-1）。因此，张履祥所说的“教民养蚕”较为准确地表达了这个意思。

通过对历史文献记载的追溯，一般可以认为，嫘祖始蚕，并非自上古传承而来的民间传说，而是统治阶级把文化的创造归功于帝王贵夫人的正统思想的产物。从历史上看，供奉嫘祖的先蚕坛，是历朝皇后举行亲桑这一宫廷仪式的场所；而遍布各地的先蚕庙，则是各级地方官府举行祭典的地方，一般蚕农只能敬而远之。因此，现代民间文艺采风中所采集的嫘祖娘娘发明养蚕的故事，也应当是在北周以后漫长的历史过程中产生的附会假托之说[2]。

第二类是民间的传说。民间的传说极多，但其中最为有名的是马头娘的传说，也为许多学者称为蚕马故事。这一传说最早见于晋代干宝的《搜神记》，其中记载：

旧说太古之时，有大人远征，家无余人，唯有一女。牡马一匹，女亲养之。穷居幽处，思念其父，乃戏马曰：尔能为我迎得父还，吾将嫁汝。马既承此言，乃绝缰而去，径至父所。父见马，惊喜，因取而乘之。马望所自来，悲鸣不已。父曰：此马无事如此，我家得无有故乎！亟乘以归。为畜生有非常之情，故厚加刍养。马不肯食。每见女出入，辄

1 《隋书》卷七《礼仪志二》，北京：中华书局，1973年。

2 曹建南：《中日蚕桑起源传说的比较》，《上海师范大学学报》2000年第1期，第25—32页。

喜怒奋击，如此非一。父怪之，密以问女，女具以告父：必为是故。父曰：勿言，恐辱家门，且莫出入。于是伏弩射杀之，暴皮于庭。父行，女以邻女于皮所戏，以足蹙之曰：汝是畜生，而欲取人为妇耶！招此屠剥，如何自苦！言未及竟，马皮蹶然而起，卷女以行。邻女怕，不敢救之。走告其父。父还求索，已出失之。后经数日，得于大树枝间，女及马皮，尽化为蚕，而绩于树上。其茧纶理厚大，异于常蚕。邻妇取而养之，其收数倍。因名其树曰桑。桑者，丧也。由斯百姓竞种之，今世所养是也。[1]

图 1-1-2　马头娘像，清

中国的蚕马故事，经历了一个漫长的发展变化过程，至今仍在南方蚕桑地区流传（图1-1-2）。故事的内容基本相同，特别是其中马、女、蚕三个基本要素都没有变化。事实上，马、女、蚕三者之间的关系早已形成。战国时期的荀况（约公元前313—前238年）曾有《蚕赋》描述蚕的形象："有物于此，蠡蠡兮其状，屡化如神，功被天下。……臣愚而不识，请占之五泰。五泰占之曰：此夫身女好而头马首者与"。就是说，蚕的头时而昂起，颇似马首，而蚕身柔软，又像是女性。人们把蚕、马、女联系在一起，可能正是因为他们之间有一定的相似性，而蚕马故事，也可能正是源自于此。

关于蚕与女性之间的联系，还有一种传说。中国最早的一部神话故事集《山海经》记载："欧丝之野大踵东，一女子跪据树欧丝。"[2]这里的"欧丝"就是吐丝的意思。这一记载中，似乎有一个跪在树旁吐丝的女子，这树应是桑树。

二、丝织品起源的考古学证明

无论是官方记载还是民间传说，只能说明中国丝织品的悠久历史及其与中国文化的密切关系，而蚕桑丝织起源的确切时间和地点，则可以由近代考古学的成果加以考证。

1 〔晋〕干宝撰，汪绍楹校注：《搜神记》卷一四，北京：中华书局，1979年，第172—173页。

2 袁珂校注：《山海经校注》卷三《海外北经》，上海古籍出版社，1980年，第242页。

最早的蚕丝利用实证发现于1926年。那年，我国第一代田野考古学家们在山西夏县西阴村发掘了一个仰韶文化遗址（约公元前3500年），其中出土了半颗蚕茧。这个茧壳长约1.36厘米，幅度约1.04厘米，被锐利的刀刃切去一部分。这半颗蚕茧在国内外学术界引起了轰动，中国古老的养蚕历史在黄帝的故乡得以证实，但关于它的性质也存在着较大的分歧。主持发掘的李济在报告中写道："我们最有趣的发现是一个半割的、似丝的半个茧壳。用显微镜考察，这茧壳腐蚀了一半，但是仍然发光。那割的部分是极平直的。清华大学生物学教授刘崇乐先生替我看过好几次，他说，他虽不敢断定这就是蚕茧，然而也没有找出必不是蚕茧的证据。与那西阴村现在所养的蚕比较，比那最小的还小一点。这茧埋藏的位置并不在坑的底下，它不像是后来的侵入，因为那一方的土色没有受扰的痕迹，也不会是野蚕偶尔吐的，因为它是经过人工的割裂……"[1]刘崇乐的初步研究认为此为桑蚕茧，后来又经美国斯密森学院鉴定确定为蚕茧。然而，这项发现在学术界却引起了长时期的争论。一般来说，仰韶文化的年代在距今5000年前或更早一些，此茧子亦应属同一时期。而持否定态度的人则怀疑当时发掘的科学性，认为这是后来混入的。同时，茧子的属性也没有得到一致的认识，日本学者布目顺郎对西阴村的这个蚕茧作了复原研究，测得原茧长1.52厘米，茧幅0.71厘米，茧壳被割去部分约占全茧的17%，推断是桑蟥茧[2]。但池田宪司却在通过多次考察后认为，这是一种家蚕茧，只是当时的家蚕进化不够，茧形还较小[3]。三是茧子的利用问题，这半颗茧子是被十分锋利的工具一割为二的，这样的切割究竟为了什么，人们多数倾向于吃蛹。这些疑问使得这半颗茧子在考证蚕织文化起源中无法起到直接的作用，但这半颗茧子一直被作为国宝藏于台北的故宫博物院（图1–1–3）。

1958年，浙江的考古工作人员在湖州钱山漾良渚文化遗址中发现了一个竹筐，筐内有一些纺织品及线带之类的实物，经当时的浙江纺织研究所及后来的浙江丝绸工学院鉴定，其中部分纤维为麻，而有部分为丝，从而可以证实其中有绢片、丝线和丝带[4]。这一发现使大家备感振奋，因为钱山漾遗址的碳十四测定年代为距今4750年，这是当时所知最早的丝织物，极为珍贵。特别是蚕桑丝绸界的学者们对这一发现倾注了极大的热情，纷纷对其进行研究。徐辉、区秋明等人通过实验再次确认了纤维的性质，在《对钱山漾出土丝织品的验证》中认为，绸片是由茧丝借助于丝胶粘合成生丝作经丝和纬丝交织而成的平纹

图 1–1–3　半个茧壳，约公元前3000多年，山西夏县西阴村出土

1 李济：《西阴村史前的遗存》，《李济文集》卷二，上海人民出版社，2006年，第178页。

2 〔日〕布目順郎：《養蚕の起源と古代絹》，雄山閣出版，1979年，第165页。

3 〔日〕池田憲司：《一粒茧に魅せられて》，《季刊中国》1987年第10期。

4 浙江省文物管理委员会：《吴兴钱山漾遗址第一、二次发掘报告》，《考古学报》1960年第2期，第73—91页。

图 1-1-4　绢片，约公元前 2750 年，浙江湖州钱山漾出土

图 1-1-5　罗织物，约公元前 3650 年，河南荥阳青台村出土

织物，丝带是用捻丝再并捻成丝线辫结而成贯串在平纹组织中间的细长带子[1]（图1-1-4）。

由于传说中养蚕技术的发明者是黄帝元妃嫘祖，理论上来说，丝织物应该首先出现在黄河流域，而钱山漾出土的绢片出自长江流域，令人颇感意外。但是，十九世纪80年代由郑州市文物工作队在荥阳市青台村新石器时代遗址进行了较大规模的发掘，其中从第七层及其相关地层中出土了距今5500年左右的丝麻织物残片，为我们弥补了这一缺憾。据张松林和高汉玉的观察，在W164和W486两个瓮棺内发现的丝织物残片，从丝纤维来看，其单茧丝面积为36—38平方微米，截面呈三角形，丝线无捻度，是典型的桑蚕丝；从织物结构来看，青台村织物有平纹织制的纱和以二根经丝成组的绞纱织物，高汉玉等人称之为罗（图1-1-5）。而且出土的罗还带有浅绛色，学者认为它是先经练染再染色的，所用的染料可能是赭铁矿一类[2]。

上述发现可将丝织物起源的时间定于距今5000年之前，同时也可从某种程度

1　徐辉等：《对钱山漾出土丝织品的验证》，《丝绸》1981年第2期，第43—45页。
2　高汉玉、张松林：《荥阳青台遗址出土丝麻织品观察与研究》，《中原文物》1999年第3期，第10—16页。

上佐证西阴村的半颗茧子从年代上来说也基本可信。

除了三例丝织物或是蚕茧的实例之外，新石器时期还有不少表现蚕或蛹形象的刻画或雕刻，这些实物对研究中国蚕桑丝织的起源均有很大帮助。其中包括浙江余姚河姆渡遗址出土的一件牙雕，牙雕上刻有四对虫形形象，有不少学者将其认作蚕纹，这是目前所知最早的蚕形刻画（图1-1-6）。结合同一遗址出土的蛾形器或称蝶形器来看，这在一定程度上反映了距今约七千年之前的河姆渡人对蚕生态的关注[1]。在距今五千年前后的南北各新石器文化遗址中，类似的发现更加频繁。如1921年，安特生在辽宁省砂锅屯的仰韶文化遗址中，发掘到长数厘米大理石制作的蚕形饰；1960年，中国科学院考古所在山西芮城西王村的仰韶文化晚期的遗址中发现了陶制蚕蛹形装饰；与此同时，河北正定南杨庄仰韶文化遗址也出土了陶质蚕蛹；1963年，江苏梅堰新石器时代遗址出土的黑陶上也刻有蚕纹；安徽蚌埠市郊吴郢新石器时代遗址中发现的一件陶器底部被认作是蚕在营茧的形象，因为在蚕体之外有许多直线分布，被认作是蚕在蚕簇中吐丝；连远在甘肃的临洮冯家坪齐家文化遗址（距今约4200年）中，也发现了一件刻画有很多蚕形昆虫的双联陶罐（图1-1-7）；在东北辽宁与内蒙古交界之处的红山文化遗址中，也发现了许多玉蚕，这些或许是边疆地区早期蚕桑活动的见证[2]。

图 1-1-6　蚕纹牙雕，约公元前 5000 年，浙江余姚河姆渡出土

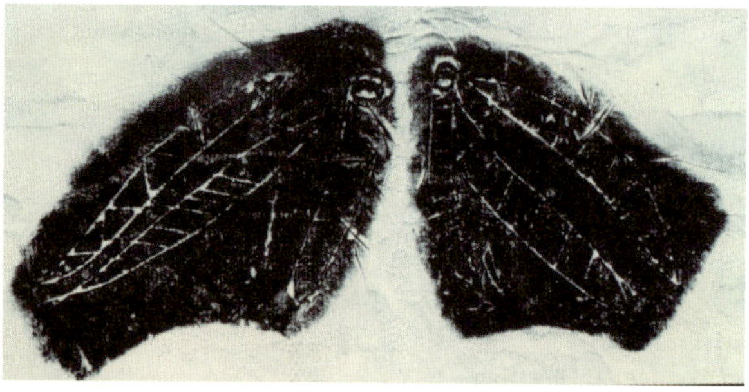

图 1-1-7　蚕纹双联陶罐，齐家文化，甘肃省博物馆藏

1 河姆渡遗址考古队：《浙江河姆渡遗址第二期发掘的主要收获》，《文物》1980年第5期，第1—16页。
2 孙守道：《红山文化“玉蚕神”考》，《中国文物世界》总第153期。

三、丝织品起源的文化契机

蚕桑丝织业之所以在中国发生，是基于多种基本条件的具备。首先是资源的存在，中国大陆上有着广泛的野生桑树和野蚕的存在，结出各种野生的蚕茧。其次是发达的古文化，在距今7000年至5000年之前，生活在新石器时期的先民们在衣、食、住、行、生产、宗教、艺术、战争等方面形成了较完整的文化，为蚕桑丝织的产生提供了土壤。还有一个条件是机会，现在的人们推测，先民们或许为了吃蚕蛹才把茧层扯开，从而发现了蚕丝的纤维性能，或许是野生的茧子在风吹雨打之中自动解体，露出了根根纤维从而被先民们发现[1]。但从考古学、民族学、人类学的大量资料来看，养蚕在中国的出现或丝织业在中国的起源实是基于中国独特的文化背景[2]。

桑蚕是自然界中变化最为神奇的一种生物，自古至今仍让人们感到惊叹不已。蚕一生经历卵、幼虫、蛹、蛾四种状态变化，这种静与动之间的转化（包括眠与起）使人们联想到当时最为重大的问题——天地生死。卵是生命的源头，孵化成幼虫就如生命的诞生，几眠几起犹如人生的几个阶段，蛹可看成是一种死，原生命的死，而蛹的化蛾飞翔就是人们所追想的死后灵魂的去向了。《博物志》云“蛹，一名魂”，正是此意。《礼记·檀弓下》：“孔子谓为刍灵者善，为俑者不仁。”俑即随葬之木俑、泥俑之类，其原意或恐与蛹有关。俑即偶人，偶与汉代开始已作为蚕神祭祀的“寓氏公主”中的“寓氏”相通，可作为俑、蛹相关的旁证。在仰韶文化墓葬中，约有一半左右采用瓮棺葬，埋于房基附近，并在瓮中留孔，推测是让其灵魂自由升天之意，这或许亦来自蛹死七日然后化蛾破茧而出的联想，由于瓮棺葬多用于儿童天折，儿童力单，故需预先凿孔[3]。直到后来，人们得道升仙的途径之一称为羽化，也正是源于对蚕蛹化蛾的观察联想。

既然蚕的变化如此神奇而重要，那蚕赖以生存的桑也就显得十分神圣了。从古史传说来看，桑林不啻是蚕的栖息地，而且与民俗活动亦有密切的关系。其中的活动主要有两类，一是在桑林中进行男女幽会，祭高媒神以求子；二是在桑林进行祭天求雨活动。求子是为了子孙繁衍，求雨是为了粮食丰收。上古时期人类所有活动中两项最重要的活动都在桑林进行，说明了桑对于我们先民的重要性。桑林是上古时期男女幽会的地方，这有许多史料可证，其中以《诗经》中的记载最为丰富。如《小雅·隰桑》“隰桑有阿，其叶有难，既见君子，其乐如何”，《魏风·十亩之间》“十亩之间兮，桑者闲兮，行与了还兮”，而最明显的则是《鄘风·桑中》“期我乎桑中，要我乎上宫，送我乎淇之上矣”。这种风俗在当时的一些其他艺术作品中也有反映，大量战国青铜器上都有采桑图像，描绘的其实就是桑林之中男女相会并祭高媒之情景（图1-1-8）。这些故事似乎说明了这样一种情况：在桑林中，人类特别易与神沟通，故而周代男女相会桑林时，通常还要祭祀高媒之神（即生育之神）。桑林作为求雨场所最为著名的例子是成汤桑林祷雨。许多文献对此都有记载，如《吕氏春秋·顺民》中说：“昔者汤克夏而正天下，天大旱五年不收。汤乃以身祷于桑林。”

1 周匡明：《蚕业史话》，上海科学技术出版社，1983年，第6—7页。

2 赵丰：《丝绸起源的文化契机》，《东南文化》1996年第1期，第67—87页。

3 中国社会科学院考古研究所：《新中国的考古发现和研究》，北京：文物出版社，1984年，第63页。

图 1-1-8　采桑竞射纹圆壶，战国，山西襄汾县大张村东墓地出土

《淮南子·本经训》高诱注："桑林者，桑山之林，能兴云作雨也。"

由于桑林的重要，人们进而从桑树中想象出一种神树称为扶桑，意为太阳栖息的地方。扶桑又作榑桑、空桑，不少学者释为大桑之意[1]。《山海经·海外东经》："汤谷上有扶桑，十日所浴。"神树扶桑的概念至迟在商王朝盘庚至武丁时期就已形成，近年四川广汉三星堆商代遗址中出土的铜树中就有一枝被确定为扶桑树。铜树下为喇叭状树座，树干笔直，上出九枝，枝上及树顶各栖一鸟，并有铜龙、铃、花、叶等挂饰（图1–1–9）[2]。此后，扶桑的形象常见于战国秦汉艺术品中。湖北擂鼓墩曾侯乙墓出土漆箱之上也有扶桑图像，此扶桑为一巨木，对生四枝末梢各有一日，主干直上一日，另一日被后羿射中化作鸟，共十日。后羿射日形象的出现，更有力地证明了这是当时人们想象中的扶桑形象（图1–1–10）[3]。值得注意的是大量汉画像石上亦有扶桑树的形象，如山东武梁祠画像石、江苏沛县古泗水画像石、山东安邱画像石上均有马车、鸟（即太阳）、后羿及扶桑的形象，扶桑树上甚至还挂有一个采桑篮，树下还有采桑妇的形象（图1–1–11）[4]。

由此来看，我们的祖先不但从蚕的变化中产生了对蚕的惊奇，而且还产生了对桑树的崇拜，认为桑林是一片神圣之地，桑林中特别容易与上天沟通，以致求子、求雨等重大活动均在桑林进行。从而又产生了扶桑树的概念，把沿扶桑树上下亦看作是天地间沟通的途径之一[5]，而由此得到的丝织物也不会是普通的织物，服用丝织品必然会利于人与上天的沟通，作茧自缚并不一定是坏事，而是灵魂升天的必由之路。因此，人们在死后直接用丝织物或丝绵包裹起来，等于用丝质材料做成一个人为的茧子，有助于死者灵魂的升天。目前所知最早的丝织品实物出自河南荥阳青台

1　何新：《诸神的起源》第六章，北京：三联书店，1986年。

2　孙华：《铜树——太阳栖息的扶桑和若木》，《中国文物报》1992年5月17日。

3　舒之梅、张绪球：《楚文化——奇谲浪漫的南方大国》，上海远东出版社、香港商务印书馆，1998年，第163页。

4　信立祥：《汉代画像石综合研究》，北京：文物出版社，2000年，第95页。

5　赵丰：《桑林与扶桑》，《浙江丝绸工学院学报》1993年第3期，第21—25页。

村仰韶文化遗址的瓮棺中，为包裹儿童尸体之用。此后有关的葬俗记载亦证明了这一点，《礼记·记运》载："治其麻丝，以为布帛，以养生、送死，以事鬼神上帝，皆从其朔。"治麻以得布，布以养生，治丝以得帛，帛以送死。这里已把布与帛的功用有所区分，布用于生前服饰，而帛主要用于尸服。敛尸之制，先以衾覆，《礼记·丧大记》载："君锦衾，大夫缟衾，士缁衾。"这里的锦、缟、缁是三种不同档次的丝织物。衾覆之中为冒，冒是裹尸的两个袋囊，上称为质，下称为杀，冒的三边缝死，一边不缝而用带系，一则可能是为了套尸的方便，另一方面亦可能带有留出空隙、任其灵魂飞出的含义。冒韬之中就是一般的袍或衣，"非列彩不入，絺绤不入"。絺绤均是苎麻或葛类纤维制成的纺织品，不能用于丧葬，也就是说一定要丝织品来制尸衣。对照江陵马山一号楚墓所见葬俗的情况来看，基本一致。随着丝织生产的逐渐发展，养老亦逐渐用丝衣。《孟子·梁惠王》载"五亩之宅，树之以桑，五十者可以衣帛矣"，也是同样意思，不仅是对老人的尊敬的表示，而且也是类似蚕蛹作茧自缚的含义。

除用作尸服外，早期丝绸的第二个主要用途是用作祭服。《礼记·月令》："蚕事既登，分茧称丝效功，以共郊庙之服"。说明躬桑亲蚕所得之丝主要是供郊庙祭祀之服。《礼

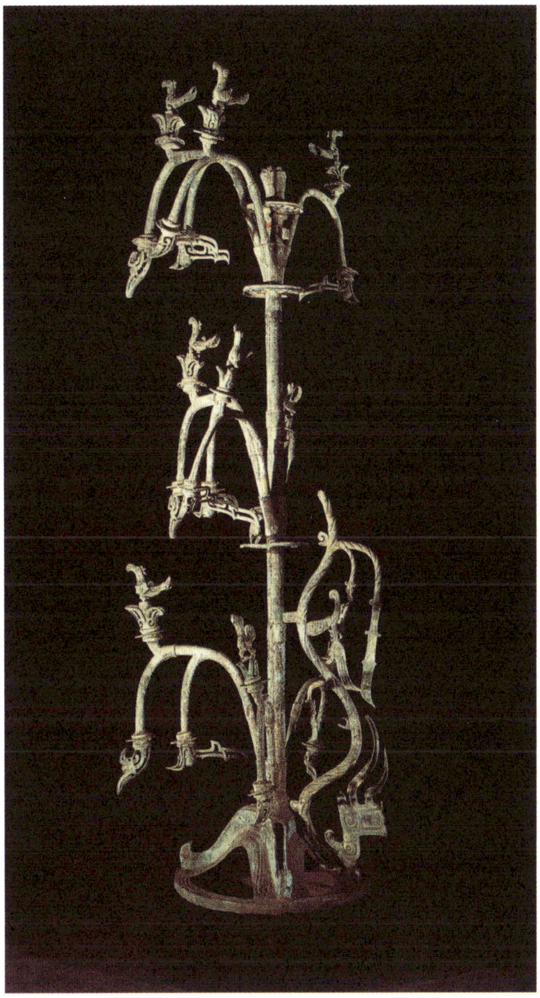

图 1-1-9　青铜扶桑树，商，四川广汉三星堆出土

图 1-1-10　扶桑树纹漆盒，战国，湖北随县曾侯乙墓出土

记·祭义》中更详细地记载了养蚕献茧的仪式，“岁既单矣，世妇卒蚕。奉茧以示于君，遂献茧于夫人。夫人曰：此所以为君服矣。遂副伟而受之，因少牢以礼之。古之献茧者，率用此与。及良日，夫人缫，三盆手，遂布子于三宫夫人世妇之吉者使缫，遂朱绿之，玄黄之，以为黼黻文章。服既成，君服以祀先王先公，敬之至也”。用丝作服的目的就是为了在祀先王先公时服用。《礼记·祭统》云：“王后蚕于北郊，以共纯服，夫人蚕于北郊，以共冕服。王后夫人，莫非蚕也。身致以诚信，诚信之谓尽，尽之谓敬，敬尽然后可以事神明，此祭之道也。”说的共有两层道理，第一层是事神明必须用蚕丝之服，第二层是为了表示敬之尽或敬之至，必须用亲蚕、亲缫所得之丝制成祭服。

图 1-1-11　桑马画像石，东汉，山东嘉祥宋山出土

早期丝织品的第三个用途是作为祭祀时用的物品，这里包括两类，一类是帛书或帛画，一类是与青铜、玉等礼器同等地位的丝织礼器，其用意应是把丝织物当作一种载体，把其上所题画的内容或是其中所包裹的物品传达到另一世界。湖南长沙子弹库出土的帛书最为有名，中央书写着文字，四周画有神奇的图像[1]。另外如两湖地区出土的龙凤妇女帛画、御龙人物帛画以及马王堆一号、三号汉墓中出土的两幅帛画等，均是用于导引死者灵魂升天的帛画，亦用于事鬼神。帛书也用于书写两国之间的盟书，《左传·哀公七年》载“禹合诸侯于涂山，执玉帛者万国”，中国成语又云“化干戈为玉帛”，这里的玉和帛均是书写国书的材料，写后或埋入地下或以火焚烧，表示可以上达于天（图1-1-12）。再看殷商时期的重要礼器青铜器，我们经常可以发现青铜礼器由丝织品包裹后入葬的痕迹，这恐怕不是因为青铜器需要丝织物的保护，而是因为丝织品可以作为青铜器的载体传输到上天。

因此，早期丝织品的利用并非为了日常服用，而主要是事鬼神而用之，有着特殊的含义。在这种情况下，育桑养蚕不是为了普遍的经济利益，而是怀着一种虔诚的心情进行。因为蚕是一种非常娇弱的生物，极易受到自然界恶劣环境的伤害，靠自然界难以保证蚕的顺利繁殖，为了保证天地之路的通畅，为了使人们所敬重的蚕蛾能

1　商承祚：《战国楚帛书述略》，《文物》1964年第9期，第8—23页。

图 1-1-12　战国帛书，战国，湖南子弹库出土

生生不息，循环轮回，先民们开始建立蚕室来对其进行精心的饲养。因此，我们认为，养蚕的最初目的并不是为了经济，也不是为了其他，而是为了保护。为避免酷暑、阴雨和飞鸟之类伤害的最佳保护莫过于建立专门的蚕室。《礼记·祭义》载："古者天子诸侯，必有公桑、蚕室。近川而为之，筑宫仞有三尺，棘墙而外闭之。"公桑即为桑林，蚕室就是养蚕之处，它被称为宫，宫高仞有三尺，外周有围墙闭之，似乎不同于一般的蚕室。《夏小正》载"亲子始蚕，执养宫事"，此宫即为蚕室，宫事亦为蚕事。

蚕桑丝织在早期"事鬼神而用之"的含义，在商周时期仍有普遍的存在，但随着春秋战国时期丝织品生产力的提高、思想的解放以及等级观念的松懈，丝织品的使用才变得逐渐普及，进入了一个新的阶段。

第二节　葛麻类纤维的使用

从目前的考古资料看，世界上最早被利用和栽培驯化的纤维植物有大麻科的大麻、亚麻科的亚麻、椴树科的黄麻、芭蕉科的马尼拉麻、龙舌兰科的剑麻、荨麻科的苎麻、豆科的葛和印度麻等。其中和中国史前族群有关的主要是葛、大麻和苎麻，它们是中国早期先民最主要的衣被原料，《盐铁论》载："古者庶人耋老而后衣丝，其余则麻枲而已，故命曰布衣。”[1]

一、葛布

葛纤维是早期人们所利用的重要纤维之一，葛布特别适合生活在多山多水、荆棘丛生、气候湿热地区的人们穿着。因为葛布很透气，而且不沾身，不像棉布那样吸水，弄湿后也很容易自然干燥，加之葛藤纤维极其坚韧，可保护皮肤不被荆棘划破，还可防止虫蛇叮咬。

江苏吴县草鞋山遗址距今约6000年的马家浜文化地层中，曾发现3块炭化的原始绞纱葛织物。据鉴定，这3块纺织品残片的纤维是野生葛，用纬起花的罗纹织法织成。经密每厘米约10根，纬密每厘米罗纹部约26—28根，地部13—14根，花纹为山形斜纹和菱形斜纹，组织结构为绞纱罗纹，嵌入绕环斜纹，还有罗纹边组织[2]。这件葛布残片是迄今为止发现最早的葛纤维织品，现藏南京博物院。

二、大麻布

大麻在中国史前社会可能有两个作用：纤维用于编织和纺织，籽粒用作粮食。其中，大麻纤维的利用历史一直没有断裂过，尤其是进入封建社会后，大麻药用和食用作用都有逐渐减弱的趋势，但一直被作为纤维作物种植。与葛一直有赖于野生采集不同，大麻在新石器时代已被栽培驯化，甘肃临夏东乡林家马家窑文化遗址出土的大麻子，据观察已和栽培种相似。但这个栽培驯化过程在边远地区要缓慢得多。例如，怒族[3]和西藏察隅县的位人[4]，都是近现代才开始栽培驯化大麻的。

中国史前遗址已有较多的大麻遗存出土，包括大麻子、麻布印痕或残片。

大麻布遗存首见于河南荥阳青台村的仰韶文化遗址，此遗址发现有大量用作幼儿瓮棺的陶器，其中的一些瓮棺内壁上粘附有麻布，已呈炭化状态，剥落的小块麻布残片上布满泥土，合股的麻绳已残断。此外，遗址的文化层中也有麻布残片出土。经过对纱线表面的观察，并将残断纱线松解，呈纤维状浸泡于酒精液中，发现处于内层的束纤维纵面的沟棱节纹较宽，直纹明显无扭曲，与苎麻、苘麻的纤维纵面有区别，和大麻束纤维的表面特征相似。其炭化纤维呈圆管状，横截面略呈椭圆形，管壁厚，显出粗硬的特征，因此被判定为大麻[5]。内蒙古石棚山发现过一件在粗麻布底衬上以黑色胶粘合白色蚌珠制成的特殊臂饰[6]。辽宁北票丰下夏家店下层文化遗址发现的一座小孩墓葬，骨架上附着有黄色平纹麻布残迹，每平方厘米经纬线

1 〔汉〕桓宽：《盐铁论》，《诸子集成》本，杭州：浙江古籍出版社，1999年，第1401页。

2 南京博物院：《吴县草鞋山遗址》，载《马家浜文化》，杭州：浙江摄影出版社，2004年。

3 段梅：《东方霓裳：解读中国少数民族服饰》，北京：民族出版社，2004年，第249页。

4 李根蟠、卢勋：《中国南方少数民族原始农业形态》，北京：农业出版社，1987年，第183页。

5 张松林、高汉玉：《荥阳青台遗址出土丝麻织品观察与研究》，《中原文物》1999年第3期，第10—16页。

6 邵望平：《史前艺术品的发现及史前艺术功能的演变》，《庆祝苏秉琦考古五十五年论文集》，北京：文物出版社，1989年。

各10根，其年代距今4000年左右（已属早期青铜文化）[1]。后两者的麻布遗存未做过科学鉴定，推测可能是大麻布。

麻织物还在众多的陶器上留下了印痕，推测当时制陶时可能将陶放在布上进行加工，做陶坯前，为避免陶坯与陶转盘等操作面粘在一起，一般都要在转盘等操作面上撒一层草木灰、细沙土，或者垫上一小块编织物或麻布，目的是在陶坯做成后，易于用双手托下或用麻布等衬垫物把它兜起后移下陶转盘，麻布印痕可能就是在这个制陶程序中留在陶器底部的，这些布痕大多是平纹组织，但也有少量被认为是绞纱组织。麻布印痕是1921年瑞典学者安特生首先在河南仰韶村遗址发现的，他发现有的仰韶期陶器上有清楚的布纹，并推测这种布的原料很可能就是大麻[2]。1952年半坡遗址出土的陶器，也有一百余件带有麻布或编织物的痕迹，从印痕可以看出当时已有平纹、斜纹或绞扭织法和织环混合编织物[3]。此后，甘肃永靖大何庄和秦魏家的齐家文化墓葬，以及河南三门峡庙底沟、陕西华县泉护村、柳子镇等黄河中下游新石器时代遗址中，也先后发现过带有或粗或细麻布纹的陶器[4]。西藏昌都卡若遗址在一件器底的内部，也曾发现布纹的痕迹，每平方厘米范围内经纬线各有八根，可见织物还很粗糙[5]。

三、苎麻布

苎麻是品质优良的麻纤维之一，其最大的优势是单纤维比较长，可采用单纤维纺纱。

1956—1958年，浙江省文物管理委员会先后分两次对湖州钱山漾遗址及其附近做了全面调查与考古发掘，在第二次发掘时，在探坑中出土了不少麻织品，麻织品有麻布残片和细麻绳，经浙江省纺织科学研究所鉴定，所用原料均为苎麻纤维。麻布残片较多，其密度与经纬捻回方向互有不同，约与现在的细麻布相当（图1-2-1）。细麻绳有两种，一长4.2厘米，直径0.3厘米，双股组成，一长13.5厘米，直径0.25厘米，三股组成（图1-2-2），另有一个麻绳结只剩下一个结头，绳索编法与上列细麻绳相同，但要粗一

图 1-2-1　苎麻布，约公元前2750年，浙江湖州钱山漾出土

1　辽宁省文博工部培训班：《辽宁北票县丰下遗址1972年春发掘简报》，《考古》1976年第3期，第197—285页。
2 J. G. Andersson, An Early Chinese Culture, Bulletin of the Geological Survey of China, No.5, Part1, 1923, p.26.
3 赵丰、金琳：《纺织考古》，北京：文物出版社，2007年，第9页。
4 黄河水库考古队华县队：《陕西华县柳子镇考古发掘简报》，《考古》1959年第2期，第71页。
5 西藏自治区文物管理委员会、四川大学历史系：《昌都卡若》，北京：文物出版社，1985年，第155页。

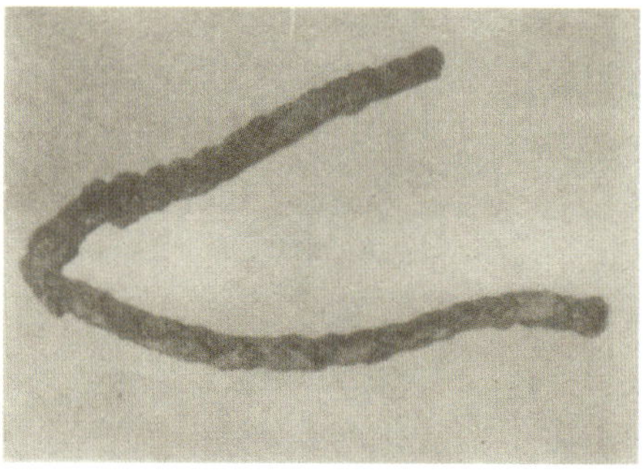

图 1-2-2　细麻绳，约公元前 2750 年，浙江湖州钱山漾出土

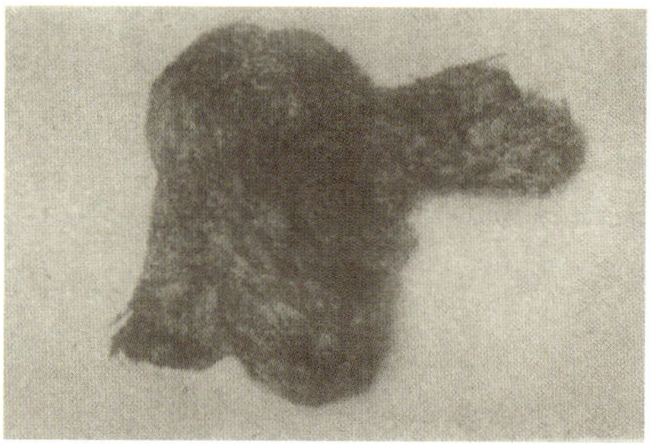

图 1-2-3　麻绳结，约公元前 2750 年，浙江湖州钱山漾出土

倍（图1-2-3）。大部分都保存在一个竹筐里，麻织品已经全部炭化，表面有结晶体微粒，但仍保有一定韧性[1]。

四、苘麻

最为有名的是浙江省余姚河姆渡遗址。1972年，浙江省博物馆和浙江文管会在河姆渡进行了考古发掘，遗址中出土了不少与纺织有关的石制、骨制、木制工具如陶纺轮、木纬刀、木织轴、骨锥、骨管状针织网，还出土了苘麻的双股麻线。河姆渡出土文物经中国科学院考古所实验室测定为距今6960±100年，它们比钱山漾遗址还早2000年左右，这说明处于母系氏族公社繁荣时期的河姆渡人已经开始对植物纤维进行利用[2]。

第三节　皮毛类材料的利用

我国的毛纺织技术起源于青海、新疆、甘肃等地区的游牧民族。《禹贡》中曾记载传说中的夏禹时代，地处北方和西北的兄弟民族用加工过的毛皮、毛纺织品与中原进行交换的事情。

毛织物大部分出土在中国的西北地区，这一带自古以来就以羊毛为主要纺织材料，同时也有驼毛、牦牛毛、马鬃等。由于毛织物在地下不易保存，因而在历年的考古发掘中，史前毛织物实物发现不多。

目前所知最早的毛纤维可能是1972年在甘肃永昌鸳鸯池新石器时代墓地29号墓中出土的细石管内发现的黄色纤维物，经鉴定为毛织物，其年代为公元前2300—前2000年[3]。青海都兰诺木洪原始社会晚期遗址出土的毛织物残片，经密约每厘米14根，约1毫米，最细0. 8毫米；新疆罗布绰尔公元前1880年遗址出土的毛织品，经

1 浙江省文物管理委员会：《吴兴钱山漾遗址第一、二次发掘报告》，《考古学报》1960年第2期，第73—91页。
2 浙江省文物管理委员会：《河姆渡遗址第一期发掘报告》，《考古学报》，1972年第2期，第39页。
3 黄展岳：《考古记原：万物的来历》，成都：四川教育出版社，1998年。

纬密约每厘米5—8根，经纬纱投影宽度平均约1. 3毫米，最细1毫米，都十分珍贵。它们的出土既印证了史籍的文字记录，又弥补了文字记载的不足，并显示出兄弟民族在三千多年前毛纺织技术已具有一定的水平。

第二章

商周时期的纺织文化

夏商周三代是中国历史上最早见诸记载的三个王朝，通常被称作上古时期。根据夏商周断代工程最新的研究，我国夏代始年约为公元前2070年，夏、商分界约为公元前1600年，商、周分界为公元前1046年。由于夏代的历史依然并不清楚，留存的史料也少，因此，人们对中国上古三代纺织生产的了解，主要集中在商周时期，其中的周代包括西周和东周两个阶段，东周又包括春秋（公元前770—前476年）和战国（公元前475—前221年）两个阶段。但是，在边疆地区，这一时段基本相当于青铜时代和早期铁器时代，纺织品的发现也非常丰富，特别是在今新疆一带的西北地区，由于那里的保存环境特别好，出土了大量那一时期的毛纺织品和皮革制品，这说明商周时期的纺织生产已经相当丰富多彩。

第一节　商周纺织生产概况

一、商代的纺织生产机构与形式

处于我国青铜时代鼎盛时期的商代，在我国历史上占有十分重要的地位。由于青铜冶铸技术的进步及先进青铜工具的应用，商代的社会生产力大大提高，农业有了很大的发展，陶器、青铜器、骨角器、玉器、漆器、纺织的生产及土木营建技术等手工业在农业经济发展的基础上也得到很快发展。黄河流域对周围地区产生了巨大的影响，东方沿海一些经济比较发达地区的先进生产技术也在各地得到了广泛传播。手工业经济的发展促进了社会的分工，一些新兴的社会力量开始产生，商代成为中国奴隶制经济的兴盛时期。

商代的蚕桑业已有了一定的规模。文献记载中，多次提到了桑的种植。相传成汤曾祷于“桑林”，汤的重臣伊尹则“生于空桑”，此处的桑林与空桑，应是与蚕桑业相关的地方。据考证，商代甲骨文中也有八桑、桑、女桑等字，可能是与桑有关的地名[1]，可以推测商代桑的种植已经相当普及。

商代统治者非常重视蚕桑经济。当时曾有关于桑谷之祥的传说，《史记·殷本纪》载“帝大

1 胡厚宣：《殷代的蚕桑和丝织》，《文物》1972年第11期，第2—7页。

戊立，伊陟为相，亳有祥，桑谷共生于朝”，桑谷共生成为国家兴旺发达的祥瑞，也说明了商代君王对蚕桑生产与粮食五谷几乎同等重视。甲骨卜辞对此也有反映，武丁时，商王省察蚕事，占卜至少有九次之多[1]。商朝宫廷内还设有专事指导蚕桑生产的职官，卜辞中有“丁酉，王卜，女蚕”，此处女蚕被认为是典蚕之女官，主管蚕桑的生产[2]。

由于蚕桑生产会受到各种自然因素的影响，商代还将其与蚕神相连，尊奉蚕神，进行祭祀。甲骨文中有关于祭蚕神的卜辞，如“贞，元示五牛，蚕示三牛，十三月”，“蚕示三宰，八月”等。这里的“蚕示”即蚕神，祭祀时或用三牛或用三宰，宰为一公羊和一母羊之合称，可见典礼十分隆重[3]。后来，曹锦炎又将甲骨文中的三块残片拼合起来，形成一块完整的甲骨，文字亦相连贯（图2-1-1）[4]。

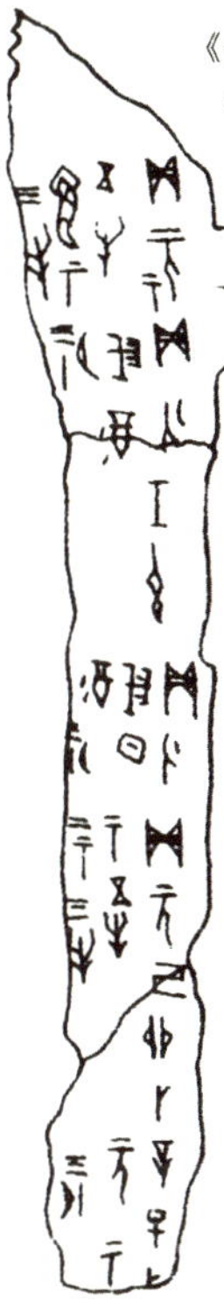

图 2-1-1　关于蚕示的甲骨文摹文，曹锦炎，1995 年

蚕作为神物也常常留存在商代的墓葬遗物中，安阳大司空村殷墓中曾经发现有蚕形玉，长3.15厘米，白色，扁圆长条形，共有七节，保存完整（图2-1-2）[5]。山东益都苏埠屯的殷代大墓里也发现了形态逼真的玉蚕[6]。此外，在商代大量的青铜器上也可看到“头圆而眼突出，身体屈曲，作蠕动状”的蚕的生动形象（图2-1-3）。

商代手工业制造门类众多，已有铸铜、制陶、制玉、制骨、纺织、建筑、木作、漆器、酿造等不同的部门，形成固定的分工。手工业各部门中，从事手工业劳动的是具有专门技术的生产者，称为“工”。手工业生产的分工具体细致，为保证其生产正常进行，商王朝设有官员主管手工业生产，其官职称“百工”或“多工”，这在甲骨卜辞中也有反映。

蚕桑的发达，为丝织业的发展提供了充足的原料，使得丝织业兴盛。丝织作坊需要有专门技术的人来从事缫丝、织造等工作，这些劳动者也是属于“工”的范围。从甲骨卜辞和考古遗迹中分析，当时的工应是普通的平民，其身份当是自由的，

1 胡厚宣：《殷代的蚕桑和丝织》，《文物》1972年第11期，第2—7页。
2 李仁溥：《中国古代纺织史稿》，长沙：岳麓书社，1983年，第12页。
3 胡厚宣：《殷代的蚕桑和丝织》，《文物》1972年第11期，第2—7页。
4 曹锦炎：《甲骨文中的蚕桑丝帛》，《古今丝绸》1995年第1期，第29—43页。
5 马得志等：《一九五三年安阳大司空村发掘报告》，《考古学报》1955年第9期，第25—90页。
6 出土文物展览工作组：《文化大革命期间出土文物》第1辑，北京：文物出版社，1972年，第124页。

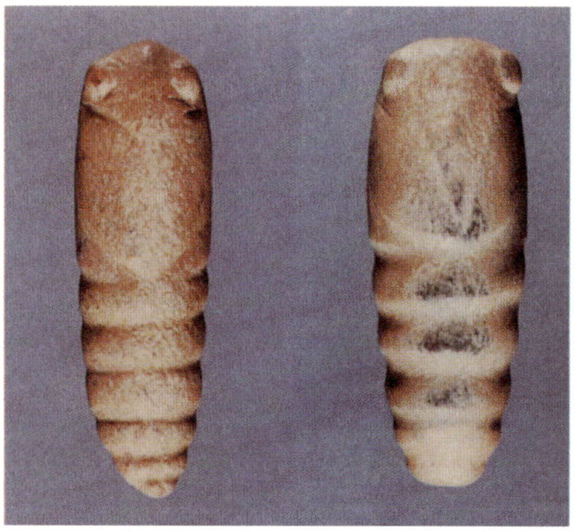

图 2-1-2 玉蚕，商，私人收藏

图 2-1-3 青铜鼎上的蚕纹，商代，加拿大皇家安大略博物馆藏

而非奴隶。但还有一类占有大多数，可能是身份不自由的奴隶，称为“众”，“众”有时也被充作工场的人手，他们是非自由的劳动者。

从考古实物看，所发现的商代丝织品数量尽管十分有限，但一些丝织品已相当精美，反映了当时的丝织业已达到一定的水平，如殷墟妇好墓出土的青铜礼器表面附有织物的就有五十多件，其中四十件左右是丝织物，在有的青铜器上包裹的织物达数层之多[1]。将贵重的随葬品用丝麻织物包裹后入葬，这大概是商人的葬俗之一。除妇好墓外，其他如安阳后岗殷坑、安阳武官村大墓、河北藁城台西村的商代遗址和墓葬中，均发现大量的随葬青铜器上粘有纺织品的痕迹，其中包括纨、纱、绮、罗、縠等品种。

商代，丝织品也作为商品进行交换。“昔者桀之时，女乐三万人，端噪晨乐，闻于三衢，是无不服文采衣裳者。伊尹以薄之游女工文绣，纂组一纯，得粟百钟于桀之国”[2]，将纂组一纯与粟百钟相交换就是一例。“殷人之王，立帛牢，服牛马，以为民利，而天下化之”[3]，这里的“立帛牢，服牛马，以为民利”，也是一种商品交换行为。

此外，商代的城市中还设有专门的交易场所，《六韬》记载：“殷君善宫室，大者百里，中有九市。”《太平御览》卷八三所引《帝王世纪》中也载：殷纣王大造宫室，“七年乃成，……宫中九市，车行酒，马行炙”，市中也有可能设有丝织品交易场所。

商代的丝织业经历了几百年的发展，至商末时无论在品种还是在质量与产量上都有很大的提高。但丝织品毕竟是高档奢华的消费品，过度的消费将耗尽有限的财力，商代末年的纣王“多发美女，以充倾宫之室，妇女衣绫纨者三百余人”[4]，滥用锦绣绫纨竟然到了如此惊人的程度。“纣为鹿台糟丘，酒池肉林，宫墙文画，雕琢刻镂，锦绣被堂，金玉珍玮，妇女优倡，钟鼓管弦，流漫不禁，而天下愈竭。故卒身死

1 中国科学院考古研究所：《殷墟妇好墓》，北京：文物出版社，1980年，第17—18页。

2 《管子·轻重篇》第一三《轻重甲》，北京：中华书局，1979年，第493页。

3 《管子·轻重篇》第一七《轻重戊》，北京：中华书局，1979年，第686页。

4 《后汉书》卷七《桓帝纪》注引《帝王世纪》，北京：中华书局，1965年，第321页。

国亡，为天下戮，非惟锦绣絺紵之用耶？”[1]在这里墨子尖锐地指出：过度的奢华、滥用耗工费时的丝织品，是商纣王灭亡的原因之一。最后商纣王“衣其宝玉，赴火而死”，焚死在鹿台[2]。

二、西周的纺织生产机构与形式

西周的手工业生产，是社会经济中非常活跃的力量，也是推动经济发展、创造社会财富的重要因素。在农业和畜牧业不断发展的基础上，手工业生产的各个行业都比商代有所进步，其中又以制陶业、青铜制造业、玉石器制造业、纺织业、骨角器制造业和木器制造业几个部门的成就比较明显。这些部门生产的发展，促进了城市经济的发展，也进一步扩大和加强了商品交流，同时使不同地区的新产品、新技术得到更广泛、更迅速的推广与传播。

周代的官府手工业是直接为统治阶级服务的手工业生产，已经有严格的组织与管理。据《周礼》记载，贵族所用的纺织品，从原料到纺织、染色以及服装制作都有专职官员掌管。在天官下设有典妇功、缝人、典丝、染人等职，在地官下设有掌葛、掌染草等职。其中的典妇功就是管理丝织品纺织生产的官员[3]。其中还记载了官府手工业中的六大技术门类三十个专业，它们之间既有细致分工，也有技术协作，具有大型手工业作坊或工场的性质。其中包括设色之工，内含“画、缋、钟、筐、㡕”五个与纺织印染生产有关的专门职位。

周代的丝织品生产在产量上已经达到一定的规模，为了便于管理与交换，所以周初对布帛的规格尺寸作了规定：“布帛广二尺二寸为幅，长四丈为匹”[4]，“布帛精粗不中数，幅广狭不中量，不鬻于市”[5]。战国初期，吴起妻就因“织组而幅狭于度”被吴起休掉[6]。

三、东周纺织生产的机构与形式

春秋战国时期是我国历史上从奴隶制向封建制过渡的时期，生产力和社会经济形态发生了巨大变化。在这个基础上，农业生产发生了飞跃，与此同时桑麻生产也得到了极大的发展，与之密切相关的养蚕、缫丝、织造、练染等技术也得到了提高，纺织业成了东周各国富国强民发展经济的重要国策。

春秋时期的蚕桑种植产区有了很大的扩展。《诗》三百篇中，以蚕、桑、丝为题材的诗很多，涉及的地域也很广，有黄河流域的鄘（今河南省汲县）、卫（今河南省淇县、滑县）、郑（今陕西省华县）、魏（今山西省芮城）、唐（今山西省临汾、翼城一带）、秦（今甘肃省漳水）、曹（今山东省西部定陶一部分）、邶（今河南省汤阴、安

---

1 《说苑·反质》引墨子对禽滑厘说，北京：人民音乐出版社，1962年，第27页。
2 《史记》卷四《殷本纪》，北京：中华书局，1982年，第108页。
3 《周礼》卷一〇《冬官·考工记》：“治丝麻以成之，谓之妇功。”上海古籍出版社，2004年，第599页。
4 《汉书》卷二四《食货志》，北京：中华书局，1962年，第1149页。
5 《礼记》卷三《王制》。
6 《韩非子》卷一四《外储说右》。

阳一带）、豳（今陕西省旬邑）等地，不同程度地反映了植桑、养蚕、缫丝等情况。如《魏风·十亩之间》“十亩之间兮，桑者闲闲兮。……十亩之外兮，桑者泄泄兮”，如此大面积的桑林，反映了当时蚕桑业的兴盛。

春秋时期的官府手工业，基本上同西周相同，各国及卿、大夫和郡守、县令都有一套官府手工业组织，负责各级官府手工业组织的官吏，称为工师。具有专业技艺的工匠称为“在官之工”，为统治阶级服务，直接被工官所管辖，此即《国语·齐语》所说的“处工就官府”，《国语·晋语》“庶人食力，工商食官”，也即《礼记·王制》所谓的“凡执技以事上者，祝、史、射、御、医、卜及百工”。在丝织业发达的齐国，官营工场更为繁盛，《管子·立政》载：“论百工：审时事，辨功苦，上完利，监一五乡，以时钧修焉，使刻镂文采毋敢造于乡，工师之事也。”那些工艺复杂的织锦等高档织物，只能在“工师”的监督下在官府工场内生产，禁止农家私自织制。

东周时期由官府统一经营管理的官营手工业规模庞大，分工细密。《周礼·冬官考工记·总叙》中提到当时的官府手工业包括六大门类，三十个工种。“凡攻木之工七，攻金之工六，攻皮之工五，设色之工五，刮摩之工五，抟埴之工二。攻木之工：轮、舆、弓、庐、匠、车、梓；攻金之工：筑、冶、凫、栗、段、桃；攻皮之工：函、鲍、韗、韦、裘；设色之工：画、缋、钟、筐、㡛；刮摩之工：玉、楖、雕、矢、磬；抟埴之工：陶、旊”。其中设色下有五个工种，即画人绘画、刺绣、钟氏染羽、筐人印花，㡛氏练丝。除此之外，当时主要的官府手工业中还有缝织业。《左传·成公二年》载：“楚侵及阳桥，孟孙请往，赂之以执斫、执针、织纴，皆百人。”鲁成公献给楚国的匠人、织工、缝纫女工，就是指鲁国官府从事纺织生产的百工。据《左传·哀公二十五年》记载，公元前476年，卫国还爆发了三匠起义（执斫、执针、织纴），这说明春秋末，卫国纺织、染色、缝纫手工业已有相当可观的规模。

除官营手工业外，东周也出现了从农业中分离出来的民间手工业者，他们在肆内开设作坊店铺，边生产边销售，这种工肆（工商）之人的出现，标志着“工商食官”的格局和“珠玉锦绣不鬻于市”的禁令开始打破，也在一定程度上推动了东周包括纺织业在内的手工业的发展。

当时的纺织业已经成为一个独立的生产部门，纺织品可以和粮食、农具等互相交换，成为流通于市场的商品。《孟子·滕文公上》载：“陈相见孟子，道许行之言……孟子曰：‘许子必种粟而后食乎？’曰：‘然。’‘许子必织布而后衣乎？’曰：‘否，许子衣褐’‘许子冠乎？’曰：‘冠。’曰：‘奚冠？’曰：‘素冠。’曰：‘自织之与？’曰：‘否，以粟易之。’曰：‘许子奚为不自织？’曰：‘害于耕。’曰：‘百工之事，固不可耕且为也。’”从孟子与陈相之间的这段对话中，可知许行以粮食换取丝帽，如果自已织的话，便会妨碍农活。同时，民间纺织手工业者不局限于同一个地方从事生产，有迁徙的自由。《韩非子·说林上》中说：“鲁人身善织屦，妻善织缟，而欲徙于越。或谓之曰：子必穷矣。鲁人曰：何也？曰：屦为履之也，而越人跣行；缟为冠之也，而越人被发。以子之所长，游于不用之国，欲使无穷，其可得乎？”鲁人夫妻本来都有专门手工技能，但是他们不在自己的家中或肆上营业，而到处流动，甚至要远徙到南方的越国，可见当时已有转徙无常的流动手工业者。

东周时期随着封建生产关系的确立，逐渐形成了以男耕女织、农耕结合为特色的小农家庭经济，并为此后历代所沿袭。男耕女织的重要性，就如《吕氏春秋》中所引神农之教所说，“士有当年而不耕者，则天下或受其饥矣；女有当年而不绩者，则天下或受其寒矣”[1]。家庭手工纺织业主要由家庭中的妇女从事，墨子在《墨子·非命下》中描写到：“今也妇人之所以夙兴夜寐，强乎纺绩织纴，多治麻丝葛绪，捆布縿而不敢怠倦者，何也？曰：彼以为强必富，不强必贫，强必暖，不强必寒，故不敢怠倦。”孟子提倡“五亩之宅，树之以桑，五十者可以衣帛矣”[2]。《管子·揆度》说“上女衣五，中女衣四，下女衣三”，上等劳力的妇女可供应五口人穿衣，中等劳力可供应四口，下等劳力可供应三口，说明当时战国家庭纺织业不完全是自给性生产，她们是可以提供不少剩余产品进行交换的。如不进行交换，就会出现孟子所说的“女有余布”的现象。可见这种家内手工业是普通百姓重要的经济来源，同时也是国家税收来源之一。

随着封建经济生产的形成和建立，东周时期从平民中兴起了专门从事贸易的商人，商人的社会地位也有了很大提升。《国语·晋语》中载：“夫绛之富商，韦藩木楗以过于朝，唯其功庸少也。而能金玉其车，文错其服，能行诸侯之贿，而无寻尺之禄，无大绩于民也。”可见当时有些商人所拥有的财力足可用金玉装饰车子，用丝帛制作衣服，甚至可以用财富结交诸侯。

周代的纺织品生产也非常重视质量，战国时期官府手工业中已建立了“物勒工名”的产品责任制，“物勒工名，以考其诚；工有不当，必行其罪，以穷其情”[3]。工匠必须在所制作的器物上留下名字，以考察工匠作品的质量，如有问题，就要依法治罪，追究其诈伪之情。湖北江陵战国时期马山一号楚墓出土的衣衾上发现了两处墨书文字，写在衣衾里面的不显眼处，有的还写在接缝处，具有楚地文字的书写特点，可以推断这些墨书文字是楚国工匠或织室官员织造丝帛时留下的标记，应是“物勒工名”制度的反映[4]。类似的例子也见于长沙左家塘44号墓褐地矩纹锦的残

图 2-1-4　有墨书“女五氏”和朱印的织锦，战国，湖南长沙左家塘出土

1 《吕氏春秋》卷二一《开春论·爱类》。
2 《孟子》卷一《梁惠王》。
3 《吕氏春秋》卷一〇《孟冬纪·十月纪》。
4 彭浩：《楚人的纺织与服装》，武汉：湖北教育出版社，1995年，第125—126页。

片，在幅边上有墨书“女五氏”三字，在锦面上盖有一枚残缺的长方形朱印[1]，也应是当时丝织业手工作坊和织造女工姓氏的标记（图2-1-4）。

丝织品生产的专业化分工也愈益明显，《韩非子·说林上》：“鲁人身善织屦，妻善织缟，而徙于越。或谓之曰：子必穷。鲁人曰：何也？曰：屦为履，缟为冠也，而越人徒足剪发，游不用之国，欲无穷可得乎？”“宋人有善为不龟手之药者，世世以洴、澼、絖为事。客闻之，请买其方百金。聚族而谋曰：我世世为洴、澼、絖，不过数金；今一朝而鬻技百金，请与之”[2]。此处的洴、澼、絖可能与丝絮的练漂有关，因丝絮的练漂要接触碱性物质，所以需用不龟手的药来保护。由此可见，从洴、澼、絖到织屦、织缟等手工业都形成了专业化的生产。有些技术世代相传，形成专利特色，达到了相当高的水平。

随着社会经济的发展，价格高昂的丝织品成为人们显示财富、表示身份的一种象征。据《史记·苏秦列传》记载，苏秦说赵王“饰车百乘，黄金千镒，白璧百双，锦绣千纯，以约诸侯”[3]。当时“王公大人有丧者，曰棺椁必重，葬埋必厚，衣衾必多，文绣必繁，丘陇必巨”[4]，所以崇尚俭朴的墨子十分反对当时那种“以为锦绣文采靡曼之衣，铸金以为钩，珠玉以为佩，女工作文采，男工作刻镂，以为身服”的奢华之风[5]。

第二节 商周时期的纺织生产区域

商周时期，纺织原料的利用有了长足发展。在植物纤维方面，除了沿袭野生植物的人工采集外，有意识的人工种植逐渐增多并占据主导地位。尤其是到东周时期，大量的人工种植为纺织提供了质量上乘、来源充足的植物纤维。植物纤维在纺绩前的初加工工艺也有了迅速发展，沤麻、煮葛工艺技术日趋成熟。与此同时，栽桑养蚕有了很大发展，蚕丝更是得到普遍利用，在采集野蚕丝的同时，家蚕丝已经成为较为普遍的高贵纺织原料，多种毛纤维也得到了利用。

成书于战国时期的《尚书·禹贡》，记载了九州所出产的贡物，其中当然也包括纺织品。另外，《诗经》等先秦文献中也有大量与纺织相关的记载，从这些史料中可以看出商周时期尤其是东周纺织业生产区域的扩大发展。

一、蚕丝生产区域

《禹贡》中提到进贡丝织品的有兖、青、徐、扬、荆、豫6个州（图2-2-1）[6]，这六个州大体相当于现今的关中和华东一带。东周的蚕桑业在《诗经》中也有大量记载，《诗经》中所载的各种植物中，桑出现的次数最多，超过主要的粮食作物黍

1 熊传新：《长沙新发现的战国丝织品》，《文物》1975年第2期，第49—57页。
2 《庄子》内篇《逍遥游》。
3 《史记》卷六九《苏秦列传》，北京：中华书局，1982年，第2250页。
4 《墨子》卷六《节葬下第二十五》。
5 《墨子》卷一《辞过第六》。
6 艾南英：《禹贡图注》，《丛书集成初编》本，上海：商务印书馆，1936年。

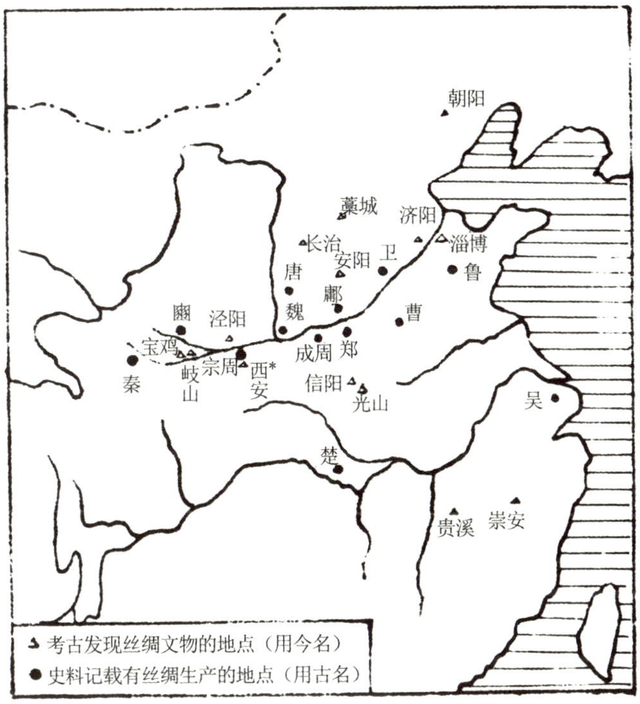

*“西安”原作“长安”，此正之。

图 2-2-1　周代丝绸生产分布图，朱新予，1992 年

和稷。从诗中可以看出，当时在相当于今山西、山东、河南、陕西等地的区域既有大面积的桑林、桑田，那里的人们也在宅旁和园圃中广泛种桑。再结合《左传》、《史记》等文献记载，可知东周时在今陕、晋、冀、豫、鲁的黄河中下游地区，蚕桑业已相当普遍，而长江流域的蜀国、楚国、吴国、越国也都有蚕桑丝织业。归纳而言，东周形成的主要蚕桑产区有如下六个：

1. 齐鲁

齐鲁之地是开发最早的蚕桑丝织生产区之一，《史记·货殖列传》称当时的齐鲁“宜桑麻”，以临淄为中心的齐鲁地区生产“冰纨、绮绣、纯丽”等高档精细的丝织品，其产量之盛，不仅能够充分自给，使国内“人民多文采布帛”，而且还大量输出，畅销各地。所谓的“冠带衣履天下”[1]，就是指各诸侯国人民身上穿的都有齐鲁出产的纺织品。

另据《禹贡》记载，古青州贡“檿丝”，青州的地理范围大体相当于今日的山东半岛。《尔雅·释木》云：“檿桑，山桑。”“檿丝”是一种“山蚕之丝”，是蚕食檿桑叶所吐的丝，可供织作，尤其适合做琴瑟之弦，《禹贡》曰：“所得丝韧，中琴瑟弦也。”是以后世也常用于借指琴弦、弦乐。《禹贡》又记：“莱夷作牧，厥篚檿丝。”当时的青州缴纳檿丝也是为了用来制作琴瑟之弦。《禹贡》中又提到“岱畎丝”，指的是先秦时泰山周围盛产蚕丝及丝织品。《禹贡》还记载徐州贡“玄纤缟”。古徐州的地理范围在今日的山东半岛南部和江苏省北部，其地所贡的“玄纤缟”是一种“赤而有黑色，以为之衮，所以祭也”的黑红而细的丝织品[2]。春秋时期，齐鲁之地的蚕桑丝织业得到了官府的重视和扶持，使得齐国丝织品，如“齐（济）阴之缣”“亢父之缣”均为当时的丝织品名产。

1 《史记》卷一二九《货殖列传》，北京：中华书局，1982年，第3255页。

2 〔南宋〕蔡沈：《书经集传》，上海古籍出版社，1987年。

2. 豳秦

豳秦之地是周人的起家之地，相当于今天的陕西省一带，是周王朝直接统治的地区，蚕桑生产发展亦较早，而当地暖湿的气候环境也非常适宜桑蚕的生长。这一带的蚕桑丝织业生产情况可从《诗经》窥见一斑，《诗经》中反映蚕桑生产篇章最长的当数《豳风·七月》，该诗为西周时所作，描述的是今天陕西省旬邑和彬县一带妇女们采桑育蚕和染布制衣的全过程。“春日载阳，有鸣仓庚，女执懿筐，遵彼微行，爰求柔桑”的诗句描绘了春阳明媚、黄莺宛转，妇女拎着桑筐走上小路去摘嫩桑的图景，说明在豳秦之地，种桑养蚕的历史至少可推到西周，彼时蚕已在室内饲养。

室内养蚕需要采来桑叶以为蚕食。“蚕月条桑，取彼斧斨，以伐远扬，猗彼女桑”（《豳风·七月》），叙述了在三月里妇女们拿着斧子修剪桑枝的状况，老枝太长，全都伐去，留下嫩枝，以待成长，这种高大的桑树为乔木桑；而此句中提及的“女桑”指的是一种低矮的桑树，这是“女桑”一词最早出现的文献，《尔雅·释木》：“女桑，桋桑。”《毛诗传》：“女桑，荑桑也。”郑笺：“女桑，少枝长条不枝落者，束而采之。”朱熹《集传》：“女桑，小桑也。”此外，《豳风·鸱鸮》中“彻彼桑土”和《秦风·车邻》中“阪有桑”等诗句，都反映当时陕西一带大规模种植桑树。

3. 卫魏

卫魏之地相当于现在河南省的北部和河北省的南部，包括今天的山西、河南、河北一带，蚕业发展较早。《禹贡》记载，豫州贡“纤纩”，豫州的地理范围大体就在今河南省及湖北的荆山以北。“纤纩”是一种细绵，孔颖达说“纩是新绵，纤是细”。《禹贡》又说兖州“桑土既蚕”，意思是桑树在洪水消退后生长，又可以满足养蚕的需要了。《禹贡》里记载的兖州在河济之间，正为战国时的卫国所在地，时称卫（今河南濮阳）、陶（今河南定陶），为中原重要商业都会，这个地区向国家缴纳的丝织品主要是精工织作的纹绮，如“厥贡漆丝，厥篚织文”，意思是古兖州一带的百姓用竹筐装丝织品作为贡品。其中的“织文”就是一种锦绮，而且不止一种颜色，宋·蔡沈《集传》谓：“织而有文，锦绮之属也，以非一色，故以织文总之。”

大规模的养蚕，必有大规模的种桑，《诗经》有很多描述。其中的卫（今河南濮阳）、鄘（今河南汲县北、新乡西北一带）、郑（陕西华县以东）、魏（山西运城地区芮城县境）等均属于这一地区。《卫风·氓》“桑之未落，其叶沃若”描述了桑叶茂盛的情形。《魏风·十亩之间》“十亩之间兮，桑者闲闲兮，行与子逝兮”，描述了桑园之大、桑树之多和女子们采桑归来时悠闲快乐的情景，也是很好的例证。《鄘风·桑中》“美孟姜矣。斯我乎桑中，要我乎上宫，送我乎淇之上矣”，描述了在今河南省汲县东北的鄘国一名女子与卫国一名男子在桑林中幽会的情景，可见当时桑树成林。又如《鄘风·定之方中》“说于桑田”、《郑风·将仲子》“将仲子兮，无踰我墙，无折我树桑”等诗句，反映了当时不但有大面积的桑林、桑田，人们也在宅屋旁和园圃中种植桑树。

此外，《郑风·出其东门》“缟衣綦巾”所描绘的白衣青巾，以及《邶风·绿衣》“绿兮丝兮，女所治兮”所描述的女子用绿色丝织衣，都说明当时的人们已具备一定水平的纺织染色技术。《卫风·氓》“氓之蚩蚩，抱布贸丝。匪来贸丝，来即我谋”，表明东周时期，生丝和丝织品也已在市场上流通交易。

《诗经》中此类描写不胜枚举，从这些诗句中都可看出，由西周而至东周，黄河流域蚕业生产已比较发达。

4. 荆楚

在《春秋》的记载中，“荆”即“楚”，《楚辞》和《诗经》中的“荆楚”也是同义词叠称，作为部族、国称的荆、楚，在各类文献中都是名异实同。《禹贡》中荆州所指的区域范围是北起湖北荆山，南至湖南衡山，当时大体仍处于“蛮夷”所居的“荒服”之列，但在东周时期，当地已有丝织品的上贡，如《禹贡》记载，荆州贡“玄纤”，是一种黑色与浅红色相间的丝织品。当时荆楚地区种桑养蚕已日益普及，《史记·吴太伯世家》载“楚边邑卑梁氏之处女与吴边邑之女争桑”，说的是楚国与吴国交界地区的两个女子因为争桑叶而发生争执。《吕氏春秋·察微》也记载了此事，“楚之边邑曰卑梁，其处女与吴之边邑处女桑于境上，戏而伤卑梁之处女”。

20世纪50年代以来，考古发掘又出土了不少春秋战国时期的丝织物，证明当地的蚕桑丝织业在东周时期已达到相当水平，特别是发掘于1982年的湖北江陵马山一号楚墓，出土了舞凤飞龙纹绣土黄绢面绵袍、凤鸟花卉纹绣浅黄绢面绵袍等三十余件衣服，而服饰、衾和其他用品所用的织绣种类多达数十种[1]，它们中大部分是战国纺织品的首例发现。2007年发掘的江西靖安李洲坳东周墓也属于此区域，出土了300余件纺织品，材质有桑蚕丝和麻两种。G11号棺木出土的一块184厘米×133厘米的方孔纱是中国纺织品文物中出土最早、面积最大的整幅拼缝织物。此外还出土了中国最早的织锦实物，且是由朱砂矿物颜料染线织造花纹，这是中国最早的高密度织锦实物，每厘米织经线240根，花纹有各式几何纹和动物纹样。尤其值得重视的是，此墓还出土了中国最早的服装，以及几种复杂的纺织新品种，这一发现几乎可以改写中国的纺织织造历史。这些发现足可证明，战国以来荆楚之地不仅有蚕桑丝织业，而且十分发达，其丝织生产工艺已达到了惊人的水平。

5. 巴蜀

巴蜀地区主要在今四川、重庆一带为主的西南地区，其蚕桑丝织业有着悠久的历史，《释文》和《玉篇》里说“蜀”是“桑中虫”，亦即蚕虫，相传蜀国先王蚕丛氏“教民蚕桑”，并率领部族从岷山到成都居住，以蚕桑兴邦，因而古蜀国也有“蚕丛”之称。到了春秋战国时期，以成都为中心的古蜀国便以“布帛金银”之丰饶而闻名于天下。当时司马错劝秦惠王（公元前337—前311年在位）伐蜀时即指出，“得其布帛金银，足给军用”，可见当时巴蜀地区的蚕桑丝织业已经相当发达。

---

1 荆州地区博物馆：《江陵马山一号楚墓》，北京：文物出版社，1985年。

当时巴蜀地区最著名的产品是蜀锦，其生产不仅满足当地的需求，同时还是重要的贸易品。在战国初期，巴蜀地区形成了一条民间国际通商之道，以成都为中心，从蜀地至身毒国（在今印度地区），开展与边远少数民族的贸易往来，用四川的盐、丝织品换取来自云贵高原和缅甸北部的珠宝、玉器、玛瑙、琥珀、象牙等物品，所以这条道路又被称为“蜀布之路”。它与蜀东南另一条通向南海的商路一起，并称为西南地区最早的对外贸易的两条陆路，对四川与南亚诸国的联系起着十分重要的作用。

6. 吴越

春秋战国时期的吴国、越国都属于扬州的范围。《禹贡》记载：“淮、海惟扬州。”按孔安国的解释，这个“扬州”的范围是“北据淮，南距海”，“淮”即淮水，今淮河，“海”即大海，按《正义》应指今中国南海。由此，《禹贡》把“扬州”的范围限定为淮河以南、南海以北的广大地域。《禹贡》记载扬州“厥篚织贝”，汉代学者郑玄说：“贝，锦名也，《诗》云：‘成是贝锦。’凡为织锦者，先染其丝而织之，即成文矣。”郑玄解释，“篚”是盛放丝织品的竹器，而“织贝”是一种锦的名称，即在织制之前先将丝染色，然后再按照“贝”的色彩花纹织成锦帛。古代浙江沿海、沿江地区贝类很多，贝壳多姿多彩，被人们作为货币使用。人们仿照色彩斑斓的贝类来织造锦类织物，是不难理解的。

吴越气候温和，土质肥沃，蚕桑丝织生产兴盛，种桑养蚕和制丝织帛成为农家的重要生产内容，自是情理之中的事情。史书还记载，春秋以后，吴越两国经常有纷争。周敬王二十六年（公元前494年），吴王夫差率军攻打越国，越军战败，越王勾践被俘至吴国都城，劳役3年。勾践期满返越后，卧薪尝胆，发愤图强，终于在周元王三年（公元前473年）灭了吴国。在力图复国的20年中，勾践采纳了谋臣范蠡和文种的建议——“省赋敛，劝农桑”，将发展农桑作为增强国力的重要举措。勾践还“身自耕作，夫人自织”，以影响和带动民间努力耕织。

以上记载说明，东周时代的黄河流域和长江下游地区都生产丝织品，蚕桑经济有了很大的发展，利用蚕丝织造的工艺也已达到较高水平。

二、麻类纤维的生产区域

麻主要分布在黄河中下游地区。据《禹贡》记载，当时全国九州中的青、豫二州产大麻，扬、豫二州产苎麻，均作贡品。《诗经》也有诸多关于麻的描写和记述，包括种麻、收麻、沤麻、纺麻、绩麻以及“瓦”（即纺锤）、“杼柚”（织布机）的记载，内容集中在《陈风》《卫风》《王风》《豳风》等篇目中，也说明在黄河流域的广大地区已经开始种植加工使用麻类农作物，当时的麻在人们生活中占有十分重要的地位。

1. 苎麻

苎麻为荨麻科多年生草本作物，雌雄同株，喜光和温暖湿润气候，耐旱，一年可收获两三次，自古以来为我国纺织原料之一，用苎麻加工制成的苎麻布是中国传统纺织品之一。1958年浙江湖州钱山漾遗址就曾出土过一些苎麻布和细苎麻绳，距今已有4700多年的历史。到了东周时期，苎麻布的生产已有精细的规格和标准，并且明确规定了使用范围和对象，使用中，高低贵贱有着严格的区分。《周礼·地官·司徒》记载："凡葛征草贡之材于泽农，以当邦赋之政令。"郑云注："草贡出泽、蓃，纻之属，可缉绩者。"苎麻列于被征的赋税项目之一，说明当时一定有所生产。

东周时期的苎麻主要分布在以下地区：

（1）卫魏

主要在卫魏的豫州地区。中国关于苎麻最早的记载是《诗经》中的《陈风·东门之池》。"东门之池，可以沤纻。"陈在今河南省南部和安徽省亳县一带，在古豫州之界。诗中的"纻"字代指"苎"，指的就是苎麻。《禹贡》也提及豫州产"纻"，"荆河惟豫州……厥贡漆、巢、䋮、纻"。

（2）吴越

《禹贡》中以"扬州"称之，孔颖达疏曰："扬州，纻之所出；此物又以篚盛之，为衣服之用，知是细纻，谓细纻布也。"江西贵溪龙虎山崖墓中曾发掘出土了春秋晚期至战国早期的苎麻织物，这些出土物也证实扬州种植苎麻。

2. 大麻

作为雌雄异株植物的大麻，其中雌麻的籽粒可作为粮食食用。雄麻纤维细柔，可作为纺织原料，早在史前时期就已被利用。一般认为，大麻的起源与野生大麻有着密切的联系，我国古代就有关于野生大麻的记载，《尔雅》"薜，山麻"，即将野生大麻称为"薜"。

在《诗经》中，有多首咏及大麻的诗篇，如《周南·桃夭》《王风·丘中有麻》《齐风·南山》《陈风·东门之枌》《东门之池》《曹风·蜉蝣》《豳风·七月》《大雅·生民之什》及《荡之什》等。其中，《王风》《陈风》所歌咏者为今河南省一带风物，《齐风》《曹风》描写的是今山东省一带，而《豳风》则咏及陕西省一带。故《诗经》时代之植麻区，在黄河流域一带，与今之产麻地区正相吻合。归纳而言，东周的大麻产地有以下三个地区：

（1）卫魏

诗经《国风·王风·丘中有麻》对种麻的描写，"丘中有麻，彼留子嗟。彼留子嗟，将其来施施"。所谓"王"是"王畿"的简称，即东周王朝的直接统治区，大致包括今河南的洛阳、偃师、巩县、温县、沁阳、济源、孟津一带，这句诗描写了当地青年男女在麻田相会的情形，可见当时这一地区种麻具有一定的规模。《国风·陈风》则描述了沤麻和绩麻的情景，其中《东门之池》描写了麻的加工。"东门之池，可以沤麻。"诗中所沤之"麻"，是指大麻，说明在《诗经》的时代，已采用"沤制"和"煮制"的方法来加工麻类纤维。这个沤麻的原理与现在完全相同。《陈风》中还有一首《东门之枌》，"不绩其麻，市也婆娑"，意为姑娘怀春不纺麻，飘飘起舞市井间，说的就是用麻纤维织布制衣。

（2）豳秦

即陕西一带。在《诗经》描写陕西地区农家生产生活情况的《豳风·七月》中有“九月叔苴……食我农夫”之句，“苴”就是大麻籽，而“九月筑场圃，十月纳禾稼。黍稷重穋，禾麻菽麦”之句则描写了陕西一带收大麻的情形。此外，《豳风·七月》中还有对绩麻的描写，所谓“八月载绩”，说的就是在八月里人们开始绩麻纺线。

（3）齐鲁

如《齐风·南山》“艺麻如之何？衡从其亩”，意思是，想种大麻怎么办？修垄挖沟勤翻土。说明了东周时期的山东已人工种植大麻。

（4）吴越

《越绝书》记载了越王勾践为伐吴国，曾在会稽麻林山种麻，“勾践欲伐吴，种麻以为弓弦，使齐人守之，越谓齐人‘多’，故曰麻林多，以防吴”[1]。这条史料有两点值得注意：一是南方种植的大麻，不和北方那样以衣食为主，而主要是为了制造弓弦；二是“使齐人守之”，指种植者主要是齐国人。

3. 苘麻

苘麻也称白麻，一年生亚灌木状草本植物，在古籍中也有少量记载。《诗经·卫风》“衣锦褧衣，裳锦褧裳，叔兮伯兮，驾予与行”句中的“褧”字，据汉代许慎和唐代陆德明等解释，指的就是苘麻，这说明东周时期在河南省的北部和河北省的南部，苘麻也有种植和利用。

三、葛类纤维的生产区域

葛是属于豆科的一种藤本植物，所以也称葛藤，生长于路边、草坡、疏林中，块根含淀粉，可食用，茎皮纤维可织葛布。葛是我们祖先最早用以纺织的植物纤维之一，《韩非子·五蠹》称尧“冬日麑裘，夏日葛衣”。江苏省吴县草鞋山遗址出土过6000多年前的葛纤维纺织品残片，说明史前先民已经有意识地利用它。商周以后，葛逐渐成为栽培作物。

在东周时期，虽然葛织物和丝、麻织物同时并存，但丝和麻不能完全取代葛。《诗经》中涉及葛的种植和纺织的描写有四十多处，表明在那个时代，葛纤维是主要的纺织原料之一。这一时期尽管各地仍有采集野生葛藤的情况，但普遍已重视栽培“家葛”。其产地主要在以下地区：

1. 齐鲁

在齐鲁之地，葛织物被广泛使用，甚至用来作嫁妆。《齐风·南山》中有“葛屦五两，冠緌双止。鲁道有荡，齐子庸止”的诗句，意思是：葛鞋排列成双，帽带打结成双。鲁国道路平坦，齐国女子用此出嫁。

1 袁康、吴平辑录：《越绝书》，上海古籍出版社，1992年。

2. 卫魏

相当于今天的山西、河南、河北一带。《诗经·魏风》描写的是在今天山西南部一带的风土人情。《葛屦》中有“纠纠葛屦，可以履霜”之句，意思是穿上缠绕编制的葛鞋，就可以去踩霜，足见葛制鞋的牢固与耐寒。《周南·葛覃》描写的地域在今河南洛阳至湖北北部江汉一带，“葛之覃兮，施于中谷。维叶莫莫，是刈是濩，为絺为绤”就是对葛的种植、加工工艺及制作、穿着葛衣的描写，其中所谓的“絺”是指细葛布，“绤”则指粗葛布。

3. 吴越

在吴越地区，葛的利用主要以野生为主，人工种植为次。《吴越春秋》记述：“越王曰：‘吴王好肥之离体，吾欲采葛使女工织细布，献之以求吴王之心，于子何如？’群臣曰：‘善’。乃使国中男女入山采葛，以作黄丝之布欲献之。未见遣使，吴王闻越王尽心自守……因而赐之以书，增之以封……越王乃使大夫种，索葛布十万。”又载：“葛山者，勾践罢吴，种葛，使越女织治葛布，献于吴王夫差。”这都是记述勾践役使越人织葛布献给吴国的史实，所不同的是前一条讲“使国中男女入山采葛”，后一条讲勾践从吴国放回后，于葛山亲自“种葛”，即葛的来源，前者指采集野生，后者是人工种植。反映了当时吴越一带的葛布采用的葛兼有野生和人工栽种者。

4. 东南各岛

《禹贡》所划分的九州中，扬州北起淮水，东南到海滨，在东南各岛也种植葛。《禹贡》中有“岛夷卉服”之语，“卉服”，指的是草编的衣服，蓑衣草笠之属。究竟是何种草编，根据汉孔安国传“南海岛夷，草服葛越”，以及孔颖达疏“舍人曰：‘凡百草一名卉’，知卉服是草服，葛越也。葛越，南方布名，用葛为之”，可以认为，“卉服”指的就是葛纤维织成的衣服。东周时期，在东南各岛有葛布生产。

四、皮毛的生产区域

商周时期对皮毛产品的利用主要在西北地区，在新疆塔克拉玛干周边的小河墓地、洋海墓地、五堡墓地及楼兰、扎滚鲁克、山普拉等地都有大量的青铜到早期铁器时代的皮毛制品出土，说明皮毛制品在当地生产和使用的情况。但是从文献记载来看，皮毛在中原也有使用，主要集中在以下地区：

1. 河南

《诗经·王风·大车》描写河南洛阳一带时有“毳衣如炎”之句。毳衣，大夫所穿朝服，是用野兽细毛做的衣服。《诗经·郑风·羔裘》“羔裘如濡，洵直且侯”，描写的是河南一带用羊皮制袍子，光色润泽。

2. 山西

羊皮袍子有时还用豹皮来装饰袖口，以示美观，如《唐风·羔裘》“羔裘豹祛，自我人居居”，唐指的就是今山西中部。

3. 陕西

《诗经·豳风·七月》中谓“无衣无褐”，褐，或用兽毛编织而成，平民所穿。《豳风·七月》中还提到陕西一带利用狐狸皮做皮裘，“之日于貉，取彼狐狸，为公子裳”。《小雅·都人士》中则有“狐裘黄黄”之语。

东周时期还有鹿裘、貂裘等，其中以狐裘、貂裘为贵重，故服用也有等级规定。《毛诗故训传》曰：“羔裘以游燕，狐裘以适朝。”笺云：“诸侯之朝，缁衣羔装，大蜡而息民，则有黄布狐裘。狐裘为诸侯所穿之服。”说明羊皮袍子和狐狸的皮毛乃是用于朝服。

第三节 商周纺织考古发现

一、商代的丝麻织品

商代的纺织品大多是附着在青铜器上保存下来的。商代青铜器出土数量较多，大部分青铜器上都有这类印痕，但由于考古学者的主要兴趣是在于青铜器本身，而包裹在外的纺织品遮挡了青铜器的图案，因此在大部分情况下均被马上清除，以至留存下来的并不多。

殷商西周时期的纺织文物，尤其是丝织物大多见于青铜器或泥土的印痕中，出土地点集中在黄河中下游。新中国成立不久，中国科学院考古研究所安阳工作队即重新开始殷墟的发掘工作，1950年在殷墟西北岗王陵区发掘武官大墓，在此墓中出土了有绢帛痕迹的三个铜戈。1953年安阳大司空村殷墟墓中发现了共有七节的白色蚕形玉[1]。1966年在山东益都苏埠屯殷代大墓里也发现形态逼真的玉蚕，可见在商代晚期蚕已普遍被饲养，且是一种受人尊重的虫类。

第一个对青铜器上附着的纺织品加以重视的是瑞典人西尔凡，她对收藏在斯德哥尔摩远东博物馆中的两件青铜器进行了观察，发现了重要的纺织品痕迹。在一件青铜钺上，西尔凡发现了平纹地上显回纹图案的丝织物，在另一件青铜甑上，她也发现了几何纹的织物以及刺绣的痕迹。西尔凡对其进行了初步的研究，这一研究为研究中国文化的众多学者所关注[2]。

中国学者对商代青铜器上织物的研究开始于新中国成立之后。1979年，陈娟娟在故宫博物院藏的一些商代玉器及青铜器上也发现了织物的印痕，特别是一件玉戈上的雷纹绮，其白色印痕虽然只是极小一块，但十分清晰，有呈S形的云雷纹和两边的斜直线[3]。除陈娟娟对其作过基本研究外，德国的库恩博士曾对其进行过更大循

1 马得志、周永珍：《1953年安阳大司空村发掘报告》，《考古学报》1955年第1期，第25—90页；中国社科院考古研究所：《殷墟发掘报告（1958—1961年）》，北京：文物出版社，1987年。

2 Vivi Sylwan, Silk from the Yin Dynasty, BMFEA, No.9, 1937.

3 陈娟娟：《两件有丝织品花纹印痕的商代文物》，《文物》1979年第12期，第70—72页。

环的推测[1]，赵丰则在仔细分析这一织物印痕的基础上提出了1-2织法，同时也结合商代玉雕人像上的一些服饰图案对其更大循环图案进行了推测[2]。

随着商代考古的发展，青铜器上附着纺织品的研究也越来越得到重视。1973年，河北藁城台西村商代遗址发掘，上海纺织科学研究院对出土青铜器上的丝织品印痕进行了鉴定[3]。1976年，考古研究所安阳工作队发掘了著名的妇好墓，有一大批出土的青铜器上均有丝织品的印痕。王矜对其进行了非常仔细的研究，并有许多新的发现。在青铜器上附着的不仅有普通的平纹绢、重平组织的缣、提花的绮，还发现了大孔罗，这种大孔罗，事实上就是后来的四经绞罗，有些学者称为链式罗[4]，这说明我国的罗织造工艺早在商代就已发展到极高的水平。1991年，江西新干大洋洲发现大量青铜器，青铜器表面也发现丝织品包裹的痕迹，江西省考古研究所在清除表面的铜锈之前，请中国丝绸博物馆沈筱凤等对其丝织品进行了分析鉴定，并选择了其中部分青铜器保存其织物印痕，经分析，其中大部分织物为平纹绢[5]。

特别耐人寻味的是，远在南方的福建崇安武夷山白岩崖洞的船棺中也发现了纺织品。船棺中有男性尸体一具，出土的纺织品均为死者的衣服残片。经上海纺织科学研究院鉴定，有大麻、苧麻、丝、木棉等四种原料。织物的组织均为平纹结构，大麻布三例，色泽呈棕、土黄、棕黄三色；苧麻布一例，呈棕色；丝绸一例，呈烟色；最为引人注目的是一例棉布，经鉴定，其纤维与南方生长的木棉纤维接近，可能为木棉织品。由于船棺的年代经碳十四测定为距今3445±150年，即相当于商代。由于这还是一个孤例，所以人们在使用这一鉴定结果时显得特别慎重[6]。

二、西周的丝麻织品

西周的纺织品也有很大一部分与青铜器伴出，是直接附着在青铜器上的，较为典型的例子是北京琉璃河出土的西周时期青铜器上的织物。据上海纺织科学研究院和中国丝绸博物馆的分析，其中大部分还是平纹绢，局部有刺绣的痕迹，但尚不能十分确定。

陕西宝鸡古称周原，是西周起家的地方，有大量西周时期的墓葬和遗址发现。1975年，宝鸡茹家庄西周強伯墓中除出土大量青铜器和玉蚕等文物外，还发现了一些保留在铜器和泥土上的丝织物刺绣的印痕。据报道，丝织物的印痕主要发现在青铜器上，除平纹之外，还有两种组织值得注意，一是如同后世一经1/1平纹和另一经3/1组成的“汉式组织”，另一是以三上一下一上一下斜纹地上显菱形花的组织。刺

1 Dieter Kuhn, The Silk Workshop of the Shang Dynasty, 《中国科技史探索》，上海古籍出版社，1986年。

2 赵丰：《勾连雷纹和1-2织法》，《古今丝绸》1995年第1期，第29—43页。

3 高汉玉等：《台西村商代遗址出土的纺织品》，《文物》1979年第6期，第44—49页。

4 中国社科院考古研究所：《殷墟妇好墓》，北京：文物出版社，1980年。

5 沈筱凤等：《江西新干大洋州出土商代青铜器上附着丝织品的鉴定》，中国丝绸博物馆鉴定报告第1号，1992年。

6 福建省博物馆等：《福建崇安武夷山白岩崖洞墓清理简报》，《文物》1980年第6期，第12—20页。

绣印痕主要发现于泥土之上，有很鲜艳的朱红色和石黄两种颜色，明显是采用锁绣的针法，其纹样较残，但可以看出既有动物的局部，又有植物的题材[1]。此外，在茹家庄的其他西周早期墓中也有不少带有纺织品印痕的青铜器出土，其中1955年出土的铜剑其柄部上的印痕为以假纱组织织出的绮，还有一件据说是以纬丝显花的织物。所有这些纺织品的印痕以及大量的玉蚕的出土，为周代周原地区的丝织业生产提供了第一手的材料[2]。

同属中原的河南信阳地区孙砦也发现了西周时期的纺织品，纺织品出土于上世纪50年代，但其鉴定工作直到80年代才进行，经鉴定织物为用绵经绵纬织成的紬，所有的经纬线均有加捻[3]。1991年，河南省三门峡市上村虢君虢仲墓中出土了大量青铜礼器和玉器，但同时也出土了一部分纺织品及服饰，其中包括在椁外发现的保存相对完整的二件套穿在一起的合裆麻裤和一片保存了完整矩形领口的麻质上衣残片，在棺内则是尸身上的衣服残片及随葬玉饰穿系中残留的一些织物标本，面积虽然不大，但仍可得到绮、绢、组、绣、罗、印绘等六七个种类。王亚蓉对其进行了研究，认为此墓出土的麻裤和丝织残片是最早发现的西周时期的丝麻实物（相对于其他多为印痕），合裆裤亦是现有的出土年代最早的裤子，使我们对西周纺织及服饰能进行比较具体的研究和探索，从而得到崭新的认识。因此，这个墓葬的发掘是近年古代服饰研究领域的重大发现[4]。

西周纺织品实物的发现远较商代来得广泛。1970年在辽宁朝阳西周早期墓中发现了二十多层丝织物，经北京纺织科学研究所分析鉴定，其中有平纹经二重织物，而且还不止一层[5]。这种组织与战国秦汉时期的织锦组织是一致的，因此，这一发现将我国织锦出现的时间从东周提前到西周，这也可以与《诗经》中多处提到的“锦衣狐裘”和“贝锦”等记载相印证。

三、东周的丝麻织品

东周时期有纺织品和纺织工具出土的墓葬主要在湖南、湖北、江西、河南、浙江、山东等地。由于湖南、湖北地区是当时楚文化的中心区域，也是楚人活动的主要区域，加之当地特殊的埋葬条件，使得两湖地区出土这一时期的纺织品比较集中。在这之中，由于当时楚国国都——郢都（纪南城）就位于荆州城外的纪山之南，因而荆州地区是最为重要的一个区块，这里曾先后发掘了大量的楚墓，出土了较多的纺织品文物。

1965年，湖北省文物工作队在江陵望山楚墓发掘了一批丝织品，其中1号墓为战国中期，2号墓为战国中晚期，墓中出土有对兽彩绦锦、动物花卉绢绣和石字纹锦绣，其中的石字纹锦绣是一种织绣结合的产物，以经线来固定一组上下波动的纬

1 李也贞等：《有关西周丝织和刺绣的重要发现》，《文物》1976年第4期，第60—64页。

2 刘伯茂：《我国西周丝织品的生产技术》，《中国纺织科学技术史资料》第6集，1981年。

3 赵丰：《信阳孙砦西周遗址出土丝织物的鉴定》，《信阳孙砦遗址发掘报告》，《华夏考古》1989年第2期，第66页。

4 王亚蓉：《西周出土纺织品文物介绍》，《13届国际服饰会议》，沈阳，1994年。

5 赵承泽等：《关于西周丝织品(岐山和朝阳出土的)初步探讨》，《北京纺织》1979年第2期，第11—16页。

线，形成特殊的效果[1]。1978年发掘的江陵天星观1号楚墓位于江陵县观音镇，是一座战国中期的墓葬，出土了一条以外包绢的皮革作绣地的蟠螭纹绣带[2]。

对于战国丝织品考古来说最为重要的发掘之一是湖北江陵马山一号楚墓，这是一次战国丝织品的空前发现，对这一时期丝织生产技术的研究具有极为重要的价值。1982年1月，江陵县马山砖厂在取土时发现一座小型土坑竖穴墓，荆州地区博物馆马上派人进行了清理。此墓规模虽然不大，但其中出土的丝织品及服饰却不少，其中包括大菱形纹锦面绵袍、龙凤虎绣罗单衣、对龙对凤纹绣浅黄色面衾等三十余件织绣服饰、衾及镜衣、囊等其他用品，大部分是前所未见，填补了战国时期丝织品研究的许多空白[3]。

2009年，考古工作者在荆州城西北的八岭山连心石料场发掘了一座战国时期墓葬，出土有编织腰带、裙子残片、朱砂印花平纹织物等一批纺织品，目前尚在整理中。

另一个重要出土地是紧邻荆州的荆门地区。1986年底至1987年初，荆沙铁路考古队对荆门市十里铺镇的包山大冢进行了发掘，包山2号墓是其中最大的一座，也是楚都附近所发掘的楚墓中仅次于天星观1号墓的一座，墓主为楚国的左尹，出土了绢、纱、锦等一批织物[4]。另外，在1994年被盗掘的荆门沙洋县郭店村郭家岗楚墓中也有丝织品出土，可惜该墓破坏严重，只有一些衣物残片被保留下来。

1978年发掘的湖北随县（今湖北随州市）曾侯乙墓为战国早期的墓葬，位于城西两公里的擂鼓墩东团坡上，墓主是周王室宗支南方小国曾（随）的国君乙。该墓以出土的青铜编钟而闻名，但墓中亦有纱、绢、锦和刺绣等残片出土，特别是其出土的纱织物，其经线采用丝线和麻线相间排列，纬线则用丝线，这种丝麻交织物在出土的纺织品文物中十分罕见[5]。

此外，2002年为了配合孝襄高速公路的施工，湖北省考古所对位于枣阳吴店镇东赵湖村的九连墩楚墓进行了发掘，出土了一批纺织品，主要覆于铜豆、铜壶等青铜器的封口处，虽然大多已十分残破，但在种类上却涵盖了绢、缣、平纹纱、绮、锦、编织物和刺绣等当时常见的织物品种[6]。

湖南省有纺织品出土的东周时期墓葬主要集中在长沙及其近郊地区，均为楚墓。长沙地处湘中，据东汉时期的《汉官仪》记载，战国时期长沙已经形成城邑，并通过武陵的西部通道与楚郢都相通，是当时楚国南部的边陲重镇。早在1951年，为配合长沙市的经济建设，由夏鼐先生带队对长沙近郊陈家大山、识字岭等处进行了考古调查和发掘，共清理了73座战国时期的墓葬。其中纺织品主要出土于位于识字岭区域的第345号墓和位于五里牌、徐家湾区域的第406号墓，包括死者的衣服残片、丝绵被、丝带、系棺所用的绳索和封棺布等，在材质上有

1 高汉玉等：《江陵望山楚墓出土的织锦和刺绣》，《丝绸史研究》1989年第2期，第6—9页。
2 湖北省荆州地区博物馆：《江陵天星观一号楚墓》，《考古学报》，1982年第1期，第71—116页。
3 湖北省荆州地区博物馆：《江陵马山一号楚墓》，北京：文物出版社，1985年。
4 荆沙铁路考古队：《包山楚墓》，北京：文物出版社，1991年。
5 高汉玉：《曾侯乙墓出土的丝织品和刺绣》，《曾侯乙墓》，北京：文物出版社，1989年，第660—667页。
6 徐铮、刘剑：《湖北九连墩楚墓出土纺织品鉴定报告》，中国丝绸博物馆鉴定报告第28号，2007年。

丝、麻两种。由于两棺都被盗过，墓内浸入积水，故出土的织物均以残片为主[1]。在此后近半个世纪的时间内，长沙地区共发掘了2000余座楚墓，出土丝麻织物160余件，涉及左家塘、子弹库、烈士公园、杨家湾、广济桥银行干校、浏城桥、仰天湖、左家公山、颜家岭等十几个墓葬，种类包括绢、平纹纱、锦、刺绣、编织物等各个品类，手帕、纱冠、鞋底等各类服饰用品。其中左家塘楚墓出土的朱条暗花对龙对凤纹锦等一批色彩鲜艳的锦类织物，表明当时纺织技术已经达到了一个较高的水平，而子弹库楚墓出土的纱冠，虽已残破不全，却是目前所见唯一的一顶楚人纱冠。但因为大部分丝织品都已十分残破，故未发表[2]。此外，湖南衡阳楚墓也出土了丝带和丝绦。

处于"吴头楚尾"的江西地区是中国南方地区另一个出土纺织品较多的区域，此地曾先后被楚、吴、越三国统治，直至战国中期又复归于楚国，因而除了楚文化，也深受吴越文化的影响。其中于1978—1979年间发掘的贵溪县仙岩崖墓，在M2、M4、M10棺中均有纺织品出土，主要有绢和麻布。从出土的位置来看，绢系服用面料，而麻布则主要用于垫尸，其中的一件苎麻印花布，在深褐色地上印有银色的花，是极为罕见的早期印花织物。此外，该崖墓还出土了三十多件纺织工具和纺织机件，包括绕线板、经轴、打纬刀等，其中以M10出土最多，M1、M3、M6等亦有零星出土。贵溪崖墓的年代判断为春秋晚期至战国早期，此时在当地活跃的是古越人，这些纺织品和纺织工具的出土说明了古越人已具备较高的纺织生产技术[3]。

近年来最为引人注目的东周纺织品考古发现，是2007年由江西省文物考古研究所与靖安县博物馆联合发掘的靖安县李洲坳东周大墓，墓葬共出土了三百余件纺织品和众多的纺织机具冥器。其中纺织品原料有蚕丝和麻两种，在品种方面则包括了方孔纱、绢、锦、绮、刺绣和编织物等多个种类。而纺织工具冥器和陶纺轮主要放置在死者脚边的竹笥之中，纺织工具冥器主要有木质的绕线板、打纬刀、卷布棍，竹质的管、绕线筒等，众多工具的出土表明在东周时期这里可能是纺织品生产的一个重要地区[4]。而江西两处墓葬中均出土有纺织机具，这在其他地区的东周墓葬中也是十分罕见的。

2006年发掘的浙江安吉五福一号楚墓年代较晚，约为战国末期到西汉初年，该墓出土的丝织品有绢、锦等品种（图2-3-1），其中最具价值的是

图 2-3-1　现场处理浙江安吉五福一号楚墓出土丝织品

1 中科院考古研究所：《长沙发掘报告》，北京：科学出版社，1957年。
2 湖南省博物馆等：《长沙楚墓》，北京：文物出版社，2000年。
3 江西省历史博物馆、贵溪县文化馆：《江西贵溪崖墓发掘简报》，《文物》1980年第11期，第1页。
4 徐长青、余江安等：《江西靖安李洲坳东周墓发掘简报》，《文物》2009年第2期，第4—17页。

一件菱纹罗。这种菱纹罗在浙江是首次出现，它的出土也填补了浙江丝绸史上战国阶段的空白[1]。

在中原地区的河南是东周纺织品的一个重要出土地。1957年在信阳市北20公里的长台关西北小刘庄后的土岗上，考古人员发掘了一座战国早期的墓葬，即长台关一号楚墓，在墓葬的陶器和车栏上都发现了丝织品，但糟朽的情况都很严重[2]。1983年在光山县西北宝相寺附近发掘了一座春秋早期的合葬墓，墓主为黄国国君黄君孟及其夫人孟姬，其中丝织品均出自孟姬墓，有紫色绣绢和"绢纺"两种，特别是用双根经线又加捻的"绢纺"技术，在同时期中国其他墓葬中还未有发现[3]。

此外，1971—1972年在山东临淄齐都镇郎家庄附近发掘了一座春秋战国之际的殉人墓，在墓主人椁室东壁出土了一些丝、麻织品残片，由于织物和棺椁一起曾被焚，因而已经炭化。其中一件锦织物，虽然已完全炭化，但可以清楚地观测到它的经二重结构，是较为难得的早期织锦标本[4]。

从出土的纺织品来看，麻也是东周时期常见的一种纺织原料，从其织物品种来看，主要有布和纱两种，这两者均采用平纹组织织造，只是在经纬密度的疏密程度上有所不同。麻织物在东周时期各地的墓葬中均有出土，特别是位于长江中下游的江西，由于当地的气候条件比较适宜麻作物的生长，麻织物的生产和使用都十分普遍。在贵溪崖墓和靖安大墓中都有大量的麻织物出土，尤其是靖安大墓出土的大量方孔纱，据纤维测试结果，其中大部分都是麻纤维。

而江西靖安大墓还出现了使用棕榈叶纤维制成经纬线织造的方孔纱织物（图2-3-2），这也是在以往的发掘中少见的新纺织原料品种。在湖北随县曾侯乙墓出土的一块深棕色纱，其经线采用丝线和麻线相间排列，纬线则用丝线，这种丝麻交织物在出土的纺织品文物中也十分罕见[5]。

图 2-3-2　江西靖安楚墓出土的以棕榈叶为原料的方孔纱及纱线绩结点局部图

1 金毅：《发现一块填补3000年历史的浙江丝绸》，《钱江晚报》2008年1月13日，A10版。

2 河南省文物研究所：《信阳楚墓》，北京：文物出版社，1986年。

3 河南信阳地区文管会、光山县文管会：《春秋早期黄君孟夫妇墓发掘报告》，《考古》1984年第4期，第302页。

4 山东省博物馆：《山东临淄郎庄一号东周殉人墓》，《考古学报》1977年第1期。

5 高汉玉：《曾侯乙墓出土的丝织品和刺绣》，《曾侯乙墓》，北京：文物出版社，1989年，第660—667页。

四、商周的毛织品

毛织物大部分出土在中国的西北地区，这一带自古以来就以羊毛为主要纺织材料，同时也有驼毛、牦牛毛、马鬃等。

新疆天山以南的塔里木盆地、罗布诺尔荒漠以及吐鲁番、哈密等地，干燥少雨，有利于地下有机物的保藏。在这些地区的史前墓葬中，死者的随身衣物等往往保存良好。从大量的出土实物看，新疆史前时期，居民主要的服饰用料是毛织品，内地丝织品虽已传入，但发现不多。

目前新疆发现年代最早的毛织品出自罗布诺尔地区的青铜时代早期墓葬中。上世纪初，斯坦因在孔雀河北岸发现的LS、LT，在罗布泊西北附近发现的LF、LQ墓葬[1]，斯文·赫定在罗布泊西北发现的36号墓[2]，或多或少都见有毛织物残片出土。不过，这一时期最重要的发现要数贝格曼在罗布泊西南发掘的小河墓地。贝格曼发掘了12座墓葬，墓中死者服饰保存特别完好，头戴毡帽，身裹毛织斗篷、腰围或编或织的毛布腰衣，足蹬短靿皮靴。1939年贝格曼在斯德哥尔摩发表了《新疆考古研究》一书，认为墓地所属文化等同于斯文·赫定和斯坦因的上述发现，这些墓葬都具有典型的土著特征。

1979年发掘的孔雀河下游古墓沟墓地，发现42座墓葬。墓中尸体头戴尖顶毡帽，帽上插禽鸟翎羽，全身包裹在毛织斗篷中，打开斗篷，裸体，足穿皮靴（图2-3-

图 2-3-3　出土干尸，公元前 2000—前 1800 年，新疆罗布泊古墓沟出土

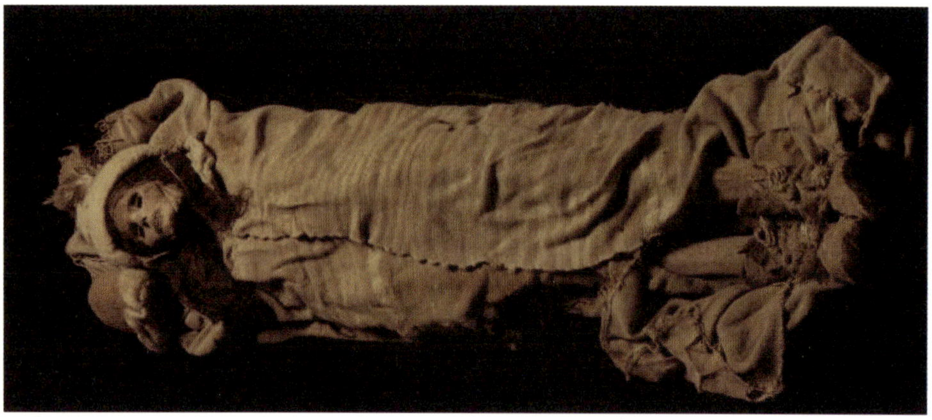

图 2-3-4　出土干尸，约公元前 2000—前 1500 年，新疆罗布泊小河墓地出土

1 Aurel Stein, Innermost Asia: Detailed Report of Exploration in Central Asia, Kan-su and Eastern Iran; New Delhi: COSMO Publication, 1988, pp.263—737.

2 Foilke Bergman, Archaeological Researches in Sinkiang, Especially the Lop-Nor Region; Stockholm Trycken Aktiebolaget Thule, 1939, pp.136—139.

3）。墓地测年为距今3800年左右[1]。1980年在罗布泊北铁板河岸发掘一具女性干尸，穿着打扮和古墓沟死者差不多。年代测定亦与古墓沟接近[2]。2002—2005年小河墓地的全面发掘是建国后罗布诺尔地区考古工作规模最大的一次，共发掘墓葬167座，出土各类遗物数以千计（图2-3-4）。据文化特征及碳十四测年，发掘者分析包括古墓沟等以上各处墓地在内的罗布诺尔地区的这些早期遗存，其时代大致在距今4000—3500年间[3]。但也有学者认为这类遗存延续的时间很长，下限似乎应在西汉通西域之前[4]。古墓沟资料尚未发表，小河墓地大部分发掘资料尚在整理中，但在已发表的2002年的发掘简报中对发现的纺织品已有概述性报道，服饰、织物部分也有较为细致的介绍分析[5]。

图2-3-5　棕蓝色方格纹毡，公元前1000年，新疆哈密五堡出土

图2-3-6　红地黄蓝色三角纹刺绣褐，公元前1000年，新疆哈密五堡出土

在东疆哈密五堡青铜时代晚期的古墓中也发现了大量精美的毛织品。五堡墓地面积5000平方米，1978年、1986年、1991年先后三次发掘墓葬合计114座，年代测定距今3200年。墓地主要发掘资料一直未见刊布[6]。在五堡村南艾斯克霞尔，1999年清理了32座墓葬，文化面貌同五堡墓地[7]。五堡各墓葬墓主人服饰大致相类，头戴尖顶毡帽或尖顶毛线编织帽，身穿毛皮大衣或

1　王炳华：《孔雀河古墓沟墓葬发掘及其初步研究》，《新疆社会科学》1983年第1期。
2　穆舜英：《楼兰古尸的发现及其研究》，《楼兰文化研究论集》，乌鲁木齐：新疆人民出版社，1995年，第387页。
3　新疆文物考古研究所小河考古队：《罗布泊小河墓地考古发掘的重要收获》，《吐鲁番学研究》2005年第1期，第30—31页。
4　孟凡人：《楼兰新史》，光明日报出版社、新西兰霍兰德出版有限公司，1990年，第23—28页；肖小勇：《鄯善地区考古学文化与中西文化交流的关系》，中国社会科学院研究生院博士学位论文，2005年。
5　新疆文物考古研究所：《2002年小河墓地考古调查与发掘报告》，吉林大学边疆考古中心编《边疆考古研究》第3辑。
6　五堡的发掘资料参见王炳华主编《新疆古尸——古代新疆居民及其文化》，乌鲁木齐：新疆人民出版社，2002年，第51—68页。
7　新疆文物考古研究所、哈密地区文物管理所《新疆哈密市艾斯克霞尔墓地的发掘》，《考古》2002年第6期，第30—42页。

皮革大衣，内穿毛布袍、裤，足蹬长筒皮靴或高靿皮靴。和小河—古墓沟时期的纺织品相比，这一时期织物普遍精细，毛纱均匀，组织致密（图2-3-5）。除了平纹外，还出现大量2/2斜纹。织物的染彩也极为丰富，除红色外，还有黄、棕、蓝、绿等色（图2-3-6）。间隔改变经纬色线的排列，织出宽狭、大小不一的条带、方格，是这一时期最常用的显花手法，五堡的各色格纹、条纹毛织物色彩鲜艳、纹路清晰。美国的史前纺织品研究专家伊丽莎白·W·巴博女士，对哈密五堡出土的这些看上去非常类似于现代的苏格兰格呢的斜纹毛织物格外留心，她认为这种斜纹毛织物的组织技法，应该是从西边的西亚起源、经过中亚一带传入新疆地区的[1]。

图 2-3-7 裹婴织物，公元前 800—前 200 年，新疆且末扎滚鲁克出土

新疆早期铁器时代的毛织品发现更为丰富，其中且末扎滚鲁克二期文化墓葬出土最多（图2-3-7、图2-3-8）[2]；1993—1996年在于阗克里雅流域的考古调查发掘中，也发现有与扎滚鲁克二期时代风格相近的一批毛织品[3]。另外哈密焉不拉克[4]、乌鲁木齐阿拉沟、吐鲁番鄯善苏贝希[5]、洋海[6]、和静察乎沟等地属于早期铁器时代的墓葬中也或多或少都有纺织品发现[7]。上述各地虽除乌鲁木齐阿拉沟墓地未见考古报告外，余者都有考古报告或简报发表，但由于对

图 2-3-8 红地毛编织带缀裙，公元前 800—前 200 年，新疆且末扎滚鲁克出土

1 Elizabeth Wayland Barber, The Mummies of Urumchi, Maillan, London, 1999.

2 新疆博物馆文物队：《且末县扎滚鲁克五座墓葬发掘简报》，《新疆文物》1998年第3期，第2—19页；何德修：《且末县扎滚鲁克古墓葬清理简报》，载穆舜英、张平主编《楼兰文化研究论集》，第170—174页，新疆人民出版社，1995年；新疆博物馆：《且末扎滚鲁克二号墓地发掘简报》，《新疆文物》2002年第1—2期合刊；新疆博物馆等：《新疆扎滚鲁克一号墓地发掘报告》，《考古学报》2003年第1期。

3 中法联合克里雅河考古队：《新疆克里雅河流域考古调查概述》，《考古》1998年第12期，第28—37页。

4 新疆维吾尔自治区文化厅文物处、新疆大学历史系文博干部专修班：《新疆哈密焉不拉克墓地》，《考古学报》1989年第3期，第325—362页。

5 新疆文物考古研究所、吐鲁番地区博物馆：《新疆鄯善苏贝希遗址及墓地》，《考古》2002年第6期。

6 新疆文物考古研究所：《鄯善县洋海一号墓地发掘简报》，《新疆文物》2004年第1期；新疆文物考古研究所等：《鄯善县洋海二号墓地发掘简报》，《新疆文物》2004年第1期。

7 新疆文物考古研究所：《新疆察吾呼》，北京：东方出版社，1999年。

纺织品的分析研究需要更多的专业知识，所以在这些已公布的资料中织物部分的内容大都比较简略。不过，近年来随着出土实物的不断增多，对纺织、服饰类文物的组织结构分析、工艺分析等一些基础研究越来越引起发掘者的重视。在扎滚鲁克墓地1985年的发掘报告中就专列出毛织物一节，对出土毛织物的纤维、纺捻、组织结构、织物规格、染色、显花等特点进行了分析概述[1]。克里雅河流域的考察成果，2000年赴法展览，配合展览出版了法文版考察报告，法国的染织专家对出土毛织物的纺织技术、服装裁剪、染色与染料等也进行了探讨研究[2]。另外，近年出版的多部新疆地区的文物图录以及综述类文章中也有这一时期毛织品的报道[3]。

总的来看，新疆史前毛织物出土丰富，但基础资料的整理、分析、保护工作量也很大，大部分地点毛织物的纤维原料、缫纺、织造、印染工艺、图案风格等相关分析研究尚属空白。

除了新疆大量出土毛织品之外，位于陕西凤翔的秦公一号大墓，经专家断定为秦景公之墓，墓中也有纺织品残片出土。其中在主椁盗洞中所出的羊绒织物，迄今还是首次发现。虽然难以确定为秦公一号墓中原有之物，但其纤维之细令人惊叹，说明此织物已采用十分高级的纤维进行毛织物生产[4]。

第四节　商周纺织技术

一、养蚕技术

1. 栽桑

从实物图像与文献资料来分析，当时已有高桑和低桑两种养成形式的桑树。《左传·僖公二十三年》记载晋公子重耳与从者“谋于桑下，桑妾在其上，以告姜氏，姜氏杀之”，在树上的桑妾，因偷听到公子的密谋，而招来杀身之祸。这种桑树应是树型高大，要攀登上树才能采摘桑叶。《诗经·郑风·将仲子》“将仲子兮，无踰我墙，无折我桑”，描写的可能也是这类乔木桑。

而另一种桑树树身低矮，人站立在地上，即可采摘桑叶。这种低桑可能就是《诗经·豳风·七月》中提到的柔桑和女桑，“女执懿筐，遵彼微行，爰求柔桑。……蚕月条桑，取彼斧斨，以伐远扬，猗彼女桑”。这种树形低矮的桑树不仅便利采桑，而且叶多、叶片肥厚、营养价值高，宜于饲蚕，后世发展为鲁桑或地桑。从各地出土

---

1 新疆博物馆文物队：《且末县扎滚鲁克五座墓发掘简报》，《新疆文物》1998年第3期，第2—19页。

2 中法联合克里雅河考古队编著：《克里雅，一条河流的记忆——塔克拉玛干沙漠绿洲的考古与古代文明》（法文版），法国电力基金会赞助出版，2001年。

3 新疆文物事业管理局等编：《新疆维吾尔自治区丝路考古珍品》，上海译文出版社，1998年；新疆文物事业管理局等编：《新疆文物古迹大观》，乌鲁木齐：新疆美术摄影出版社，1999年；贾应逸：《丝绸之路和织物》，载新疆文物事业管理局等编《新疆维吾尔自治区丝路考古珍品》，上海译文出版社，1998年，第33—42页；李文瑛、郑渤秋：《穿戴说羊——新疆出土的羊毛羊皮服饰》，《文物天地》2003年第2期，第14—19页。

4 赵丰：《陕西凤翔秦公一号墓出土纺织品鉴定报告》，中国丝绸博物馆鉴定报告第17号，2000年。

的战国时期的宴乐射猎采桑纹青铜壶上，可清楚地见到这两种桑树。

采桑的方法有两种，一是用手摘叶，另一种是用斧刀砍伐桑条。用手摘叶一般以饲小蚕，而带叶桑条直接可用来喂大蚕[1]。当时对采桑的时间也有讲究，《礼记·祭义》称“风戾以食之”，戾是干的意思，说明在饲养时，比较注意桑叶的质量和清洁，要将采摘到的带雨露的桑叶，设法风干后才可喂养桑蚕。可见当时主要是采摘清晨的桑叶，这与现代采桑的要求完全相符。

2. 养蚕

周代已建有专门的蚕室来养蚕。一般建于近水之旁，《礼记·祭义》有蚕室“近川而为之，筑宫仞有三尺，棘墙而外闭之”。这样具有易于排水和干燥的优点，便于温度和空气的自然调节。

养蚕所需的工具主要有曲、植、籧、筐等。对此《礼记·月令》记载“季春之月……具曲、植、籧、筐”。曲或称薄，也称作蚕箔，一般用苇或竹蔑编成，作长方形。曲分层放在木架上，称为植。籧是养蚕时垫的草席，而筐则是采桑叶用的桑篮。这些工具应该在上一年就已做好，养蚕前则要全面检查。这些《礼记》中的记载，虽然是宫廷内部的一些礼仪程序，但也不失为反映当时实际养蚕生产面貌的资料。这种养蚕的基本方法一直延续至今。

据文献记载，周代养蚕的方法，已达到了比较成熟的地步。每年都从夏历三月初一开始，“奉种浴于川”[2]，“中春，诏后帅外内命妇始蚕于北郊”[3]。这里的仲春二月，天气尚不适合养蚕，可能也是为了浴蚕种。当时的浴蚕，据说是因为“蚕是龙精”，或说是养蚕时“月值大火”，必须先用水浴之，但事实上起到了蚕卵表面清洁的作用。当时还流传着一种用“蘩”煮汁后浸泡蚕种的方法，可能是为了促其孵化[4]。

3. 蚕的生理习性的认识

东周时期，人们对养蚕的科学了解更加深入。荀子在《蚕赋》中，根据当时的实践，作了科学总结，把蚕的生活习性概括为“冬伏而夏游，食桑而吐丝，前乱而后治，夏生而恶暑。喜湿而恶雨，……三俯三起，事乃大已”。这里的“俯”和“起”是说蚕的眠性，“三起三俯”之蚕是三眠蚕，大约经历21至22日便作茧。这是战国时普遍饲养的蚕种。当时普遍认为蚕蛾有雄、雌，而蚕是无雌、雄之分的，荀子在《蚕赋》中对此进行质疑，蚕“有父母而无牝牡者与”？首次提出了蚕有雌雄的命题。

蚕病的问题，在当时也已引起了相当的重视。“民之通于蚕桑，使蚕不疾病者，皆置之黄金一斤，直食八石。谨听其言而藏之官，使师旅之事无所与，此国策之大者也。”[5]

---

1 蒋猷龙：《〈诗经〉中蚕桑丝织的探索》，《中国纺织科技史资料》第7集，第58—66页。

2 《礼记》卷二四《祭义》。

3 《周礼》卷一《天官·冢宰》。

4 《诗经·豳风·七月》。

5 《管子》卷七五《山权数》。

二、缫丝工艺技术

1. 缫丝工具

缫丝是将蚕茧中的丝舒解分离出来，从而形成长丝状的束绞。考古发现的粘附在商代铜器、玉器上的丝绸残片，据分析都为长丝，而且较匀整光滑，这证明缫丝技术在商代已相当成熟。对商代缫丝的具体工艺过程，虽然无文献可考，但我们从甲骨文的“乱”和“治”字中，可得到一些启示。亂（乱），从𤔔从乙，金文作“”，象以手理丝至H形的收丝器具上。H转过90度即为“工”字，甲骨文中“工”可释为壬，也就是缫丝时用的收丝器具。在古文中“乱”字有时训为治，《尚书·周书·顾命》有“其能而乱四方”，《尚书·周书·周官》有“乱而有政”，此处“乱”即治理之义。该训之起源，即在于将蚕茧中交错重叠的茧丝，通过缫治，形成头绪顺理有序的长丝。

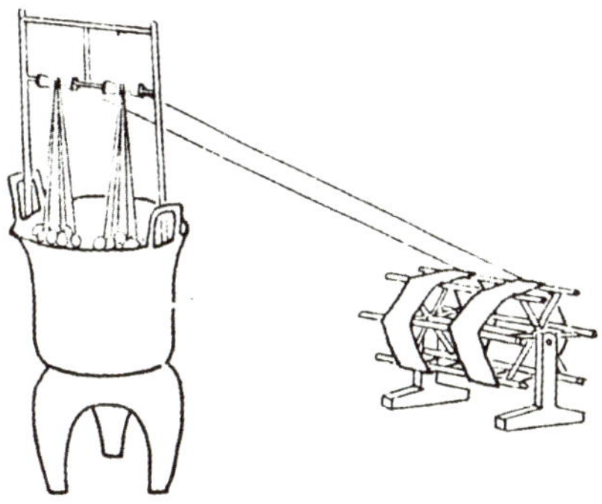

图 2-4-1　商代缫丝工具复原，赵丰

商代的缫丝工具已发现有壬茧甗一例。甗是一种蒸器，下为三足，上呈锅形，中间有带孔的隔层。使用时三足下烧火加热，足袋中盛水，带孔隔层如同蒸架，上面可以蒸物。商代时有一青铜甗上有铭文“壬繭”两字[1]，壬作一六角形轮，应为丝篗的象形字，而“繭”字形如一个抽丝的架，从煮茧锅里将丝抽出[2]。这说明甗正是当时用于缫丝的锅，其中煮茧的水可以一直满至上面的锅，中间的隔层正好可以将茧子挡在上面不至于沉到足袋，甗上安放木架，从繭的字形来看，木架上可以同时抽两绪丝，然后将抽出的丝卷绕于丝篗上（图2-4-1）。

类似的缫丝工具还可以在中国民间看到，其形制应与商代缫丝具基本一致。甘肃武都柏林乡石桥村保存有一种极为简易的缫丝工具[3]，湖南湘西土家族苗族自治州发现的也非常相似[4]。两者均由两大部分组成：一是手握的绕丝工具，一是装在简易T形架上的鼓轮和水锅，两者配合便可进行缫丝生产。两地的T形架和鼓轮的形制基本相同，由七八根细竹子或细木棍围成一个直径约为10厘米的圆柱，便是鼓轮。鼓轮中间有轴，搁于T形架上，T形架则平稳地放在缫丝水锅上。两地的绕丝工具则小有区别，石桥者为“工”字形，湘西者则为X形，但其使用原理和方法却是一致的，用手握住绕丝具的中间，把丝绕上两端的平行直木上。在实际缫丝过程中，各茧丝首先在T形架上的集绪器上集绪，然后通过鼓轮卷绕，再绕上“工”字形或X形工具。鼓轮的存在增强了丝的抱合，提高了丝质，是缫丝机械史上的重要进步

1 罗振玉：《三代吉金文存》卷五。

2 周晦若、张炘：《甲骨文中的蚕桑丝帛》，《中国丝绸史（专论）》，北京：中国纺织出版社，1997年，第1—9页。

3 蒋猷龙：《石桥古缫丝工具初探》，《中国纺织科技史资料》第16集，第62—67页。

4 戴文龙：《湘西土家族苗族自治州丝绸生产的调研》，《丝绸史研究》第2卷，1985年第3期，第26—34页。

（图2-4-2；图2-4-3）。

2. 缫丝工艺

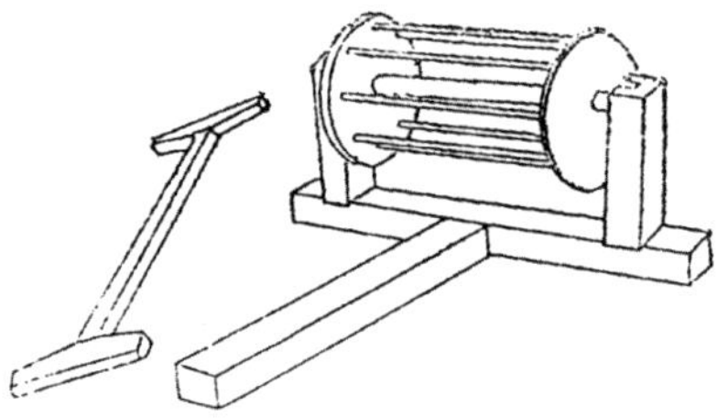

图 2-4-2　甘肃民间缫丝工具，蒋猷龙，1984 年

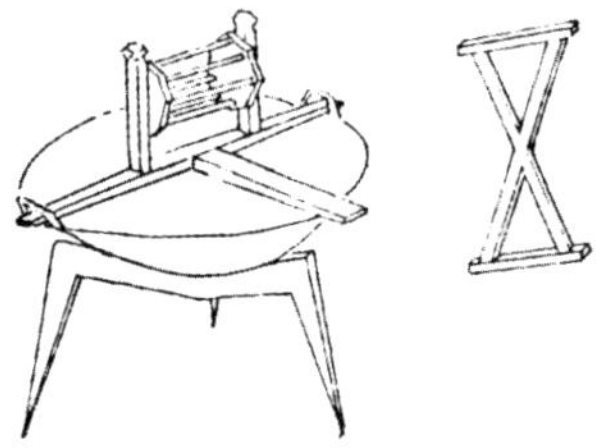

图 2-4-3　湖南民间缫丝工具，戴文龙，1985 年

有关缫丝的过程正式见于周代文献。为了使缫得的丝匀整，首先必须进行择茧，这样才可得到优质的丝束。供织造祭祖时穿的郊庙之服，《礼记·祭义》载“世妇卒蚕，奉茧以示于君，遂献茧于夫人。夫人曰：此所以为君服”。《礼记·月令》也有“蚕事既登，分茧称丝效功，以供郊庙之服，无有敢惰”的记载。用于献茧之礼的蚕茧，乃是经过精心挑选的圆正独茧，而且大小重量基本相似，所缫得的丝，质量有所保证，以织造君王祭祀之礼服。

周王室十分重视宫廷的缫丝，开缫时，要选择吉日，由夫人亲自主持仪式。这在《礼记·祭义》中得到反映，“及良日，夫人缫，三盆手。遂布于三宫夫人世妇之吉者，使缫”。郑玄注云：“三盆手者，三淹也。凡缫，每淹大总而手振之，以出绪也。”这是一种煮茧抽丝的方法，用热水浸煮蚕茧，使丝胶软化，蚕丝舒解，浮出丝绪。即缫丝之前，必须把茧子放入水中，只有在沸水中丝胶才能软化，所以夫人的三淹蚕茧，应是在水尚未沸腾时进行的。虽然这仅仅是一种仪式，但也说明当时已采用热水进行缫丝。所以当时有人说，“茧之性为丝，弗得女工燔以沸汤，抽其统理，不成为丝”[1]。

整个缫丝过程应包括索绪、集绪和绕丝。茧子在沸水中浸煮后，会溶解部分丝胶并使残留的丝胶软化，原先层层紧粘一起的生丝，开始舒解，丝绪浮出。此时可进行索绪，索绪的工具可用植物的草茎或竹签。在钱山漾新石器时代遗址中，曾经出土两把小帚，用麻绳捆扎的草茎制成，可能是用于索绪的工具[2]。

3. 丝线的加工

单根茧丝的强度很低，须将若干根茧丝集绪合并成一根较粗的生丝，残留在茧丝上的丝胶将它们粘合一起，缫丝时，茧丝常会断，缫者必须及时寻绪续上，否则会影响生丝的细度。据测定，陕西岐山出土的西周丝织物的经纬线缫丝茧粒数为

1　《韩诗外传》卷五，北京：中华书局，1980年。

2　陈维稷：《中国纺织科学技术史（古代部分）》，北京：科学出版社，1984年，第13页。

14、18、21粒。东周时期长沙楚墓出土的丝织物经纬线的缫丝茧粒数为7—10粒[1]。

缫出的生丝，要绕成丝绞，形成丝束，供日后织造时使用，周时丝束已经是可供交换的商品了。《诗经·卫风·氓》中有“氓之蚩蚩，抱布贸丝，匪来贸丝，来即我谋”的记载，曶鼎上也有用“匹马束丝”交换五个奴隶的铭文。

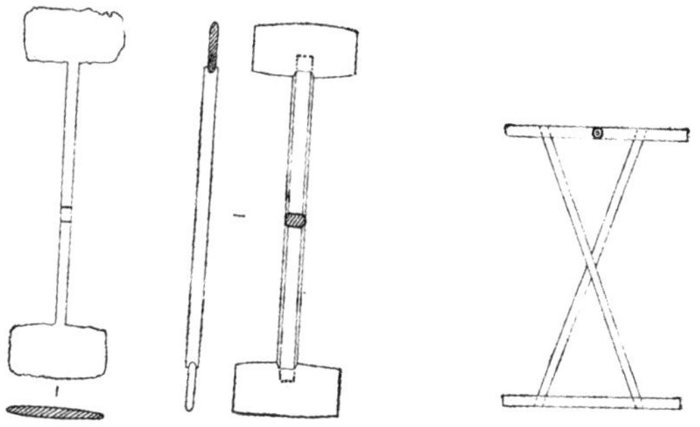

图2-4-4 I、X形绕丝具，战国，江西贵溪崖墓出土

绕丝用的工具，在江西贵溪春秋战国时期的崖墓中曾经有过发现，它们是几块外表光滑、长度为73—62厘米的H形木板，与前述金文“乱”字中的工形收丝器相似，另外还有长度为36.7厘米的X形的绕纱框一个，各部件间用榫头连接，制作十分讲究[2]（图2-4-4）。

如果丝的纤度太细，则需要采用并丝工艺来解决，即把数根生丝并合成一根，由于蚕丝是长丝，并合后可加捻，也可不加捻，视需要而定。从考古发现的丝织物中可知这种工艺至少在商代已经在使用了。

三、毛纺技术

商周时期对利用动物毛纺纱前的初步加工，未见任何记载。但是，从一些出土文物看，不难肯定，当时也是具备了一定的加工工序的。1957年在青海诺木洪发现的周初的毛织物，染有黄、褐、灰黑和相当美丽的红、蓝各种颜色；1979年在新疆哈密出土一具商代末期女尸，尸体身穿红、褐、绿、黑四色织成的鲜艳的毛织物；又周金“守宫尊”记周师锡守宫丝束、蘑幕三、毳布三和其他的东西。诺木洪、哈密的毛织物和周师赐予守宫的毳布，大概都是商周时期毛织物中的高级产品。它们的染色效果都比较好，在使用毛纤维纺纱染色之前，均必须经过去土、去杂、洗毛、开松等各种最基本的工序。因为羊汗中含碳酸钾，在热水中洗毛，有助于去除羊毛上的油脂，使染色得以进行。

诺木洪出土的毛织物也许能代表周初毛纺的一般水平，其中有块较细密的织物，经纬投影宽度分别为0. 75毫米和1. 0毫米，估计这种毛纱纱支分别为公制一支到四支。相当于较粗的麻缕。经纱S捻，纬纱Z捻。小河墓地出土毛织物的纤维品质优良，截面轮廓清晰，粗细均匀，纱线为Z捻，条干均匀。

古籍中，记载毳毛之处颇多。《诗经·王风·大车》：“大车槛槛，毳衣如菼。”《周礼·春官·司服》：“祀四望山川，则毳冕……子男之服，自毳冕而下如侯伯之

1 陈维稷：《中国纺织科学技术史（古代部分）》，北京：科学出版社，1984年，第50页。
2 程应林：《江西贵溪崖墓发现的一批纺织品和纺织工具》，《中国纺织科技史资料》第3集，第77—86页。

服。”郑玄注：“毳毛，毛细褥者。”毳毛是细毛，故用作贵族礼服。毳毛成衣与麻类相同，亦是用纺坠将散毛加捻的。

虽然同是纺坠加捻，但毛纤维的纺纱与丝的加捻、麻的绩纺有很大的不同。毛纤维较短而且纺前乱成一团，纺纱时，需要通过手指牵伸动作，使毛纤维在同一方向产生滑移，相当于将纤维梳理伸直，从而使纱条细而均匀。这种技巧不同于长纤维的纺坠加捻。因此，毛纤维纺坠纺纱法的形成，标志着纺坠纺纱技巧的进步，为后来更短的棉纤维纺纱开辟了道路。

四、织造机具

商周时期的织造机具资料不多。《诗经·小雅·大东》“小东大东，杼柚其空”，朱熹注曰：“杼，持纬者也。柚，受经者也。”这里提到的只是织机上最为简单的两个部件，还不足以描述织机的全部。结合前后各时期的资料来看，商周时期的织机可能有四类，原始腰机、双轴织机、踏板织机和多综式提花机。

1. 原始腰机

甲骨文中“帛”字造型已初步可见早期原始织机的端倪。“巾”字犹如织机上的三根轴，上布丝线，而“白”字表示织工。这样整个帛字就是一幅织工在原始腰机上进行织作的形象。

另外，从新石器时代的出土情况来看，也可以推测其基本构成。浙江余杭良渚山M23中出土了原始腰机玉饰件，包括三对相距约35厘米的镶插端饰，从端饰的形状我们可以推知该腰机的构造，包括卷布轴、经轴和开口刀。卷布轴是一对夹辊式的长棒，夹住织物以作机头，轴的两端套上腰背可以得到固定，玉端饰的外大内小造型也可以适应这一需要，开口刀两端的玉饰如簧片，外薄而光滑，其作用是在无综丝开口的情况下，用此刀按一定规律穿过经线，将刀竖起，使经线分成上下两层，形成开口，供梭子引纬而过。此后，再放平此刀，打纬后抽出，故此刀兼有打纬刀的功能。经轴截面形状一平一圆，平面朝内，以供足蹬，圆面朝外，以减小经丝受力的不匀。这样，织造者在使用良渚织机时，先将整好经线的织机上身，用腰背把卷布轴系于腹前，再用双脚蹬起经轴，使织机上的经线基本平齐，一手用开口刀逐一穿过经线，竖起，开口，然后用木质的细棍或梭子绕线引纬，再用开口刀打纬后抽出，然后开始下一纬的织造。织完一定长度后经轴翻转一周放出若干经线，卷布轴则相应卷入相同数量的织物（图2-4-5）[1]。很显然，这三根有玉端饰的轴，正与甲骨文中帛字下“巾”的造型相似。

1978—1979年间，江西省考古工作者对贵溪县鱼塘乡仙岩一带的春秋战国崖墓群进行了清理，共清理18座墓，其中出土大量纺织品和纺织工具部件，这批工具虽然已残，但还能看出其属于较为复杂的原始腰机部件[2]。卷轴两副是最容易确定的工具，原名夹布棍，每副由两根截面为半圆形的木棍组成，两端削鸭嘴形，合拢后

1 赵丰：《良渚织机的复原》，《东南文化》1992年第2期，第108—111页。

2 程应林：《江西贵溪崖墓发现的一批纺织品和纺织工具》，《中国纺织科技史资料》第3集，第77—86页。

a

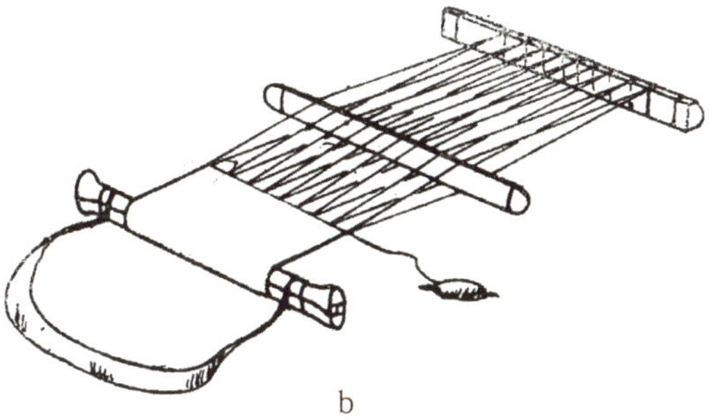
b

图 2-4-5　a 织机玉饰件出土情况，新石器时期，浙江余杭良渚出土；b 良渚织机复原，赵丰，1992 年

呈八字形，用以固结背带。两副长短相差很大，长者为64.6厘米，短者为23.8厘米，由此可知当时织物的幅宽也有两种，一种甚宽，约在50厘米左右，一种较窄，约在15厘米左右。原名导经棍的部件由竹管制成，两端各有长条形通孔，孔内尚留有细麻绳一段，棍长73.8厘米，与石寨山出土青铜织具及佤族所用的原始腰机作一比较，可知这一部件应是分经具，细麻绳应是作为提筒时所用。

综杆在此中很难寻找，原文提及的提综杆高为2.5厘米，长23.8厘米，作为综杆，高度显然不对，作为综框，则还缺一些零件，但原名为分经棒的一根木棍，两端呈尖状，中间有两道压底圈，全长84厘米，可以作为综杆的杆身部分，其长度亦与分经杆相仿。引纬工具总体来说还是一种梭杆式的工具，无论是原名的梭、杼或引纬杆等都是同一意思，从外形来看，则以原名为梭和引纬杆的两件更接近，不过定名为梭杆更好。至于开口杆与挑花杆并无严格区别，原名为清纱刀的一件，就以开口杆为名更好，其棒体圆形，但刀部呈鸭舌状，通体光滑，原名挑经刀的一件，或以挑花杆更好，它们均较短，前者全长28厘米，后者残长43.5厘米，可能是用于不同幅宽织物的开口工具。最难的是经轴，在贵溪出土的织机部件中，一直找不到合适的经轴部件，合理的推测应是用经桩代替经轴。原定为经轴的齿耙状木器不太可信，有可能它是用于定经的工具，作用类似于后世的定经筘，但位置是在织机后部，即分经具与经桩之间。在日本北方所用原始腰机中亦有用大孔的定经工具者，一般用于地桩式织机，因此，这有可能是一件定经工具（图2-4-6）。

2. 双轴织机

双轴织机也属于原始织机，但这是一种由手提综开口、以卷布轴和经轴两轴为主要特点，卷轴和经轴均固定在机架上的织机。

双轴织机见于《列女传·敬姜说织》，文中载：“文伯相鲁，敬姜谓之曰：吾语汝，治丧国之要尽在经矣。夫幅者，所以正曲枉也，不可不强，故幅可以为将；画者，所以均不均、服不服也，故画可以为正；物者，所以治芜与莫也，故物可以为都大夫；持交而不失，出入而不绝者，梱也，梱可以为大行人也；推而往，引而来者，综也，综可以为关内之师；主多少之数者，均也，均可以为内史；服重任、行远道，正直而固者，轴也，轴可以为相；舒而无穷者，樀也，樀可以为三公。文伯再拜受教。”在

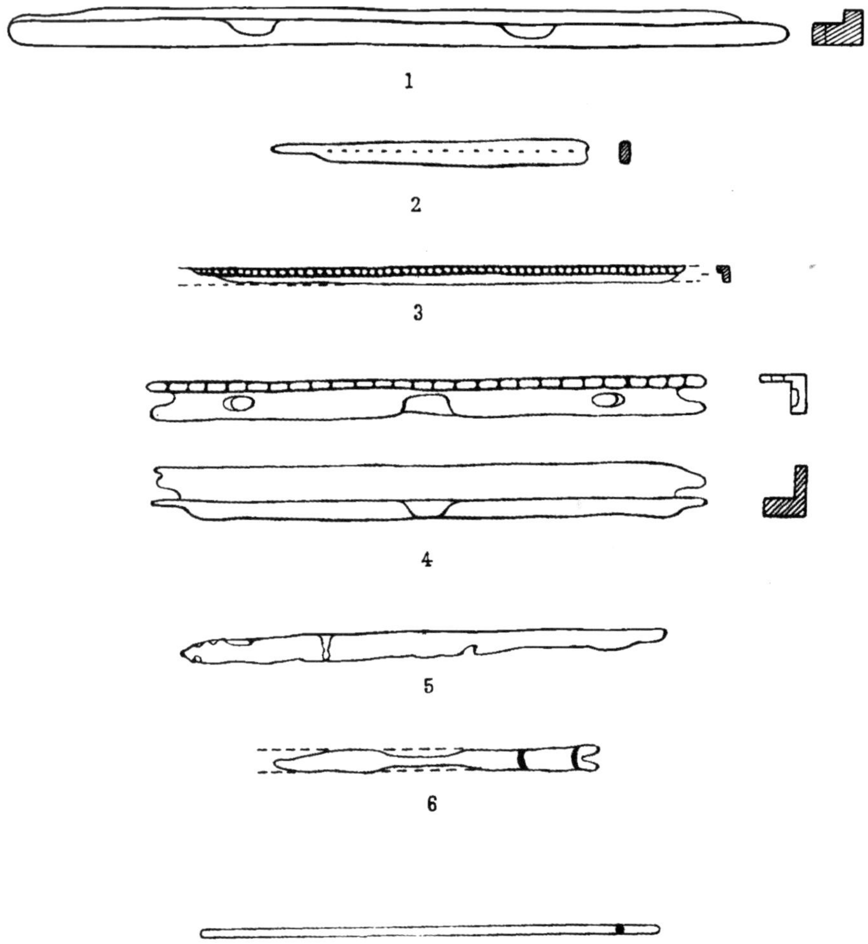

图 2-4-6　贵溪出土织机部件，彭浩，1995 年

此段文字中，敬姜把治理国家比作对经丝的治理，一个国家机构犹如一台织机，因此这段文字也描绘了一台不带踏脚板的双轴织机。其中的主要部件包括：幅，即幅撑，控制织物幅宽用；画，即筘，打纬用；物，棕刷，梳理经丝或加湿上浆用；梱，开口杆，清理梭口用；综，综杆，提升经线用；均，分经木，使经丝按规律分组；轴，卷布轴；摘，经轴。此外还应该存在机架（图2-4-7）[1]。

3. 踏板织机

战国时期已经出现了踏板织机，这从纪昌学射的故事中就可以看出。纪昌“偃卧其妻之机下，以目承牵挺。二年之后……而不瞬也”[2]。躺于织机之下，以“牵挺”的运动来锻炼目力。此“牵挺”就是织机上的脚踏提综开口机构，与汉画像石上的斜织机上的开口提综机构相似，据研究应是曲柄连杆机构[3]，说明当时已有踏板织机，但关于当时踏板织机的结构却无详细记载。

1 赵丰：《〈敬姜说织〉与双轴织机》，《中国科技史料》第12卷，1993年第1期，第63—68页。

2 《列子》卷五《汤问》。

3 屠恒贤：《战国时期丝织品的研究与复制》，东华大学硕士论文（未刊），1983年。

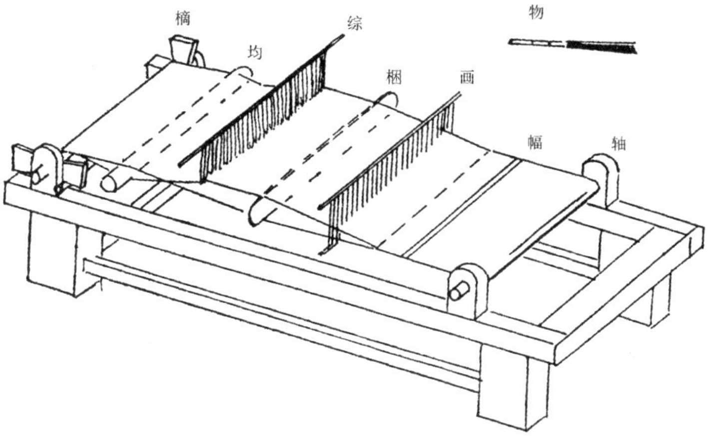

图 2-4-7　双轴织机复原，赵丰，1991 年

4. 提花织机

从商周时期出土的提花织物来看，当时也已经发明了提花方法及提花机。商代青铜器上的回纹绮和云雷纹绮可能是由专门的提花方法生产的，而西周时期已有织锦，也应该是由可以提花的织机进行织造的。但最能说明问题的是湖北江陵马山楚墓出土的舞人动物纹锦，其整个图案从左到右均以锯齿状的长方形作骨架，内填对龙、对凤、对舞人等纹样，但在织物的左边约有5厘米宽的一条纹样带明显是错了，其锯齿形似乎是部分地被重复了，动物的形象被破坏了（图2-4-8）。但这一错误并没有在下一纬中得到改正，而是一直地继承下去。这种错误的继承，说明当时已经出现了正式的可能控制丝织品图案经向循环的提花机。它证明图案信息的贮存已经存在，以致被贮存的错误也不得不一直执行下去。如果不是提花而是挑花，那么，织工完全可以在下梭挑织中甚至就在这一梭挑织中就改正过来。

关于织造经锦所用提花织机的形式，学术界存在有多种观点，一种观点认为：所用的是束综式提花织机[1]，这在汉代的王逸的《机妇赋》中，已有描述。另一种观点根据经锦织物组织的特点，提出所用的是一经穿多综的多综片提花织机[2]，这在《西京杂记》与《三国志·方技传》裴松之的注解中都有记载。

苏州丝绸博物馆采用束综式提花织机复原了战国时期的舞人动物纹锦，中国丝绸博物馆用多综片提花织机复原了汉代的经锦“王侯合婚千秋万岁宜子孙”，商周时期的提花机究竟是何种形式还有待进一步的深入研究。

五、练染工艺

与缫丝、织造工艺技术的发展相呼应，商周时期尤其是周代的练染技术也有了很大的进步。据《周礼》记载，当时与染色工艺关系密切的官职有七个：征敛植物染料的掌染草；负责染丝、染帛的染人；还有设色之工五，即画、缋、钟、筐、㡛五种工师，

1　高汉玉：《中国古代提花机的原理与发展》，《中国纺织科技史资料》第3集，第46—63页。
2　胡玉端：《经锦织造技术的探讨》，《中国纺织科技史资料》第6集，第41—50页。

图 2-4-8　舞人动物纹锦，战国，湖北江陵马山出土

另外，提供染色工艺所需物料的有关官职如掌蜃、掌炭、职金等为数更多。这种专业分工，标志着当时的练染工艺已经发展到一定的规模，形成了比较完整的体系。

1. 精练工艺

丝的脱胶工艺可在丝线时进行，也可在织成织物后进行，商周时分别称为"湅丝"与"湅帛"。《周礼·考工记·㡃氏》中记载了关于丝的脱胶工艺过程，"湅丝，以涚水沤其丝，七日。去地尺暴之。昼暴诸日，夜宿诸井，七日七夜，是谓水湅"。文中的"涚水"可能是含有草木灰的温水，东汉人郑众认为是温水；稍后的郑玄却认为是灰水，用其浸渍丝束七日，使丝胶膨润，然后白天曝露在贴近地面不远温度较高的地方，在日光和空气的作用下，丝胶大分子降解，晚上将丝浸在水井里，溶解掉已降解的丝胶分子，七日七夜后，就可完成丝的脱胶工艺。

丝织物的脱胶工艺称为湅帛，《周礼·考工记·㡃氏》载："湅帛，以欄为灰，渥淳其帛，实诸泽器，淫之以蜃，清其灰而盝之，而挥之，而沃之，而盝之，而涂之，而宿之，明日沃而盝之。昼暴诸日，夜宿诸井，七日七夜，是谓水湅。"欄，楝木叶，大致的过程可能是将丝织物即帛，浸渍在浓度较大的草木灰溶液中，然后放在具有光滑内壁的容器中，用含有蜃灰的碱性溶液不断浸泡，去除反应沉淀物，再浸泡，再去除，此时碱液浓度降低，再涂蜃灰浸泡，次日再重复以前的过程，然后如湅丝一样，白天曝露在近地的日光下，晚上浸泡在井中，七日七夜（图2-4-9）[1]。

1　赵丰：《中国古代丝绸精练技术的发展》，《浙江丝绸工学院学报》1984年第3期，第59—64页。

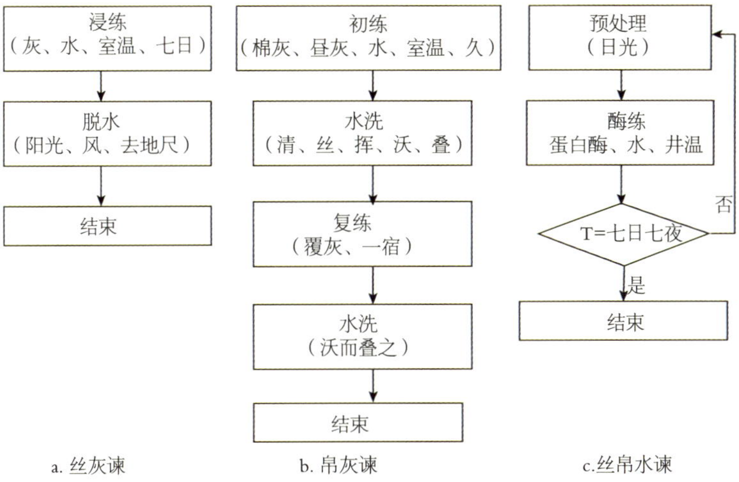

图 2-4-9　精练过程示意图（赵丰《中国古代丝绸精练技术的发展》，1984 年）

这些记载说明，至晚周代的人们已经掌握了丝与丝织物的脱胶工艺，利用自然界的环境条件，采用合理的温度、碱液浓度、时间参数，完成脱胶工艺，这里也不排除古人已经掌握利用生物酶来帮助脱胶的技术，因为溶解有降解后的丝胶的井水中，含有丰富的蛋白质，会积聚大量的微生物，它们一般在中性或弱碱性的条件下，分泌大量蛋白分解酶，这些蛋白酶对丝胶有降解作用。所以《周礼·考工记·㡛氏》中记载的对丝与帛的脱胶工艺，是碱、酶、日光（紫外线）共同作用的结果，是一个多因素的系统作用的过程，掌握这样一个复杂的工艺，不是一朝一夕的事情，而是长时间的经验积累。因此，商代丝的脱胶工艺技术应已相当成熟。

出土的实物也证实了这一点。粘附在商代铜钺表面的丝织物残片上，发现的平纹绢其脱胶程度较差，丝线上有残存的黏性物（丝胶），而另一块平纹小提花织物绮的丝纤维比较柔软，无黏性物质残留，说明脱胶程度较好，精练度好。在陕西岐山西周墓出土丝织物的截面上，也可以看出丝线中的各根茧丝分离程度较好，均匀分布，说明单丝的脱胶程度好。此外，在江陵战国楚墓出土的丝织品中，也可观察到丝的脱胶程度高低的差别，在暗红绢纬丝的电镜照片上，发现各根茧丝间的夹杂物较多，是丝胶的残存物，可能是织造后再"涑帛"的，不易完全脱去包覆在各根茧丝外的丝胶，精练度较低。而在另一块十字菱形纹锦经丝的电镜照片上，茧丝间的夹杂物明显要少得多，松散分离，不相粘连。这说明锦是熟织的产品，织造前，先对丝束用"涑丝"工艺进行脱胶。丝胶脱得较干净，精练度高。

2. 石染

从文献资料与出土实物可以知道商周时期我国已经掌握了系统的染色工艺技术，并且石染与草染两方面的工艺都已经相当成熟。所谓石染是指采用矿物颜料对纤维进行染色的工艺技术，草染则指采用植物染料对纤维进行染色的工艺技术。

石染在我国的使用历史可追溯到旧石器时代的晚期，在北京周口店山顶洞人遗址中，发现有红色赤铁矿的粉末和用它涂染的石珠、鱼骨、兽牙等装饰品。部分石珠的孔眼中也残存有红色粉末，由此推断穿孔的系带也被红色赤铁矿的粉末涂染过。而在商周时期，我国所使用的矿物颜料的品种主要有赭石、朱砂、石黄、空青、铅白等，分属红、黄、绿、蓝、白色系。

红色系的矿物颜料有赭石和朱砂。赭石学名赤铁矿，主要的成分是三氧化二铁（Fe_2O_3），呈暗红色。据《尚书大传》记载，“唐虞象刑，……犯劓者赭其衣”。古时，曾用赭色染罪犯之衣，作为象刑，替代劓刑。在《荀子·正论》中也有相似记载，这说明随着石染技术的进步，赭石并不是人们所喜欢的用来染色的矿物颜料。

与赭石相比，朱砂的染色效果与应用面要广得多，受到人们的青睐，朱砂的化学名称为硫化汞（HgS），自然界中存在的辰砂是红色硫化汞晶体，又称朱砂或丹砂，亦称为丹，朱砂通过提纯才能得到纯正的朱红色，在制作的过程中，一般会同时出现三层色彩：最上一层发黄，最下一层发暗，中间一层色彩最纯正，为朱红。在出土实物中，用朱砂染色的丝帛，色彩一般都很纯，保持朱红色，且色牢度相当好，这说明商周时期朱砂矿物颜料的制作与应用已十分成熟。

商代安阳殷墟妇好墓中，发现有不少朱砂涂染的绢织物的遗迹，明显可辨认的有九例，多粘附在一些大型、贵重、精致的器物上[1]。商代玉戈所粘附纺织品的痕迹上，发现渗有朱砂。在陕西岐山西周早期墓葬的丝织品上也发现有朱砂涂染的痕迹，陕西宝鸡茹家庄西周墓出土的刺绣地帛的残痕上有红、黄、褐、棕四种色彩，红黄二色依然非常鲜艳，其中朱红色为朱砂颜料（图2-4-10）。此外在湖南长沙左家塘战国中期的墓葬中也发现有朱砂染色的朱条暗花对凤对龙纹锦，湖北江陵楚墓中也发现有朱红色的纱。

朱砂染色有涂染与浸染两种。湖南左家塘出土锦织物上的朱红色条子，是用朱砂浸染丝线后织造的，至今色彩仍然十分鲜红，朱砂粒子细腻均匀。在河南殷墟妇好墓还出土了用于朱砂研磨的杵臼[2]（图2-4-11）。

图2-4-10 刺绣地帛的残痕，西周，陕西宝鸡茹家庄出土

矿物颜料染色的另一关键技术是粘合剂的使用，因为矿物颜料与纤维或其他有机物无亲和力，需借粘合剂作为媒介与纤维结合。

《周礼·考工记·钟氏》记载了用朱砂染羽毛的工艺，“染羽，以朱湛丹秫，三月而炽之，淳而渍之”。据研究，文中的朱即朱砂，丹秫是黏性较大的谷物，将朱砂与丹秫一同长时间地（三月）浸泡，通过发酵，谷粒分散

1 中国社会科学院考古研究所：《殷墟妇好墓》，北京：文物出版社，1980年，第17—18页。

2 王㐨：《汉代织、绣品朱砂染色工艺初探》，《十世纪前的丝绸之路和东西文化交流》，北京：新世界出版社，1990年，第369—382页。

成极细的淀粉粒子，然后炊炽之，淀粉转化为浆糊，显出很大的黏性，此时将织物淳而渍之，可将矿物颜料粒子与纤维或羽毛结合[1]。

图 2-4-11 研磨朱砂的杵臼，商，河南安阳殷墟妇好墓出土

黄色系的矿物颜料主要是石黄，石黄分雌黄（As_2S_3）和雄黄（As_4S_4），是天然的黄色颜料。石黄为红光黄，色相丰满纯正，光牢度好。《山海经·西山经》载“中曲之山，其阴多雄黄”，陕西宝鸡茹家庄出土的西周刺绣印痕上有石黄颜料的残留[2]。

绿色系的矿物颜料是空青，周时曾专设职金这一官职来管理丹、青等矿物颜料。《周礼·秋官·职金》载“掌凡金、玉、锡、石、丹、青之戒令”。丹即朱砂，青即空青，郑玄注曰：“青，空青也。”空青又称青雘，《汉书·司马相如传》颜师古注云：“青雘，今之空青也。”空青是一种结构疏松的碱性碳酸铜 [$CuCO_3 \cdot Cu(OH)_2$]，呈绿色，与铜绿的化学成分相同。作为矿石即有名的孔雀石，作为颜料又名石绿。空青耐大气作用性能好，而且有鲜艳活泼的翡翠绿色，在颜料中有重要的地位。

属于蓝色系的有石青，又名大青、扁青，“石青今以为青色彩，本草纲目谓即古之扁青，而俗呼为大青”[3]，其成分为 [$2CuCO_3 \cdot Cu(OH)_2$]，也属碱式碳酸铜，矿石呈蓝色，可作蓝色矿物颜料。

白色系的矿物颜料主要是胡粉，胡粉又名粉锡，即铅白，成分为碱式碳酸铅。我国利用铅的历史悠久，曾经出土过商周甚至更早时期的铅制的彝器和戈。张华《博物志》载：“烧铅锡成胡粉，犹类也。”这种胡粉又称铅华或铅粉，是白色颜料，也可用作化妆品。商周时期所用的另一种白色颜料为蜃灰，可用于织物或其他器物的涂料。《周礼·掌蜃》郑玄注云：“蜃可以白器，令色白。”白色颜料常用于作画绘的底色或勾边，使花纹绚丽突出，因而地位十分重要。

3. 草染

植物染料的染色远比矿物颜料的要复杂，从染料的制备到染色都有一整套的工艺技术。植物染料的染色古时又称草染。商周时期，尤其是春秋战国时期，我国的草染工艺技术已经相当成熟。从染草的品种、采集、染色工艺、媒染剂的使用等方面，都形成了一套成熟的管理制度。

《周礼·天官》设染人掌染丝帛，“凡染，春暴练，夏纁玄，秋染夏，冬献功。掌

1 罗瑞林：《关于钟氏一文的初步探讨》，《中国纺织科技史资料》第2集，第52—56页。
2 李也贞等：《有关西周丝织和刺绣的重要发现》，《文物》1976年第4期，第60—64页。
3 章鸿钊：《石雅》下篇《青绿条》。

凡染事”。另《周礼·地官》有掌染草一职，其记事共两处。“掌染草：下士二人，府一人，史二人，徒八人”，郑玄注云“染草，蓝蒨象斗之属”；“掌染草：掌以春秋敛染草之物，以权量受之，以待时而颁之”，郑玄注云“染草，茅蒐橐芦豕首紫茢之属”。据考证，这些染草主要包括七个种类：茜草、蓝、橡斗、黄栌、天名精、紫草、荩草[1]。

茜草（Rubia cordifolia）是商周时期主要的红色染料，其为多年生攀援草本植物，植物根部含有茜素（$C_{14}H_8O_4$红色）和茜紫素（$C_{14}H_8O_5$）。其中茜素属媒染性植物染料，其主要媒染剂是铝盐和铬盐。媒染剂不同，所染得的颜色也不同，以铝媒染剂所得红色最鲜艳。如不加媒染剂，则只能染得浅黄色。

茜草染色主要是用其根，茜草的根呈红黄色，春秋两季皆可采收，但以秋季挖到的根质量较好（根粗壮，断面深红色）。挖出后晒干储藏，用时切成碎片，用热水抽提。《诗经·郑风·东门之墠》载“茹藘在阪”，《诗经·郑风·出其东门》载“缟衣茹藘”。郑国的地域范围，位于黄河中游地区，今陕西华县与河南新郑一带，是当时茜草的种植和利用比较普遍的地区。《尔雅·释草》“茹藘，茅蒐”，郭璞注云“今之蒨也，可以染绛”。

蓝草是我国最早用于织物染色的一种植物。蓝草中的染色成分是靛蓝素（$C_{16}H_{10}N_2O_3$），可从存在于蓝草叶中的蓝甙（$C_{14}H_{17}NO_6$）中提取，属于靛系还原染料。据文献记载，我国可能在夏代，已开始种植蓝草。周时，蓝草的种植与采集应已相当普及，《诗经·采绿》对此有这样的描写，“终朝采蓝，不满一襜”，《礼记·月令》中对蓝草的染色时节也作了规定：“仲夏之月，令民毋艾蓝以染。”这是因为仲夏之月（夏历五月）是蓝草发棵生长旺盛时候。此时采摘蓝草叶进行染色，影响蓝草以后的生长和产量。因此规定蓝的染色不许提前进行。

商周时期我国使用的蓝草品种主要是蓼蓝与马蓝。《大戴礼记·夏小正》云：“五月启灌蓼蓝。”在夏历五月，蓼蓝发棵，趁此时分棵栽种。蓼蓝（Polygonum tinctorium，蓼科）是一年生草本植物，高50—80厘米。二三月间下种培苗，六七月间，蓝草叶成熟，呈绿色。碾碎后，黄色液汁变青，即可采集。采后随发新芽，隔三个月（九十月间）又可收割。《尔雅·释草》中有谓“葴，马蓝”，郭璞注云“大叶东蓝也”。马蓝（Strobilanthes cusia）是多年生草本植物，叶对生，倒卵状椭圆形或长椭圆形，长6—15厘米，上有稠密、细狭的钟乳体。叶可制蓝靛，用于染色。叶和根也可供药用。

商周时期用于染紫色的植物是紫草。紫草（Lithospermu mcrythrorhizon）属于紫草科，是多年生草本植物，八九月茎叶枯萎时采掘，紫草根断面呈紫红色，含乙酰紫草宁（$C_{18}H_{18}O_6$）。紫草宁和茜素相似，不加媒染剂，丝毛麻纤维均不着色，加椿木灰、明矾媒染，可染得紫红色。

春秋以前，应用的黄色植物染料已很多，见之于记载的有荩草、地黄、黄栌等。荩草（Arthraxon hispidus，禾本科）古代也称为菉、王刍。荩草是一年生草本植物，高30—40厘米，茎杆细弱。荩草染绿可能商周时已经应用，因而荩草原名绿。《诗经·小雅·采绿》载“终朝采绿，不盈一匊”，显然，要采集一匊（两手一捧）亦非易事。荩草茎叶中含黄色素，主要成分是荩草素（$C_{21}H_{16}O_9$），是黄酮类媒染染料，可

1 赵丰：《〈周礼〉郑注染草及其工艺的探讨》，《农史研究》第7集，1988年，第39—42页。

直接染丝纤维，以铜盐为媒染剂可得鲜艳的绿色。

商周时期用于染黑色的植物是皂斗，皂斗为栎属树木的果实，是古代主要的黑色植物染料，皂斗内含有鞣质，壳斗及树皮破碎后，用热水抽取，鞣质即可溶出。鞣质广泛含于各种植物体中，但结构各不相同，主要分为两大类——没食子酸类和儿茶酚类。我国有名的五倍子就属于前者。皂斗中含五倍子丹宁，以铁盐媒染，染得黑色。

《诗经》中也多处提到栎属树木，《诗经·小雅·四牡》载“翩翩者鵻，载非载下，集于苞栩”，《诗经·唐风·鸨羽》也说“肃肃鸨羽，集于苞栩”。《尔雅·释木》“栩杼”，郭璞注云“柞树”，陆玑疏谓“其子为皂，或言皂斗，其壳为汁，可以染皂”。

4. 植物染色工艺

商周时期人们已经掌握了媒染染料与非媒染染料两类植物染料的染色工艺，对于非媒染类染料，使用较广泛的主要是蓝草，蓝草中含蓝甙（$C_{14}H_{17}NO_6$），蓝甙水解溶出，即成引哚酚，在空气中氧化缩合成靛蓝（$C_{16}H_{10}N_2O_3$），当时采用的是鲜叶发酵染色法[1]。将蓝草叶和织物揉在一起，蓝草的叶子被揉碎，液汁就浸透织物。或者把布帛浸在蓝草叶发酵后澄清的溶液里，然后晾在空气中，使引哚酚转化为靛蓝。

商周时期蓝草的染色工艺已经相当成熟，掌握了通过多次染色得到深色的工艺，《荀子·劝学》载“青，取之于蓝，而青于蓝”，说明了战国时，人们对染青与染蓝间的关系十分了解。从染色工艺上分析，青色是由蓝草的多次染色而得到的，出土的实物也印证了这一点。湖北江陵战国楚墓出土的纹织物中有蓝色系的纬丝，虽未经成分分析，但应是用植物染料染成的，这些丝线的蓝色很深，一次染色很难得到，必定是通过多次染色得到的。

商周时期的媒染染色已成为植物染色中最为主要的内容。当时最为常见的媒染剂有铝盐和铁盐两类。用铝盐与茜草、紫草和各种黄色染料进行媒染时，可以染得极为鲜艳的色泽。当时使用的铝盐可能来自明矾土和草木灰，《周礼·考工记》中就有以草木灰“湅丝”与“湅帛”的记载，因此推测也可能用于媒染染色。铁盐多来源于绿矾，用于染黑、褐等深色，特别是与各丹宁类物质进行媒染。《淮南子·俶真训》中已明确指出，这种媒染剂称为涅。“今以染缁，则黑于涅”，高诱注云“涅，矾石也”。高诱是东汉人，在《淮南子》的注释里，把涅、矾石、染黑三者紧紧地连在一起，表示当时对用铁盐媒染的规律性已经了解得相当清楚了。但涅有时也指黑土，《荀子·劝学》“白沙在涅，与之俱黑”，章诗同注云“涅，黑土也”。《论语·阳货》：“不曰白乎，涅而不缁。”由此可知，周时人们已经相当了解涅与黑之间的联系。《说文》指出，“涅，黑土在水中者也”。黑土里含有大量腐植酸，能使部分铁的氧化物溶解，生成铁盐，给媒染创造了条件。黑土作为媒染剂应该比矾石更原始一些。因此，作为媒染剂使用的涅，或为矾石，或为黑土，都含有铁盐，它们的染色机理基本上是一致的。

---

1 陈维稷：《中国纺织科学技术史（古代部分）》，北京：科学出版社，1984年，第79页。

《周礼·考工记·钟氏》载："三入为纁，五入为緅，七入为缁。"后来经《尔雅·释器》和郑玄等人补充后，七入过程被完善为縓、赪、纁、绀、緅、玄、缁七个步骤。这里的縓是红黄色，赪为赤色，纁是浅绛色，绀是青赤色，緅是色赤而微黑，玄为黑色，而缁为深黑色。《说文》载："缁，帛黑色也。"三入之前当为茜染，四入五入当复色加入蓝染，得到青而扬赤的绀及青赤色的緅，六入七入必须染皂，才能得到玄缁黑色。这里的茜染和皂染均为媒染，蓝染是还原染色，但茜染可能用的是铝媒染，而皂染用的必然是铁媒染。整个过程是通过多次染色，得到各种不同色彩的过程[1]，可示意如下（图2-4-12）：

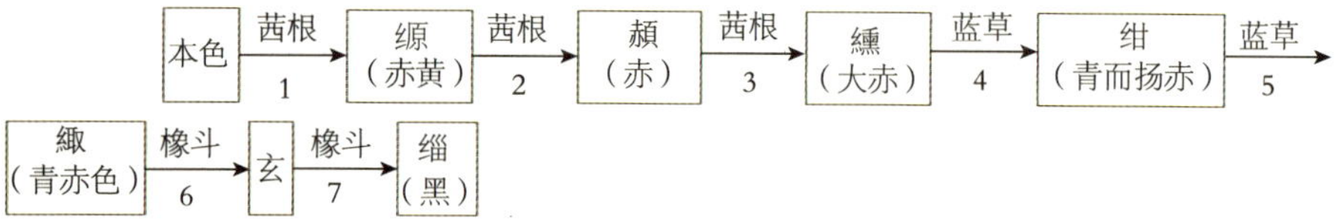

图 2-4-12 《周礼·考工记》"七入为缁"染色过程示意图

商周时期的丝织品染色技术已经相当成熟，它不仅能够为织物提供完整的色谱，而且对各个色彩都能达到严格的标准。据《吕氏春秋·季夏纪》"是月也，命妇官染采，黼黻文章必以法，故无或差忒。黑黄苍赤，莫不质良，勿敢伪诈。以给郊庙之服，以为旗章，以别贵贱等级之度"，作为郊庙祭祀之服，染彩时，无或差忒，莫不质良，必须符合标准，这在媒染染料的染色操作上，其难度是相当高的。

5. 动物染料

有学者认为，战国时期我国已经使用动物染料——骨螺进行染色[2]。《荀子》曰："东海有鱼盐紫蛣，衣食足用。"这里的鱼盐为食，而紫蛣应该是作衣的。据王矜考证，紫蛣可能就是可以用于染色的一种骨螺，这种红（桔红色）骨螺其大如拳，壳表往往长满寄居藤壶科软体动物，外套膜腺体呈粉黄绿色，是染紫的绝佳材料（图2-4-13）。

战国时候，齐国的染紫最为著名，又称齐紫。当时称为"五素不得一紫"[3]，或是"齐人紫败素也，而贾十倍"[4]。由于齐桓公好服紫，"齐紫"名噪天下。当时，齐国的经济也受到了影响。后来齐桓公想禁止这种紫色，就采用了管仲的主意。齐桓公自已带头不穿紫，而且当近臣着紫觐见时，他便捂起鼻子，说是讨厌这种紫色的臭味（恶紫臭），于是一个月后都城就没人穿"齐紫"了，三个月后全国禁断。这里的"紫臭"恰恰是"骨螺"所染紫色的特点，因此，当时的齐紫用的可能正是骨螺染色[5]。

骨螺有很多种类，其腮下腺可作染色的物质，应是一种天然士林染料之成份，

---

1 赵丰：《植物染料在古代中国的应用》，《中国丝绸史（专论）》，北京：中国纺织工业出版社，1997年，第209—248页。

2 王矜：《王矜与纺织考古》，香港：艺纱堂/服饰出版，2001年，第98页。

3 《韩非子·外储说左上第三十二》。

4 《战国策》卷二九《燕策一》，苏代遗燕昭王书。

5 王矜：《骨螺染色》，《王矜与纺织考古》，香港：艺纱堂/服饰出版，2001年，第98—99页。

图 2-4-13　骨螺与紫色，王㐨，2001 年

故染色牢度极佳。但由于一个骨螺可得腮下腺的量极少，据载，地中海古代染色匠人们估计每次以一个海螺染一缕毛绒，或染一缕麻纤维，逐日逐月积累，至万数骨螺所染之纤维线成纱，再用以织布，其贵重可以想见，故名“帝王紫”，普通人不得服用，也服用不起。一件长衣如需3.5米的衣料，浅紫色每10厘米×10厘米需要2—4个骨螺，那一件衣服需600—1200个骨螺才能做成，加上旷日持久损耗及加工，剖螺时有、无、多、少，染质不均等问题，实际需用量要大得多，要高出统计量的数倍[1]。而紫草可能是人们用来替代骨螺染紫的一种植物。

第五节　商周时期的纺织品种

商周时期的纺织工艺技术得到了极大的发展和提高，一些新品种开始出现、成熟，到商周末的战国时期，纺织品种特别是丝织品品种已经极为丰富，绢、罗、绮、锦、绣、缀、编已经形成了完整的体系，为汉唐时期丝织品的繁荣奠定了基础。

一、平纹类织物

平纹类织物中的丝织品可以通称为绢，尽管绢作为丝绸品种的名称出现在汉代以后，但我们还是可以用它来描述商周时期的平纹类丝织品。商周时期出土的平纹类织物其组织基本相同，不过，由于密度、细度、捻度等其他结构参数的变化，以及加工工艺的不同，织物风格特点差异很大，因此又可细分为纱、纨、缣、縠、缟、绡等品种。

1. 纱

纱是经纬丝纤细、经纬密度最小的丝织品，织物稀疏、轻薄。在周代纱已经作为礼服衣料在宫中使用，《周礼·天官》“内司服掌王后之六服，袆衣……素沙（纱）”，郑玄注云“素沙者，今之薄纱也”。出土的实物中属于商周早期的纱主要有：殷墟妇好墓出土的青铜大圆尊上粘附有纱的残片，经纬丝密度为20×18根/平方厘米，组织孔隙明朗可见[2]。辽宁朝阳西周墓中出土有方孔纱，经纬丝密度均为20根/厘米，经纬丝的投影宽度分别为0.2毫米，织物稀疏，孔眼

1　王㐨：《骨螺染色》，《王㐨与纺织考古》，香港：艺纱堂/服饰出版，2001年，第98—99页。
2　中国社会科学院考古研究所：《殷墟妇好墓》，北京：文物出版社，1980年，第17—18页。

明显[1]。春秋战国时期的出土纱织物数量增多，保存也较好，如湖南长沙左家塘战国中期墓中出土的一块长28厘米、宽24厘米的藕纱手帕，经纬丝纤细，投影宽度仅为0.08毫米，经纬丝密度为28×26根/平方厘米，织物有稀疏的方孔，透孔率为70%，相当轻薄[2]。在湖北江陵马山战国楚墓中，也发现有多块纱，其中经纬丝密度最小的是深褐色纱，17×16根/平方厘米，附着于绵袴表、里上，纱孔明显，上面附着一层半透明的胶状物，使纱孔变成圆形，因此可能为漆纚。而保存较好的是竹笥中的一块纱巾，幅宽32.2厘米，经纬丝密度为25×16根/平方厘米[3]。

2. 纨

纨是平纹类织物中较为细密的丝织品，光泽极好。《说文》曰："纨，素也。"颜师古注云："纨素，今之绢也。"《释名》释其"纨，焕也，细泽有光，焕焕然也"。《汉书·地理志》注云："纨，细密，坚如冰也。"结合出土实物分析，纨是经支持面的织物，经丝密度大，纬丝密度一般为经丝的一半或三分之一，结构紧密，是平纹类织物中的上品。

图 2-5-1　铜觯上的绢，商，瑞典马尔莫博物馆藏

殷墟妇好墓出土的粘附在爵上最细密的绢，应是纨一类的织物。经纬丝密度为72×26根/平方厘米，经丝细纬丝粗，有经畦纹外观效果[4]。此外瑞典马尔莫博物馆保存的商代铜觯上粘附的绢，其经纬丝密度为72×35根/平方厘米，也有细密的经畦纹，因此可以称为纨（图2-5-1）[5]。

湖北江陵马山战国楚墓中发现的绢织物中，也有不少应是质地细密的纨。据统计，其经线密度在100根/厘米至120根/厘米的有12件，120根/厘米以上的有6件，最高的竟达164根/厘米，纬线密度一般在经线密度的三分之一至二分之一之间，有的有明显的经畦纹，是极为致密的丝织品，个别的并经压光处理，有较好的光泽[6]。

3. 缣

缣也是一种细密的丝织品，但它是用双根丝线并合，增加丝线的宽度，以达到

1 刘伯茂：《我国西周的纺织品生产技术》，《中国纺织科技史资料》第2集，第43—51页。
2 熊传新：《长沙新发现的战国丝织物》，《文物》1975年第2期，第49—57页。
3 湖北省荆州博物馆：《江陵马山一号楚墓》，北京：文物出版社，1985年，第33页。
4 中国社会科学院考古研究所：《殷墟妇好墓》，北京：文物出版社，1980年，第17—18页。
5 〔瑞典〕西尔凡：《殷商的丝绸》，《远东博物馆馆刊》1937年第9期，第119—126页。
6 湖北省荆州博物馆：《江陵马山一号楚墓》，北京：文物出版社，1985年，第31—32页。

致密的效果。《说文》曰：“缣，并丝缯也。”《释名》谓：“缣，兼也，其丝细致，数兼绢也。”《汉书·外戚传》注云：“缣即今之绢也。”由此可见，当时对缣的定义是一种重平类织物。

图 2-5-2 粘附在大圆尊上的重平丝织品，商，河南安阳殷墟妇好墓出土

在商周时期的考古中也有不少发现。其实例有：殷墟妇好墓出土的粘附在大圆尊上的丝织品，它由双根经丝并合与单根纬丝交织成纬重平组织，另一处是双根并合的经丝与双根并合的纬丝交织成方平组织（图2–5–2）[1]。这可能是目前发现的年代最早的缣实物。此外，在河南信阳光山出土的春秋早期黄君孟夫妇合葬墓中，也曾发现三块经丝双根并合、纬丝单根的缣[2]。缣不但致密，而且增加了织物的厚度。

4. 縠

与纱相似，縠也是一种轻薄、有孔眼的丝织品。《说文》曰：“縠，绢属。”《释名》释曰“縠，粟也，其形戚戚，视之若粟也。又谓之沙，亦取戚戚如沙也”。《汉书·江充传》“纱縠单衣”，注云：“纱縠，纺丝而织之，轻者为纱，绉者为縠。”因此縠的特点是织物表面有细微的绉纹，且形成孔眼。这种绉纹是将丝线加以强捻，并通过丝织物的脱胶使丝线产生退捻时形成的。工艺技术复杂，具有一定的难度。这种技术在商周时期已经很成熟了，河北藁城商墓出土的铜觚上粘附的丝织品，经纬丝密度较低，分别为30—35根/厘米和30根/厘米。与纱相似，但经纬丝都加有强捻，捻度在2500—3000捻/米，经丝为Z捻，投影宽度0.1毫米，纬丝为S捻，投影宽度为0.3毫米。这是目前所见的最早的縠的实物[3]。

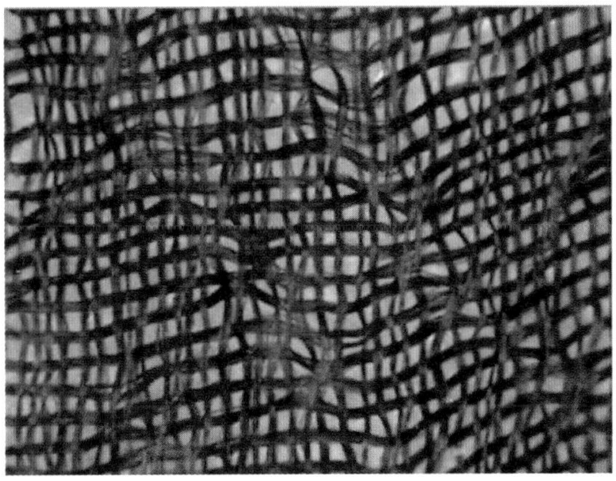

图 2-5-3 战国绉纱局部

此外，湖南长沙左家塘楚墓中出土的浅棕绉纱手帕，也是一种縠，其经纬丝都加有强捻，经丝为S捻与Z捻相间排列，纬丝为S捻，经纬丝密度为

1 中国社会科学院考古研究所：《殷墟妇好墓》，北京：文物出版社，1980年，第17—18页。
2 河南信阳文管会：《春秋早期黄君孟夫妇墓发掘报告》，《考古》1984年第4期，第302页。
3 高汉玉等：《台西村商代遗址出土的纺织品》，《文物》1979年第6期，第44—53页。

38×（28—30）根/平方厘米[1]。由于经丝捻向的变化相间排列，其绉缩效果更好（图2-5-3）。

5. 练、绡、缟

绝大多数的绢都是生丝织后，再进行精练后染色为成品的，文献上把这样精练后的丝织品种称为“练”。《说文》曰：“练，涑缯也。”但也有织后不涑的生丝织品，称为绡和缟，《说文》曰：“绡，生白缯似缣而疏者。”《礼记·玉藻》疏云：“缟是生绢。”湖北江陵马山一号楚墓中绵袍领缘与袖缘是生丝织品，经丝密度为76根/厘米，纬丝密度为32根/厘米，可能属于缟类。

6. 褐

在青铜时代和早期铁器时代，平纹类的毛织物大多可以称为褐，褐尤其又指较为粗疏的平素类毛织物。《诗经·豳风·七月》载：“无衣无褐，何以卒岁。”我国早期毛织品主要出在新疆哈密、青海诺木洪一带，其年代均相当于商周时期。其中有大量的平纹素织物，经纬纤度均较粗，密度在10根/厘米上下，较稀，此即褐之类。

贝格曼在罗布泊西南发掘的小河墓地发掘了12座墓葬，他对出土毛织品也作了分析。毛织斗篷均为平纹组织，大部分斗篷都有手工编结的绳状幅边，保存完整的斗篷经尾部分则一律用延长的经线拴结出长10余厘米或疏或密的流苏[2]。

小河墓地出土的这种毛织品多以羊毛为原料，主色调为羊毛原色，有白、灰、浅棕、深棕色，染色仅见单一的红色。斗篷出土时多包裹在死者身上，推测当时人们生前穿着的外套即是此种款式，长而宽绰，不经缝制，围绕或披挂在身上。斗篷均为一上一下平纹，还见二上二下纬重平组织。幅边除用缠结的纬线构成的绳状边缘外，也有少数回纬形成的幅边（图2-5-4）。斗篷规格基本上依人、依需要而定，宽大的长度近4米，幅宽1.5米以上，最小的穿在用于祭祀的木雕人像身上，长仅30余厘米，幅宽20厘米左右。

从公布的资料看，在青铜时代晚期（公元前1000年左右）到早期铁器时代（汉代以前）约1000年左右的史前时期，新疆地区毛纺织技术发展很快，毛织物品种日趋多样。除平纹、斜纹基础组织外，还见平、斜纹的变化组织，通过毛纱密度、组织的

图2-5-4　斗篷，约公元前2000—前1500年，新疆罗布泊小河墓地出土

1　熊传新：《长沙新发现的战国丝织物》，《文物》1975年第2期，第49—57页。

2　〔瑞典〕贝格曼著，王安洪译：《新疆考古记》，乌鲁木齐：新疆人民出版社，1997年，第72—130页。

变化显现不同的效果，如扎滚鲁克1985M4出土的一件毛假纱，平纹，隔11—14根地纬织入一组4—6根凸起的纹纬，纹纬为1/3的斜纹，形成疏密相间的横向凸条纹。克里雅发现一件毛织物，采用平纹组织和一种一梭1/1与一梭5/1相间隔的组织联合，形成外观规则整齐的方格纹，这种组织与汉绮中的“汉式组织”非常接近（图2-5-5）。

图2-5-5　方纹毛织物衣片，公元前800—前200年，新疆于田克里雅出土

7. 布

在商周时期，布仅指麻布等植物类的平纹织物。以葛为原料织成的平纹织物也可以称为葛布，但在当时还有更为复杂的称呼。从文献的记载中可知，麻布的粗细相差很大，而其粗细与使用者的身份有极大关系，一般劳动者多用较粗的麻布，贵族则使用精细的麻布。质地精良的麻布还往往被当作礼品赠送，《左传·襄公二十九年》记载，郑国子产以布赠送给吴国的季札作为回报，因为“郑地贵苎”。而麻布的另一重要用途是用作丧服，其用布的粗细也因亲疏关系的不同而有所不同，《礼记》记载：“斩衰三升，齐衰四升、五升、六升，大功七升、八升、九升，小功十升、十一升、十二升，缌麻十五升去半。”《广韵》曰：“布八十缕为一升。”升数越高则布越为精细，以靖安所出的麻制方孔纱为例，其经密在23—18根/厘米之间，按当时布幅二尺二寸，换算成今天的尺寸其标准幅宽合50.6平方厘米[1]，则这几块麻布最精者约为十五升，最疏者约为十一升。孔颖达疏曰：“布帛精粗者，若朝服之布十五升，斩衰三升，齐衰四升之类是也。”可见靖安出土的这些麻织物已是非常精细的了。

二、绞经类织物

罗是较为轻薄透孔的丝织物，经丝互相纠结，孔眼疏朗，与纱、縠相比，孔眼稳定、牢固，不会产生滑移。罗是丝织品中的上品，《战国策·齐策》载：“下宫糅罗纨、曳绮縠，而士不得以为缘。”迄今所知的商周罗织物皆为四经绞的素罗。

安阳殷墟妇好墓中甗和方彝上发现的绞经织物是无固定绞组的四经绞素罗，

1 周洪：《麻冕之升数考》，载《南方文物》2006年第3期，第142—144页。

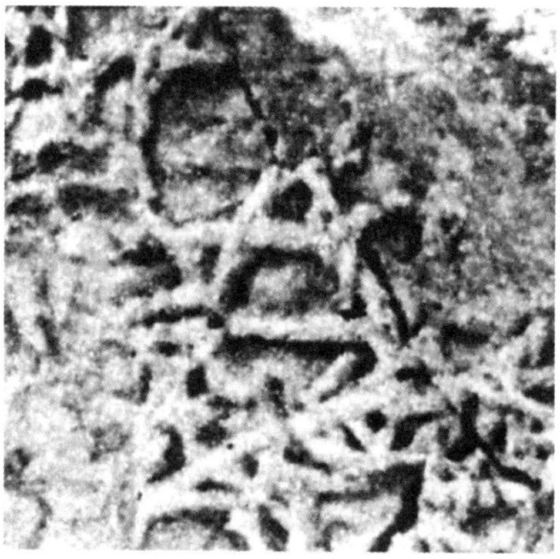

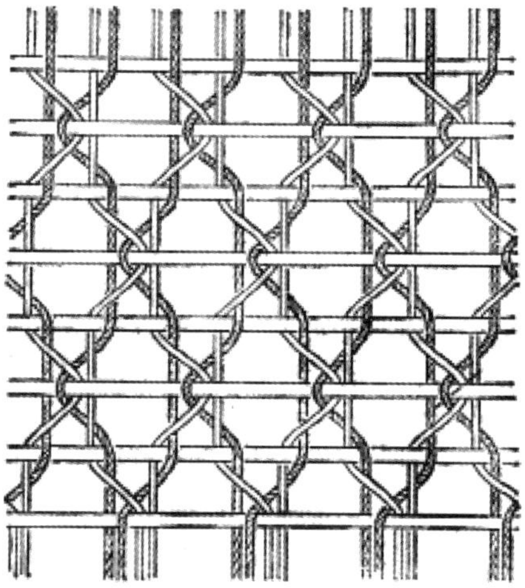

图 2-5-6　四经绞素罗局部及结构图

又称通绞罗或链式罗。其经纬丝密度为32×12根/平方厘米，经纬丝都加有S捻，织物中地经与绞经以1:1的间隔排列，织第一纬时，绞经与相邻的地经是一个绞组，相互纠合，织入第二纬时绞经不是与相邻的地经相绞，而是与相隔的地经相绞，四根经线（两根地经两根绞经）为一绞组纠合在一起，孔眼更为疏朗（图2-5-6）。

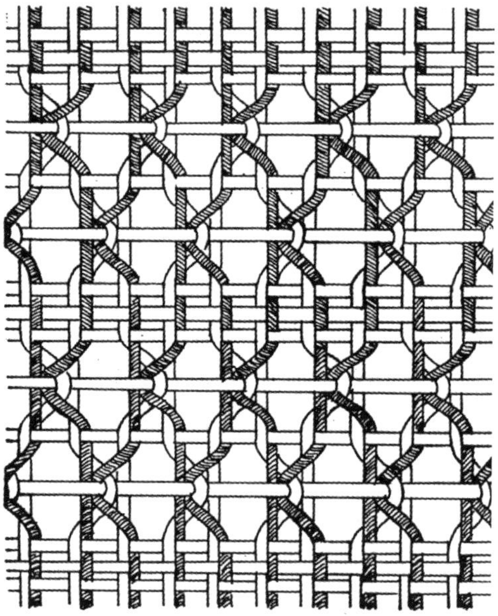

图 2-5-7　四经绞横罗结构图

湖北江陵马山楚墓发现的罗保存完好，大部分也都采用与商代相同的、普通的四经绞罗，但其中用于龙凤虎绣的地织物，经分析组织上稍有变化，即每一次绞转后增加两梭平纹，即三梭平织和一梭绞转相间隔排列。此罗的经丝较粗，投影宽度为0.15毫米，纬丝较细，为0.05毫米，经纬丝均加有S捻，经纬丝密度为40根/厘米和42根/厘米。经丝的精练度好于纬丝，应是熟织的丝织品（图2-5-7），这种变异的四经绞罗，纬密增加，孔眼变小，很适合用于刺绣的地。

在青铜时代晚期（公元前1000年左右）到早期铁器时代（汉代以前）约1000年左右的史前时期，新疆地区还出现了绞经的纱罗织物，一般借用丝织物中的词汇，称之为毛罗。其结构基本为有固定绞组的二经绞，常见绞纱组织与平纹组织结合，利用纬线在不同绞经梭口的变化，形成小块实地与孔隙相间的表面效果，有意思的是在平纹的部分还发现以通经断纬技法织出彩色花纹，极有特色。青铜时代早期就已发展起来的通经断纬技法，此时应用十分普遍，织物图案也越来越丰富。

图 2-5-8　商代铜钺及其上的绮组织，瑞典斯德哥尔摩远东古物博物馆藏

图 2-5-9　有丝织品印痕的玉戈

三、绮

绮是平纹地起经浮花的提花织物，以不同浮长的经线反射光线的能力不同，形成暗花图案。作为丝织品的名称，绮见之于《战国策·齐策》，“下宫糅罗纨、曳绮縠，而士不得以为缘”。与罗、縠一样，同属于较高档的丝织品。《说文》曰：“绮，文缯也。”其特征为织纹不顺经纬方向，即花纹图案由斜向线条构成。《释名》云：“绮，倚也，其文欹邪不顺经纬纵横也。”这些特征与出土实物基本相一致。目前发现商周时期绮的实物并不多，这些绮尽管都为“织素为文”，依靠经浮长形成暗花，但在组织结构上，可分为两类：一类是经浮花由每根经丝组成；一类是经浮花由相隔的经丝组成，即经浮花起在奇数或偶数经丝上[1]。

商代的绮都是属于第一类组织的绮，瑞典斯德哥尔摩远东古物博物馆保存的商代铜钺上发现的绮，是平纹地上显菱形花纹的丝织品。经丝两根并丝，加有弱捻，菱形花纹的主体由斜向3枚的经浮长组成，一个花纹循环中，纬线的循环数为30根（图2-5-8）[2]。此外，在瑞典马尔莫博物馆保存的铜觯上，也发现有类似铜钺上的斜向经线组成的斜纹，但因是残片，没有发现与之组合的平纹地部[3]。

故宫博物院所藏商代玉戈上也发现了绮的印痕，显花处经丝不加捻，松散处的直径约0.7毫米。经纬丝密度分别为20根/厘米和16根/厘米，组织为平纹地四枚异向斜纹显花，残片中可见几何形的云雷纹，一个花纹循环内有36根纬丝，从局部组织结

1 陈娟娟：《两件有丝织品花纹印痕的商代文物》，《文物》1979年第12期，第70—71页。
2 〔瑞典〕西尔凡：《殷商的丝绸》，《远东博物馆馆刊》1937年第9期，第119—126页。
3 〔瑞典〕西尔凡：《殷商的丝绸》，《远东博物馆馆刊》1937年第9期，第119—126页。

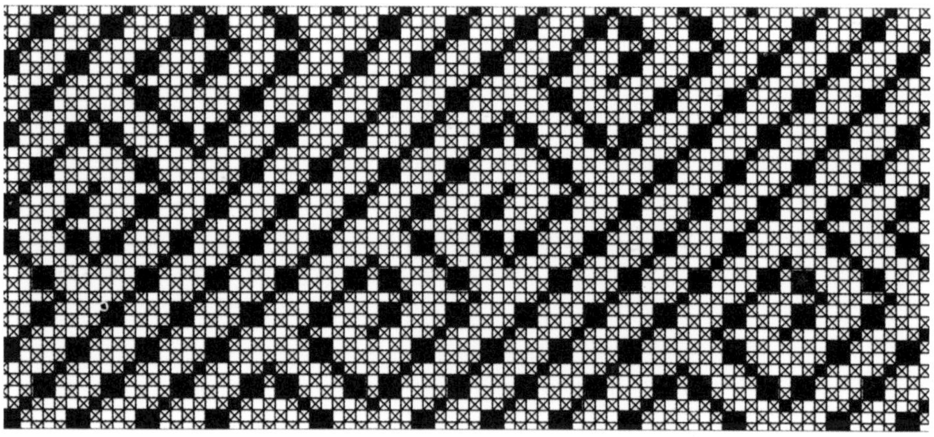
图 2-5-10　商代云雷纹和勾连雷纹织物复原

构分析，花纹图案中由3枚经浮长组成云雷纹的主体，一个花纹循环内约有四处的经丝浮长为5枚，与前述铜钺上的绮，在织法上基本相同（图2-5-9、图2-5-10）[1]。但是，这也有可能是一个较大花纹的一个局部，而其真正的大花纹应该是符合当时一定提花规律的勾连雷纹[2]。在北京故宫博物院保存的商代铜戈把上，也发现有丝织品的印痕，两处为平纹地起4枚斜纹花，一处为平纹地起6枚斜纹花，花纹循环不完整[3]。

河南安阳殷墟妇好墓出土的青铜偶方彝的丝织品印痕上，发现有回文图案，“其花纹与殷代造型人物形象上的衣饰和某些铜器上的局部花纹是相同的”[4]。

西周时期的出土实物中出现了第二类组织的绮。陕西宝鸡茹家庄出土的西周铜剑柄部上所粘附的绮即属于此类组织。经线分为奇偶两组，奇数经线与纬线交织成平纹，偶数经线起5枚经浮花，一个小菱形花纹由21根经丝与21根纬丝组成，四个小菱形组合成一个大菱形花图案。一个花纹循环内有经丝61根，纬丝61根。虽然花纹循环看似很大，但由于图案结构的重复与对称，织造时，用6根提花综杆与两片地综即可织成（图2-5-11）[5]。陕西宝鸡強伯墓地所出还有一片泥土印痕亦可归入同一类别的绮[6]。

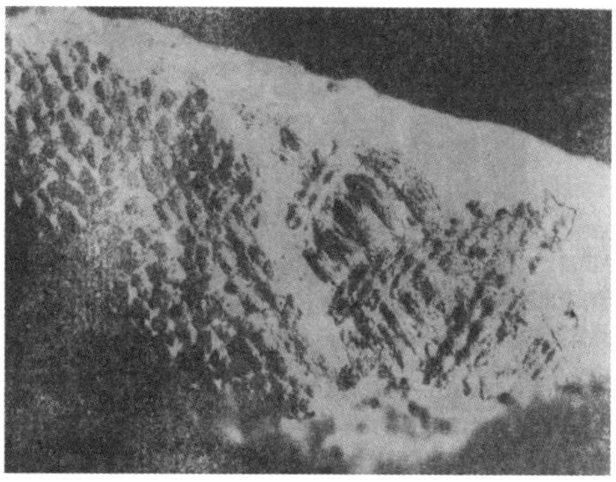
图 2-5-11　铜剑柄部绮织物残痕，西周，陕西宝鸡茹家庄出土

在商周晚期战国楚墓中发现的

1 陈娟娟：《两件有丝织品花纹印痕的商代文物》，《文物》1979年第12期，第70—71页。
2 赵丰：《勾连雷纹和1-2织法》，《古今丝绸》1995年第1期，第29—43页。
3 陈娟娟：《两件有丝织品花纹印痕的商代文物》，《文物》1979年第12期，第70—71页。
4 中国社会科学院考古研究所：《殷墟妇好墓》，北京：文物出版社，1980年，第17—18页。
5 刘伯茂：《我国西周的纺织品生产技术》，《中国纺织科技史资料》第2集，第43—51页。
6 李也贞：《有关西周丝织和刺绣的重要发现》，《文物》1976年第4期，第60—64页。

彩条绮较为特殊。它以黑色长条为框架，每两根黑条间分别夹入红色与黄色的长条，形成黑色、红色、黑色、黄色、黑色、红色相间的彩色长条纹样。黑色长条是素织，其经丝较粗，与较细的棕色纬丝交织成平纹。红色长条则有花纹，经丝由深红色、粗经丝与土黄色细经丝以1:1相配置。土黄色长条中也有花纹，经丝由同为黄色的粗、细经丝以1:1相配置。在深红、土黄两长条中，粗经丝起3/1的经浮花，相邻两根粗经丝的组织点相同，因而花部不是平织的那梭纬线在反面形成5枚纬浮长，而各根细经丝与纬丝以1/1相交织，组织点完全相同。花纹循环较小，为品字形花纹，一个循环内有4根纬线。花纹图案上下不连续，中间夹有多梭平纹组织（图2-5-12）。从组织上分析，深红、土黄长条的提花组织也应是第二类组织的绮，与陕西宝鸡茹家庄西周墓出土的绮相比，尽管组成花纹的经丝浮长不同（战国的一块为3枚经浮长，西周的一块为5枚经浮长），但在织法上是相承的。由于彩条绮花纹循环小，所用的提花综杆更少。

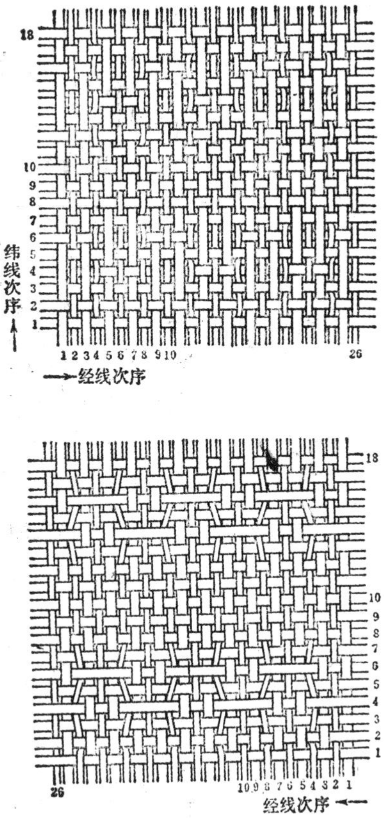

图 2-5-12　战国彩条绮结构图

战国墓葬中也出现过菱形纹绮，河南信阳楚墓中就有这样的实例[1]。其图案如当时的耳杯形，因此这可能就是当时所称的杯文绮。《释名》载："绮，有杯形文似杯也；有长命绮，其采色相间皆横终幅。"与这块三色相间的彩条绮相符合，此类色彩相间的绮，在商周以后依然流行。

四、锦

锦是"织彩为文"的彩色提花丝织物，是丝织品中最为精致、绚丽的珍品。因其制作工艺复杂，耗时费功，故《释名》云："锦，金也，作之用功重，其价如金，从金、帛。"锦见之于文献当在东周初或西周末。《诗经·秦风·终南》云"君子至之，锦衣狐裘"，《诗经·小雅·巷伯》云"萋兮斐兮，成是贝锦"，《左传·襄公十九年》也有"贿荀偃束锦加璧"，"子有美锦，不使人学制焉"等记载。

目前发现锦的最早实物，出土于辽宁朝阳西周早期墓中。织物呈深褐色，已碳化，不能辨认色彩，但从组织结构上分析，它属于经二重组织，是典型的双色经线显花的

1　黄能馥：《印染织绣》（上），《中国美术全集·工艺美术编（7）》，北京：文物出版社，1987年，第15页。

经锦。其经丝分表经与里经两层，排列比为1:1，纬丝分明纬与夹纬，明纬与经丝以组（表、里经各一）为单位，交织成平纹，夹纬将组内的经丝分隔成表经与里经，表经在面上显花，里经沉于织物的背面。其经丝密度为26×2根/厘米，纬丝密度为14根/厘米。经纬丝投影宽度相当粗，为0.5毫米，这是因为在墓中丝织物长期受压后，经丝成扁平状。从丝的切片分析，截面呈分散的三角形，是练过的熟丝。这块锦经纬丝较粗而经丝密度偏小，是比较粗疏的早期锦织物（图2-5-13）[1]。

图 2-5-13　经织锦，西周早期，辽宁朝阳出土

在稍后春秋战国时期的墓葬中也发现了类似的锦织物。山东临淄郎家庄一号墓出土的锦虽已碳化，但组织结构仍十分清楚，亦为双色平纹经锦[2]。与西周早期墓中的那块锦相比，要细密、精致得多。

图 2-5-14　战国二色锦局部

战国时期的织锦实物数量增加，见诸报道的有近二十种左右。主要出土于长沙左家塘楚墓和湖北江陵和望山的楚墓。从实物分析，战国时期的锦都是平纹经锦，以二色、三色的平纹经锦为主。二色经锦的展开图中，可以看到二色经线按1:1排列成一组，纬线分明纬与夹纬（也称花纬）。不计夹纬，明纬与每组经线成平纹关系。夹纬使每组经线中，只有一色呈经浮点。这些经浮点的色彩构成了经锦的花纹图案（图2-5-14）。三色经锦中，三种颜色的经线按1:1:1排列成一组，起花原理及交织方式与二色经锦相同。整个图案由三色组成，较二色经锦更富有表现力。

战国时期平纹经锦的织造技术已经达到相当高的水平，织物相当致密、精细。长沙左家塘与湖北江陵出土的实物中，锦的表层经线密度在38—70根/厘米之间，纬线密度在24—60根/厘米。此外经锦为重经组织，表里经的总密度远大于纬密，因此一些锦的表面有明显的经畦纹。

1　刘伯茂：《我国西周的纺织品生产技术》，《中国纺织科技史资料》第2集，第43—51页。
2　山东省博物馆：《临淄郎家庄一号东周殉人墓》，《考古学报》1977年第3期，第73—164页。

对一些当时锦的经纬丝所作的电镜分析表明，经纬纤维间的杂质明显地要比绢少，纤维间的松散度也比绢好，精练度要高。显然这是因为锦的练染工艺不同的结果。锦是熟织的丝织品，凡织者要先染其丝然后才能集彩色以成锦文。在经锦之中，经丝的精练度一般又比纬丝高，以利经丝间的覆盖，纬丝仅起交织和夹里的作用，不需要过高的精练度。表现在织物上，经丝的投影宽度要比纬丝的大。

在织物表面看到的经丝一般都是无捻的，但实际上经丝加有一定的捻度，在织造过程中，经丝间的摩擦较大，对经丝质量要求较高。而加捻能增加丝的强度，减少起毛程度，但由于捻度不大，捻距较大，织物表面不易看出。

在锦的花纹图案色彩表现上，战国时期也有了很大的发展。当画面图案色彩过多，一般采用分区换色的办法。在整个幅面上分为若干个区，各区中每组经线的颜色各不相同，如第一区中每组经线有黄、红、绿三色，第二区中有黄、红、蓝三色，第三区中有黄、绿、蓝三色……通过这种办法来增加色彩，达到多色的效果。战国时期最为著名的舞人动物纹锦采用的正是这样的分区换色方法。

在配色方面，显花的经丝多为暖色调，很少使用对比度强烈的色彩，一般采用色泽相近，纯度、明度不一的配色方法，深色为地色的居多，浅色的为花，纬丝的颜色与地经丝相同。如长沙左家塘战国中期墓出土的朱条暗花对龙对凤锦，结构上是双色平纹经锦，每组经线由两种色彩的经丝组成。从残片上来看，中心基区由深棕色、浅棕色经线组成，深棕色为地，显浅棕色的对龙对凤图案。两旁的彩条区由浅棕与朱红两色经线组成，显朱红色的几何纹样，虽是双色经锦的结构，但花纹实际有三色，丰富了图案的色彩（图2-5-15）。又如江陵马山一号楚墓出土的塔形纹锦，图案由条形的规整的小矩形组成塔形单元，左右倒置，上下对称，二色经线交替起花，上下塔形单元，色彩翻转，形成底片效应。织物又采用了分区配色的方法，深棕、浅棕、朱红三色分别与土黄色相配形成1.6厘米宽的彩条区，相间排列，色条循环宽度达16厘米。锦面色彩丰富，色块活泼多变，效果很好。整个花纹循环包含

图 2-5-15　朱条暗花对龙对凤锦，战国，湖南长沙左家塘出土

19行条带，以第10行作为中轴，左右各9行对称排列。根据对实物的度量，推测全幅锦的宽度大约为45—49厘米，含有一个半花纹循环。两侧幅边宽度不一，各宽0.35厘米和0.7厘米，主要用于锦带与木俑衣裙的缘饰（图2-5-16）。

图 2-5-16 塔形纹锦，战国，湖北江陵马山出土

除采用分区配色外，战国时期的经锦，还使用挂经技术来增加花纹图案的表现力。如长沙左家塘出土的褐地双色方格纹锦。经线为浅棕和深棕色，花纹为菱形细格，两根挂经在菱形细格的中心部位以四上一下的组织点形成花芯，其余部位沉于织物背面，浮长约6毫米。挂经为浅棕色，挂经与花地经线的配置为：42根普通经:1根挂经:2根普通经:1根挂经。

此外，江陵马山一号楚墓出土的小菱形纹锦是双色平纹经锦，也采用了挂经。经线有土黄、深棕两色，纬线为深棕色。纹样为四方连续的菱纹，土黄色菱形的正中用四根深红色挂经形成花芯。挂经越过三根纬线，然后转入织物反面，直接引接至下一个菱形的中心，花纹经向长1.3厘米，纬向宽0.85厘米。除挂经外，经纬线均加S捻，捻度1000—1500捻/米。挂经与双色经线的排列为：37根普通经:1根挂经:2根普通经:1根挂经:2根普通经:1根挂经:2根普通经:1根挂经:37根普通经（图2-5-17）[1]。

图 2-5-17 小菱形双色挂经锦，战国，湖北江陵马山出土

战国时期的经锦，在花纹的局部还用纬线显花来点缀。如马山一号楚墓的十字菱形纹锦，经线为土黄、深棕两色，纬线为棕色。花纹为菱形，四边由小方块构成，菱形的四角各有一个大十字形与四边连接，菱形中填四个十字形。在织大十字的中心点区域时8根或10根朱红色纬线替换了棕色的夹纬。横跨约25根经线，形成朱红色的纬线浮长，起纬浮花处，表经和里经都沉于夹纬之下，与棕色地纬交织成平纹

1 彭浩：《楚人的纺织与服饰》，武汉：湖北教育出版社，1995年，第58—59页。

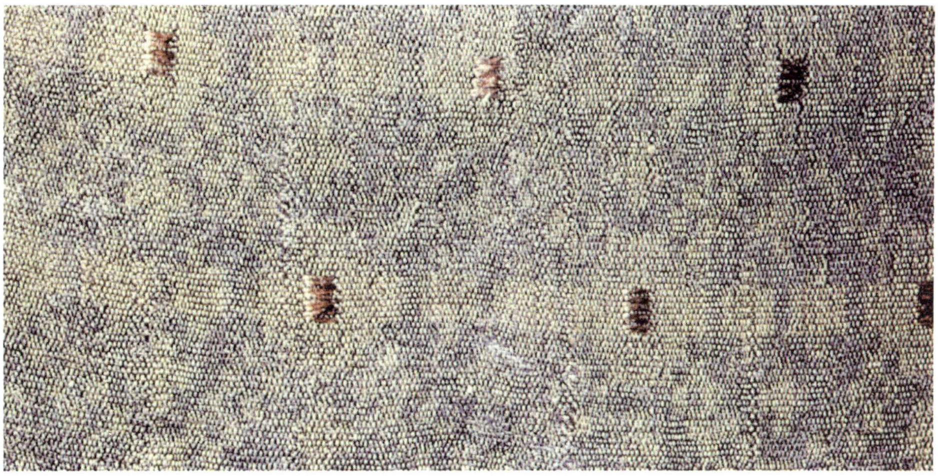

图 2-5-18　十字菱形纹抛纬锦，战国，湖北江陵马山出土

（图2-5-18）。十字菱形纹锦的花纹循环经向长4.2厘米，纬向宽2.8厘米。织造时要使用两色纬线，分别绕在两梭子上，在织造其他区段时，用绕着棕色线的梭；在织造大十字的中心点时，将两把梭子交替投纬。

以上所列，均为一些有特色的双色平纹经锦，分区配色、挂经与夹纬局部显花技术的出现，表明战国时期的织锦技术已经相当成熟，达到了很高的水平。

五、缂毛

缂毛织物按织造不同可分两类：一类为局部缂织，在整幅面料局部织出一道绦式花边，通常是在长衣、长裙的下摆、长裤的裤腰、裤脚部位，根据需要缂织出适合的图案，多以几何形图案为主，平行条纹、三角、回纹、变体羊角、八角星形纹、波折纹等；通幅缂织，多较窄，基本为绦带，图案除几何纹外，还见十分生动的变体动物纹。除了单层的显花织物外，还见采用挖花技法的纬重织物，一般以粗疏的平纹或斜纹为地组织，根据花纹的设计，在织花范围内用挖梭法织入各色纹纬，花纬部以浮线较长的1/3变化平纹或2/2斜纹显花，图案有几

图 2-5-19　羚羊纹毛布，公元前 800—前 200 年，新疆且末扎滚鲁克出土

何纹样，也有动物纹样，在克里雅发现的一件织有鱼纹。

最精美的是扎滚鲁克出土的一件披巾，棕色地上织出满幅束腰型图案和一排大角羊的形象。这种在地组织上织入附加纬线表现花纹的技法有人称为“嵌织”[1]，实际上它与宋元之际兴起的花名织物的显花原理大同小异，也是一种“地络类重组织”。另外，还发现一些印染、扎染以及手绘图案的毛织物，印染图案主要是网纹，扎染的图案较为复杂，有的是在方格纹上扎染星点纹，有的是似花卉一类的纹样。手绘作品运笔自如，在原色织物上主要以红色颜料绘画，有的还以黄、黑等色点缀。图案有羊、骆驼、变体鱼纹、虎纹、涡旋纹、水波纹等（图2-5-19）[2]。

小河墓地出土毛织物的显花技法应用最普遍的也是缂织法，不少斗篷通幅或局部采用此法平缂或绕缂出红色的纬向条纹，腰衣也常见用红色毛纱缂织出阶梯、直线、折线纹，其风格与小河草编篓的图案特点一致。斗篷底边都发现有用红色毛线以通经断纬技法织出的一对短线条（参见图2-5-4），贝格曼认为这种红线条在织物上几乎不被注意，不能将其视为装饰，可能具有其他方面的意义。毛织腰衣上见有通经断纬技法织出的阶梯图案，这种阶梯图案与墓地发现的众多草编篓的图案相似，贝氏由此分析这些织物“是当地织造的，而织花技术却源于西方”[3]。

六、编织物

商周时期丝的编织技术应已相当成熟，各种编织物如组、纂、紃、绦、缨等的名称已见诸文献。如《尚书·禹贡》“荆州……其篚玄纁玑组”，注曰：“玄纁，绛也；玑，珠不圆；组，绶类。”看来，编织物“组”在禹时已成为贡品。到商代，“伊尹以薄（亳）之游女工文绣，纂组一纯，得粟百钟于桀之国”[4]。这里的纂也是编织物，织法似组而赤者。周时设有典丝一职，“掌丝入而辨其物，……掌其藏与出”，其中组也在此列。“凡祭祀，共黼画组就之物，丧纪，共其丝纩组文之物，凡饰邦器者，受文织丝组焉。”[5]《礼记·内则》“女子十年不出……执麻枲，治丝，织纴组紃”，郑玄注云：“紃，绦也。”孔颖达疏曰：“组紃俱为绦，薄阔为组，似绳者为紃。”《礼记·内则》又载“拂髦，冠緌缨”，缨以组之细者为之[6]。看来，当时编织的组紃与机织的织纴一样，已经成为女子主要的工作。

丝编织物早在商代已有发现，河南安阳妇好墓中就有少量绦带织物的残留痕迹。虽然其结构不够分明，但可肯定是经过特别加工的织制品及编织物，其中785号鸮尊右翅的带饰残块为平行的浮长线所构成。而在798号盉上的残迹有可能是纂组结构的组带之类。

---

1 贾应逸：《浅论新疆古代毛纺织业的发展》，《新疆文物》2005年第4期。

2 阿丽娅·托拉哈孜：《1985年且末扎滚鲁克出土手绘毛织物纹样浅析》，《新疆文物》1998年第4期，第88—94页。

3 〔瑞典〕贝格曼著，王安洪译：《新疆考古记》，乌鲁木齐：新疆人民出版社，1997年，第72—130页。

4 《管子·轻重甲第八十》。

5 《周礼·天官冢宰下·典丝》。

6 《说文解字》卷一三“糸”部，“组”字段玉裁注。

春秋战国时期丝编织物出土实物大量增加，如山东临淄郎家庄一号东周殉人墓出土了两种丝编织物，特别是湖北江陵马山一号楚墓发现的许多保存完整的编织物，更为今人提供了丰富实物研究资料。从结构上分析，这些编织物可分为三类：

1. 斜编型

斜编法是两组经线交叉编织的方法。这种编织法相当原始且应用广泛，在许多新石器时期遗址中出土的席纹，就是用这种方法编织的。目前所知最早的斜编丝织物是出土于浙江吴兴钱山漾的丝带，距今约4750年。这件丝带宽为4.44—5.85毫米，编织的方法犹如编辫子[1]。这种编织物在商代妇好墓中也有发现（图2-5-20）[2]。

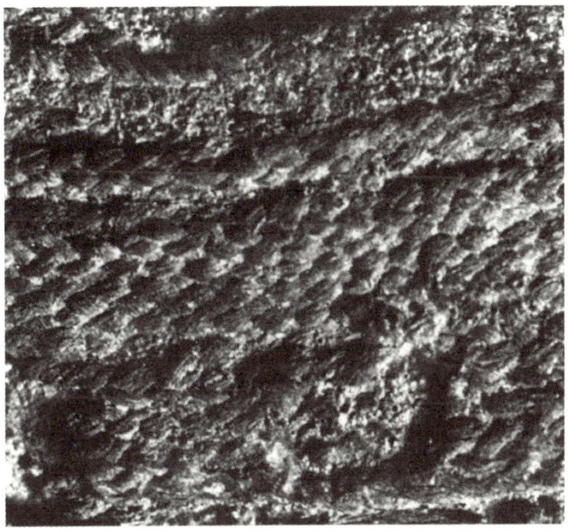

图 2-5-20　斜编织物印痕，商，河南安阳殷墟妇好墓出土

两组经线相互交叉后其实就可视作是一组经线和一组纬线，因此，经纬组织结构的原理对此仍然适用。不过，这种斜编法所使用的组织结构主要是平纹、重平、斜纹和双层组织，其中双层组织可以

a

b

图 2-5-21　a 双层斜编织物，战国，江陵马山一号楚墓；b 结构图

1　赵丰：《中国古代的手编织物》，《丝绸》1990年第8期，第25—27页。
2　王㐨：《王㐨与纺织考古》，香港：艺纱堂/服饰出版，2001年，第103页。

作为一种显花方法来使用，如用彩色经丝配合，则可织出正反两面会呈现色彩互补的相同图案花纹。从功能上看，在江陵楚墓中发现的此类织物都较狭窄，多用于帽子、囊、铜镜的带饰，应属于“组”（图2-5-21）。

江陵马山一号楚墓出土的此类斜编织物约有十件，多数是单色，少数是二色或三色，虽然是交错排列，但大多并未编织出花纹。各种组的宽度在2.3—39.5厘米之间，所用单层经线数不等，最少的仅26根，宽度为2.3厘米，用于囊的系带；编织出花纹的只有一件，经丝达672根，宽39.5厘米，用紫、土黄两色丝线编成，有三角纹、雷纹与横带纹，用作帽子的系带[1]。

杨场楚墓的一件组带用土黄和棕色丝线编织，纹样作长方形，正中为六边形纹，在它的上下各排列着一行小三角形。土黄和棕色丝线相邻的两个纹样中交替分作地色和花纹色。纹样长4.7厘米，宽3.3厘米。

2. 绞编型

绞编法也是一种古老的编织技法。在许多篱笆、竹筐等制作中往往采用这种编法。在织物上出现的年代也很早，江苏吴县草鞋山出土的葛织物结构属此类，河南荥阳青台村出土的距今约5630年的一件丝织罗，采用的其实也就是这类结构[2]。这种结构初看起来与绞经织物相似，所不同的是绞转的一组丝线永远向着一个方向旋转，因此不可能由绞经机构织出。而一般认为，绞转的丝线可能是作为纬线来进行编织的。这种结构见于郎家庄出土物中，原来可能属于丝履上的一部分，它就是采用绞编法编成的（图2-5-22）[3]。用绞编法编织鞋履的传统一直在秦汉魏晋间流传，湖南长沙马王堆和新疆吐鲁番阿斯塔那出土物中均有丝编履与此一脉相承。

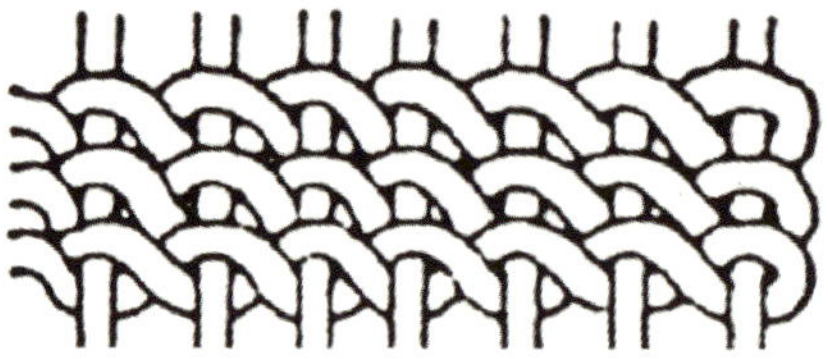

图2-5-22　绞编织物，东周，山东郎家庄出土

3. 环编型

这类编织物的成形方法与现代纬编针织物相似，丝线纬向弯曲成下端封闭的Ω形线圈，线圈成形时，向上穿过同一纵行的两个横列的线圈，与之相互串套，形成织

1 湖北省荆州博物馆：《江陵马山一号楚墓》，北京：文物出版社，1985年，第56页。

2 高汉玉、张松林：《河南青台遗址出土的丝麻织品与古代氏族社会纺织业的发展》，《古今丝绸》1995年第1期，第9—19页。

3 王㐨：《王㐨与纺织考古》，香港：艺纱堂/服饰出版，2001年，第104—105页。

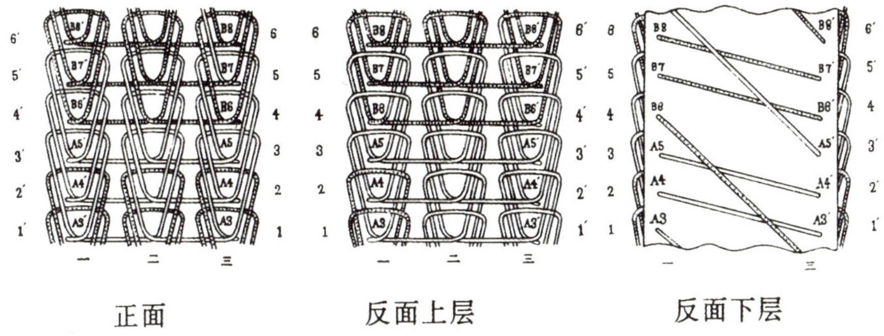

图 2-5-23　素面环编绦结构图

物，它的横向拉伸性微弱。由于线圈高大，圈弧较长，所以具有较好的纵向拉伸性。织物的背面有一层衬绢，用以固定编织线的两端，所成线圈则不与衬绢相连。虽然这种重套线圈结构与现代机械纬编织物有些相似，但两者之间仍有较大的不同。因此，此类编织物不宜称为针织绦，而应较明确地称为环编绦[1]。

这类环编绦在湖北江陵马山一号楚墓和湖南长沙406号楚墓中均有出土，可分两种。一是素织，另一编有花纹。

马山出土的素面环编绦结构较为简单，深棕、淡黄两色丝线横向排列成彩色条纹，编织时，丝线作横向成环运动，相互串套，正面形成彩色条纹。绦带宽3.3毫米，由3个线环纵行组成，彩条的组成是：淡黄和深棕各3个线圈横列，深棕9个横列，淡黄6个横列，深棕和淡黄各3个横列，深棕20个横列。彩条的循环长10.7厘米。彩条的组合有时不够规整，偶有增加或减少色段的现象。编织用丝线为双股合成，投影宽度0.3毫米，单纱为Z捻，股线为S捻，股线捻度约1000次/米。环高2.4—3.4毫米，环距（在线环横列方向上两个相邻线环对应点间的距离）1.1—1.2毫米（图2-5-23）。

显花环编绦（在发掘报告中被称为复合组织绦[2]）分为花部与地部。在花部，每一线环横列用两根颜色不同的丝线编织，两种不

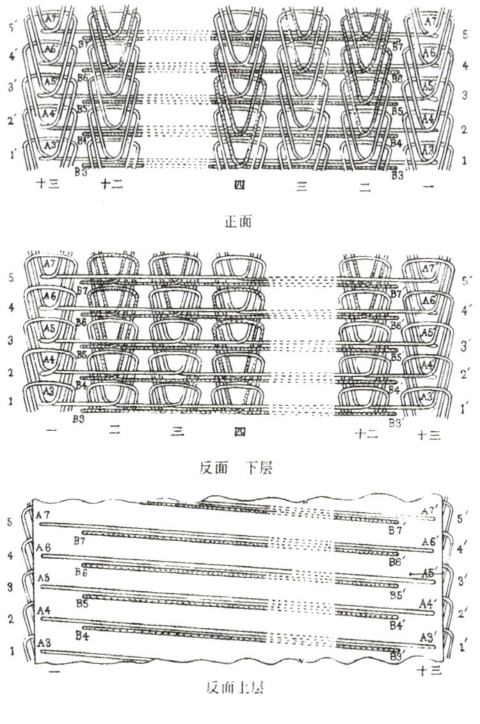

图 2-5-24　显花环编绦结构图

1　赵丰：《马山一号楚墓所出绦带的结法及其技术渊源》，《考古》1989年第8期，第745—750页。
2　湖北省荆州博物馆：《江陵马山一号楚墓》，北京：文物出版社，1985年，第50—55页。

图 2-5-25　动物纹环编绦，战国，湖北江陵马山出土

同色彩的丝线按花纹需要，轮流形成线环，在织物正面组成图案，不成圈的丝线，在反面形成较长的水平浮线；在地部则是单色丝线成环，形成所谓的横向连接组织。花部反面的衬绢上左右横置的丝线十分紧密，是地部的两倍（图2-5-24）。

环编绦的正面较为平整，两侧内卷，有的中部微凸。在各个花纹之间隔有清晰的深棕、土黄色段，反面衬绢。绦宽12—17毫米不等，由11个或13个纵行线圈组成。编织用丝线为双股合成，投影宽度为0.25—0.4毫米，单纱为Z捻，股线为S捻，捻度约1000—3500次/米。线环相距比较接近，在1.1—1.3毫米之间。环高则相差较大，在1.6—5毫米间。环高大的绦比较松散，而环高小的绦则相对紧密。

显花环编绦中又分为三种图案。一是动物纹绦，花纹的主题是一只奔兽，用深棕、土黄两色丝线提花。绦宽13纵行，奔兽占11纵行和19横列。两只奔兽之间的彩条属横向连接组织，其色线组合是：红棕、土黄、红棕、土黄、深棕、土黄、深棕、土黄，每条占3个线圈横列。土黄色丝线捻度为2500次/米，其他各色丝线的捻度在1000—1600次/米之间。用于领、袖缘与荒帷的拼接处（图2-5-25）。二是十字形纹绦，其花纹主题是十字形纹。绦宽11纵行，主题两侧的彩条为横向连接组织，色彩组合为：红棕3个横列，土黄、红棕、土黄、红棕各2个横列，土黄4个横列。红棕色丝线捻度是1250次/米，其他各种色丝线的捻度是1000次/米。用于绵袴的面。第三种是星点纹绦，由星点组成类似蝶形图案。两侧的彩条的组合是：红棕、土黄、红棕、土黄、深棕，各占3个线圈横列，土黄色丝线捻度3500次/米，其他丝线捻度2900捻/米。绦宽13纵行，用于绵袍的领缘。

4、织、编复合型

织、编复合型织物采用的是绕纬的显花技术，它与机织物中的纬二重组织相似，由两组纬线（地纬:花纬=1:1）与一组经线交织而成，地纬与经线交织为平纹，在有花纹的部位，各种色彩的花纬采用绕纬的编织法，有规律地在正面每隔几根经线回绕一次，形成由纬浮长组成的花纹图案。织物地部组织较为稀疏，起花部分的纬密则增加一倍，花纬普遍要比地纬粗，再加上采用回纬环绕的方式，因此花纹色彩丰富、自由，立体感强。在某种意义上，它应是织与绣的结合，不过，绣是在织造过程中同时进行的，一梭地纬平织，一梭各色花纬回绕，依次交替，难度更大（图2-5-26）。

江陵楚墓中发现的织编类实物，花纬一般是每隔两根经线回绕一次，也有少数部位是1—3根经线回绕一次，经密为32—36根/厘米，纬密为23—32根/厘米。织物厚度一般为0.42毫米。织编时，对于复杂的对称花型，为避免同一色彩的花纬在织物反面的浮线长度过大，常将该色花纬分绕于两个或更多的“杼”上，左右分区使用。最多的可达16个“杼”（N22龙凤纹绦带的凤纹段），每个“杼”上的花纬仅在狭窄的区域内按花纹需要回绕。

这类织物表面花纹紧密，不易脱散，厚实、坚挺。幅宽仅5.6—6.8厘米，与衣袍的领子高度相合，使用时只需在长度上剪裁。多缀缝在衣领上作为饰物，古代似可称为扁诸，是绦的一种。纹饰主要有田猎纹（图2-5-27）、龙凤纹、六边形（图2-5-28）纹及菱形花卉纹等。

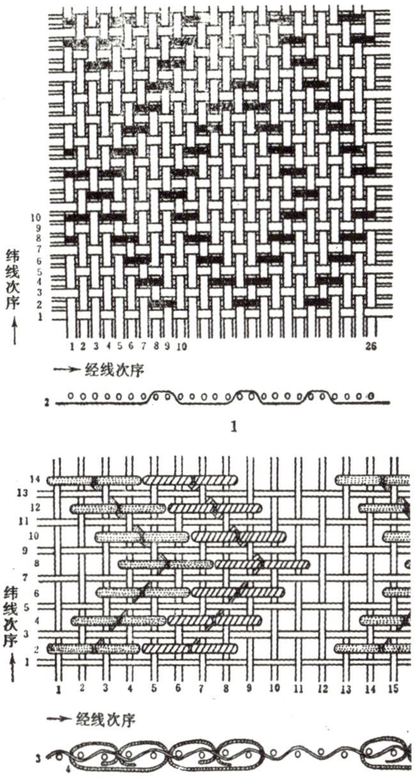

图 2-5-26　纬编绦结构图

七、刺绣

刺绣在我国出现很早。《尚书·虞书·益稷》记载：“予欲观古人之象，日月星辰山龙华虫作会，宗彝藻火粉米黼黻絺绣，以五采彰施于五色作服，汝明。”也就是说，当时用绘画的方式在衣服上装饰日、月、星辰、山、龙、华虫等图案，而用刺绣的方式装饰宗彝、藻、火、粉米、黼、黻等纹样。到周代，刺绣的使用更加广泛，在描绘陕西、山西一带风情的诗歌中不时有绣出现，如《诗经·豳风》“衮衣绣裳”，《诗经·唐风》“素衣朱绣”，《诗经·秦风》“黻衣绣裳”。同时，在宫廷中也设有专门的官职管理礼服的绘和绣。《周礼·考工记》载：“画缋之事，杂五色，五彩备，谓之绣。”

出土商周时期的刺绣实物中属于早期的有商代青铜器上发现的刺绣印痕，如瑞典马尔莫博物馆保存的殷代铜觯上粘附的菱形纹绣的残片。绣线细而柔软，平整地覆盖在织物表面，并有深浅层次不一的晕色，其所用针法可能是平绣[1]。

陕西宝鸡茹家庄发现的西周时期刺绣印痕，图案采用锁绣的针法绣成，主要用单根的锁绣线条勾勒花纹的轮廓，个别部分则采用并合的双线条的锁绣，加强纹饰效果。图案是涡卷的花卉，轮廓线条十分流畅圆润。线条舒卷自如，针迹也相当均

图 2-5-27　田猎纹绦，战国，湖北江陵马山出土

1 〔瑞典〕西尔凡：《殷商的丝绸》，《远东博物馆馆刊》1937年第9期，第123—124页。

图 2-5-28　六边形纹绦，战国，湖北江陵马山出土

匀齐整，说明刺绣技巧是很熟练的。刺绣地帛上可清晰地看到朱红、黄、褐、棕四色（图2-5-29）[1]。

至迟在春秋末期，中国的丝绸刺绣已通过丝绸之路输出到游牧的草原民族。俄罗斯阿尔泰地区巴泽雷克墓群出土物中，发现有我国春秋末战国初的凤纹刺绣品，图案采用锁绣法绣成，刺绣地是平织的绢[2]。同墓出土的还有来自西亚的毛织品。

战国时期的绣品，表现技法已有很大的进步，线条不再单薄，花纹出现多行并列的块面，图案更为浑厚。湖北望山沙冢楚墓中发现的绣，属于战国中期的丝织品。出土的多块花卉纹绢绣中，最大的一块为棕色矩格纹绣。上面采用锁绣针法，绣线双股并合而成，花纹主体部位已采用单行和多行锁链纹，以2行或3行的为主，个别花纹的转折处，多达9行，以表达柔婉卷曲绣纹的质感效果（图2-5-30）[3]。湖北随县曾侯乙墓出土的花卉纹绣残片，绣线已经完全脱落，但针眼仍然十分清晰，采用的是锁绣针法，花纹为卷曲的花卉纹样[4]。

湖北江陵战国楚墓出土了数量众多的刺绣品，为研究战国时期的刺绣工艺技术提供了丰富的实物资料。出土的绣品共有21件，图案主题相似，多为龙凤，但花纹无一雷

图 2-5-29　刺绣印痕，西周，陕西宝鸡茹家庄出土

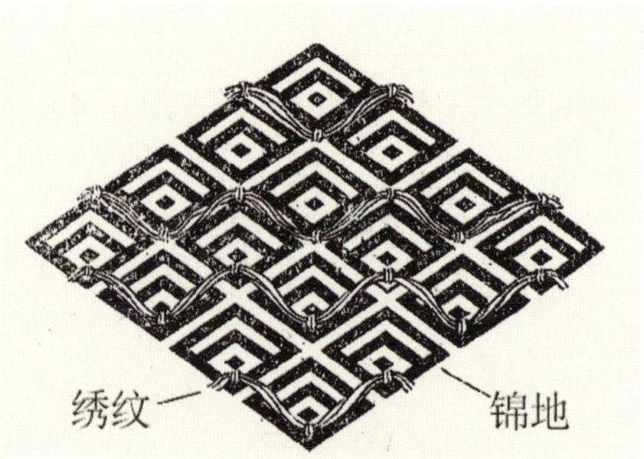

图 2-5-30　棕色矩格纹绣结构图

1 李也贞：《有关西周丝织和刺绣的重要发现》，《文物》1976年第4期，第60—64页。
2 〔苏联〕鲁金科：《论中国与阿尔泰部落的古代关系》，《考古学报》1957年第2期，第37—49页。
3 高汉玉：《望山楚墓出土的织锦和刺绣》，《江陵望山沙冢楚墓》，北京：文物出版社，1996年，第341页。
4 高汉玉：《曾侯乙墓出土的丝织品和刺绣》，《曾侯乙墓》，北京：文物出版社，1989年，第660—667页。

同。这批绣品的地，绝大多数是平纹的绢，只有一块是四经绞罗，用于龙凤虎纹绣。绣品的色彩十分丰富，所用的绣线色彩多达12种，以暖色调为主，有棕、棕红、深棕，深红、朱红、橘红，浅黄、金黄、土黄等色，此外还有绿黄、黄绿、钻蓝等。如此众多的色彩极大地丰富了图案的表现力，这是其他任何丝织品所达不到的（图2-5-31）。

图 2-5-31　龙凤虎纹绣，战国，湖北江陵马山出土

刺绣采用的针法为锁绣法，锁扣长0.7—4毫米不等，最宽处宽为0.4—1.2毫米，绣线一般是双股线，投影宽度在0.15—0.4 毫米间，以0.15—0.25 毫米的居多。绣前，先用墨在绣地上轻描，画出淡浅的纹样底稿，然后再用针绣。也有少数图稿是用朱红颜料描绘的。绣工可按照底稿的框架基础来刺绣，在局部细节可进行修改、润饰，以臻完美。刺绣和缝制的顺序是：先在织物上刺绣，然后再裁剪、缝制。因此，一些大型作品可能由多人刺绣完成，织物的刺绣与衣服的裁剪、缝制可能在不同的工场内进行[1]。

绣品上的图案纹样，宽度约在10—44厘米之间，长度衣袍上约为50厘米，衾面上较大，最长的约为181厘米，视用途类别而异。

第六节　商周时期的织绣图案风格

虽然史载早在唐虞时期，祭祀的礼服已采用绘和绣的方法应用十二章纹，但当时最为典型的织物纹样还是以几何纹样为主，直到战国时期，才真正出现较为复杂的织花纹样。

一、几何纹

1. 云雷纹

从实物资料分析，丝织物上发现的最早纹样是商代织绮上的云雷纹。瑞典远东古物博物馆商代铜钺，故宫博物院商代玉刀、青铜器和铜戈把以及安阳殷墟妇好墓出土的青铜偶方彝等商代器物上，都发现了留有云雷纹图案的丝织品印痕。这些都为暗花图案，在平纹地上起出经线浮花，因不同浮长的经线反射光线的能力不同，形成花纹。此外，瑞典马尔莫博物馆保存的殷代铜觯的丝织品印痕，也发现有类似云雷纹的几何

1　湖北省荆州博物馆：《江陵马山一号楚墓》，北京：文物出版社，1985年，第57页。

形刺绣纹[1]。

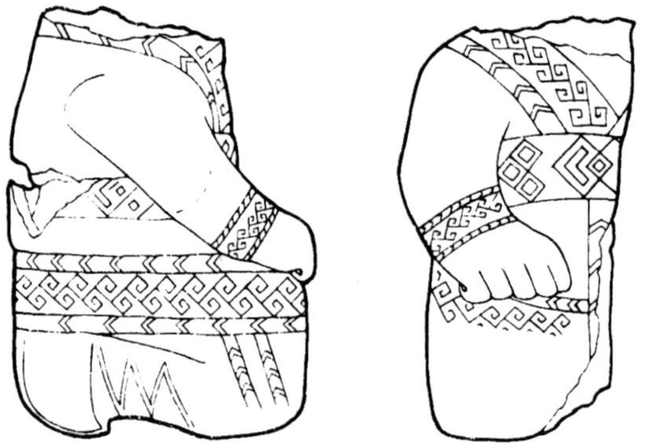

图 2-6-1 侯家庄出土商代云雷纹白石雕像纹样，沈从文，1992年

云雷纹是商代器物上十分流行的纹饰，在青铜器上，它是一种最基本的装饰，常作为主体纹饰，出现在器物的颈部或足部，或者作为地纹，用以烘托主题纹饰。云雷纹在商代的服饰上也是很流行的，安阳侯家庄出土的白石雕像的领缘、腰带、下摆边缘，都可清楚地见到云雷纹的图案（图2-6-1）。

云雷纹的基本特征是以连续的回旋形线条构成的几何图形，有的作圆形的连续构图，也可称为云纹，有的作方形构图，也可称为雷纹（甲骨文中云字作S纹似闪电，雷字作田纹似鼓）。盛行于商和西周，沿用至春秋战国时代。而勾连雷纹是云雷纹的一种变化，它由近似的T形互相勾连的线条组成，填以云纹或雷纹。盛行于晚商至周初，战国再度流行。丝织品上的云雷纹，是图案化的造型，结构对称、重叠、重复，以此来表现图案的韵律与节奏。因是暗花，左右、前后，随着观察方向的不同，所见到的花纹形状也不相同，若隐若现，体现了一种神秘感。

云雷纹与勾连雷纹都由最简单、最基本的几何图形组合变化而生成，这种变化踪迹在新石器时代的彩陶纹饰上就可找到。在西北马家窑类型的彩陶上可见到规整的同心圆圈的中心出现黑点，圆周线被打开，延伸、舒展成层层的漩涡，或卷云，与其他动物纹、几何纹组合一起，使原先呆板静止的图形产生动感。在半山类型彩陶上出现了螺旋纹，其中的一种随着螺旋形的舒卷发展成极其繁复的卷旋纹。在稍后的马厂类型的彩陶上，则出现了不相环连的螺旋纹，似是独立的回纹[2]。这类纹饰的组合与连续，形成了与中原地区殷商时期的云纹、雷纹、勾连雷纹十分相似的纹样。

勾连雷纹的另一渊源可能为卐字纹，中国最早的卐字纹饰，出现于距今4500年左右的辽宁敖汉旗的小河沿文化层中，出土的四件陶器上有刻划、绘制的纹饰中，卐字形纹饰有七个，其中有四臂作多次左向直角内折的卐字纹变化，与商周的勾连雷纹十分相似。这类卐字形纹饰在我国乃至世界的原始纹饰中都不鲜见，在距今4000—4300年间的青海柳湾新石器时代的遗址中，属于马厂类型的陶器上饰有纹饰符号五十多种，而其中又以“+”“—”“卐”字纹饰最为多见[3]。

由于织造技术的限制，这些几何形纹饰出现在商代丝织品上用得较多的是菱形框架的云雷纹，而青铜器上的云雷纹一般是由矩形框架组成。它的特点是图形上下对称，同时图形基本线条都由斜向的线条构成，这恰恰适合商代唯一的显花织物绮的织造。绮的特征是依靠斜向的经浮长形成花纹。

1 〔瑞典〕西尔凡：《殷商的丝绸》，《远东博物馆馆刊》1937年第9期，第123—124页。

2 郑为：《中国彩陶艺术》，上海人民出版社，1985年，第26—37页。

3 芮传明：《中西纹饰比较》，上海古籍出版社，1995年，第70—71页。

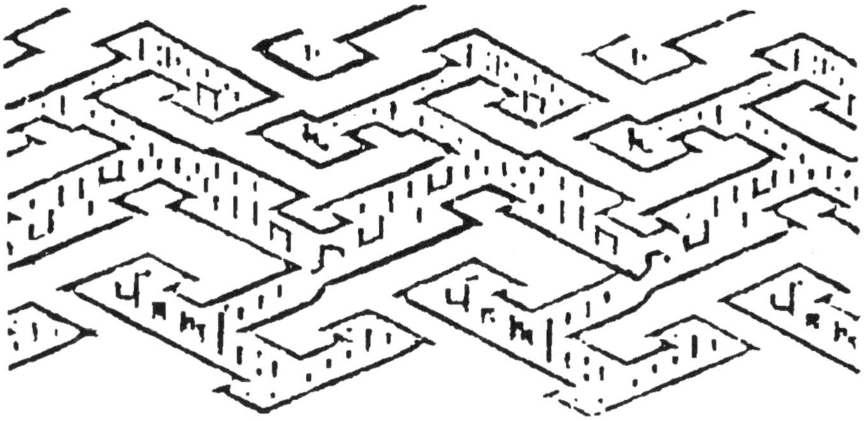

图 2-6-2　曾侯乙墓出土战国勾连雷纹锦纹样，高汉玉，1989 年

传统的云雷纹在周代仍然可见，但变得更为复杂。湖北随县曾侯乙墓出土的丝织品上的勾连雷纹，由于采用纬二重经显花的织造方式，纹样的纵向比商周初期的云雷纹大大增加。据对残片的分析，一个花纹循环中，含纬丝达136根，经丝280余根（尚未构成循环），约需34片提花综。显示了织机提花能力有了质的进步（图2–6–2）[1]。

2. 菱形纹及其打散变异

目前出土的西周时期丝织品数量极少，但依然有大量的云雷纹和菱形的几何纹。陕西宝鸡茹家庄出土的西周铜剑柄部上所粘附的丝织品绮上有四个小菱形组合而成的一个大菱形花图案，是一种复合的菱形花纹。春秋战国时期随着丝织机具的发展与提花技术的进步，丝织品上的几何形花纹愈益复杂，花纹循环也越来越大，织锦技术的成熟，不仅织出了彩色的图案花纹，而且在纹样的构图与细节的表现上，比绮更显得自如。

图 2-6-3　长台关出土杯纹绮纹样，黄能馥，1996 年

菱形纹又可称耳杯纹（也称杯纹），它由一个大菱形与二个小菱形复合而成，形如当时流行的饮具耳杯，这种纹饰具有对称的特性，在丝织品纹样中被广泛采用，战国以后十分流行（图2–6–3）。以菱形纹为主题的花纹，经打散变异处理，或曲折，或断续，或

1 高汉玉：《曾侯乙墓出土的丝织品和刺绣》，《曾侯乙墓》，北京：文物出版社，1989年，第660—667页。

图2-6-4　左家塘出土战国几何填花燕纹锦纹样，彭浩，1995年

图2-6-5　散点几何纹锦手套，战国，美国Cooper Hewitt设计博物馆收藏

相套，或相错，派生出许多新的形式，如耳杯纹、磬形纹（可视为缺角菱纹）、S形纹、Z形纹，与三角形、六角形、卐字纹、圆圈纹、塔形纹等其他几何纹，通过图案线条粗细、虚实的变化，组合相配，形成以菱形为框架的结构复杂的大菱形填花纹锦。有如神秘的迷宫，尽显折线之美。

在这些菱形纹经变异后有时可以赋予一些具体的形象名称。磬形纹是东周时期新出现的一种纹样，磬是中国古代的敲击乐器，属于八音中的石类，磬初为玉、石雕成，后人以金属铸磬，其形状似折尺，乐声婉转，按照周代礼制规定，只有贵族才能占有，用于宴乐、祭祀等场合。湖北随县曾侯乙墓曾经出土有这种乐器。丝织物上的磬形纹可看成由三个小菱形堆垒而成，是菱形纹的派生。江陵望山沙冢一号墓出土的石字菱形纹双色锦。菱形的石字实际由一个磬纹与一个小菱形复合而成。16个石字形单元构成一个大菱形纹。地纹经与纬线同为深棕色，花纹经是土黄色，黄色石字仍然比较清晰。原物用作绣地（参见图2-5-30）[1]。

此外，还有各种不可名状的打散了的几何纹形成小几何纹锦。长沙左家塘楚墓出土的褐地矩形纹锦残片，由变体的各种矩形纹构成，经线有褐、红两色，局部为褐、红、土黄三色，纬线为褐色。同墓出土的几何纹锦风格接近，经线也是褐、红两色（参见图2-1-4）。另外，墓中还出土了褐地几何填花燕纹锦，经线为棕色、桔黄、土黄三色，棕色为地，几何纹为桔黄色，燕纹为土黄色，经密42×3根/厘米，弱S捻，纬密48根/厘米，无捻（图2-6-4）。此外还有马山一号楚墓出土的几何纹锦，由各种不同的几何纹组成。经线有土黄、深红、深棕三色，纬线为深棕色。花纹循环经向长3.2厘米，纬向宽7.6厘米。现存美国Cooper Hewitt博物馆的两件战国丝织品也属于同类题材（图2-6-5）[2]。出土于巴泽雷克的几何纹织锦也属于此类。

3. 几何纹的丰富和扩展

江陵马山一号墓出土的大菱形三色纹锦，是当时几何纹样中组合最为复杂的实

1　高汉玉：《望山楚墓出土的织锦和刺绣》，《江陵望山沙冢楚墓》，北京：文物出版社，1996年，第341页。
2　赵丰：《织绣珍品》，香港：艺纱堂/服饰出版，1999年，第50页。

例。单元图案多是菱形或近似菱形，菱形内填充以各不相同的小几何形，单元花纹经向长在9—11.3厘米之间，纬向宽在9.2—30厘米之间。它一般由菱形或勾连雷纹作骨架，其中填充各种不同纹样以组成连续纹样（图2-6-6）。据荆州博物馆的考古学家整理，分为A、B、C、D、E五种类型[1]：

A型：纹样的基调是大菱形。大菱形内填充中、小型菱形纹、杯形菱纹、“工”字形纹，曲折纹等。花纹经向长9.1厘米，纬向宽12.2厘米（图2-6-7）。

B型：纹样基调为大菱形，大菱形内所填几何形大致与之相仿，只是多出一种开口的回形纹，现存花纹经向长12.4厘米，纬向宽9.2厘米。

C型：纹样基调仍是大菱形。大菱形内填以深红、土黄色小三角形，或对角或对底，其他小纹样则同于A型。现存花纹经向长9厘米，纬向宽17.7厘米（图2-6-8）。

D型：纹样基调为大菱形，多填充小菱形。现存花纹经向长11.3厘米，纬向宽30厘米。

E型：纹样基调为连贯的大菱形。大菱形内填充的小纹样除与A型相同者外，增加了“卐”字形纹。构图紧凑，布置均匀。花纹循环经向长9.8厘米，纬向宽12.7厘米（图2-6-9）。

此外，当时的几何纹还与一些几何化的鸟纹等相结合，形成新的纹样。如马山一号楚墓出土的凤鸟菱形纹锦，经线有浅棕与朱红两色，花纹循环不完整，现存花纹顺经线方向作长条状布置。花纹之一，是内填小三角形的菱形置于正中，两端各有一只凤鸟。现存花纹经向长9.8厘米，纬向宽2.6厘米。花纹之二，是作两行布置。一行以菱形为主，另一行以相背的两只凫组成的菱形纹为主。花纹经向长10.2厘米，纬向宽5.9厘米（图2-6-10）。

另一块具有动物纹的织锦是凤鸟凫几何纹锦，以土黄色为基色，与朱红、浅棕、深褐三色分别相配，形成两色经锦。每区宽16毫米，图案基本内容也由宽为16毫米的长条组成。12行条带组成完整的花纹循环，由立凤与凫两种动物与多重六边形磬形、对顶三角形、亚字形、Z字形等各种几何纹组合而成。其中凫作濯水状，《急就篇》中有“春草鸡翘凫翁濯”，是指以凫濯水的形象作为织物的装饰纹样。由此可知，这种纹样在西汉时期也是很流行的[2]。

二、龙凤及动物纹样

中国古代有天人合一的思想，因此，祭祀文化十分发达。尤其是在殷商时期，殷王一年三百六十日，几乎无日不举行祭祀。张光直曾指出，“商周青铜器上的动物纹样有其图像上的意义：它们是协助巫觋沟通天地神人的各种动物的形象”[3]。丝织品在当时的主要用途之一就是制作祭服，虽然迄今为止并无完整的丝绸服饰出土，但商代有不少玉雕人像及青铜人像上已表现了当时的衣服纹样，这些大多应是刺绣纹样。

1 湖北省荆州博物馆：《江陵马山一号楚墓》，北京：文物出版社，1985年，第41页。

2 彭浩：《楚人的纺织与服饰》，武汉：湖北教育出版社，1995年，第114页。

3 张光直：《美术神话与祭祀》，沈阳：辽宁教育出版社，2002年，第46页。

图 2-6-6　湖北马山出土大几何纹锦纹样

图 2-6-7　A 型大菱形纹锦，战国，湖北江陵马山出土

图 2-6-8　C 型大菱形纹锦，战国，湖北江陵马山出土

图 2-6-9　E 型大菱形纹锦，战国，湖北江陵马山出土

图 2-6-10　战国凤鸟菱形纹锦纹样

1. 商代的龙凤纹

现在所知表现商代服饰纹样的有玉雕、石雕和青铜各一件。一件玉雕人像出自安阳妇好墓，人物踞坐，后腿部作蚕纹，手臂部作夔龙纹，帽饰为锯齿纹，腰带为回纹（图2-6-11）；另一件青铜器虎食人卣上手臂处也有龙纹（图2-6-12）[1]。还有一件出自四川广汉三星堆的青铜人像，着鸡心领左衽长襟衣，衣上右侧和背部主要饰阴刻龙纹，龙昂头张嘴，颌下有须，长颈，尾上翘，左侧主要饰回文形和异兽纹（图2-6-13）[2]。这里的龙纹极有可能是绣上去的。这些龙纹本身呈"已"状，两龙左右相对排列，该青铜人像出自祭祀坑中，其服饰无疑是一种祭服。这种祭服上绣神奇动物纹样，而质地很有可能就以云雷纹绮为地，就像青铜礼器上的云雷地纹和

a

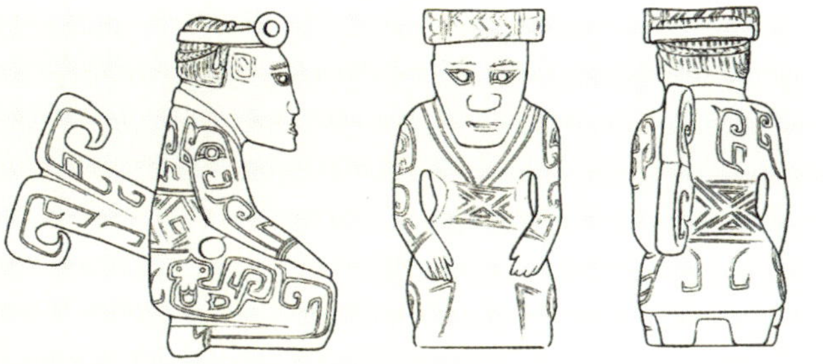

b

图 2-6-11 a 玉雕人像，商，河南安阳妇好墓出土；b 玉雕人像线描图

兽面主纹的配合一样，营造出一种诡秘的气氛。殷墟所出觯上在附有几何织纹的同时还附有锁线绣文，由于所存太残，我们已无法得知其原来面貌，但仍可推测这是有着不同于几何纹的刺绣，极有可能正是早期的动物纹样。

纵观中国工艺美术的发展过程，可以发现这样一个事实，在新石器时期所出现的动物纹样（如玉琮上的饕餮纹、石磬上的兽面纹等）大多采用单纯的线条刻划而成，而在青铜时代的各种礼器上出现的动物纹样，大多是在主题动物纹样的周边和间隙之处填满各种小几何纹如回纹、雷纹等，前后风格差别很大。这种风格正是因为几何纹的暗花织物上加以动物主题刺绣的影响所致[3]。

图 2-6-12 虎食人青铜卣，商，河南安阳殷墟出土

1 沈从文：《中国古代服饰研究》，香港：商务印书馆，1992年，第29页。

2 四川省文物管理委员会等：《广汉三星堆遗址二号祭祀坑发掘简报》，《文物》1989年第5期，第1—20页。

3 赵丰：《丝绸艺术史》，杭州：浙江美术学院出版社，1992年，第97页。

a

b

图 2-6-13 a 青铜人像，商，四川广汉三星堆出土；b 对龙纹样图

2. 战国时期的龙凤纹

春秋战国时期丝织品上的动物纹开始增多，出土的实物中有俄罗斯阿尔泰山巴泽雷克发现的凤凰图案的刺绣，江陵马山一号楚墓的刺绣品上有大量形态生动的龙、凤、虎等动物纹，同墓出土的织锦上还发现有龙、凤、麒麟以及凫的图案，田猎纹绦上有马、鹿与犀牛纹。

丝绣品上的龙凤图案纹样，其宽度约在10—44厘米之间，长度衣袍上约为50厘米，衾面上较大，最长的约为181厘米，视用途类别而异。花纹的主题是龙、凤和装饰性的花草图案，组成纹样的各个基本单元（龙、凤、花卉），通过对称、旋转、平移（上下平移、上下隔行平移）、交叉换位（上下交叉换位、上下隔行交叉换位）等多种手法，构成整体图案，花纹图案以龙凤为主体，搭配各类变形花卉，造型虚实结合，形象十分丰满，如在凤鸟花卉绣纹样中，凤鸟的喙部，造型各异，似引吭高歌，似婉转低吟，动静相彰，栩栩如生。在纹样的各基本单元（龙、凤、花卉）中，写实与装饰有机地结合，浑然一体。充分发挥了绣的特点，线条圆润、流畅，色彩丰富多样，线条勾勒明晰，块面分隔自然，图案十分活泼、自由，将刺绣艺术表现得淋漓尽致，达到了前所未有的高度（图2-6-14）。

从图案纹样的内容分析，江陵楚墓中发现的大量刺绣龙凤图案当与楚文化有很大的联系。楚人奉祝融为始祖，凤是祝融的化身。所以楚人的先民以凤为图腾，在楚人的意识中，凤是至真至美的神鸟。屈原在《离骚》中写道：“吾令凤鸟飞腾兮，继之以日夜。”《庄子·逍遥游》也说“鹏之徙于南冥也，水击三千里，抟扶摇而上者九万里”，这里的鹏就是大凤。据统计江陵马山一号楚墓出土的龙凤刺绣纹样共十八幅，龙凤俱出的十幅，有凤无龙的七幅。有龙无凤的仅仅一幅。在龙凤俱出的的十幅中，相斗的八幅，相安的二幅，互相斗争的八幅中，凤进龙退、凤胜龙败的五幅，势均力敌的三幅[1]。由此，楚人尊凤贬龙的观念，可见一斑。

从凤鸟的造型来看，体态丰满，姿态矫健，气势宏伟，十七幅有凤的图案无一雷同。刺绣三头凤的造型为凤首正向，瞪目如枭，鸟身圆鼓。两腿侧曲，双翼平举，翼端各有一个侧向的凤首（图2-6-15）。这种物体的正视与侧视图出现在同一画面上的现象，在古代常有发生，如商周青铜器上的饕餮纹，中间是正向的兽面纹，两旁是侧向延伸的身躯。

另一件蟠龙飞凤扶桑纹绣中的凤有着一侧华丽的翅膀，它不仅是图案的重要装饰，而且成为图案的骨架，其余的龙纹蟠绕其间，而位于轴心则有一棵扶桑树，显示着龙凤与太阳共存的地位（图2-6-16）。

刺绣龙凤虎纹图案中凤的形态最为华丽，头冠上饰有花萼状缨穗，翅膀与凤尾上也饰有叶纹，四只凤的翅和尾构成一个菱形，作为整个花纹的中心，并且以此为框架进行构图，龙凤虎造型生动，栩栩如生。配上棕、桔红、土黄、黑、灰、黄绿、红棕等七彩绣线，整个画面意匠巧妙，色彩丰富，装饰感极强。画面上，凤一足后蹬，作腾跃状，另一足前伸，力擒下部一龙之颈，此龙逃窜，侧首作痛苦状。凤一翅击中上部一龙之腰，此龙遁走，昂首曲颈作哀号状。凤的另一翅击中前方一虎之腰，此虎亦仰首张口作哀号状。这是一幅绝妙的龙凤虎会战图，在造型艺术史上降龙伏虎的荣誉首先是属于凤的。而

图 2-6-14　花枝龙凤纹绣，战国，湖北江陵马山出土

图 2-6-15　凤鸟花卉纹绣，战国，湖北江陵马山出土

1 张正明：《楚文化史》，上海人民出版社，1987年，第178—179页。

a　　b

图 2-6-16 a 扶桑龙凤纹绣，战国，湖北江陵马山出土；b 纹样

图 2-6-17　龙凤虎纹绣，战国，湖北江陵马山出土

龙、虎在此所以遭到贬斥，是因为因吴、越曾经是楚人的劲敌，都以龙为图腾。而楚的西南邻居巴人以虎为图腾，与楚的关系时好时坏，也成了贬斥对象(图2-6-17)[1]。

对于此幅龙凤虎绣，也有学者对其内涵作了深层次阐述，认为“在这个绣品纹样中，有一条无角的虬，头作三角形，与龙的形象不完全相同。据文献记载，龙是有角的，虬是无角的”。因而，凤鸟、虎、龙和虬四种动物代表四方神灵，龙与虎相对即表示东方与西方相对，凤鸟与虬相对即表示南方与北方相对。这可能与东周时期盛行的阴阳五行学说有关[2]。

1 张正明:《楚文化史》，上海人民出版社，1987年，第178—179页。
2 彭浩:《楚人的纺织与服饰》，武汉：湖北教育出版社，1995年，第122页。

3. 舞人和狩猎纹

战国织锦中最为精彩的是马山一号楚墓出土的舞人动物纹锦，是保存相当完好、幅面完整的珍品。它对研究商周时期的织锦技术具有重要意义。

舞人动物纹锦的纹样，花纹循环经向高5.5厘米，纬向宽49.1厘米，横贯全幅。由纬向排列的七组图案组成，每组由对称的吉祥动物龙、凤、麒麟或舞人构成，置于W型连接的框架下，框架内填充龙纹和几何纹（图2-6-18）。

动物或舞人均抽象为几何形体，虽然稚拙，但形态十分生动。在第七组左侧的斜向框架，线条折断，纹样有明显的上下错位现象，约有十组经线的组织点错位。这种错位现象贯穿在整个锦面。经线有深黄、深红、棕三色，纬线为棕色。经线均加S向弱捻。经密为52×3根/厘米，纬密为52根/厘米。幅边里侧为深红色，外侧为深黄色。幅边宽0.7厘米，幅宽50.5厘米。

a

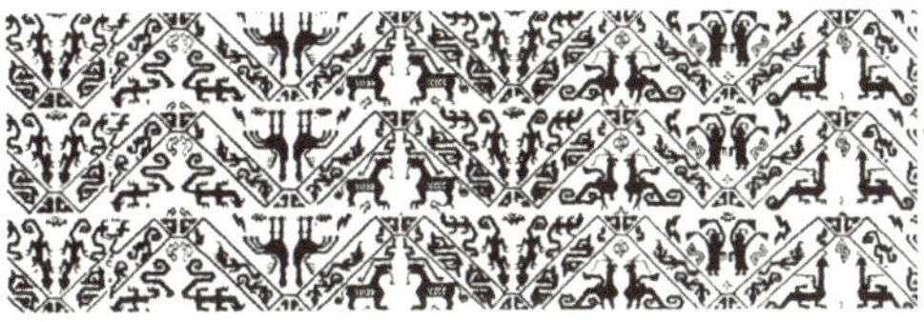

b

图 2-6-18 a 舞人动物纹锦，战国，湖北江陵马山出土；b 纹样

江陵马山一号楚墓中的舞人动物纹锦上，有昂首站立的长尾龙，展翅的高冠长尾立凤，爬行状的长尾龙，行走状的麒麟，展翅垂尾、仰首鸣叫状的立凤，横行状的长尾龙，共有七组动物纹，都呈对称状。这些龙、凤、麒麟等动物都是传说中的灵兽。据《说文》所说，“龙，鳞虫之长，能幽能明，能长能短，春分而登天，秋分而入渊”，“凤，神鸟也，……出于东方之国，翱翔四海之外”，“麒麟，仁兽也”。

在巫觋文化中，龙、凤、麒麟等神兽应是实现天地神人交通的最理想的工具。更为引人注目的是锦面上除了动物纹样外，还有一组对称的人物。长冠垂缨，长袍露足，长袖高拂，作舞动状。这种人兽齐舞的场面，并不是现实生活与神话世界的写照，这里所描绘的很可能是作法的巫师与其动物助手，实现天地神人沟通的场面。联系这块锦的主要用途是作包覆尸体的单被（紟），表达了生者希冀墓主人实现升天的良好愿望。

狩猎纹作为写实的纹样，很少在丝织品中出现，江陵马山一号墓出土的两件田猎纹绦，是贵族日常生活的写照。一件田猎纹绦的花纹由四个菱形组成，排列成上下两排。上排的马车上有两个猎者，一个驾车追赶奔鹿，一个张弓射鹿，鹿在车前狂奔，仓惶逃命，箭矢从鹿前掠过。下排的两个菱形中，分别是武士与猛兽格斗的场景，一个武士手执剑、盾与一斑斓猛虎搏斗。在另一侧一个武士手执长剑与一只猛兽搏斗。上下两排图案相互呼应，场面紧张，气氛热烈，呈现一幅气势宏伟的田猎场景。

另一件田猎纹绦，一菱形内，马车上仅有一人，曲肘握持缰绳，背负弓箭，马作奔驰状。另一菱形内图案上部残缺，但尚可看出是一武士执盾与猛兽搏斗[1]。

春秋战国时期，反映贵族现实的社会生活，以宴乐、舞蹈、狩猎、攻战、采桑等活动为题材的纹饰，开始出现在青铜器上，这类宴乐、狩猎、战斗纹饰，在故宫博物院收藏的宴乐渔猎攻战纹壶和河南汲县出土的水陆攻战纹鉴等青铜器上都可见到，这种纹饰的出现，是与春秋战国时期的社会变革相联系的。江陵发现的田猎纹绦也是这类纹饰中的极其珍贵的一个。由于这类纹饰所描绘的场面较大，主题复杂，很难在丝织品上表现。

第七节　早期丝绸之路

在古代交通史上，欧亚大陆间存在着一条东起中国长安、西至地中海沿岸各国，连接古代中国文明与希腊—罗马文明的商贸大道，它横穿中亚大草原，绵亘7000多公里，历时数千年，在相当长的一段时期里，它以丝绸为贸易的主要载体，为东西方经济、文化、技术的交流作出了杰出的贡献，因而十九世纪末德国著名的地理学家李希霍芬将这条促进人类文明进步的商贸大道称之为“丝绸之路”。

远在张骞“凿空”西域之前，这条丝绸之路就已经存在了，其历史至少可追溯到商周时期。商人历来有经商的传统，在先秦古籍中，曾记载商的先公王亥到有易被杀、牛羊被抢之事，《山海经·大荒东经》“讬于有易、河伯仆牛。有易杀王亥，取仆牛”，郭璞注云：“殷王子亥，宾于有易而淫焉，有易之君绵臣，杀而放之，是故殷王甲微假师于河伯，以伐有易，灭之，进杀其君绵臣。”王亥赶着牛羊群远到易水流域而进入有易部落境内，显然不是生产性放牧，而是一种经商性质。由此可见商的先祖就曾跋涉山水，赶着牲畜群到远方进行交易活动。当然，这种交易是双方面的。

成汤时，伊尹受命，制定诸侯来献的四方之令，西方的“昆仑、狗国、鬼亲……，请令以丹、青、白旄、紕罽、江历、龙角、神龟为献”。丹、青是矿物颜料，紕罽是有纹饰的毛织物。昆仑、狗国、鬼亲等西方部落，向商进献丹、青、紕罽等可用于丝织物染色的矿物颜料与毛纺织品，成汤可能也会以染过色的丝织品和其他物品作为回赠与赏赐，商与西方的部落方国间，也应有了纺织品方面的来往。

此外，河南安阳殷墟发现的妇好墓主人妇好是殷王武丁的配偶，其死亡、入葬年代在公元前13世纪末叶一前12世纪初。墓葬中共出土随葬玉器756件（少量残片未计），占出土器物的39.2%。不但数量多，而且造型精美，包括礼器、仪仗、日用器及大量装饰品。经权威机构鉴定，除3件标本外，均属新疆玉。《逸周书·世俘解》

1　湖北省荆州博物馆：《江陵马山一号楚墓》，北京：文物出版社，1985年，第47—49页。

称："凡武王俘商旧玉亿有百万。"商代王室大量用玉，而玉料又主要取之于新疆地区，这就再一次以有力的考古资料揭示了新疆与中原地区存在的经济联系。而且，丝织品作为中国的特产应是向西方输出的重要物品，但由于年代久远，丝织品保存困难，遗存极少，难于发现。中原与西域的所谓"玉石之路"，更确切地说，应称为"丝绸—玉石之路"。可以认为丝绸之路的东段在商周时期应已具雏形。

图 2-7-1　画像石中的西王母像，东汉，山东嘉祥洪山村出土

《穆天子传》记载了周穆王西巡并会见西王母的故事。"吉日甲子，天子宾于西王母，乃执白圭玄璧以见西王母，好献锦组百纯，□组三百纯。"锦、组皆为精美的丝织品，被作为国礼赠送给西王母。《竹书纪年》也记载："穆王十七年西征昆仑丘，见西王母（图2-7-1）。"

昆仑山是先秦文献中一再出现的名山，《穆天子传》传云：昆仑山的地理位置为"自群玉之山以西，至于西王母之邦三千里"。有的学者认为昆仑山是俄罗斯与我国新疆毗邻的阿尔泰山，穆天子西巡，"从阿尔泰山中段的东麓越过山口，经西麓再沿黑水（额尔齐斯河上游），再往西，经过一个山口，来到西王母之国"。中国的丝织品有可能沿着这条周穆王西巡的路线运往西方[1]。但总体来说，周穆王西巡大致是追随塞人西移的路线，西王母之国可能是今葱岭以西中亚咸海一带的一个塞人部落。周穆王西征的传说，不仅反映了西周时期黄河流域和中亚锡尔河上游地区交通上已有一定的联系，而且也说明我国的丝绸已传入中亚地带。

考古发现也为此提供了证据。俄罗斯的阿尔泰山地区是世界知名的一处古代塞人文化遗址。在山的北麓年代为公元前1000年中叶的巴泽雷克古墓葬中，出土了不少我国的丝绣织物。考古报告中写道："某些巨墓中出土的中国织物，有用大量的捻股细线织成（每平方厘米为34×50支）

图 2-7-2　几何纹锦残片，战国，俄罗斯巴泽雷克出土

1 张志尧：《草原丝绸之路与中亚文明》，乌鲁木齐：新疆美术摄影出版社，1994年，第1—6页。

的普通平纹织物。这些织物，有小块的，也有整幅的（铺盖在皮衣服的上面）……其中图案和制作技术最为突出的，是巴泽雷克第三号墓出土一块有花纹的丝织物。”这块丝织物可能就是指几何纹的平纹经锦（图2-7-2）。“巴泽雷克第五号墓出土的茧绸，特别精致。这是一块鞍褥面，制作技术为平纹，1平方厘米为40×52支纱，宽约43厘米。上面的刺绣，是用彩色丝线以链环状的线迹绣成。刺绣主题——凤栖息于树上、凰飞翔于树间——的形象是极其多样化的。它的富于表现力的形象和优美的色调，无疑的是一种高级的艺术品。”[1]（图2-7-3）这些中国丝织品绢、锦和凤凰图案的刺绣，在阿尔泰山巴泽雷克墓葬群中的发现，说明在春秋时期，通往阿尔泰山的丝绸商贸之道已经十分活跃了，如阿尔泰山即为昆仑的推断成立，结合周穆王西巡的记载，那么至晚西周初这条丝绸之路即已存在且已延伸到中亚。

图2-7-3 巴泽雷克出土凤纹刺绣绣纹，鲁金科，1957年

巴泽雷克墓群中的另一个重要发现，为此提供了有力的证据。在发现有凤纹刺绣的五号墓中，同时发现有西亚出产的织物——羊毛绒毯和非常细密的羊毛织品。它不但为断定墓葬的年代提供了依据，而且也证实了阿尔泰的巴泽雷克是古代东西方丝绸之路的一个驿站，西亚的毛织品可通过中亚大草原运抵这里，而中国的丝织品也可由斯基泰（塞人）商人转运至西亚，通往地中海。

图2-7-4 凤鸟纹刺绣，战国，新疆天山阿拉沟出土

春秋战国时期，中原与西域的联系更密切频繁了，这从近年来新疆的考古发现材料中，可以见到。在吐鲁番盆地西缘，天山阿拉沟东口发现的一批墓葬，其时间跨度为春秋战国时期，最晚到汉。在第28号春秋墓（距今2620±165年）中，出土了一

1 〔苏联〕鲁金科：《论中国与阿尔泰部落的古代关系》，《考古学报》1957年第2期，第37—49页。

件凤鸟纹刺绣（图2-7-4）。在长宽均为20多厘米的绢地上，用绿色丝线绣出各种凤鸟图案。原件虽已残破，但仍可见到凤鸟的躯体，微曲的腿、爪。从刺绣丝绢与凤鸟图案分析，无疑是中原地区的产品。而在年代为战国至汉代的第30号墓中，与大量具有战国风格的野兽金、银、铜器共存，有一块长15厘米、厚2.5厘米的方泥饼上，有菱纹链式罗的痕迹，组织细密，非丝莫属[1]。

虽然阿拉沟既非古代通衢要道，也不是由比较大的绿洲构成的古代重要政治、经济中心。但就在这个比较偏僻的山区古墓葬中，同样见到了来自中原的菱纹罗、凤鸟纹刺绣，这个事实对于揭明春秋战国时期的丝织物已传到新疆，并及于更多的其他地方，是有很大说服力的。

新疆吐鲁番盆地西缘，天山阿拉沟东口墓葬丝织品的出土，与俄罗斯阿尔泰山巴泽雷克墓葬中丝织品的发现，为我们勾勒了春秋战国时期丝绸之路东段行进的线路，中原的丝绸经新疆、俄罗斯的阿尔泰山、中亚大草原，通往欧洲。

在西方的文献资料中，对商周时期丝绸之路的情况也曾有所描述。早在公元前五至四世纪，希腊人已对丝绸有所了解，诗人阿里托芬在《吕西斯特剌忒》（公元前411年）中，就提到一种名为“Amorgian”的长上衣，由名为“Amorgis”的绢织物制成。据考证Amorgis是位于小亚细亚南岸的一个岛屿，以加工丝织物而著名。亚里士多德（公元前384—前322年）也在其著作中提到小亚细亚南岸与Amorgis岛相邻的科斯（Cos）岛人，他们首先生产绢织品。历史之父希罗多德（公元前484—前425）曾多次提到帕提亚人（中国称之为安息人）穿华丽、昂贵、奢侈的丝织品制成的米底式长衣（medie dress）。但无论是希罗多德还是亚里士多德，都不了解丝的产地在遥远的中国，认为它们来自地中海南端的小亚细亚或来自地处伊朗高原的波斯[2]。

丝织品在古希腊的使用，在希腊的雕塑与陶瓶画中也有反映。希腊的服饰不经裁剪缝制，披挂包缠在人体上，简洁、清纯，以衣褶来表现飘逸的动感美。雅典卫城巴特农神庙公元前五世纪浮雕中的雅典娜女神，与埃里契西翁的加里亚狄雕像上，人体的衣着，透明轻薄。悬垂的衣褶，飘逸的动感，均体现了丝织品的特点，希腊人常用的亚麻织物很难有如此的质感。尤其是那块作于公元前470—前460年的希腊浮雕“阿芙罗狄蒂女神

图2-7-5 阿芙罗狄蒂女神诞生，公元前470—前460年，法国巴黎罗浮宫藏

1 王炳华：《丝绸之路考古研究》，乌鲁木齐：新疆人民出版社，1993年，第4页。
2 张志尧：《草原丝绸之路与中亚文明》，乌鲁木齐：新疆美术摄影出版社，1994年，第9—10页。

诞生”，阿芙罗狄蒂出水时，内衣被水浸湿，紧贴肉身，乳房与脐眼完全显露出来，两边的季节女神所着的衣服透明轻薄、布满细微衣褶，这些衣服更有可能是丝绸衣料（图2-7-5）。结合在希腊发现的公元前五世纪的丝织品，尽管希腊人不了解丝织品来自遥远的中国，但中国的丝织品通过漫长丝绸之路，辗转进入希腊已经是不争的事实。

中国的丝织品在春秋战国时期还输出到波斯，公元前五世纪后半叶，中国产的丝织品已见于波斯的市场[1]。与米底人同住在伊朗高原的波斯人于公元前550年消灭了米底，建立了阿赫门尼德波斯帝国，其国境东达印度河与帕米尔高原，西至小亚细亚、地中海东岸（盛时远及欧洲、非洲的部分地区）。希罗多德提到的身着华丽丝质米底式长衣的帕提亚人也居住在伊朗高原，当时为波斯帝国的一个行省。事实上中国的丝织品都是通过波斯转运到西方的，所以希腊人认为丝织品来自西亚。公元前247年帕提亚人建立了阿萨息斯王朝（安息），两汉时期成了丝绸之路上一个重要的集散地，垄断了中国丝绸的西运，直至公元六世纪拜占庭帝国找到了养蚕的方法后，才结束了波斯的垄断。

中国的丝织品至晚在战国时期已经输入印度，在乔底厘耶（Kautiliya）著的《治国安邦术》里有这样一句话：kauseyam cinapattasca cinabhumijah（乔奢耶和产生在脂那的成捆的丝），cinapattasca这个字是两个字组成的：一个是cina，就是“脂那”“支那”，另一个是patta，意思是“带”“条”。两个字合起来意思就是“中国的成捆的丝”。这个字本身已经把丝的产地告诉我们。乔底厘耶据说是生于公元前四世纪，是孔雀王朝月护大王的侍臣。假如这部书真是他著的话那么至迟在公元前四世纪中国丝必定已输入印度[2]。

虽然目前尚无出土实物可以证实在公元前四世纪中国与印度间存在着直接的商贸往来，但是印度与中亚等国，自公元前6世纪后期为波斯帝国统治，在公元前4世纪时，又在马其顿亚历山大的势力范围之下。印度与中亚各国之间的交流，很早就存

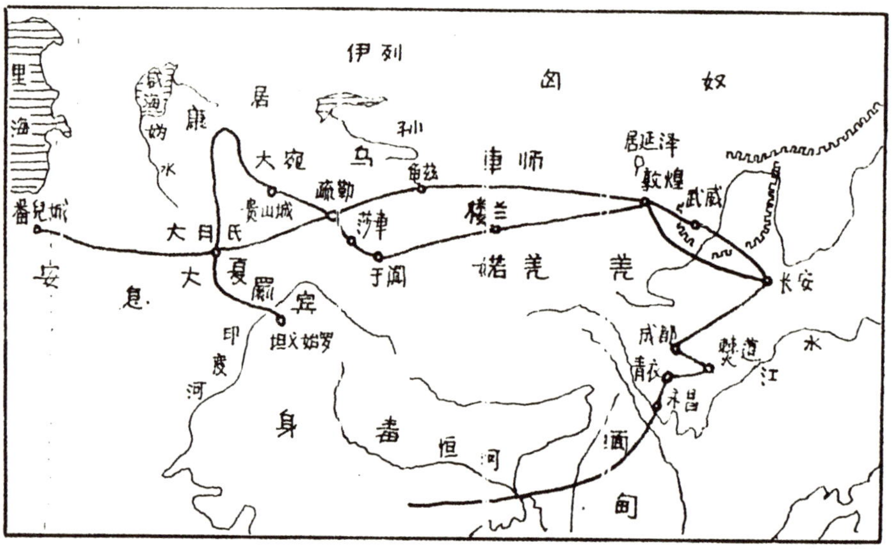

图 2-7-6　早期丝绸之路图，朱新予，1992 年

1 王治来：《中亚史纲》，长沙：湖南教育出版社，1986年，第44页。
2 季羡林：《中印文化关系史论丛》，北京：人民出版社，1957年，第163—164页。

在了。所以，在公元前6至前4世纪即我国的春秋战国时期，中国与印度之间存在着间接交流的推断应是合理的。

西汉时张骞出使西域，在大夏见到来自身毒国（印度）的邛竹杖与蜀布。大夏居东西交通之要冲，为中亚古国，曾受波斯、希腊统治，公元前二世纪原居中国敦煌、祁连山一带的大月氏西迁征服了大夏。张骞在大夏见到由印度输入的蜀地商品，也证实了西汉时印度大夏间商贸之道确实存在的事实。当然，这条通道的存在年代应更久远，可推至春秋战国时期。

综上所述，早在商周时期丝绸之路商贸大道已经建立，我国的丝绸通过西域、中亚大草原，输往南亚的印度，西亚的波斯，欧洲的希腊、德国，地中海彼岸的非洲埃及。横跨7000多公里，历时近千年，以丝绸为媒体，将中国文明与古希腊、古埃及、古印度、古波斯文明连接起来，创造了一部宏伟的人类文化、经济的交流历史（图2-7-6）。

第三章
秦汉时期的纺织文化

公元前221年到公元220年，史称秦汉时期。其中分为两个时期，首先是秦统一六国，建立了专制主义中央集权的统治制度，并相应采取了一系列经济措施，曾一度出现“男乐其畴（田亩），女修其业（纺织）”的局面。但秦王朝长期征战边疆的活动和无休止的徭役征发，残酷的刑法和沉重的租赋剥削，使人民无法正常进行社会生产，“男子疾耕，不足于粮饟，女子纺绩，不足于帷幕”，大秦帝国终于在农民暴动中崩溃。

公元前202年，西汉王朝建立。统治者在汉初制定了与匈奴和亲、避免战争、休养生息、奖励农业等各项措施，稳定了社会。汉武帝时全面推行积极有为的经济政策，加强中央集权的财政改革，增加了国家的财政收入。西汉后期，随着封建王朝中央集权的削弱，私营手工业的发展有所恢复，但两汉之际的社会动乱，又使其停滞。东汉时期，特别是汉和帝正式取消盐铁官营政策后，又由于豪强地方势力的发展，私营手工业更加发展起来。

第一节 秦汉纺织生产概况

一、纺织生产区域

秦汉时期的纺织生产还是以丝织和麻纺织为主。丝织品产地主要分布在黄河中下游地区与四川地区。齐地是我国最早出现的纺织中心，“齐带山海，膏壤千里，宜桑麻”，其经济除农业外，渔业、盐业与纺织业也得到了发展，“人民多文彩布帛鱼盐”[1]。早在春秋战国时，齐国的临淄已成为我国著名的纺织中心。到秦汉时期，齐郡仍是我国生产丝织品的中心，“齐郡世刺绣，恒女无不能”[2]。在《急就篇》末东汉人增附的两章中，第一章首句就是“齐国给献素缯帛”[3]。从西汉初至东汉中叶，齐郡一直是为汉皇室、贵族提供高档丝织品的生产中心。

---

1 《史记》卷一二九《货殖列传》，北京：中华书局，1982年，第3255页。
2 〔东汉〕王充：《论衡·程材篇》，上海人民出版社，1974年，第189页。
3 〔西汉〕史游：《急就篇》，长沙：岳麓书社，1989年，第28页。

齐郡丝织品产地首推临淄。汉皇室在齐郡的临淄设服官之所，称为三服官，专为皇室制作高档精美丝织品。《汉书·元帝纪》李斐注云："齐国旧有三服之官，春献冠帻，縰为首服，纨素为冬服，轻绡为夏服。"唐颜师古解释：縰为方孔纱，纨素就是绢，轻绡就是轻纱。

除临淄外，其他还有任城国的亢父也是丝织品的产地。西北地区曾出土过任城缣题字云"任城国亢父缣一匹，幅广二尺二寸，长四丈，重二十五两，直钱六百一十八"[1]，这是东汉时亢父产缣之证明。此外，河内郡怀县也是丝织品的产地之一，与亢父缣同样行销于边郡。居延发现的汉简中，曾有一简云"河内廿两帛八匹，三尺四寸大半寸，直二千九百七十八"[2]。此外，新疆尼雅一号墓出土一丝织物残片，上有墨书"河内修若（？）东乡杨平缣一匹"。"修若"一地在《汉书》上无法找到，或者可能就是"修武"，而杨平可能是织作者人名。这也是中原地区生产丝织品及丝织品贸易的实证。（图3-1-1）

图 3-1-1　河内缣残片，汉，新疆民丰尼雅出土

汉代的丝织生产重镇还有东阿，《盐铁论·本议篇》有"蜀汉之布，齐阿之缣"的记载。另一纺织中心是陈留（今河南开封市东南）和襄邑（今河南睢县）一带，以生产锦为特色。西汉时，陈留郡襄邑县设有服官，专为皇室生产高级丝织品，"襄邑南有涣水，北有睢水，传曰涣睢之间文章，故有黼黻藻锦日月华虫，以奉天子宗庙御服焉"[3]。《说文解字》有"锦，襄邑织文也"，以襄邑织文，作为锦的解释，可见襄邑织锦的知名度之高。《范子计然》卷下也提到"锦，大丈出陈留"。襄邑的织锦生产非常普及，"襄邑俗织锦，钝妇无不巧"[4]。《后汉书·舆服志下》云："乘舆、刺史、公侯九卿以下，皆织成，陈留、襄邑献之。"[5]襄邑的丝织品，至曹魏时仍然负有盛名。

秦汉时期，四川地区也成为丝织业的中心。秦迁山东六国豪强至蜀，其中不少人是工商业奴隶主和奴隶工匠，带来了中原地区先进的文化与技术。"盖春秋时，蜀未通中国，郑、卫、齐、鲁无不产锦，皆禹贡兖州厥篚织文之地。自蜀通中原而织事

1 《流沙坠简考释·器物类》第42页，转引自陈直《两汉经济史料论丛》，西安：陕西人民出版社，1958年，第81页。
2 《居延汉简释文》卷三，第7页，转引自陈直《两汉经济史料论丛》，西安：陕西人民出版社，1958年，第86页。
3 《太平御览》卷八一五引《陈留风俗传》，北京：中华书局影印本，1960年，第3624页。
4 〔东汉〕王充：《论衡》卷一二《程材篇》，上海人民出版社，1974年，第189页。
5 《后汉书》卷一二〇《舆服志下》，北京：中华书局，1965年，第3664页。

西渐。”[1]到两汉时期，四川的蚕桑丝织业更为兴盛，四川成都和德阳的汉墓都曾出土“桑园”画像砖，说明蜀地十分重视蚕桑的生产。但四川的丝织中心在成都，成都有锦江，“成都织锦既成，濯于江水，其文分明，胜于初成，他水濯之不如江水也”[2]。尽管蜀锦比临淄锦、襄邑锦知名稍晚，但发展势头相当迅速，“几欲夺襄邑之席，于是襄邑乃一变而营织成，遂使锦绫专为蜀有”[3]。由此，蜀锦生产成为东汉末年魏、蜀、吴三国争战时蜀国的经济支柱，《太平御览》卷八一五引《诸葛亮集》云“今民贫国虚，决敌之资，唯仰锦耳”。

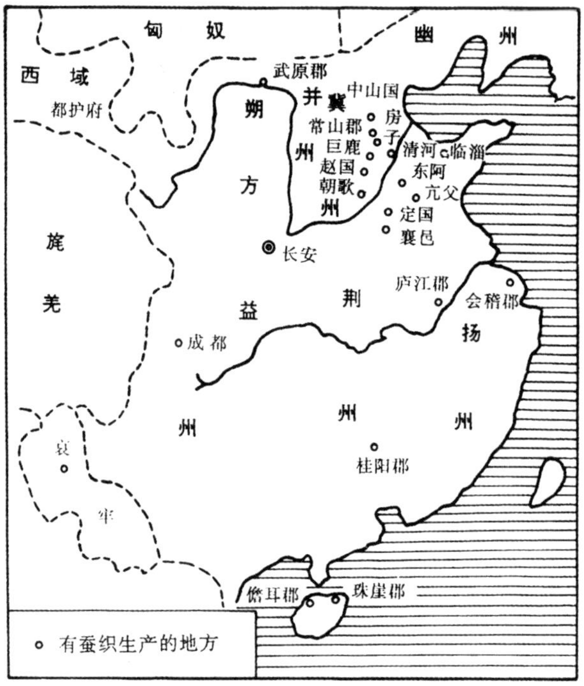

图 3-1-2　西汉时期蚕织生产分布，朱新予，1992 年

综上所述，秦至西汉时期全国范围出产丝织物的地方集中在黄河中下游地区，如齐郡的临淄，陈留郡的襄邑，任城国的亢父，河内郡怀县，鲁国曲阜等地。到了东汉时期，西南蜀郡开始成为全国闻名的丝织中心，其著名产品蜀锦逐渐夺取了国内的主要市场（图3-1-2）。

两汉时期丝织品生产区域也由中原逐渐向南推进。东汉时期，江南的丝织业也开始发展。“建武中桂阳太守茨充教人种蚕桑，人得其利，至今江南颇知桑蚕织履，皆充之化也。”[4]章帝建初年间（公元83年），王景迁为庐江太守，其地“百姓不知牛耕，致地力有余而食常不足……景乃教用犁耕，……又训令蚕织，为作法制”[5]。

秦汉时期，江南主要还是属于麻纺织的区域，特别是苎麻的生产在江南地区占了主导地位。劈麻和绩麻是手工纺麻的特有工艺，秦汉时期古人已经熟练掌握了这门技艺，生产出条干匀细的麻缕。东汉许慎在《说文解字》中说明了“麻”字是由对绩麻操作的描绘演变而来的，从麻字可以说明从分劈开始到续绩成缕，都是在屋内进行的，即《说文》所谓“人所治在屋下”。

新疆地区使用的纺织纤维主要还是羊毛和其他动物毛，出土物中已十分常见。

1 朱启钤：《丝绣笔记》卷上，台北广文书局，1970年。

2 左思《蜀都赋》“贝锦斐成，濯色江波”刘逵注引三国蜀·谯周《益州记》，《文选》卷四。

3 朱启钤：《丝绣笔记》卷上，台北广文书局，1970年。

4 《后汉书》卷七六《卫飒传》注引《东观汉记》，北京：中华书局，1965年，第2460页。

5 《后汉书》卷七六《王景传》，北京：中华书局，1965年，第2466页。

从新疆及河西走廊一带出土大量东汉时期的毛织品来看，当时毛织品上应用的技法也非常先进，有以编织方法编成的织物，有采用丝织品中织锦、绞纱织物类似的结构，有毛织品上独有的缂织法和栽绒法制成的缂毛和毛毯等产品，中原传统的锁绣也被用于毛织物上的装饰。说明在战国秦汉时期，我国各族人民已在吸取不同源头纺织文化因素的基础上创造出了新的丰富灿烂的纺织品。

二、官营织造与民间生产

秦汉官营手工业规模巨大，主要用于供应皇室、赏赐官员、和睦边境等。其中官营纺织业是官营手工业的一个重要门类。

汉时，官营纺织手工工场设有织室、暴室和服官。西汉时，京师长安设有专为皇室服务的官府织造作坊。汉高祖三年（公元前204年），“汉使曹参等击虏魏王豹，以其国为郡，……而薄姬输织室。”[1]这种作坊开始可能仅是为了安排被俘虏的诸侯王公的妻女或罪犯而设立的，其后一度发展成东、西织室，《汉书·百官公卿表》云：“少府属官有尚书、符节……考工室……东织、西织……十官令丞。”汉高祖时萧何建未央宫，内有织室、暴室等，与蚕桑、丝织有关。据《三辅黄图》记载，“织室在未央宫，又有东西织室，织作文绣郊庙之服，有令史，……暴室、主掖庭织作染练之署”[2]。汉成帝河平元年（公元前28年）省东织，更名西织为织室，绥和二年（公元前7年）废。由此可见东、西织室均属少府，由“织室令丞”主管。西安阳陵也曾出土“织室令印”，应该是作为冥器葬入阳陵的，但也反映了织室在中央官署中的存在。

东汉时，汉室东迁洛阳，约在汉明帝永平六年（公元64年）织室恢复，织室官署依旧，但改隶御府，由尚方令兼织官绶。《后汉书·和熹邓皇后纪》载：“又御府尚方织室，锦绣冰纨绮縠玩弄之物，皆绝不作。”[3]不到三十年，织室就被停罢。此后，再也没有见到关于织室的记载。

服官是汉时专门监督和管理皇室织物与服饰生产的官员，汉时在齐郡临淄和陈留郡襄邑寔县均设有服官。在齐郡临淄所设之服官，为汉皇室监督织造春、夏、冬三季的织物与服饰，故称为“三服官”。元帝时，齐三服官的规模相当大，工匠有几千人，每年耗费资金巨大。汉初元五年（公元前44年），元帝下诏罢齐三服官，但后又恢复。“绥和二年（公元前7年）有司上奏，齐三服官诸官，织锦绣难成，害女红之事，皆止，无作输。”[4]

除了规模庞大的官营手工工场外，汉代的民间私营手工业也有相当程度的发展，其中最普遍的是纺织业。因为农业和家庭手工业的结合，是秦汉社会生产方式的基础。以一家一户为基本生产单位，既从事粮食生产，又从事家庭手工业生产。而纺织是最普及的家庭手工业，以“男耕女织”为特征，可以解决衣食问题。《淮南

1 《史记》卷四九《外戚世家》，北京：中华书局，1982年，第1970页。
2 《三辅黄图》，台北：成文出版社影印，1970年，第52页。
3 《后汉书》卷一〇《和熹邓皇后纪》，北京：中华书局，1965年，第422页。
4 《汉书》卷一一《哀帝纪》，北京：中华书局，1962年。

子·主术训》说："耕之为事也劳，织之为事也扰，扰劳之事而民不舍者，知其可以衣食也……衣食之道必始于耕织。"[1]"一夫不耕或受之饥，一女不织或受其寒"，已成为汉代人的口头禅。

这种家庭手工业以"女子纺绩"为主，实际上一家男女老幼都参与其事。家庭纺织业的原料桑、蚕丝，一般由农户自行生产，而且可以充分利用空闲时间并夜以继日地劳作，故生产成本低廉。同时，家庭手工业也是农民维持生存温饱的必要手段，可以因陋就简，随时随地进行。因此，家庭手工业具有顽强的生命力，不必依赖外界条件。西汉政权通过功课农桑、皇后亲蚕等形式，鼓励家庭手工业的发展。

农民家庭手工业的主要产品主要满足自家的需要，但也投入市场出售。西汉时期农民的税收以交纳货币为主，也促使他们把自己的农副产品投放市场。随着西汉中后期经济形势的变化，农户与市场的联系逐渐减弱。东汉时，国家的租税已主要征收谷帛，家庭手工业和小农业的结合日趋普遍和牢固，构成封建自然经济结构的基础。

崔寔的《四民月令》对这类农村家庭副业性质的手工业，在一年中的工作安排，作了这样的描述，"正月，命女工趋织布。三月，清明令蚕妾治蚕室。四月，蚕入簇……趋缫，剖绵，具机杼，敬经络。六月，命女工织缣练，可烧灰，染青绀杂色。七月，收缣练。八月，趋练缣帛，染采色"[2]。看来这类农村家庭手工业，从植桑、养蚕、缫丝、牵经、织造到练染，包括了原料与产品制造的全部生产，是一个完整的自给自足的家庭生产体系。

这种家庭纺织手工业在汉乐府民歌中也有所反映。"春气动，草萌芽，三月蚕桑，六月收瓜。"[3]"秦氏有好女，自名为罗敷，罗敷善蚕桑，采桑城南隅。"[4]蚕桑是家家户户的副业，此外家庭织造也十分普及。"上山采蘼芜，下山逢故夫，……新人工织缣，故人工织素，织缣日一匹，织素五丈余，将缣来比素，新人不如故。"[5]"迢迢牵牛星，皎皎河汉女，纤纤擢素手，札札弄机杼，终日不成章，泣涕零如雨。"[6]"十三能织素，十四能裁衣，……鸡鸣入机织，夜夜不得息，三日断五匹，大人故嫌迟，非为织作迟，君家妇难为。"[7]皆为其证。这类家庭织造只能算是家庭副业，每家备一两台织机，生产缣、素类简单织品。

对于某些技术难度较大的丝织品，已经有专业性质的私营手工作坊来织造，并形成一定的特色、知名度。这种作坊式手工业，带有明显的商品生产的性质。据《西京杂记》卷一记载，"霍光妻遗淳于衍蒲桃（葡萄）锦二十四匹、散花绫二十五匹。

---

1 张双棣：《淮南子校释》，北京大学出版社，1977年，第1023页。

2 〔北魏〕贾思勰：《齐民要术》引东汉崔寔《四民月令》，南京：江苏古籍出版社影印本，1998年，第110—111页。

3 《孤儿行》，逯钦立辑校：《先秦汉魏晋南北朝诗·汉诗》卷九《乐府古辞》，中华书局，1983年。

4 《陌上桑》，逯钦立辑校：《先秦汉魏晋南北朝诗·汉诗》卷九《乐府古辞》，中华书局，1983年。

5 《古诗五首》，逯钦立辑校：《先秦汉魏晋南北朝诗·汉诗》卷一二《古诗》，中华书局，1983年；《上山采蘼芜》，《先秦汉魏晋南北朝诗》卷六《汉诗》，第334页。

6 《古诗十九首》，逯钦立辑校：《先秦汉魏晋南北朝诗·汉诗》卷一二《古诗》，中华书局，1983年；《古诗十九首》，《先秦汉魏晋南北朝诗》卷六《汉诗》，第329页。

7 《焦仲卿妻》，《乐府诗集》卷七三《杂曲歌辞十三》。

绫出钜鹿陈宝光家，宝光妻传其法。霍显召入其第，机用一百二十镊，六十日成一匹，匹直万钱”。这类用提花机生产的锦、绫以钜鹿陈宝光家织造的品质为上，所以霍显才将其召入府第。

民间还出现了一些由贵族经营规模较大的丝织作坊，作坊主人是“尊为公侯，食邑万产”的富商与占有大量家奴的奴隶主。据《汉书·张安世传》，“安世身衣弋绨，夫人自纺绩，家童七百人，皆有手技作业，内治产业，累积纤微，是以能殖其货，富于大将军光”。2009年，张安世墓在西安发现，其中就出土了大量丝织品，这从另一方面说明了张安世家中的纺织技术水平还是非常之高的。

三、纺织与社会政治经济

秦汉时期，尤其是两汉纺织业的发达，使得纺织品的产量有了大幅度的增加，在社会各个方面都产生了很大的影响。皇室与官府对丝织品的需求十分巨大，丝织品常被用来作为赏赐的物品，数量动辄上万。据《汉书·渠犁传》记载，“公主上书，愿令女比宗室入朝……遂来朝贺……，赐（公主）以车骑旗子鼓，歌吹数十人，绮绣杂缯琦珍凡数千万”。此外，对大臣甚至是百姓也时有赏赐。如宣帝时，“赐汝南太守帛百匹”；文帝时，赐年九十以上“帛人两匹，絮三斤”；武帝时，“赐千石以下至乘从者帛、蛮夷锦”。丝织品更是汉代和亲的礼品，文帝时汉遗匈奴“服绣袷绮衣、绣袷长襦、绵袷袍各一，……绣十匹，锦三十匹，赤绨、绿缯各四十匹”[1]。

丝织业的发展，也为一些贫瘠地区改善经济创造了条件，如东汉章帝建初年间，王景为庐江太守，其地“百姓不知牛耕，……教用犁耕，由是垦辟倍多，境内丰给……又训令蚕织，为作法制”[2]。蚕桑与丝织改善了农民的经济状况。

在丝织品的消费方面，由于汉代官营、私营纺织手工业的发展，布帛产量较之前有了大幅度增加。对于丝织品这类较高档的衣料，“古者，庶人耋老而后衣丝，其余则麻枲而已，故命曰布衣。及其后，则丝里枲表，直领无袆，袍合不缘。夫罗纨文绣者，人君后妃之服也；茧紬缣练者，婚姻之嘉饰也。是以文缯薄织，不鬻于市”。到了汉代，社会各阶层也有可能消费丝织品，“今富者缛绣罗纨，中者素绨冰锦，常民而被后妃之服，亵人而居婚姻之饰。夫纨素之贾倍缣，缣之用倍纨也”[3]。

但是，在丝织品的消费上，贫富之间的差别悬殊，一般的读书人用不起可作为书写材料的素帛，而贵族的僮仆却衣丝待沽。《汉书·贾谊传》称“今民卖僮仆者为之绣衣丝履偏诸缘”。原先只有天子玉几，冬天才能披绨锦，而西汉哀帝的宠臣董贤的住宅，竟然是“柱槛衣以绨锦”，有钱的人甚至使“犬马衣文绣”[4]。皇室成员所消费的丝织品更是耗工费时，奢华至极。据《西京杂记》记载，成帝时赵昭仪赠其姐赵皇后的礼物有“金华紫轮帽，金华紫轮面衣，织成上襦，织成下襦，五色文绶，鸳鸯襦，鸳鸯被，鸳鸯褥，金错绣裆，七宝綦履”[5]。

1 《史记》卷一一〇《匈奴列传》，北京：中华书局，1982年，第2897页。
2 《后汉书》卷七六《王景传》，北京：中华书局，1965年，第2466页。
3 〔西汉〕桓宽《盐铁论》卷六《散不足》，上海人民出版社，1974年，第66页。
4 《汉书》卷九三《佞幸传》，北京：中华书局，1962年。
5 〔晋〕葛洪：《西京杂记》，北京：中华书局，1985年，第8页。

丝织生产的发展，产品的丰富和产量的增加，使丝织品进入了交换流通领域。但丝织品进入流通领域有两种形式，一是作为实物货币，二是作为商品。

民间纺织业每年为国家提供的大量作为赋税的绢帛，可看作是一种实物货币。出土于西北地区的居延汉简中有不少相关的记载。“右庶士士吏侯长十三人禄用帛十八匹二尺一半寸，直万四千四百四十三”，这里的“禄用帛”就是用作工资的丝织物[1]。当时墓葬中也随葬丝织品，有些就称为冥币。长沙马王堆一号汉墓中就出土了被剪成极小片状的“冥币”（图3-1-3）。

商人的获利远在纺织生产者之上，对社会的思想造成了冲击，经商成了致富的一种捷径。《史记·货殖列传》记载：“夫用贫求富，农不如工，工不如商，刺绣文不如倚市门，此言末业，贫者之资也。”商业的兴起，市场的商品增多，也造成了城市的繁荣。在汉代大多数商品是精美昂贵的奢侈品，所谓“奇怪时来，珍异物聚”，“雕文刻镂，锦绣綦组”，其中有相当大一部分是丝绸商品。西汉时全国规模的城市有六个：长安、洛阳、邯郸、临淄、宛、成都。这些城市之所以成为天下名都，“非有助之耕其野而田其地者也，居五都之冲，跨街衢之路也”[2]。交通的便利，商贾云集，市肆繁荣，造就了城市的规模。例如，汉代成都，商贾云集，是蜀地的中心，也是南方丝绸之路的起点站。丝织业构成了城市的一大产业，在促成城市的发展中，起着重要的作用。

文字的产生与发展源于社会生活和社会经济。两汉时期的丝织业的发达，对文字的影响可从《急就篇》与《说文解字》中得到反映。西汉时学童的识字读物《急就篇》中，记录的丝织品名称有十数种之多，色彩的名称有二十多种，其中大部分是以

图 3-1-3　丝绸冥币，西汉，湖南长沙马王堆出土

1　劳干：《居延汉简考证》，台湾史语所，1959年。

2 〔西汉〕桓宽：《盐铁论》卷三《通有》，上海人民出版社，1974年，第7页。

丝字为偏旁的。这个事实反映了汉代丝织业的发达及其在民间的普及，这些与丝织有关的字已经作为学童必识之字。另一方面也反映染色后的丝织品已作为色谱的名称，得到社会的公认。

东汉《说文解字》中，“糸”旁的字共有267个，纺织品色彩的名称达39种之多，其中绝大多数是“糸”旁的，在反映丝织品染色技术发达、色谱齐全的同时，也反映了丝织业在民间的通晓认知程度。通过《急就篇》与《说文解字》等两汉时期非常普及的读物，可以看出丝织业对文字、文化的影响是相当大的。

总而言之，秦汉时期，蚕桑丝织是当时社会的重要产业，丝织物是社会生活中不可或缺的产品，丝绸经济在秦汉时期举足轻重，对社会政治、文化、生活等各个方面都产生过重要影响。

第二节　秦汉纺织考古发现

一、秦代纺织品的发现

秦代的统治时间很短，真正明确为秦代纺织品的出土实物很少。

年代较早的秦国纺织品出土在著名的秦公大墓。从现存织物来看，秦公一号墓中出土的基本都为平素类织物，以丝织物为主，品种包括绢、缣和绉纱，这与春秋晚期战国初期西北一带的情况基本吻合。其中朱绘褐色缣正反面均有朱砂描绘的痕迹，但无法看清图案结构。织物采用极细的、加有S捻的丝线作经，两根合并织入，纬线基本平直，从组织学上看，这是一种经重平结构。中国古代将其称为缣，这种结构的织物早在商代妇好墓中就已有发现，河南信阳黄君孟夫妇合葬墓中也有出土，但到汉代更为流行。另有黑色绉纱采用平纹组织，经纬密度均较稀疏，由于经纬线均加有S捻，织物表观具有强烈的起绉效果，古代可能称为縠。《释名》说“縠，粟也，其形戚戚，视之如粟也”，粟的效果就是绉的效果，因此，《增韵》称“绉纱曰縠”，《周礼》注称“轻者为纱，绉者为縠”。不少织物上带有朱砂彩绘的印痕，说明彩绘是当地主要的装饰方式。至于主椁盗洞中所出的羊绒织物，还是首次发现，虽然难以确定为秦公一号墓中原有，但其纤维之细令人惊叹，说明此织物已采用十分高级的纤维进行毛织物的生产。除织物以外，墓中还存有丝绵絮若干片，呈浅褐色。

秦始皇兵马俑一号坑第三次发掘始于2009年6月12日，集中清理一号坑北侧中部的T23G9、G10两个过洞内的遗迹、遗物，清理出部分织物遗迹，织物遗迹一般压印于土块之上。肉眼观察可见编织细密，经纬较明显，使用器类主要包括弓（弩）韬、箭箙囊袋、背绳、箭铤上缠绕的缑丝，另有少量笼箙内可能属于车幕的织物遗迹。共计12件样品可测出织物组织等信息，可见韬迹印痕组织均为平纹，箭箙背绳属绞编，双股并合制成。箭铤上缠绕的缑丝保存较好，缑丝为S捻向的纱线，经过红外测试和形貌观察可判定其为苎麻。

另一个秦代纺织品的重要出土地是秦咸阳宫遗址，其中出土的纺织品残片大多都已碳化成黑色，可能是因为咸阳宫曾遭火灾的缘故。其中出土的纺织品中大部分都是平纹的素织物，但其中有一件织成有着漂亮的图案，图案以几何纹样为主，但也可以看到对称的禽鸟和其他动物纹样，与楚国锦绦的纹样较为接近[1]。

二、汉代纺织品的发现

1. 马王堆西汉墓

最为有名的西汉纺织品发现无疑要数湖南长沙马王堆一号墓了。1971年底，由于当时战备建设的需要，马王堆一号汉墓在当地医院挖掘地道时被发现。1972年初，经国务院批准，中国科学院考古研究所和湖南省博物馆联合对一号汉墓进行了发掘，并确定了墓主人为长沙相利仓轪候的夫人辛追，其下葬年代为汉文帝十二年（公元前168年）。而同在马王堆墓区的二号墓与三号墓的主人则是先于辛追而死的丈夫及儿子[2]。

三墓中以一号墓保存最为完好，出土珍贵文物3000多件，其中包括纺织品及服饰100余件。出土纺织品主要随葬于两处。一是穿着于女尸身上的服饰，由内至外，身着丝绵袍和麻布单衣，脚着青丝履，面盖酱色锦帕，并用丝带将两臂和两脚捆扎起来。然后包裹18层衣衾，扎9道组带，又覆盖两件丝绵袍。其余纺织品主要出自边箱的几个竹笥之中，包括15件十分完整的单夹绵袍、裙、袜、手套、香囊等服饰，还有46卷单幅的绢、纱、绮、罗、锦和绣品。三号墓中也出土了不少纺织品，种类与一号墓相仿，但其保存状况却不如一号墓。两墓之中还有大量帛画与帛书出土，也可以看作是纺织品的一种特殊使用。

2. 其他西汉墓

与马王堆汉墓的等级或是地理位置较为接近的并出土有纺织品的西汉墓还有河北满城中山靖王刘胜及其妻窦绾墓[3]、广州象岗南越王墓[4]、北京丰台区大葆台汉墓[5]、湖北江陵凤凰山168号汉墓[6]。中山靖王墓于1968年由中国科学院考古研究所和河北省文物工作队共同发掘，墓主人刘胜于景帝前元三年（公元前154年）立为中山王，死于武帝元鼎四年（公元前113年）。墓中出土不少纺织品残片，但均不完整。大葆台汉墓的墓主人可能是死于汉元帝初元四年（公元前45年）的广阳顷王刘建及其妻子。此墓由北京市文物工作队等单位于1974年至1975年进行发掘。墓葬在发掘前已经被盗掘，但仍发现大量文物，其中包括部分纺织品残片。广州南越王赵佗墓于1983年发掘，其中的西耳室西端出土有大量的整匹整卷的丝织品，可惜已全部碳化。但从其组织结构来看，织物品种与长沙马王堆出土者有不少是相同的。这不仅说明了两墓的年代相近，而且还说明了长沙国与南越国之间互市及纺织品交流的存在。

1 秦都咸阳考古工作站：《秦都咸阳第一号宫殿建筑遗址简报》，《文物》1976年第11期，第12—24页。
2 湖南省博物馆、中国科学院考古研究所：《长沙马王堆一号汉墓》，北京：文物出版社，1973年。
3 中国科学院考古研究所满城发掘队：《满城汉墓发掘报告》，北京：文物出版社，1980年。
4 广州市文物管理委员会等：《西汉南越王墓》，北京：文物出版社，1991年。
5 大葆台汉墓发掘组等：《北京大葆台汉墓》，北京：文物出版社，1989年。
6 《关于凤凰山168号汉墓座谈纪要》，《文物》1975年第9期，第9—20页。

较以上更近的西汉墓是1975年发掘的湖北江陵纪南城内的凤凰山汉墓。墓主人遂少言为男性，爵至五大夫，官位不算显赫，葬于文帝十三年（公元前167年），与马王堆一号墓的年代十分接近。此墓中也出土了不少纺织品，特别是织锦，其中有不少与马王堆一号墓和三号墓出土的纺织品十分相像。其尸体的保存也相当完好，但由于有马王堆的发掘在前，凤凰山汉墓的影响不如马王堆。

除此以外，还有一些小型的西汉墓葬也发现了若干丝织品。1985年，河北省文物研究所和张家口地区文化局联合组成的考古队对位于河北阳原三汾沟的汉墓群进行了发掘。其中可断代为西汉晚期的九号墓中出土了不少丝织品残片，但较为完整的只是一件云气龙纹绣片，似为镜囊[1]。汉代的刺绣在江苏东海尹湾汉墓和江苏神居山汉墓中也有发现，风格与马王堆汉墓中出土的刺绣十分相似，其中尹湾汉墓中出土的缯绣尤为难得[2]。

3. 丝绸之路沿途西汉墓

在丝绸之路沿途的甘肃省境内，有不少遗址和墓葬均出土有汉代织物。斯坦因早年就在甘肃与内蒙古交界处的额济纳河居延塞烽燧遗址中发现了大量丝织物，均为汉代织物。1979年，甘肃省博物馆文物队又在位于敦煌附近的马圈湾烽燧遗址发现了不少属于西汉时期的织物，大量为毛织品，但也有少量的丝绸，其中包括带有菱纹及云纹相结合的云气菱纹锦残片和大量绢织物[3]。而更为大量的发现是在武威的磨咀子，其墓中出土有自西汉晚期到东汉中期的纺织品。其中属于西汉晚期的48号墓、属于王莽时期的62号墓和属于东汉中期的49号墓均出土了丝织品，最为重要的是62号墓，包括各种绢、纱、菱纹罗、绒圈锦、丝带及红色人字轧纹绉等[4]。

属于这一时期最为重要的发现是蒙古诺因乌拉匈奴墓出土的织物。诺因乌拉位于蒙古国色楞格河畔，山上有一个属于公元前1世纪到公元1世纪的墓葬群，1924—1925年首先由俄国考古学家科兹洛夫发掘。这一次发掘发现了一座大型的匈奴贵族墓，其中出土有大量来自我国中原的织物。这批资料最初由日本学者梅原末治整理发表，其衣裳与织物中包括大量锦绣制品，锦类列名者有山岳双禽树木纹锦、云气神仙纹“新神灵广”锦、织有“颂昌万岁宜子孙”的云岳禽纹锦、织有“威山”铭文的兽华云纹锦、云岳禽兽纹锦裂、织有“游成君时于意”的禽形华纹锦、禽鸟菱形纹锦、草样华纹锦断片、双鱼纹锦等。从种类来看，大多数为中原常见的二色及三色锦，但是也有绒圈锦等种类。从墓中出土有汉建平五年(公元前2年)的漆器及大多数织物的风格来看，墓中所出织物当属两汉之际[5]。

4. 新疆东汉墓

此外，位于新疆塔克拉玛干大沙漠南道的民丰尼雅、洛浦山普拉、若羌楼兰等

1 河北文物研究所：《河北阳原三汾沟汉墓群发掘报告》，《文物》1990年第1期，第1页。
2 连云港市博物馆：《江苏东海县尹湾汉墓群发掘简报》，《文物》1996年第8期，第4—25页。
3 赵丰：《敦煌马圈湾汉代烽燧遗址出土纺织品》，《敦煌汉简》，北京：中华书局，1991年。
4 甘肃省博物馆：《武威磨咀子三座汉墓发掘简报》，《文物》1972年第12期。
5 〔日〕梅原末治：《蒙古ノイン・ウラ発见の遺物》，東京：東洋文庫，1960年。

地，虽然从年代看多属魏晋时期遗址，但通过其纺织品与诺因乌拉出土物的比较，还可以发现其中有一大部分为汉代织物，或至少是带有明显汉代风格的织物。如尼雅遗址1号墓出土的“王侯合昏千秋万岁宜子孙”锦被和8号墓出土的“五星出东方利中国”锦护膊。另一件据认为可能也出自尼雅的锦囊，上有“元和元年”的织款，可以认定是东汉章帝元和元年（公元84年）的产品[1]。再如楼兰遗址出土织锦中的双鱼纹锦在诺因乌拉也有出土，而其“广山”锦则与诺因乌拉所出“威山”锦如出一辙，因此可以推论，楼兰遗址出土织锦中也有相当一部分为东汉织锦。所以我们把尼雅和楼兰墓地放在汉代介绍，但把另一批营盘、山普拉等放在魏晋墓中介绍。

（1）尼雅墓地

尼雅遗址位于新疆民丰县北约150公里的尼雅河尽头沙漠之中，系汉代精绝国故址。20世纪初，斯坦因进入尼雅，获取了部分纺织品。1959年，新疆博物馆考古队李遇春一行在文物普查时进入塔克拉玛干大沙漠南端的尼雅遗址，发现了一具棺木，棺木上铺着一层毯子，棺木内出土了一对男女尸体，他们身上的服饰及棺中的随葬丝织品保存均相当完好，其中最有名的是万世如意锦袍，白布刺绣裤腿，用“延年益寿大宜子孙”锦制成的袜、手套及鸡鸣枕，阳字锦袜，刺绣镜囊，刺绣粉袋，还有大量的单色丝质服装及其他织物，包括不少品种的毛织品及印花棉织品[2]。这批资料后来主要由新疆博物馆整理，丝织品部分由武敏发表在《新疆出土汉唐丝织品初探》一文中[3]，毛织品部分由贾应逸发表在《略谈尼雅出土的毛织品》中[4]。此墓的年代在发掘之初被定为东汉，后来经孟凡人的考证，将其定为晋代，特别是在4世纪早期到中期[5]。

20世纪80年代晚期，新疆环塔克拉玛干沙漠考古的重点转移到尼雅一带。自1988年起，新疆文物考古研究所中日尼雅遗址学术考察队多次在尼雅进行调查发掘。到1995年，尼雅考古迎来了丰收的一年。考古人员偶然发现一处墓地，并随即对其进行了清理发掘，共清理墓葬8座，取得重大收获。通过发掘，考古人员基本确认这是一处尼雅上层贵族的墓地，其中最为重要的是M3和M8两座。M3为夫妇合葬墓，墓主人身盖“王侯合昏千秋万岁宜子孙”锦被，面部均有面衣，男主人用“世毋极宜二亲传子孙”锦制成，而女主人用龙凤纹锦制成。男主人头戴绸面丝绵风帽，穿方格纹锦袍，下身着锦裤，足穿绣花皮鞋；女尸亦穿戴丝绵风帽，头扎组带，上身穿锦袍，其中织有虎、驼、鹿、马、孔雀、双人舞、单人舞等纹样，奁盒内置有彩色线绳和香囊等物件[6]。更为重要的是8号墓，不仅出土了“安乐如意长寿无极”锦（图3-2-1）、“安乐绣文大宜子孙”锦、“大明光受右承福”锦和“延年益寿长葆子孙”锦等多种织物，保存十分完整，具有极高的研究价值，而且还出土了最为著名的

1 于志勇：《楼兰—尼雅地区出土汉晋文字织锦初探》，《中国历史文物》2003年第6期，第38—48页。

2 新疆维吾尔自治区博物馆：《新疆民丰县北大沙漠中古遗址墓葬区东汉合葬墓清理简报》，《文物》1960年第6期，第9—12页。

3 武敏：《新疆出土汉唐丝织品初探》，《文物》1962年第7—8期，第67—68页。

4 贾应逸：《略谈尼雅遗址出土的毛织品》，《文物》1980年第3期，第78—83页。

5 孟凡人：《论尼雅59MNM001号墓的时代》，《西域研究》1992年第4期，第50—63页。

6 王炳华：《尼雅95一号墓地三号墓发掘报告》，《新疆文物》1999年第2期，第1—27页。

图 3-2-1 “安乐如意长寿无极”锦枕，东汉，新疆民丰尼雅出土

图 3-2-2　“五星出东方利中国”锦护膊，东汉，新疆民丰尼雅出土

"五星出东方利中国"锦护膊（图3-2-2）[1]。

（2）楼兰遗址和墓地

楼兰遗址分布于新疆巴音郭楞蒙古自治州若羌县罗布泊南岸，地处中西交通要道。1900年，瑞典地理学家斯文·赫定和他的考察队发现楼兰古城遗址，获得大批汉文木简和佉卢文残片及少量纺织品。他回到欧洲后，整理了这批文书，才发现此遗址就是汉文典籍中屡次提到的楼兰，从而掀起了一股楼兰探险考察热。此后，斯坦因三次来到楼兰，相继发掘了该城址周围的十几座城址、寺院、住宅和基地，逐步揭开了楼兰遗址的全貌，并挖掘了大量纺织品文物。特别值得一提的是在1914年楼兰城址东北面高台上的汉晋墓中发掘出织有"长乐明光"（图3-2-3）、"登高明望西海"、"延年益寿"等吉语文字的汉锦。

图 3-2-3 长乐明光锦纹样，斯坦因《亚洲腹地》

自20世纪70年代末至80年代初起，中日合作对古楼兰地区进行了考察和发掘。1979年至1980年，新疆文物考古研究所楼兰考古队三次深入罗布泊腹地，对楼兰古城址及其附近墓葬群进行考古调查和重点发掘。在楼兰古城遗址中出土的纺织品共59件，但多为残片。同时，考古队还在楼兰城郊的两处古墓群平台墓地MA和孤台墓地MB中进行发掘。其中MB早年曾遭斯坦因的盗掘，斯坦因编号为LC。就在其中的2号墓（斯坦因编号为iii）中，考古人员清理出土了大量精美的丝织品，共74件。其实，

1 吕恩国：《尼雅95一号墓地四号墓发掘报告》，《新疆文物》1999年第2期，第27—32页。

这是因为当时清理未尽，尚有大量织物残片留存。新出土物中包括锦53件，其上织有“长寿明光”“永昌”“延年益寿长葆子孙”“望四海贵富寿为国庆”“登高贵富”等铭文；绮5件，图案以菱纹为主；刺绣1件及绢片若干。除丝织品以外，墓中还发现毛织品22件，包括普通类毛织物、罽毛、毛毯及毡等种类，还有棉织品若干[1]。2003年，楼兰地区发现珍贵王陵被盗，新疆考古人员紧急赶往现场，采集丝织品及服饰若干，部分织物已经修复并参加各种展览。

第三节　秦汉时期的纺织生产技术

一、纺织织造技术

研究汉代纺织织造技术最为重要的资料应该是以画像石为主的图像资料。目前所知有着织机形象的纺织画像石已达十余块。其中山东境内有滕州宏道院、黄家岭、后台、西户口各1块，龙阳店2块，嘉祥武梁祠、长清孝堂山郭巨祠、济宁晋阳山慈云寺各1块，共9块。江苏境内则有铜山洪楼和青山泉各1块，沛县留城、邳县白山故子1号墓、泗洪曹庄各1块，新沂1块，计6块。安徽宿州褚兰东汉墓1块，四川成都曾家包东汉墓1块，东北吉林麻线勾1号墓1块（十分不清）。五省共计18块（图3-3-1）。最为重要的是由法国学者里布夫人（Mm. Krishna Riboud）收藏的汉代釉陶织机模型，高30厘米，长25厘米，宽17厘米，这是目前所知唯一的一台三维立体的织机模型，与上述汉画像石上所描绘的斜织机非常一致（图3-3-2）。2013年四川成都新出土的提花织机模型，为汉代提花技术研究又提供了新的重要资料。

1. 斜织机

秦汉时期的织机较商周时期有了很大的进步，有织造素织物的斜织机，以及织造纹织物的提花机。斜织机是织制平纹类素织物的织机，斜织机的经面与水平的机座成50—60度斜角，经面位置线有一个倾角，织工可清楚地看到经面是否平整，经纱有无断头。使用固定机架后，经轴与布轴将经纱绷紧，经纱的张力比较均匀，就能使织物获得平整丰满的布面。织工操作时也较省力，比起原始的踞织机要先进得多。斜织机是我国古代的一大创造发明。

关于汉代织机的复原研究早在20世纪60年代初就已开始，宋伯胤和黎忠义对当时所知的6种汉画石上的织机图像作了归纳，并初步进行了斜织机复原的尝试（图3-3-3）[2]。此后，夏鼐又对此作了进一步的研究和复原设计（图3-3-4）[3]。80年代，高汉玉和屠恒贤等也分别对斜织机的开口和脚踏结构作了复原（图3-3-5）[4]。90年代，赵丰以汉代釉陶织机为主要依据，结合大量汉代画像石资料对斜织

1 新疆楼兰考古队：《楼兰城郊古墓群发掘简报》，《文物》1988年第7期，第23页；新疆楼兰考古队：《楼兰古城址调查与试掘简报》，《文物》1988年第7期，第1页。

2 宋伯胤：《从汉画像石探索汉代织机构造》，《文物》1962年第3期，第25—30页。

3 夏鼐：《考古学与科技史》，北京：科学出版社，1979年，第113—114页

4 高汉玉：《汉画像石上的纺织图释》，《丝绸史研究》1986年第2期；屠恒贤：《战国时期丝织品的研究与

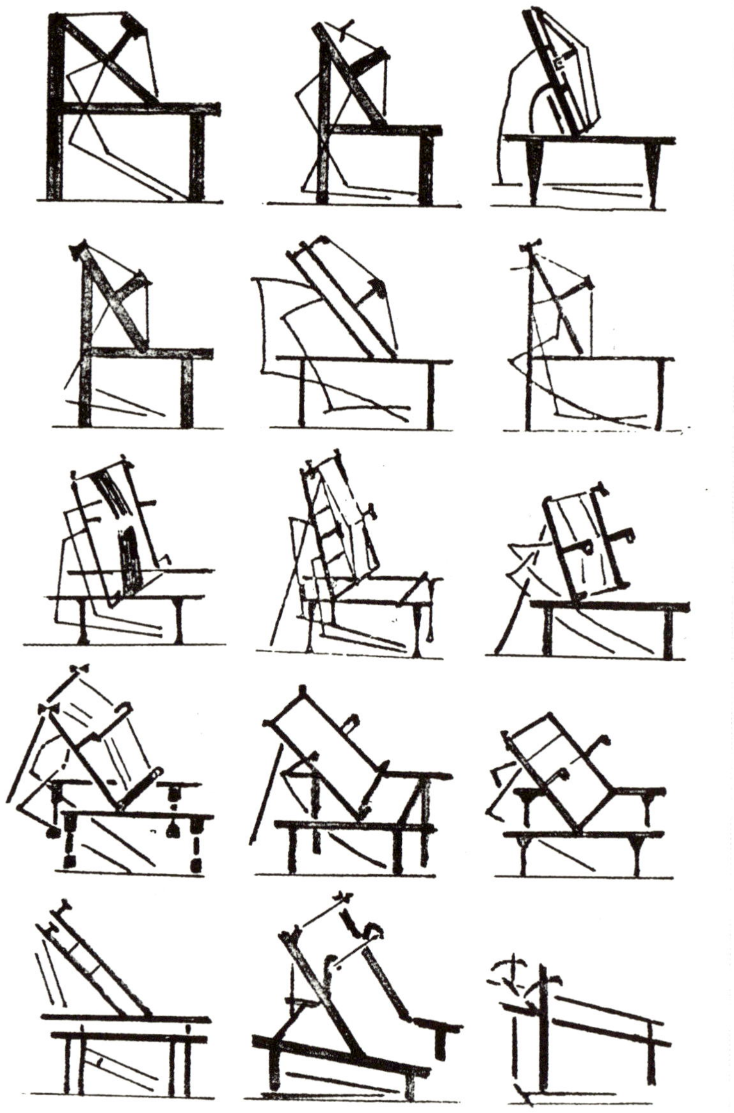

图 3-3-1　汉画像石上的织机形象，赵丰，1996 年

图 3-3-2　釉陶织机模型，东汉，法国吉美博物馆藏

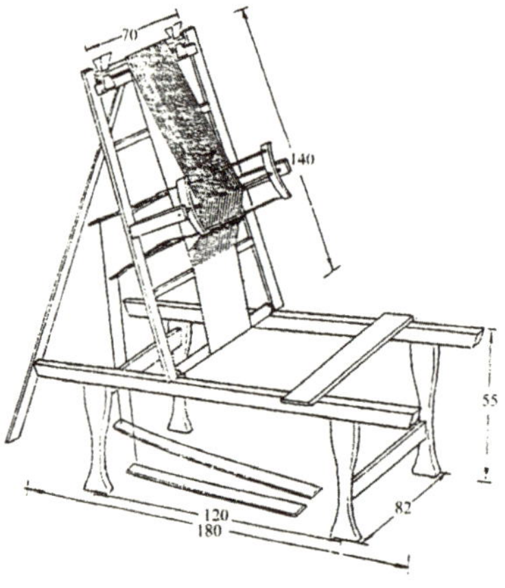

图 3-3-3　汉斜织机复原，宋伯胤，1962 年

机进行了新的研究，成功复原了与当时情况最为接近的斜织机（图3-3-6）。

所有这些复原斜织机的机架都有着两个平面。一个是由两根水平的横机身组成的水平面，它是织机的基础面。而在水平面之上，还有一个斜平面，由两根斜机身固定整个倾斜的经面。织工坐于水平机身上，面对倾斜的经面进行织作。因此，习惯上都把汉代织机称为斜织机。

斜织机上的斜机身有着不同的支撑方法。从汉画像石上的形象来看，山东地区的织机大多有着较长的后脚柱，可以直接支撑织机的斜机身。特别明显的是山东滕州和嘉祥出土的画像石上的织机，可称为后柱式支撑或鲁式支撑。而江苏地区的织机则由两根水平的机身托起斜机身的底部，其上部则由一根单独的撑杆支撑，其另一头着地。部分既非后脚柱支撑又无明显撑杆描绘的织机也应属于这一类，可称为撑杆式支撑或苏式支撑。而成都曾家包画像石上看到的一台斜织机上的斜经面由一根从水平面上支起的撑杆撑住，似乎介于鲁式和苏式之间，可称为川式支撑[1]。

经轴是固定经丝之轴，当时称为胜或滕。《说文》的解释是“滕，机持经者”。经轴位于斜平面的顶端，通常是一根

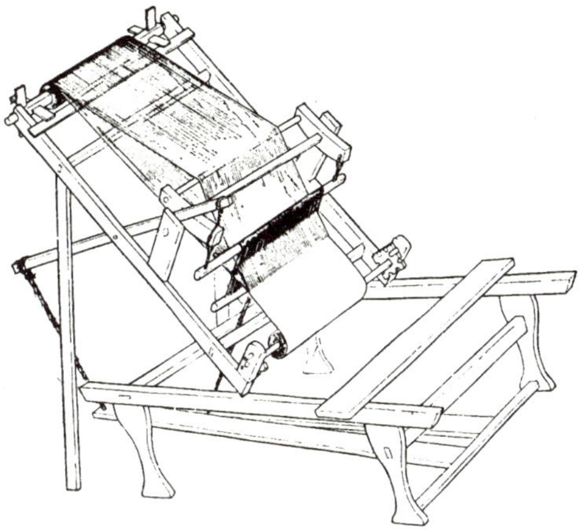

图 3-3-4　汉斜织机复原，夏鼐，1972 年

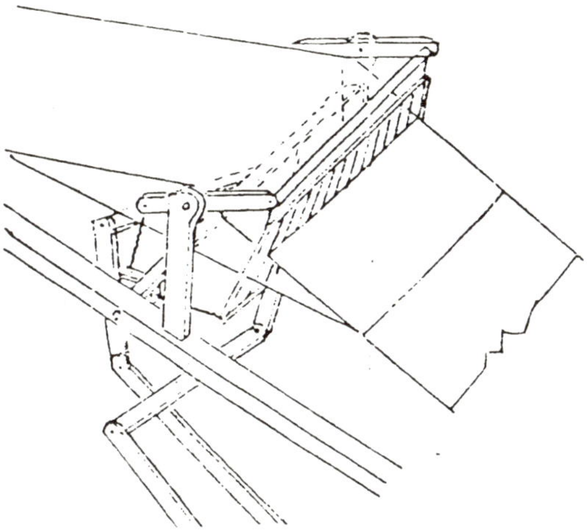

图 3-3-5　汉斜织机复原，屠恒贤，1983 年

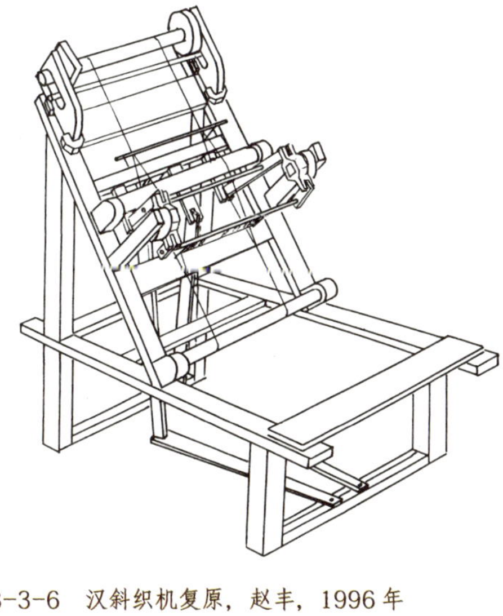

图 3-3-6　汉斜织机复原，赵丰，1996 年

复原》，华东纺织工学院1983年硕士论文。

1 赵丰：《卧机的类型与传播》，《浙江丝绸工学院学报》1996年第5期，第18—35页。

圆木加上两头的定位装置。这种装置通常被称为胜花，其形式又有不同。汉画像石上最为常见的是两片式胜花，这在当时汉画像石西王母头上的戴胜造型中也可看出。所谓的戴胜就是戴着胜花。西王母之所以要戴胜，是因为胜花是女性的象征。四片式的较为少见，山东滕州龙阳店和四川成都曾家包汉画像石上的织机似乎是用四片式的，但它在后世用得却十分普遍，一般称为羊角。

图 3-3-7　纺织画像石，东汉，江苏铜山洪楼出土

图 3-3-8　纺织画像石，东汉，山东嘉祥武梁祠出土

图 3-3-9　纺织画像石，东汉，江苏泗洪曹庄出土

图 3-3-10　纺织画像石，东汉，山东滕县宏道院出土

卷轴是卷绕织成的织物的轴，当时称为轴或榎。《说文》云："榎，机持缯者。"汉画像石上的织机大多都在斜机身的底端有着固定卷轴的装置，后世称为兔耳。但也有明显未见卷轴者，如四川成都曾家包汉画像石上两台织机，推测可能是腰机，其卷轴缚于织工腰上，故而未见。

踏板在当时被称为蹑，又称"牵挺"，不同的织机上蹑的数量也有所不同。汉画像石上的织机基本上都能明显地看到两块踏板，釉陶织机也是双蹑织机。双蹑织机的开口形态有三类：一类是同向双曲式，两块踏板的连杆与一对同出于织机中部背后相互成一定角度的短杆相连，两块踏板分别拉动短杆往下运动，连杆与短杆的内角方向相同（图3-3-7）。由于同向的两根短杆必定要有两根不同的轴才能完成两种不同的运动，这类织机应为双中轴式斜织机。另一类踏板连杆与短杆的连接方法相同，但踏动踏板时带动的轴的旋转方向恰好相反，即逆向双曲式。这类织机明显是由一根中轴在控制整台织机的运动，应为中轴式织机[1]。最明显的实例是山东嘉祥武梁祠和江苏泗洪曹庄出土汉画像石上的织机（图3-3-8、图3-3-9）。还有一类是由一块踏板的连杆拉动一根短杆，而另一根却似乎直接拉动综片，呈现一曲一直的状态，这可能是上述两种开口形式在特定时刻的状态，即其中一块踏脚板将某一短杆拉直的状态（图3-3-10）。从织机的织造原理和我国纺织技术的背景来看，中轴式双蹑斜织机是我国汉代织机的主要机型。它应该包括一些基本部件如机架、经轴、卷轴、中轴、马头、踏板、分经杆、综、筘和幅撑等。其中最为重要的是马头和中轴。

马头位于斜机身中部，凸出于斜机身之上。其形状基本是长方形，略带束腰，而部分画像石上的马头呈倒L形或T形，可能是因描绘了装于马头上的鸦儿木之故。马头上装有多种部件，首先就是两个轴轮。轮为略带六边形的圆轮，可以转动。其内侧为一四边形的榫状物，应该是用于固定鸦儿木。鸦儿木的一端与综相连，另一端应与中轴相连。轮的厚度就是为了使鸦儿木的位置与中轴上的掌手子对齐。斜织机上马头的这一作用与立机上的马头十分相似。

中轴位于马头上方的两斜机身之间。这是一根呈四边形的长木棍，两端有榫，插入机身之中可以转动。中轴上的左边有一凸出的短杆，右边亦应有对称的另一根，痕迹尚存。推测这就是与鸦儿木相连的短杆，按《梓人遗制》可称其为掌手子[2]。为了使中轴来回转动，中轴上还应有相互垂直的两根短杆，它们分别与两块踏板相连，按《梓人遗制》也可分别称其为垂手子和引手子。这从很多汉画像石上描绘的斜织机的踏板与织机的连接方法上可以看出。特别是江苏泗洪曹庄和山东嘉祥武梁祠出土的汉画像石上明显地反映出这一特征。前者描绘的是一副曲柄连杆机构来连接踏板和中轴，后者似用一软绳代替连杆。

中轴上存在着两根相互垂直的垂手子和引手子，但其所在的面却可有不同的设计。较为合理的设计是垂手子在前，与掌手子同平面，引手子在后，与垂手子相垂直，它们通过曲柄连杆机构与两片踏脚板相连。当织工踏下与中轴上垂手子相连的踏板时，中轴的前部由上往下转；当织工踏下另一根踏板拉动引手子时，中轴前部则由下往上转。这样，踏下不同的踏脚板就能产生不同的结果。此时，中轴上的掌手子可以与马头上

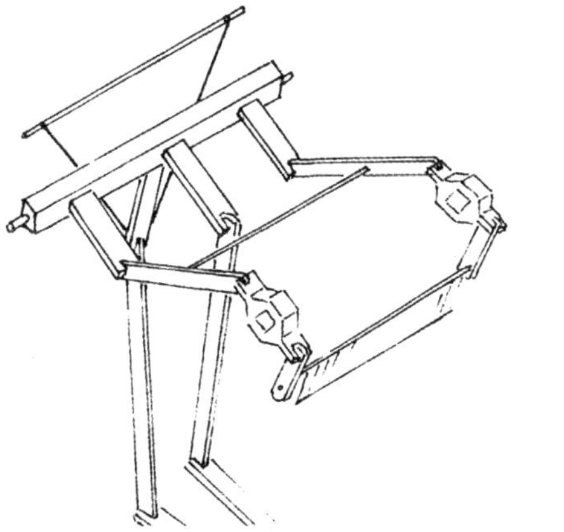

图3-3-11　中轴式斜织机开口原理示意，赵丰，1996年

1 赵丰：《汉代踏板织机的复原研究》，《文物》1996年第5期，第87—95页。
2 《梓人遗制》，《永乐大典》卷一八二四五。

鸦儿木的后端相连。当踏板拉动垂手子使中轴前部由上往下转时，鸦儿木的后端被掌手子往下拉，而鸦儿木上与综片相连的前端就提着综片上升。当踏板拉动引手子使中轴前部由下往上转时，掌手子就推动鸦儿木的后端上升，综片就得到放松，自然回落，经丝恢复到原先的自然开口（图3-3-11）。

从汉画像石的刻画来看，当时的织机较织工略高。如以织工平均身高1.60米计，坐时约为1.20米，织机之高约为1.30—1.4米，也就是说，这台织机模型的比例约为1:4.5左右。这样，当时斜织机的实高约为135厘米，宽为76.5厘米，长为112.5厘米（图3-3-12）。

图 3-3-12　复制的汉斜织机，中国丝绸博物馆复制

除了单中轴的斜织机外，当时还应存在双中轴斜织机。仔细观察铜山洪楼、长清孝堂山及宿州褚兰出土的汉画像石可知，双中轴式斜织机的所有其他特征与中轴式斜织机都非常接近，连与踏板相连的两根短杆也都是指向织机经面之下的中部，只是两根连杆与两根短杆的连接角度方向一致而已。这样的复原也可以有多种方案。方案之一是两根中轴均有与踏板相连的垂手子和掌手子，它们都与曲胳肘子相连，但位于上方的中轴掌手子是推动曲胳肘子往上的，此时经丝处于自然开口的位置，而位于下方的中轴掌手子则拉动曲胳肘子往下运动，此时下层经丝被提升开口。方案之二是上方中轴的作用不变，而下方中轴上的掌手子则用于推动鸦儿木与综片相连的前端往上运动，使下层经丝提升开口。这样，原先中轴式斜织机上一根中轴的运动就可由两根转向相同、位置相近的中轴来完成，而其他的实质却未变。因此，双轴式斜织机的实质是双中轴斜织机（图3-3-13）。

综上所述，汉代斜织机的主要类型是中轴式双蹑单综斜织机或双中轴双蹑单

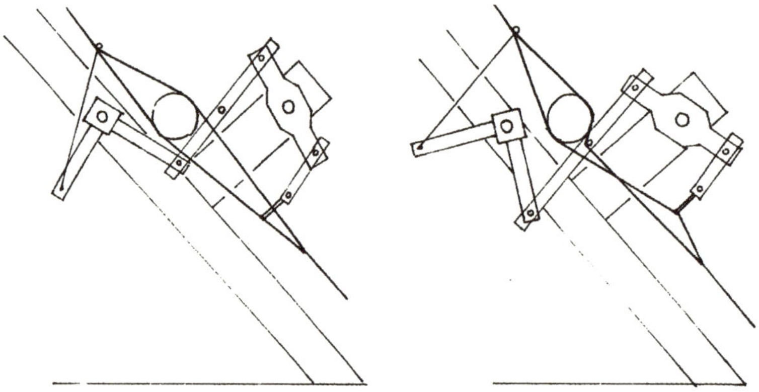

图 3-3-13　双中轴斜织机的两种传动方案，赵丰，1996 年

综斜织机，两者之间没有原则的区别，但有机架支撑方式的变化，也有经轴或卷轴定位方式等方面的变化。

画像石上还可看到梭子与纡子的图像（参见图3-3-9）。虽然画像石斜织机上没有画出筘，但是从汉代出土的纺织品实物分析，织机上应已经使用筘了。筘的作用是织造时保持经线排列分布均匀，控制布帛的门幅宽度。据《汉书·食货志》记载，“布帛广二尺二寸为幅，长四丈为匹”。长沙马王堆一号汉墓出土的大量丝织品，大多数的幅宽都在48—51厘米之间。蒙古诺因乌拉汉代匈奴墓葬中出土的丝织品，有些较完整，幅宽都在50.43厘米。一些密度高的织物如不用筘，很难将门幅控制在规定的范围内。筘的另一作用是用来打纬。长沙马王堆一号汉墓出土的绢纱类丝织品，以及锦、绮类丝织品中都发现有明显的筘痕[1]，所以可推测汉代的斜织机上已经使用筘来打纬与控制织物的幅宽了。

2. 卧机

在四川成都曾家包东汉墓中出土的画像石中有两架织机。一架在画面右边，较大，机型较为完整，是一种有着斜机身的双蹑式斜织机。另一架位于中格和下格之间，机型较小，只有两根略微倾斜的机身。其机身由两长两短四根脚柱支撑，后高前低，倾斜角度约为30°。后脚柱上端超出机身，上装一对鸦儿木，下有一块呈丁字形的踏板带动整台织机的运动。织妇坐于织机低处，机上未见卷轴，显然这是一台典型的卧机（图3-3-14）。其复原可有两种方案，一是直提式卧机，另一是提压式卧机[2]。考虑到同时汉画像石上其他织机的水平，当以有着张力补偿装置的提压式卧机更为可能（图3-3-15）。这种织机有着倾斜的卧机身，两

图 3-3-14　彩绘陶机织人家模型，东汉，私人收藏

1　高汉玉：《汉画像石上的纺织图释》，《丝绸史研究》1986年第2期，第8—13页。
2　赵丰：《卧机的类型与传播》，《浙江丝绸工学院学报》1996年第5期，第18—35页。

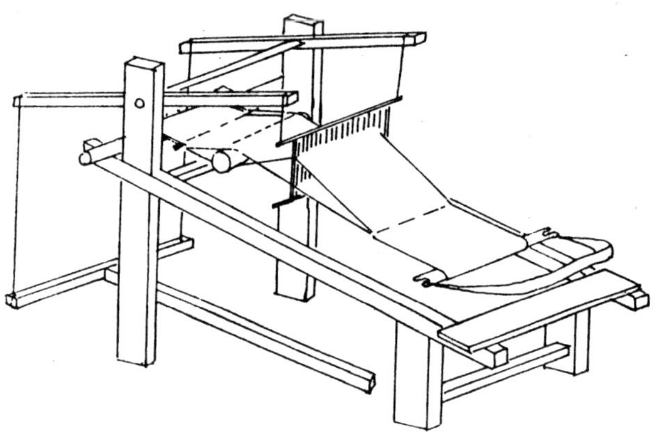

图 3-3-15 提压式卧机复原，赵丰，1996 年

前两后长短四根脚柱，直机身在中，上有一对鸦儿木，鸦儿木一端连着脚踏杆，另一端连着综片开口，但开口时已采用了张力补偿装置，即在把脚踏杆与鸦儿木的后端相连时，中间还连有一根压经杆。织机上的自然开口还是由分经杆来承担。当需要提综开口时，织工踏下脚踏杆，压经杆就随着脚踏杆而下把上层经丝压低。同时，综片又把下层经丝提起。这样，上下层经丝同时松紧，此时可用织妇的腰部来调节经线的张力。

3. 多综式提花机

所谓的多综式织机包括两个类型，一是由手提综片的手提多综式提花机，另一类是由脚踏板控制提花的多综多蹑机。

《三国志·方技传》裴松之注云："马先生，天下之名巧也……为博士居贫，乃思绫机之变……旧绫机五十综者五十蹑，六十综者六十蹑，先生患其丧功费日，乃皆易以十二蹑。其奇文异变，因感而作者，犹自然之成形，阴阳之无穷。"这里的马先生为马钧，三国时期曹魏人，但旧绫机当属汉代绫机。由于其用综片数和踏板数相同，被学术界称为多综多蹑提花机。这种织机的机构，可以在民间一直流传的栏杆机中找到原型。

栏杆织机虽然在民间一直存在，史料上也多有记载，但引起学术界的重视是在20世纪80年代。四川省纺织研究所胡玉瑞等在成都附近的双流县中兴公社（原华阳县旧址）找到了一种栏杆机，并将它作为多综多蹑织机的原型。因为织机的脚踏板上布满了竹钉，状如农村河面上依次排列的过河石墩"丁桥"，因此这种织机在当地称为"丁桥织机"（图3-3-16）[1]。

丁桥织机的送经、卷取、打纬、投梭都与一般的手工织机相似，但其开口部分与众不同。织机机前是专管地经运动的"占子"（伏综），随地组织变化，2—8片不等；机后是专管纹经运动的花综，又称"范子"（起综）（视花纹的大小与复杂而定，最

1 胡玉端等：《从丁桥织机看蜀锦机的发展——关于多综多蹑织机的调查报告》，《中国纺织科技史资料》第1集，1980年，第50—62页。

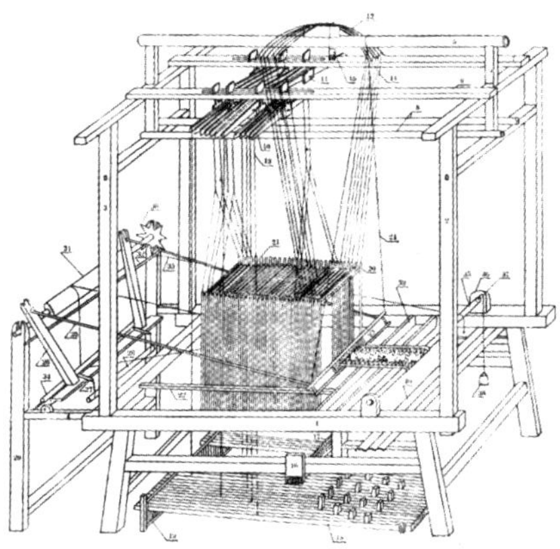

a. 丁桥织机

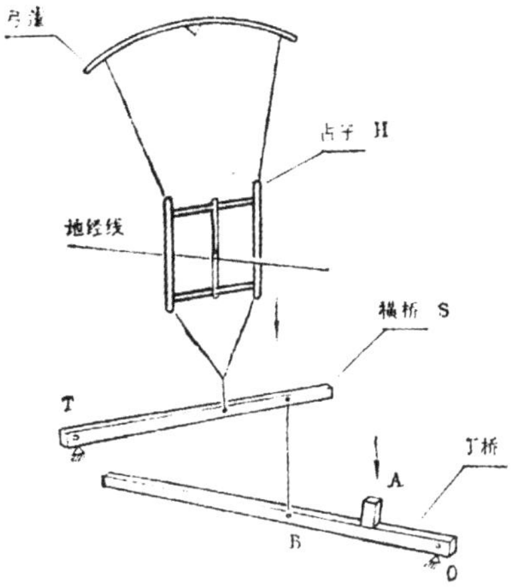

b. 素综开口示意图

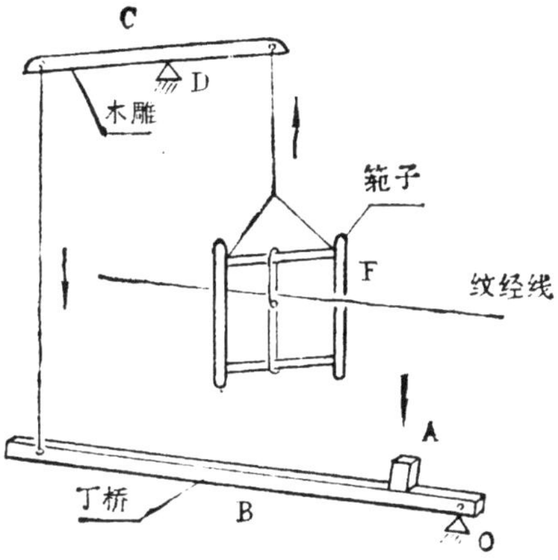

c. 花综开口示意图

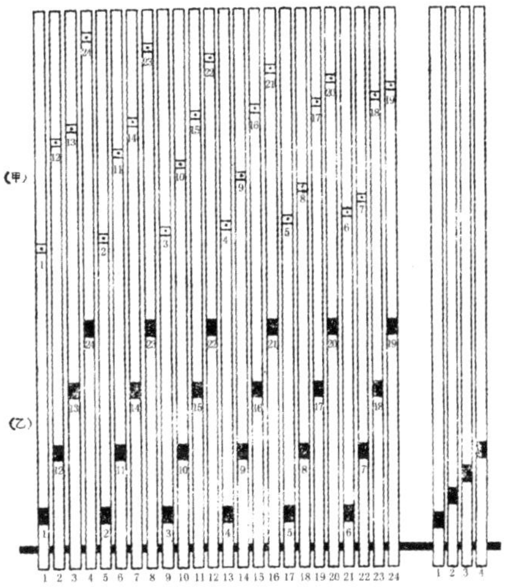

d. 脚踏杆排列顺序图

图 3-3-16 丁桥织机，胡玉端等，1980 年

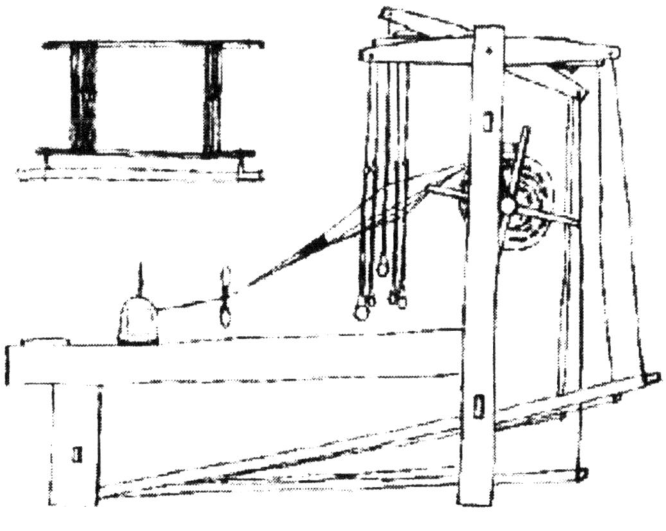

图 3-3-17 德宏多综多蹑机，赵丰，1997 年

多曾经用到七十片)。伏综是下开口,经线穿入线综的下口。综片的上端通过吊综绳和弓蓬连接,下面用麻绳和横桥相连,横桥再用麻绳和右面的专管素综的脚踏板连接。当脚向下踏动脚踏板上的竹钉时,麻绳带动横桥从而使综片下降。花综是上开口装置,经线穿入线综的上口。木雕的一端和花综片连接,另一端和脚踏板连接。当操作者用脚向下踩动脚踏板时,木雕的一端下降,另一端上升,从而提起综片。

多综多蹑机的另一种形式存在于云南傣族德宏地区,这是一种踏脚板通过机后的杠杆控制综片提升的形式(图3-3-17)。其提花原理与丁桥织机完全一致,但有两个区别:一是德宏多综多蹑机的综片均为起综,在这一点上,它与中国古代的提花机更为一致;二是其踏板数不如丁桥织机多,在这一点上,丁桥织机更能解决当时提花图案较大的实际问题。

这种多综多蹑机的发现,为古代织机的研究提供了新的思路。它在织造原理与织机结构上都与汉代织机有相似之处。一是它们的穿综方法相似,一根经线穿入多个提花综框的线综(上口综)。也就是说,在一个纬向完全循环内,一根纹经可以同时穿入数片花综内。这种穿综方法,无论什么品种,它的花综片数和一个完全循环内的纬线根数相等。使用综框片数的多少,决定了花纹的复杂程度。二是用于提花的综框都用踏板提升,每片综框与一根踏杆相连,正所谓“五十综者五十蹑,六十综者六十蹑”。踏板的宽度视综片数的多少而定,综片多时每根脚踏板的厚度需在1厘米左右。据此推算,如果综片数多达120片,那么所需的踏杆也为120根,这样的织机“踏杆部位的总宽度只有140—150厘米左右”,也是可操作的[1]。三是产品纹样宽度常常是横贯全幅,但纵向长度都不超过几个厘米,纹样多为二方连续。这些特点与我国古代经锦的纹样十分相似。据实物分析,战国与秦汉时期的锦,都为经线显花的经锦,花纹图案的循环沿经向的长度很小,形成对称,且起花用的夹纬常重复,以增加经向花纹循环的长度,但花纹循环在宽度方面很大,有时甚至可以横贯全幅。我国古代的经锦,如汉代的红地韩仁绣锦,其纹样循环内的夹纬数约为48根,横向通贯全幅。又如绿地长乐明光锦,其纹样循环内夹纬数约为62根左右。由此可见,两汉时期的经锦,其独立的夹纬数一般在75根以下,与丁桥织机所使用的花综片数相近。

综上所述,文献所载和民间留存的多综多蹑提花织机对汉代绫锦织造方法的研究提供了很多启示。但是,研究汉代提花织机最为重要的资料应该是2013年在成都老官山汉墓中出土的织机模型。成都老官山汉墓M2北底箱出土了4部织机模型。出土的4部织机中较大的一部高约50厘米,长约70厘米,宽约20厘米,其他3部略小,大小相近,高约45厘米,长约60厘米,宽约15厘米。这些织机模型为竹木制成,结构复杂精巧,保存十分完整,一些部件上还残存有丝线和染料。这也是迄今为止我国首次发现的西汉时期的织机模型。在织机四周,还散落有十多件彩绘木俑,这些木俑或立或坐,根据他们不同身姿和身上不同铭文推测,这些木俑可能为司职不同的织工。2号墓的北底箱应该是汉代蜀锦纺织工场的实景模拟再现。从初步发表的一些材料来看,这四台织机模型是研究中国古代提花织机极为重要的资料,总体上属于多综式织机的类型,其结构、织造原理与后世的多综多蹑机有着极为紧密的

1 胡玉端:《经锦织造技术的探讨》,《四川纺织技术》1980年第2期,第39—47页。

联系。所以，用多综式提花机织造汉代绫锦，在原理与结构以及工艺上，都有其合理性。由于战国织锦与汉代织锦的特点基本一致，从汉代织造技术可以推断战国时期我国也已经采用多综片式提花机来生产经锦。

中国丝绸博物馆用多综片式提花机成功地复制了汉锦“延年益寿长葆子孙”与“王侯合昏千秋万岁宜子孙”[1]。前者为三重经锦，复制时用多综多蹑机织造，基本取得了成功，证明了多综多蹑机织制经锦的可行性。后者为四重经锦，因经线总数过于致密，用多综多蹑机提花，开口多有不清，推测当时应有一人手提花综，一人脚踏地综开口，由两人合作织造。实际上为手提多综片式提花机。这提供了汉代织锦生产技术的一种可能性。

4. 花本式提花机

除《三国志》裴松之注所提到的多综多蹑机之外，东汉王逸在《机妇赋》里也提到了一种花本式提花机。这段关于提花机的描述如下：

胜复回转，刻象乾形。大匡淡泊，拟则川平。光为日月，盖取昭明。三轴列布，上法台星。两骥齐首，俨若将征。方员绮错，极妙穷奇。虫禽品兽，物有其宜。兔耳跧伏，若安若危。猛犬相守，窜身匿蹄。高楼双峙，下临清池。游鱼衔饵，瀺灂其陂。鹿卢并起，纤缴俱垂。宛若星图，屈伸推移。一往一来，匪劳匪疲。

孙毓棠结合《天工开物》与《豳风广义》等文献，对其做过详细的注释，认为《机妇赋》中的提花机已有花楼，使用衢线、衢脚，是后世的束综式提花机的雏形[2]，它是研究古代提花机的重要文献，为秦汉时期已有束综式提花机提供了依据。有的学者认为马王堆一号汉墓出土的“多种多样的纹饰中比较复杂的只有用束综式提花机才能织得出来”[3]。而苏州丝绸博物馆成功地用束综提花机复制了“五星出东方利中国”与“王侯合昏千秋万岁宜子孙”锦[4]。

随着纺织史研究的深入，一些学者认为，汉魏之际中国尚未出现真正意义上的束综提花机。东汉王逸在《机妇赋》里描述的是一种类似“竹笼”与“帘式”花本的低花本提花机。“胜”也称为“縢”，即经轴。“复”即称为“椱”，是织机上的卷轴。“大匡”是指水平的机架，经丝如川。“光为日月”是指经丝分为两组，一上一下，织为平纹，如同日月。“三轴”是指提花机机架上的縢、椱与豁丝木，也称分经木，位于縢与椱的中间，形成八卦中的乾形。“两骥”为马头，斜织机上的马头是固定中轴用的，而提花机上的马头可能是指固定经轴的定位齿轮，后世称为羊角。“兔耳”一词，在后世曾多次出现，指用于承载卷布帛的布轴。“猛犬”一词无可考证，疑是连接筘座的叠助木。“高楼”应是悬挂花本的构架，“双峙”是指从织机的两侧将其挂起，不一定像后世提花机中的花楼那样高。“清池”是指经线，“游鱼衔饵”无疑是指梭子连着纬线正在投梭，“鹿卢（辘轳）并起”是指两侧高楼提升花本的装置，“纤缴”是指脚子线。“星图”就是指花本，织完一纬之后再用一纬，逐渐推移，正

1 中国丝绸博物馆楼婷主持该科研项目，2004年通过国家文物局鉴定。
2 孙毓棠：《释关于汉代机织技术的两段重要史料》，《中国纺织科技史资料》第1集，1980年，第21—49页。
3 陈维稷：《中国纺织科学技术史（古代部分）》，北京：科学出版社，1984年，第210页。
4 苏州丝绸博物馆钱小萍、王晨等主持该科研项目，2004年通过鉴定。

如斗转星移。从以上解释来看，这可以看作是一架带有花本的提花机。花本的含义是先将织物所需纹样的信息如同经纬一样编成一个花本，再用这一花本来重复控制经线的提升。但这一花本式提花机与后世的提花机并不完全相同，其特点如下：一是这一提花机可能只由一人操作生产。王逸《机妇赋》中并未提及有人坐于花楼之上，而只是写到有一织妇上楼生产。其二，这一提花机只能控制织物图案的经向循环，而无法控制其纬向循环。也就是说，当时尚无束综提花机中多把吊的装造方法，而且经向循环数不能太大，这已被当时出土的所有丝织物所证实。其三，织机不应该有衢脚，带有衢脚的织机太重，织工无法操作。其四，编制花本的耳子线（横线）应该是刚性的。只有刚性的耳子线，才有可能让花本如同星图，可以平展，让人观看。而且，刚性的耳子线符合耳子线来自挑花杆的逻辑，因为提花技法无疑来自挑花，而挑花当用刚性杆，或竹制，或金属制。竹制的耳子线就称为“篾”，金属的耳子线称为“镊”[1]。

将镊与目前所知的最早关于提花织机的记载《西京杂记》中的蹑相比较可知，汉宣帝时（公元前73至前48年），“霍光妻遗淳于衍蒲桃锦二十四匹，散花绫二十五匹，绫出巨鹿陈宝光家，宝光妻传其法，霍显召入其第，使作之。机用一百二十蹑，六十日成一匹，匹直万钱”。陈宝光妻所用的绫机，用蹑数高达一百二十，正是指花本上的横线有120条，这样的图案循环，大约就是汉代织物的上限。而陈宝光妻以六十日成一匹，可能包括了挑制花本的时间。匹值万钱，正说明当时用这样方法的织工还不多。

5. 染色技术

秦汉时期的丝织品的产量有了很大的提高，其中彩色丝织物的比重也不断增加。据文献记载，西汉时宫廷内锦绣衣被，贵族家的墙屋被文绣，甚至连僮仆也服丝绣，昂贵的彩色丝织物，到了被滥用的地步。但秦汉时丝织品色彩的不断丰富，反映了当时染色工艺技术较商周时期有了很大的进步。

秦汉时期染色技术的发展与进步，体现在几个方面：一是染色原料多样。当时有矿物颜料、植物染料等，尤其是植物染料非常丰富。由于中国地域广阔，植被多样，可用来染色的植物非常丰富。二是染色技术不断进步。套染技术的完善，使得染色的色谱迅速增加。东汉时，《说文解字》记载的色彩多达39种。此外，印花技术的发展也为矿物颜料的应用打开了新的空间。

（1）朱砂染

从文献记载与出土实物等资料分析，秦汉时期用于石染的矿物颜料主要有朱砂、白云母、铅粉、石墨等。从马王堆的出土实物分析，汉代使用的白色系颜料有硫化铅与白云母。前者是一种银灰色的颜料，是方铅矿的主要组成物，印花敷彩纱上就发现有这种银灰色颜料。经X射线衍射法测定，确定其成分为硫化铅。后者是一种粉白色的颜料，因富有绢丝光泽，亦称绢云母，化学式为$KAl_2[Si_3AlO_{10}](OH, F)_2$，内含有硅酸钾铝。西汉时，也作为白色颜料用于丝织品。经X射线衍射法测定，印花

1 赵丰：《中国传统织机及织造技术研究》，中国纺织大学博士学位论文，1997年，第95—100页。

敷彩纱上光泽晶莹的白色花纹就是用白云母绘制而成。绢云母研磨成极细的颗粒后，有良好的附着性和渗透性，且具有优良的覆盖性能。

这一时期最为重要的石染染料是朱砂，由于色彩纯正、明度高、抗氧化性能好、色彩长年不褪等独特的品质，朱砂历来是人们所喜用的矿物颜料。秦汉时期朱砂的生产量很大，作为颜料的应用也很广泛。据《史记·货殖列传》记载，秦时，巴寡妇清在四川涪陵经营丹矿，"因擅其利数世，家亦不訾"，故被"秦皇帝以为贞妇而客之，为筑女怀清台"。

由此可见，秦时，朱砂（丹砂）作为矿产已形成专业生产，并已具有相当规模，且获利丰厚。从出土实物中我们也可了解到，在西汉，朱砂已作为红色颜料广泛应用。长沙马王堆一号汉墓出土的纺织品中，就有许多用朱砂染色的丝织物，如朱红色菱纹罗丝绵袍与长寿绣丝绵袍绣线上的红色颜料，经X射线衍射法测定，其衍射强度图谱上的峰值与六方晶体的红色硫化汞的峰值完全相符，可以确定为朱砂[1]。

西汉时的朱砂染色工艺已经相当成熟，对马王堆一号汉墓出土的35件刺绣织物的朱砂染线，在显微镜下观察，可看到朱砂颜料的细小颗粒，均匀地附着于纤维表面和嵌入纤维之间[2]，朱染织物正反两面效果相同，找不到色浆滞涩、堆积与糊孔现象，织物结构异常清晰，外观具消光性。实物在饱含水分条件下，埋藏了两千一百多年，原来使用的粘含物质必然受到很大的削弱，但颜料却仍有相当好的附着牢度，不受到较重的摩擦也不会轻易脱落[3]。

（2）红色植物染料的染色

红色是秦汉时期常用的色彩，从出土实物分析，用于染红色的植物染料主要有茜草、红花等。

茜草在秦汉时期，应用已经十分广泛，染色工艺技术也已相当成熟。《史记·货殖列传》记载："若千亩卮茜，千亩薑韭，此其人皆与千户侯等。"可见茜草种植的规模是相当大的，茜草的应用也应是相当普遍的。茜草是汉代主要的红色植物染料。茜草染色牢度好，在西汉长沙马王堆一号汉墓出土实物中，一些红色丝织品采用茜草染色，色彩至今仍然保存纯正。其中深红绢经薄层色谱分析，所用染料为茜素。用发射光谱分析，试样所含的金属元素主要有钙、磷、铝，从而推定所用的媒染剂为铝盐。这样可以确定深红绢是用茜素红和媒染剂多次浸染而染成的[4]。

红花又名红蓝草，学名Carthamus tinctorius L，系一年生草本菊科植物，其花可做染料。红花原产于西域，自西汉引进以后，中原各地逐渐种植，至魏晋时期，已经普遍应用[5]。红花是红色植物染料中色光最为鲜明的一种。红花内含有黄色素和红色素，作为染色的主要成分是红色素，即红花素，含量极少，主要成分为$C_{21}H_{32}O_{11}$，

1 上海市纺织科学研究院文物研究组等：《长沙马王堆一号汉墓出土纺织品的研究》，北京：文物出版社，1980年，第84页。

2 据北京造纸研究所测定，朱罗标本上的朱砂颗粒，2μ以下的约占76%，2—5μ占20%。

3 王㐨：《王㐨与纺织考古》，香港：艺纱堂/服饰出版，2001年，第70页。

4 上海市纺织科学研究院文物研究组等：《长沙马王堆一号汉墓出土纺织品的研究》，北京：文物出版社，1980年，第89页。

5 〔西晋〕张华《博物志》："张骞得种于西域，今魏地亦种之。"

属弱酸性物质，溶解于碱性溶液，在中性或弱酸性溶液内即产生沉淀，形成鲜红的色淀。可直接上染于多种纤维。我国红色植物染料中，红花占着极重要的地位。由于红花染色的丝织品色泽鲜艳、纯正，所以逐渐替代茜素成为主要的红色染料。魏晋时，民间用红花染色极其普遍，染料制备与染色工艺技术也相当成熟，这些在《齐民要术》中都有详尽的记载，可推测应是在汉代的染色工艺技术基础上发展进步而来的。

（3）黄色植物染料的染色

秦汉时期，栀子作为黄色植物染料使用十分广泛。与红花相似，栀子的种植也十分普遍，形成一定的规模，带来了巨大的经济效应。如前引《史记·货殖列传》载："若千亩卮茜，千亩薑韭，此其人皆与千户侯等。"

栀子是茜草科栀子属植物，学名Gardenia Jasminoides Ellis，是常绿灌木，原产我国，各地都有种植，其果实用水淬取可得黄色染料，对丝的亲和力较好，上染率也大，用于染色的主要成分为藏红花酸（$C_{20}H_{24}O_4$）。栀子的染液可对丝织物直接染色，也可用媒染剂进行媒染。媒染剂不同，可得到不同的色光，如铬媒染剂得灰黄色，铜媒染剂得嫩黄色，铁媒染剂得暗黄色。用栀子染色的纺织品，色光鲜明，但日晒牢度稍差。

湖南长沙马王堆一号汉墓出土的丝织品中，有一部分黄色的丝绸和绣花制品。这类出土文物，虽然经历了两千多年，但外观色光依然鲜明可辨。其中金黄色的绣线和土黄色的丝织物，经过薄板层析等多种方法测定分析，发现均含有黄酮类物质，是用栀子植物染料，经直接染色或媒染剂染色加工而成[1]。

（4）蓝色植物染料的染色

蓝草是我国最早使用的植物染料之一，先秦时期的文献中有许多关于蓝草的种植与采集的记载，出土的实物中也发现有蓝草染色的丝织品。这说明在先秦时期，靛蓝的应用已经相当普遍。

秦汉时期蓝草的染色工艺技术应已相当成熟。主要反映在两个方面：染料的制备与染色工艺的发展（套染与造靛法）。蓝草的色素在植物体内是很难保存的，因此，蓝草叶采集后必须尽快染色或制靛（抽提出色素保存）。耽搁久了，蓝甙会减少甚至自然消失。先秦时期，由于植物染料制备技术不发达，植物染料的染色受季节的限制，故《礼记·月令》载"仲夏之月，令民毋艾蓝以染"。到了秦汉之际，从蓝草制取靛蓝的技术应已成熟。这样就解决了植物色素的提纯和储存问题。染蓝时，只需在靛泥中加入石灰水，配成染液，并使发酵，把靛蓝还原成靛白。靛白能溶解于碱性溶液之中，从而使纤维上色。染后经过空气氧化，便可取得鲜明的蓝色，蓝草的染色工艺得到了进一步的发展。在湖南长沙马王堆汉墓出土的丝织品中，有许多蓝色丝织品。对青罗上的染料，经薄层色谱、紫外光谱分析，确定等为天然靛蓝[2]。

1 上海市纺织科学研究院文物研究组等：《长沙马王堆一号汉墓出土纺织品的研究》，北京：文物出版社，1980年，第93页。

2 上海市纺织科学研究院文物研究组等：《长沙马王堆一号汉墓出土纺织品的研究》，北京：文物出版社，1980年，第88页。

（5）黑色植物染料的染色

按阴阳五行学说，秦以水德而王天下，崇尚黑色。秦时“衣服旄旌节旗皆尚黑”，并“更名民曰黔首”[1]，《说文》曰“黔首谓黑色也”。汉代黑色服饰也很流行，汉文帝刘恒“身衣弋绨”，颜师古注引如淳曰：“弋，皂也。”[2]

古代黑色植物染料种类较多，主要为皂斗，是栎属树木的果实。其壳含丰富的鞣质，以铁盐媒染可得黑色。古者庶人带巾，秦时民带黑色巾帻，故曰黔首。可见秦汉时期，皂斗的染色工艺应相当成熟。魏晋时，黑色媒染剂染皂铁浆的出现，应是秦汉染黑技术普遍化的结果。

第四节　秦汉时期的纺织品种

在秦汉时期，传统的经锦、罗、绮、轻纱绉縠等都获得了充分的发展，特别是织锦，不仅组织渐趋复杂，而且纹样、色彩都极具表现力，反映出当时的提花技术已达到极高水平。真正的印花技术此时业已出现，这也是世界上最早的型版印花技术。手工刺绣在工艺上因袭战国时期，图案风格则发生了很大变化。古老的编织技术亦有所更新，出现了大量精美的显花编织物。

一、平纹经锦

两汉织锦在技术特征上承继前代，基本结构仍为经显花平纹经重组织。从出土的西汉初期织锦实物看，以二色锦为普遍，也有少量三色锦。典型的实例有马王堆一号汉墓出土的绛地红花鹿纹锦、香色地茱萸纹锦、栗色地凫鸭纹锦、星花纹锦、红青矩纹锦，马王堆三号汉墓出土的游豹锦、夔龙锦，新疆山普拉汉墓出土的黄地龙凤纹锦等。这些织锦通幅采用1:1或1:2的经线比，战国时已出现的经线分区设色的形式，此时似乎并未流行起来。花纹单元普遍不大，小的只有一个平方厘米左右，成散点布置，大的横向排列，在一个幅宽中约有四五个花幅不等，贯通全幅的只有红青矩纹锦一例。花纹经向的循环也较小，一般在二三厘米。配色上颇为单纯，花纹经多用朱红、绛色，地经多用茶褐色、深棕色、玄色等，纹经、地经色彩对比不是很强烈，有时色相甚至特别接近，如栗色地凫鸭纹锦、星花纹锦，花纹满布、若隐若现，有一种特殊的隐纹效果。由于受提花技术的限制，西汉织锦的纹样较为简单，基本为几何纹、写意变形的花卉、动物纹，大型写实的较少。

和同时期大量工艺精湛、色彩艳丽的刺绣品相比，西汉织锦在品质上明显不及。但至少从西汉末开始，特别是东汉魏晋时期，织锦的发展极为迅速，无论在组织结构、织造工艺还是运色配置上都向前迈进了一大步。当时二色锦仍然较为常见，但设色特别鲜明，纹样也十分丰富、生动。如尼雅出土的人物禽兽纹锦、鱼凫

---

1 《史记》卷六《秦始皇本纪》，北京：中华书局，1982年。
2 《汉书》卷二《文帝纪》，北京：中华书局，1962年。

鸭纹锦、世毋极锦，山普拉出土的穗云禽兽人物纹锦等，纹样各异，配色上却大体相同，多是以蓝色为地，黄色显花，冷暖色调产生对比，纹样鲜亮、明快。三色锦、四色锦相对较少，五色锦发现最多，汉魏时期风行的云气动物纹锦绝大多数运用了五种色彩，在当时称为“五色云锦”。

图 3-4-1　红地登高锦，汉晋，新疆尉犁营盘出土

五色锦在彩经的配置上有两种形式。一种是经线分区排列。这种丝线分区布色的方法最早见于战国织锦上。它在丰富锦面色彩的同时，尽可能减少了经线的密度，有利于织造。分区的方法是在整个幅面上将经线分为若干区，每区通常有三种或四种不同颜色的经线，即表、里经的排列比为1:2或1:3，也就是说在一个区域中由三种或四种色彩的经线表里换层进行显花。然后，再通过不同区域采用不同的色经排列，在整个幅面上达到五种色彩。如1:2平纹经重组织可通过分区再增加两种颜色，1:3平纹经重组织可通过分区再增加一种颜色。前者实例不多，如尼雅1959年出土“万世如意”锦，以绛色为地，花纹由白、绛紫、淡蓝、油绿四色承担，整个幅面分为十二个经丝区，每区三色，其中白色分布在所有区域，主要用来织出隶书吉语文字和部分纹样的镶边，绛紫、淡蓝、油绿三色则在不同区域换色显花。营盘红地登高锦丝线也采用了1:2的排列形式（图3-4-1）。尼雅95MN1M8男尸衣缘用“延年益寿大宜子孙”锦（图3-4-2），幅宽36厘米，采用1:3平纹经重组织，亦以绛色为地，白、蓝色在所有区域为花，黄、绿两色分区交替显花，这样每区就有四色，整个幅面则五色缤纷。从近几年新疆汉魏墓葬出土的大量汉锦实物看，云气动物纹锦如分区设色，采用1:3平纹经重的明显多于1:2平纹经重。尽管它们表层显花的经丝密度基本都在每厘米45—60根左右，纬丝20—25根左右，但由于是三组（1:2）和四组（1:3）经丝的重组织，实际上就每厘米包含的经丝而言，1:3平纹经重织锦的经线密度一般在170根以上，比1:2平纹经重织锦的经线密度大不少。这似乎表明这种技术上难度很大的织锦当时的生产

图 3-4-2 “延年益寿大宜子孙”锦，汉晋，新疆民丰尼雅出土

量相当大。

分区换色常常使得各区之间交换颜色的地方形成了一条明显的界线，造成一个完整花纹似有突然“断裂”之感，有时显得不十分自然。五色织锦的第二种彩经配置形式则改变了这种状况，即经线不再分区，组织结构采用1:4平纹经重，即在整个幅面任何位置都采用了五种色线。这种五组经丝的重组织，经密通常在200根/厘米以上，经密的大幅度增加也使得织造难度加大。但这种织锦幅面没有色区，花纹流畅自如，极为华丽，代表了汉晋时期织锦的最高技术水平。这类实物发现不多，1995年尼雅出土的“五星出东方利中国”锦（图3-4-3）、“恩泽下岁大孰常葆子孙息弟兄茂盛无极”锦、“金池凤”锦、瑞士阿贝格基金会藏品“绮伟（琦玮）并出中国大昌四夷服诛南羌乐安定与天毋疆”锦[1]，都是这方面的杰作。这种汉锦中难度最大的织锦，当时可能是皇家作坊的产品，只提供给特殊的人群使用。从非同一般的吉语文字看，有些甚至可能是特制的。尼雅织锦有明确的出土单位，1995年发掘的两

图 3-4-3 “五星出东方利中国”锦，汉晋，新疆民丰尼雅出土

1 瑞士阿贝格基金会多米尼克·凯勒先生提供图片，于志勇释读文字。

座墓，墓主据专家推测可能为精绝王[1]。墓中随葬大量华美汉锦，应非贸易所得，而系中原王朝的赠赐品。

蓝、红、黄、绿、白五色是五色锦丝线的基本色调，而实物所见色彩调配有层次不同的色阶达十余种，可谓丰富多彩。所见汉锦中的经线分区换色，一般都是变换花部的色彩，而地色始终是整幅一色，但也有不同的变化。尼雅、楼兰发现一种织锦，地部以多种不同色彩的丝线排列形成彩条，花部则用统一的一色，花纹多为上下错落的波形带或菱形纹（图3-4-4）。这种配色设计比较独特，南北朝织锦中仍不乏有近似的风格。

图 3-4-4　菱形纹锦，汉晋，新疆若羌楼兰出土

两汉织锦图案的基本表现形式，不管是初期均匀满布的散点纹，还是后来连绵的云气动物纹，它们都有一个共同的特点，即经向花回不能太大，而在纬向上则无妨。前述“万世如意”，经向循环约4厘米，一个循环内不同规律的夹纬数（相当于提花综片数）为50根，纬向上一个幅宽中云气图案的循环数似为两个半，但吉语文字并不循环，所以它事实上并非严格的技术意义上的循环。“延年益寿大宜子孙”锦，经向循环约4.7厘米，夹纬数50余根，纬向上云气动物图案通贯全幅。“五星出东方利中国”锦，经向循环7.4厘米，夹纬数84根，远远大于普通的汉魏织锦，纬向上云气动物图案也采用不常见的对称循环的形式，当然和“万世如意”锦一样，亦非真正的循环。

二、绒圈锦

绒圈锦或称起绒锦、起毛锦，是汉代新出现的一个重要的织锦品种。其实物最早发现在蒙古诺因乌拉匈奴墓中，之后满城刘胜墓亦有发现，但真正引起人们重视是在马王堆发现了更完好的实物之后。相隔不久，武威磨咀子62号西汉墓也有类似织物出土。

绒圈锦的表面效果虽和后世起绒织物极为相似，但其基本组织却大相径庭，依旧是平纹经重组织。在织造时，经线通常按1:1或1:2排列织成素地或花地经重组织，这和平纹经锦没有两样。不同的是，绒圈锦在此组织基础上再用挑花的方法，

1　俞伟超：《两代精绝王》，载赵丰、于志勇主编《沙漠王子遗宝》，香港：艺纱堂/服饰出版，2000年，第18—20页。

a

b

图 3-4-5 a 绒圈锦，西汉，湖南长沙马王堆出土；b 局部

挑起其中部分经丝，织入起绒杆，织成后将起绒杆抽去，经线便自然屈曲于织物表面，形成高出锦面0.7—0.8厘米的具有浮雕效果的立体花纹。如果地部本身也织有花纹，那么锦面图案就会呈现出一上一下两个层次，颇具锦上添花的效果（图3-4-5）。出土的绒圈锦实物，色彩以深色为主，如褐地红花、玄地绛红、朱红、土黄花纹。纹样大同小异，多是小型矩形、几何线条等加以变化，或疏或密成网状排列，花回较短，通常2—4厘米，大型的不过6厘米，花幅亦不甚宽，大者为13厘米。这和当时的普通织锦一样，都存在着织作大单位大花型的困难。但绒圈锦较普通织锦工艺要求复杂。由于绒经与纹经、地经的送经量要求不同，故织机除了提花装置外，还需配备两个张力不同的经轴并加起绒杆方能织成。

从考古发现看，绒圈锦的时代主要集中在西汉时期，其名称可能是汉代文献中的“织锦绣”，即这可能是当时织锦模仿刺绣效果的一种技法。但这种在传统平纹经锦基础上的创新品种流行期似乎很短，到东汉明帝时期（公元54年），文献中已见“织锦绣难成”的记载，说明绒圈锦织造技术到东汉已经失传[1]。

三、罗

马王堆和江陵凤凰山汉墓出土有大量的绞经丝织物，当时的文献如《楚辞·招魂》王逸注、《汉书·外戚传》颜师古注中也都有关于罗的注说，研究者一般将当时的绞经织物称为罗。

秦汉时期的罗仍为无固定绞组的通体绞罗，其特点是地经与绞经之间虽有严格比例，却无明显绞组。因其经丝环环相扣、相互绞链无法分散，故又称链式罗。链式罗在汉唐之际达到鼎盛。此时，也有固定绞组的罗织物出现，但主要见于西北地区的毛织物上，直到唐末宋初才广泛应用于丝织物。

从出土实物看，此时的链式罗，除素罗外还有提花的纹罗。素罗一般有四根经线参与相绞，故称四经绞素罗。由这种四经绞罗组织还变化出一种四经绞横罗，它是在四经绞素罗的基础上加三梭平纹，使罗孔具有横向效果。

1 王抒：《汉代丝织品的发现与研究》，《王抒与纺织考古》，香港：艺纱堂/服饰出版，2001年，第51—68页。

图3-4-6 杯纹罗，西汉，湖南长沙马王堆出土

纹罗组织只有一种，二经绞和四经绞互为花地，通常是四经绞罗作孔眼较大的地纹，以二经绞罗起孔眼较小的花纹，形成相对分明的奇特外观（图3-4-6）。出土的商周时期的绞经丝织物尚未见提花的迹象，从目前看，提花罗应出现于汉代。1959年尼雅出土的纹罗即是以四经绞作地、二经绞起花的菱纹罗，其经密每厘米66根，纬密26根。满城、诺因乌拉、武威磨咀子汉墓中都有这种菱纹罗出土，其中以武威磨咀子所出最为精良，其经密每厘米144根，排列非常紧密，纹样显得格外突出。马王堆一号、三号汉墓，江陵凤凰山汉墓更有大量纹罗出土，又以马王堆一号汉墓出土物具代表性[1]。出土成幅的纹罗计有十余件，幅宽36—51厘米不等，每厘米经丝一般为100—120根之间，纬丝为35—40根之间。色彩上有朱红、青、烟色、白色。花样常见菱形图案，虚实两种上下对称横向排列，通幅分别排13—14个，布局严谨。这种菱形图案形状与俯视的耳杯相似，可能就是当时文献中所说“七彩杯纹绮”的“杯纹”。

织造技术上，提花罗较素罗复杂得多。除了普通罗机的绞综外，还要有提花装置相配合，而且由于开口时绞经受到的拉伸和摩擦特别大，可能还要有松经装置来调整张力。

四、绮

两汉时，绮与锦、绣同被列为有花纹的高级织物。战国至汉初是文献中“绮”字出现频率最高的时期。当时的绮至少包括三类：一是平纹地暗花织物，有大量出土实物对应；二是绞经织物，即所谓罗，其结构与平纹地暗花织物区别较大，今人将其视为一个独立的品种；三是色织物，如刘熙《释名》中记载了长命绮、綦纹绮、七彩杯纹绮等均为色织物。但目前发现的纹样可与綦纹、杯纹互证的绮类实物都是单色，即“织素为文”，而未见有多彩者。

平纹地显各种暗花的绮在两汉时期得到迅速的发展，组织形式上有两类。

第一类是平纹地斜纹显花。由于这里的斜纹只是具有斜纹的效果，并不能等

1 上海市纺织科学研究院等：《长沙马王堆一号汉墓出土纺织品的研究》，北京：文物出版社，1980年，第29—33页。

图 3-4-7　菱纹绮，西汉，湖南长沙马王堆出土

图 3-4-8　方纹绮，汉晋，新疆若羌楼兰出土

图 3-4-9　汉晋对禽兽绮局部

图 3-4-10　几何纹绣，汉晋，新疆若羌楼兰出土

图 3-4-11　鸟兽葡萄纹绮，汉晋，新疆民丰尼雅出土

图 3-4-12　黄色印花敷彩纱，西汉，湖南长沙马王堆出土

同于作为原组织的斜纹技术，故而夏鼐将这种组织称为“类似斜纹组织”。这类绮的花部组织具体又可分为两种。一种斜纹的方向一致，固定不变，具有标准斜纹的效果。这种绮可能始于汉初，马王堆一号汉墓就有出土，是一件平纹地上显3/1斜纹的菱纹绮（图3-4-7）。近年尼雅、营盘亦有发现，皆在平纹地上以3/1斜纹显出满幅规则整齐的方纹花，或许即为文献中的“綦文”（图3-4-8）。另一种与商式绮近似，花部斜纹方向随纹样循环而变。一个完整的纹样单位往往由人字形对称的双向斜纹构成。楼兰和孔雀河沿岸汉墓、山普拉汉墓都有实物出土（图3-4-9）。显花的斜纹既有3/1斜纹，也有5/1六枚变化斜纹，图案多菱形、折线等几何纹。这种结构汉以后应用甚广，如吐鲁番出土北朝时期的天青色幡纹绮、套环贵字纹绮等。

第二类是平纹地3/1斜纹隔经显花。即在显花的经浮线之间都夹有一根平纹规律经线（图3-4-10）。这类组织早在西周织物中已经发现，到汉代十分流行，故被称为“汉式组织”或“汉绮组织”。从其花部组织单元看，它实质上是平纹的变化组织的一种，增添了一组平纹组织的经线，可以增加织物的坚牢度，但又不影响花纹的外观。实物主要出自东汉墓中。蒙古诺因乌拉，叙利亚帕尔米拉，我国新疆楼兰、尼雅、山普拉、营盘等地都有出土。图案有风格不同的两种。一种以菱形纹或复合菱形纹（又称“杯纹”）为重要组成元素，菱形纹内嵌以变形动物或植物，如对鸟、对龙、对虎、对兽、兽头、树叶、蔓藤等纹样。其风格特点与马王堆西汉墓出土的汉绮一脉相承。另一种图案以变形或写实的植物藤蔓横向铺展作波曲形骨架，其间穿插人物、禽兽等纹样。其构图明显与同时期的云气动物纹锦有关（图3-4-11）。

五、印花织物

马王堆一号汉墓出土有印花织物多件，这也是世界上最早的有关型版印花技术的实物标本。其实物有两种。其一印花敷彩纱（图3-4-12），是印花和绘花相结合的作品。其纹样是连续的藤本植物的变化形象。单元图案较小，外廓呈菱形网状。先用阳纹版印出花纹的藤蔓部分，接着按设计要求进行彩绘。即调配各色色浆，把花叶部分一笔一笔地描画上去。敷彩的工序有六道：第一道用朱红色绘出“花”（红须）；第二道用重墨点出花蕊；第三道用黑灰色绘出“叶”（浪纹）；第四道用银灰色勾绘蓓蕾；第五道用棕灰色勾绘苞片；第六道用粉白勾绘和加点，最后形成线条流畅、层次分明的花纹。这种印绘结合的印制工艺，所花费的劳动力可能仅次于绣花。其二是金银色印花纱，其单元图案由三块纹版套印而成。银白色和银灰色套印成纤细、旋曲的云纹线条，金色套印成叠山形的小圆点，相互组合在一起，形状就像一团火焰（图3-4-13）[1]。非常难得的是，南越王墓出土的两块青铜凸纹印花版，版花恰好与此印花纱图案相似，花版版面不大，对角线长度在4—6厘米间，因而证实了当时采用的是和印章相类似的凸纹印花版[2]。这种丝绸凸版印花技术直接影响了我国印刷术的产生，在人类文化史上具有重要意义。

---

1 上海市纺织科学研究院等：《长沙马王堆一号汉墓出土纺织品的研究》，北京：文物出版社，1980年，第101—108页。

2 吕烈丹：《南越王墓出土的青铜印花凸版》，《考古》1989年第2期，第178—180页。

武威磨咀子西汉晚期的墓葬中出土有套色的印花绢，绢的底色为绛色，套印利用了三套花版。首先是暗绿色的花纹，然后是一组卷涡状的白色花纹，最后再印大的白色的主题花纹。整个花纹似卷曲的云朵，从印制的效果看，花纹带有明显的笔触，故推测其工艺为镂空版上用毛笔刷涂料印成。所用花版较马王堆的略大，印制时也是一块一块逐个刷印（图3-4-14）[1]。

图 3-4-13　金银色印花纱，西汉，湖南长沙马王堆出土

汉魏时期纯粹的手工绘花以其自由舒畅的表现能力和清新华丽的装饰风格，一直颇受欢迎。2003年在楼兰发现一座规格极高的壁画墓[2]，出土一批丝织品。其中一件彩绘绢衫，系成衣后再进行手工描绘。胸襟上以红、黑、土黄、绿各色绘一尊站在莲花上的立佛，周围满绘花卉、缨络。佛的头光多色相间，犹如繝之晕染。手描线条劲秀，平涂色块

图 3-4-14　卷云纹印花绢，东汉，甘肃武威磨咀子出土

1 甘肃省博物馆：《武威磨咀子三座汉墓发掘简报》，《文物》1972年第12期，第9—24页。
2 张玉忠：《楼兰地区古墓葬被盗情况调查》，《中国文物报》2003年3月21日第8版。

均匀，人物眉眼、发丝、衣褶表现细腻、生动，完全是绘画的效果。在佛像上残留一小片金箔，像的局部最初应有贴金（图3-4-15）。

贴金也是汉魏时期比较盛行的印花工艺，营盘、楼兰屡有实物发现。其特点是将锤打得极薄、不加背衬的金箔，按所需形状、尺寸切割，然后用粘合剂粘贴在织物上。金箔边缘十分整齐，切割工具应非常锋利。从单元花纹金箔边角之间相互叠压的现象看，贴箔是逐个挨次进行的，因此定位不十分准确。由于贴金印花本身已不耐磨擦，牢度较诸其他印花织物为差，所以这些贴金织物出土时，金箔大部分已脱落。贴金印花的图案有圆形、方形、三角形和用这些金箔组成的简单的几何形花纹。小型花纹多装饰在织物接缝处的镶边、衣缘上，花型较大的一般装饰在下摆上。贴金还常常和贴绣结合，贴绣常作为金纹的底衬，即将布片按需要裁剪成三角、月牙、花蕾等不同的形状，然后贴缝在衣料上，接着于其上贴金箔。由于贴绣本身所用是绢料，色彩各异，再加上闪亮的金纹，光色相衬，别具一格（图3-4-16）[1]。

六、刺绣

汉代特别是西汉时期，刺绣与织锦齐名，同被视为珍品。汉高祖八年下令贾人“勿得衣锦绣”。两汉时齐郡以刺绣闻名，《论衡》记曰“齐郡世刺绣，恒女无不能”。刺绣和织锦还常被作为贵重的礼品，汉廷用来赐予边疆少数民族。当时机织的锦、绮类织物，提花上严格受到织造技术的限制，而手工刺绣表达花纹则几乎可以随心所欲，所以它的艺术性比织锦更高，加之手绣刺出花纹费工耗财，故比织锦更昂贵。据《范子计然》，锦一匹万五千钱，绣一匹二万钱，亦表明刺绣之珍贵。

西汉时期的刺绣在工艺上因袭战国时期，仍以锁绣为主，但花纹主题却由龙凤变为飞动回旋的各种云气。满城、马王堆、大葆台汉墓以及近年发掘的南京神居山、连云港东海尹湾、山东日照汉墓都发现有这类云气纹刺绣，甚至在蒙古诺因乌拉汉墓的刺绣中也有类似的刺绣，其中以马王堆出土的数量最多。据同墓随葬遣策可知其名称分别为信期绣、乘云绣、长寿绣[2]。绣线的针脚一般长0.1—0.2厘米，线条细密，做工精巧（图3-4-17）。绣品的坯料有绢、绮、罗，绣线色彩有绛红、朱红、土黄、宝蓝、湖蓝、草绿、银灰等，设色浓郁华丽。

马王堆的刺绣图案除云气纹外，还有茱萸纹、棋文、方格纹。技法上，棋文绣采用了当时比较少见的单针的锁绣法，外观与后来的打籽绣针法效果相似，或许它就是打籽绣针法的前身（图3-4-18）。方格纹绣，用于内棺边饰，以烟色绢为地，用朱红、黑、烟三色丝线，以平针法满铺绣成。绣线直径约0.1毫米，较其他绣品纤细得多。针脚整齐，绣线排列均匀，不露作地的织物，酷似今天的铺绒绣（图3-4-19）。诺因乌拉出土的一件花卉纹绣品也采用了平针法。

马王堆还出土有一种引人注目的特种刺绣品，即一号汉墓内棺上装饰的羽毛贴花织物，因其富丽华贵，也称为贴毛锦。它以绢条和桔红、青黑各色羽毛贴在染

1 李文瑛：《营盘出土丝织品初探》，《吐鲁番学研究》2000年第2期，第26—38页。

2 湖南省博物馆、中国科学院考古研究所：《长沙马王堆一号汉墓》，北京：文物出版社，1973年，第57—62页。

图 3-4-15　彩绘佛像绢衫局部，汉晋，新疆若羌楼兰出土

图 3-4-16　贴金衣襟，汉晋，新疆尉犁营盘出土

图 3-4-19　汉代平绣局部

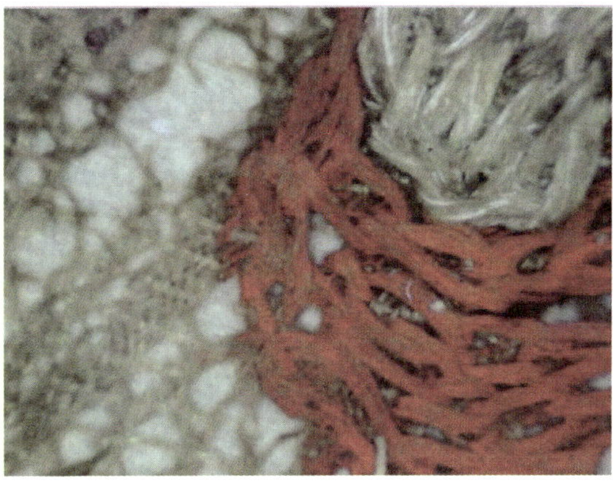

图 3-4-17　汉代锁绣局部

图 3-4-18　汉代打籽绣局部

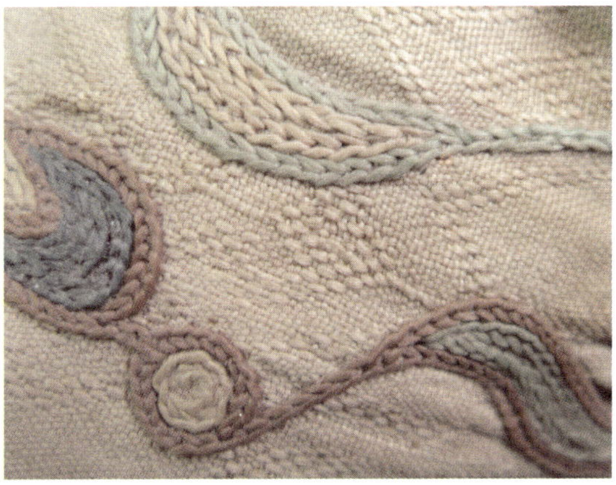

图 3-4-20　蔓草纹刺绣，汉晋，新疆尉犁营盘出土

出底色的绢面上，组成严谨的菱形图案。这种实物前所未见。《汉书·贾山传》记载秦始皇之墓是“冶铜锢其内，漆涂其外，被以珠玉，饰以翡翠”，颜师古注云：“应劭曰：雄曰翡，雌曰翠。”由此推测这种羽毛是翡翠鸟的羽毛。《楚辞·招魂》中记有翡翠珠被、翡帷翠帐等物，唐宋时期有翡翠屏。日本奈良正仓院现存8世纪的鸟毛立女屏风，就是用贴羽毛的技法制作的。马王堆的发现，说明西汉时这种贴羽的工艺技术已很纯熟。

东汉时期的刺绣多出自新疆地区，基本针法仍是锁绣，但图案风格与西汉时已大不一样。以简化植物纹如茱萸、蔓草、花卉纹为多，还有一些写意的动物纹。构图形式或二方、四方连续，或横向通幅排列，自由度较大，不如织锦那样整齐划一（图3-4-20）。从出土实物分析，东汉时由于丝织技术的进步，织锦已能够表现丰富多彩的花纹，而且生产效率比刺绣高，故而刺绣工艺并无发展，反而较西汉时明显衰退。直到南北朝，刺绣转用于宗教绣佛和供养人像时，由于要求效果不同，新的工艺才随之产生。

第五节　秦汉时期的织绣艺术

秦汉丝织品艺术在风格上具有鲜明的时代特色。当时的历代帝王崇尚阴阳五行学说，迷信谶纬、方术以及源于道家的神仙思想，热衷求仙升天。他们派人入海寻仙，登泰山封禅，建仙岛灵宫，在住宅、车舆、棺柩上画饰云气，借以招仙或引魂升天。这些思想行为，渗透到当时的各类艺术作品中。对丝织品艺术的影响，突出地表现为云气动物纹锦的流行。这类纹样以各种祥禽瑞兽、神仙灵异为主题，以流动飞扬、蜿蜒舒卷的云气山峦为骨架，穿插吉祥祈福的种种文字，共同营造出一派仙境氛围。当时的史料中有“连烟之锦”“五色云锦”“翻鸿锦”“蛟文锦”“紫鸾锦”等记载。从锦名上看，所表现的应该都是云气缭绕、群兽灵动的神仙意境。同样的风格在当时的铜镜、博山炉、漆画以及大量的画像石上也十分流行，蔚然形成一代风气。

图 3-5-1　信期绣，西汉，湖南长沙马王堆出土

一、嘉气祥云

云气动物纹应得之于一种带有早期特点的单纯的云气图案，这种图案首先出现在西汉初期的刺绣品上，河北满城、长沙马王堆、北京大葆台、蒙古诺因乌拉汉墓以及近年发掘的南京神居山、连云港东海尹湾及山东日照汉墓等都有发现。

马王堆出土的云气纹绣基本以云气为主，流云婉转自如，整个图案浑然一体，非常成熟。这与战国秦汉楚地漆器上的风格是一致的，只不过手工刺绣工艺更富有表现力，更易表达云气回旋、流云飞舞的韵律和气势。根据同墓随葬遣策，可知其名称分别为信期绣、乘云绣、长寿绣[1]。信期绣占多数，其图案单元较小，通常长9.5厘米，宽7.5厘米（图3-5-1）。乘云绣和长寿绣，图案线条相对粗放，纹样循环较大，大型的长30厘米，宽23.5厘米，为信期绣的三倍左右。乘云绣在漫卷的流云中绣出睁着一只眼的鸟头，或为凤头，它表现的或许是神凤乘云的意境，似可理解为战国龙凤艺术抽象化演变的结果（图3-5-2）。长寿绣构图紧凑丰满，整体效果最为生动，成为同时期云纹刺绣中的样板（图3-5-3）。其中的穗状流云，从云头到云尾，在最粗的地方有近十行锁绣单元纹并列，随花纹变化，锁绣链逐渐减少，在云尾的尖端处成一条锁绣线，为使花纹尖端更细，再用较长的线切一

图 3-5-2　乘云绣，西汉，湖南长沙马王堆出土

图 3-5-3　长寿绣，西汉，湖南长沙马王堆出土

图 3-5-4　绢地绣衾，西汉，江苏东海尹湾出土

1　湖南省博物馆、中国科学院考古研究所：《长沙马王堆一号汉墓》，北京：文物出版社，1973年，第57—62页。

图 3-5-5　卷云地悬幢鸟纹绣，西汉，蒙古诺因乌拉出土

图 3-5-6　大乐昌锦，汉晋，私人收藏

图 3-5-7　“安乐如意长寿无极”锦，汉晋，新疆民丰尼雅出土

针，类似苏绣中的接针。

东海尹湾、山东日照及蒙古诺因乌拉汉墓出土的云气纹刺绣均尺幅较大。如尹湾汉墓的绢地绣衾，残长154厘米，宽45.5厘米。它由两个层次组成，一是刺绣的主体，边上为三角形饰，中部为云纹，几乎与长寿绣完全一样；另一层次是云气之上的悬幢、羽人、神兽等。悬幢两旁是凤鸟羽人、神鹿羽人，悬幢之下似为仙人举行祭典（图3–5–4）[1]。此件可能是专为死者绣制的，作为绢衾，其意可能在于引魂升天。蒙古诺因乌拉出土的刺绣上也残留有悬幢和鸟纹（图3–5–5），估计其最初的作用与尹湾的绢衾相同。

纯云气纹锦的实例在东汉墓中发现不少。其纹样造型和长寿绣纹大体一致，带有那种醒目的如花穗状的穗状云，只是图案大小、排列循环等有所不同。如内蒙古扎赉诺尔出土的“如意”锦，单位纹样由三种略有变化的云气纹组合而成，但彼此间不相连。斯坦因在楼兰发现的乐昌锦，图案是涡卷的独立云纹，成行排列（图3–5–6）。尼雅出土的万世如意锦和安乐如意长寿无极锦（图3–5–7）和长寿绣最为接近，各种云气和谐地连贯在一起，循环至通幅，特别生动，不同的是织锦中都加入了汉字吉语。

二、云气动物纹

云气动物纹锦在我国丝织品图案史上占有独特的地位。其纹样奔放、古拙，独树一帜，空前绝后。从记载来看，当时长安、邺城及建康等几个政治中心的宫廷中均有此类织物。前引《洞冥记》和《邺中记》是对长安和邺城的记述，而梁简文帝在《谢敕赉魏国所献锦等启》中赞扬北魏“尚传登高之文”，正反映了南朝亦十分欢迎这种织物。再结合出土实物来看，俄罗斯、蒙古、中国新疆等地均有出土。特别有意义的是“延年益寿”锦在俄罗斯米努辛斯克、中国新疆楼兰和民丰均有发现，“万世如意”锦出现在内蒙古扎赉诺尔和新疆民丰两个地方，“广山”锦在蒙古诺因乌拉和中国新疆楼兰都曾出土，“登高”锦则分别出现在楼兰的遗址中、邺城的产品名录中和建康的消费记载中。这些均实实在在地说明这些云气动物锦纹在当时很流行，广受人们喜爱。

1. 云气动物纹锦的分类

到目前为止，出土的云气动物纹锦已不下百例，其年代一般在汉到北朝之间，但又以东汉与魏晋为主。在早期的汉墓如满城汉墓和马王堆汉墓中仅见云气纹刺绣，未见云气纹织锦；在北朝虽也有少量云气动物纹锦，都已是僵化的图案，与兴盛时期的图案风格相去甚远。从图案的风格和织造工艺技术的角度来看，这些云气动物纹锦有着许多共同之处。首先，它们都是经显花织物，其基本组织是中国传统的平纹经二重，织物表面显花的经丝沿纬向分区换色排列，形成经向彩条的效果。其次，由于当时织造条件的限制，图案沿纬线方向的循环均大于经向循环，后者一般不超过9厘米，而前者往往是幅度的1/3，甚至全部。

然而，它们毕竟是有区别的。这不仅是根据题材分成兽类、禽类、纯云气和灵长

1 连云港市博物馆：《江苏东海县尹湾汉墓群发掘简报》，《文物》1996年第8期，第4—36页。

图 3-5-8　“延年益寿长葆子孙”锦，汉晋，新疆若羌楼兰出土

类，也不仅是按照构图分成循环式、对称式和完全自由式，更重要的是根据云气的构成方法和造型特征来进行分类。

云气原是一种虚无缥缈的东西，往往使人产生一种神奇的感觉，并由此引起无数联想。各人的联想不同，则出现的形象亦有不同。之所以把这些锦纹的骨架称之为云气，也是因为无法具体指明它们是什么东西，只能一概名之为云气。但这些锦文可以根据造型分成四类[1]。

穗状云。穗状云指的是带有像花卉或花穗般云朵的云气。这种云气在马王堆出土的长寿绣和信期绣中到处都是。发掘报告称它为穗状流云，本文沿用此名，称为穗状云，凡有穗状云参与的云气动物纹锦就称为穗云式云气动物纹锦。这种图案的场面一般十分宏大，属于自由云气式构图，往往延至通幅，而穗状云仅在局部点缀。典型的有楼兰所出“延年益寿”锦等。特别要指出的是相同纹样的“延年益寿”锦在相距遥远的新疆尼雅、楼兰、山普拉等地均有出土，说明了这类织锦的流行。（图3-5-8）

山状云。在诺因乌拉和楼兰发现的云气动物纹锦中有吉语文字的为“威山”和“广山”两件锦，这应是两个山名。《邺中记》记载的锦名中有“博山”锦和“登高”锦。“博山”锦虽无出土，但“登高”锦却在楼兰发现。从锦名来看它

图 3-5-9　“长寿明光”锦，汉晋，新疆若羌楼兰出土

1 赵丰：《云气动物锦纹的系谱》，《浙江丝绸工学院学报》，1989年第3期，第44—49页。

们均与山有关，从纹样上看亦有一定的共同特征。首先，它们没有穗状云装饰；其次，云气呈连续无间断状，与穗式云中途断裂不一样；再次，它们多能显示山的特征，如有山坡与岩石的象形出现，甚至有时还种有植物。出土的大部分织锦均属此类，除上述几件之外还有“长乐明光”锦和“长寿明光”锦（图3–5–9）、“永昌”锦、“群鹄”锦、“颂昌”锦等。与汉代流行的博山炉及西汉金银错铜车饰比较，可知这些云气动物纹锦描绘的其实是仙山仙境。由于其图案风格与云气纹锦基本一致，故称它为山状云和山云式动物纹锦（图3–5–10）。山云式云气动物纹锦从构图看有自由云气式和分段循环两种。“登高”锦和“颂昌”锦属自由式，其余均属循环式。

图 3–5–10 “广山”锦，汉晋，新疆民丰尼雅出土

从山云式云气动物纹锦中还能分出一类简单山云式，这类纹样应是从普通山云式中简化而成。云气的总结构呈曲波形，变化较少，穿插动物亦少，有时却插入柿蒂形装饰纹样。以楼兰的麒麟豹纹锦和吐鲁番的夔纹锦为例，类似于夔纹锦的还有斯坦因分别在吐鲁番和楼兰发掘到的两件纹样一致的狮纹锦。

带状云。云气犹如飘逸的绸带，极其轻柔、舒展，极似汉代金银错上的云气纹，动物穿舞自如。实例较少，仅见“新神灵广”锦一例。

2. 动物、禽鸟及人物的题材和造型

山东嘉祥宋山汉画像石题刻文字在描述当时的汉画题材时说：“交龙委蛇，猛虎延视，玄猿登高，狮熊嗥戏，众禽群骤，万兽云布。”显然，这对说明当时云气动物纹锦的纹样也十分适用。从记载和实物来看，当时织锦纹样中以动物纹样为大宗。

龙。龙是当时最为常见的兽类纹样之一，汉代出现了新的造型，变化更多。王充《论衡》说：“世俗画龙之象，马首蛇尾。”可见当时龙的造型原理与凤有些类似，由多种动物打散组合而构成。龙又分多种，《述异记》载：“有鳞曰蛟龙，有翼曰应龙，有角曰虬龙，无角曰螭龙。”汉式织锦中出现的大多数为生有翅膀的应龙，有角，无须，四足雄健，双翅欲展，显示出一种气势，一种动态（参见图3–5–8、图3–5–9）。

虎。虎历来都是勇猛、威武的象征。《说文》曰：“虎，山兽之君也。”汉代将白虎排入四灵中的西方之神，说明其受欢迎。汉式织锦上的虎纹时常可见，如尼雅出土的安乐绣纹锦，“五星出东方利中国”锦，所有的“延年益寿”织锦中都有虎的形象（图3–5–11）。

豹。江陵凤凰山汉墓出土有豹纹锦，上有豹首和勇健奋足的豹形，造形生动、简洁。此外，楼兰麒麟豹纹锦和尼雅出土的人物禽兽纹锦中的豹，欢腾跳跃，造

图 3-5-11　安乐绣纹锦，汉晋，新疆民丰尼雅出土

图 3-5-12　麒麟豹纹锦，西汉，新疆若羌楼兰出土

型更为生动（图3-5-12）。

马。传说周穆王驾八骏游历天下，天上羽人亦多骑马驰骋。汉锦中频频出现马的形象，或插翅飞翔，或由羽人乘驰。在"长乐明光"锦、"新神灵广成寿万年"锦中都能找到这类纹样。

熊。"长乐明光""广山"等锦中都能见到熊的形象（参见图3-5-10）。它们通常身子斜立，前足摆弄，作登山状，呈朴实可爱之态，并无蠢笨之感。熊在当时被视作吉祥之物。《诗·小雅·斯干》云："维熊维罴，男子之祥。"郑玄注云："熊罴在山，阳之祥也。"说的是熊罴主生男，故而很受欢迎。

鹿。汉代郑众《婚物赞》说："鹿者，禄也。"这是因为鹿与禄同音，可作禄的象征。另外，汉代统治者也把鹿作为瑞应。《淮南子》云："鹿鸣兴于兽而君子美之。"因此，鹿的形象或奔或跳，均能在汉锦中找到。特别是带有"元和元年"吉语文字织锦上的鹿纹十分清晰（图3-5-13）。

麒麟。它是传说中的一种独角兽，在五灵中代表中央土。麒麟是一种躯体似鹿、头上一角的动物。在马王堆一号汉墓中出土了一件被称作是"鸣鸟纹锦"的织锦，可能正是一件麒麟纹锦。其动物形象头上带一肉角，身躯似鹿，躯上双翅，足类马蹄，是

图 3-5-13　元和元年锦，公元 84 年，新疆民丰尼雅出土

比较典型的麒麟纹样。楼兰"永昌"锦和麒麟豹纹锦、尼雅人物禽兽纹锦上都可以找到麒麟的形象，头上都有明显竖起的一只肉耳，非常独特（图3-5-14）。

图3-5-14 "永昌"锦，汉晋，新疆若羌楼兰出土

羊。羊是一种吉祥的象征。《婚物赞》云："羊者，祥也。"汉画像石中还有"福德羊"的题名，汉锦纹样中也能见到。

辟邪。汉式织锦中常见一种带双角、有翼、身上有圆斑的动物。其外形如豺狼，特别是在"延年益寿大宜子孙"锦和"延年益寿长葆子孙"锦中重复出现，或平行直走，或上爬俯视，或下行回首（参见图3-5-8）。这种兽名较难考证，有可能被称为辟邪。辟邪也是一种想象中的动物，主要是辟不祥、除凶光。《汉书·西域传》云"乌弋山离国有桃拔、师子、犀牛"，孟康注云："桃拔一名符拔，似鹿长尾，一角者或为天鹿，两角者或为辟邪。"有翼是当时织锦兽纹中的常见形式，无论龙、虎、马、熊等均有小翼，而这种怪兽有圆斑正似鹿，又长尾、两角，因此，与孟康所说基本一致。

云气动物纹锦中的禽类纹样非常少。其中有些纹样形态设计很小，在幅面中也不怎么显眼，可能只是云中飞禽的象征。但也有少数织锦禽类形象较突出，史料上也有一些记载。

凤凰。《急就篇》载："齐国给献缯素帛，飞龙凤凰相追逐。"郭子横《洞冥记》载西汉时有"云凤锦"，《邺中记》载石虎时仍在仿制生产"凤凰锦"，可见凤凰仍是当时重要的织锦纹样。尼雅出土物中有织锦吉语文字为"金池凤"者，此件织物较残，因而凤的形象没有留下来，但也说明了凤在织锦中的应用。此外，"长寿明光"锦、人物禽兽纹锦中都有一只侧面形象的禽鸟，立姿，身躯较长，长冠尖喙，尾羽上翘（参见图3-5-9），可能正是凤的形象。

鸾。《说文》云："亦神灵之精也，赤色五采，鸡形。"当时亦用于织锦纹样，《西京杂记》所载"汉明帝宫中藉地以紫鸾之锦，翠鸳之绣"就是一例。"五星出东方利中国"锦的右起第一鸟就是一只华丽高贵的禽鸟，有可能就是鸾（参见图3-4-3）。

鹤。《急就篇》曰"豹首落莫兔双鹤"，说明鹤也是当时常见的织纹题材。鹤很早就已受人们的重视，传说仙人骑鹤升天。《淮南子·说林训》也说"鹤寿千岁，以极其游"。可见，鹤是当时很受欢迎的纹样题材。"五星出东方利中国"锦右起第二鸟长颈长足，俯首，可能正是鹤的形象（参见图3-4-3）。

鸿鹄。鸿鹄即鹄，今谓之天鹅。鸿鹄飞得很高，常用以喻志向远大，汉锦中也多见鸿鹄纹样。《洞冥记》载当时有"翻鸿锦"，诺因乌拉出土汉式织锦中有吉语文字

图 3-5-15 “千秋万岁宜子孙”锦，汉晋，新疆民丰尼雅出土

分别为“群鹄”和“颂昌万岁宜子孙”者，均作鹄立云气之上。尼雅出土的“千秋万岁宜子孙”云鹄锦的纹样与群鹄锦基本一致，应该也是鹄的形象（图3-5-15）。

鸳鸯。鸳鸯是古代男女爱情的象征，较早用于织锦图案，《古诗十九首》云：“文彩双鸳鸯，裁为合欢被。”《飞燕外传》中有鸳鸯万金锦的记载，汉代宜字锦中亦有鸳鸯成双的形象。

云气动物纹锦中偶尔也见有人物形象，但大多与神仙题材有关。

羽人。汉锦中表现的羽人头形似兔，身生双翼，足下跨神驹，是汉代表现神仙常见的题材。王充《论衡》载“图仙人之形，体生毛，臂变为翼，行于云则年增矣，千岁不死”，这种体生毛、臂有翼的羽人，也就是仙人，在“五星出东方利中国”锦、“恩泽下岁大孰”锦、得意绣锦等织锦上都有体现（图3-5-16）。

西王母和东王公。《山海经·大荒西经》载：“西海之南，流沙之滨，赤水之后，有大山名曰昆仑之丘。……有人戴胜，虎齿，有豹尾，穴处，名曰西王母。”西王母的形象起初较为可怕，但到东汉之际逐渐变得正襟危坐，较为端庄。同时，东王公的形象也出现了。尼雅八号墓“德宜子生”锦上袖手端坐、头上戴胜的人物正是仙界中的西王母，另一侧身而坐的人物则有可能是东王公的形象（图3-5-17）[1]。

图 3-5-16　得意绣锦，汉晋，私人收藏

骑士。汉式云气

1　于志勇：《楼兰-尼雅地区出土汉晋文字织锦初探》，《中国历史文物》2003年第6期，第38—48页。

“德宜子生”锦上的东王公形象

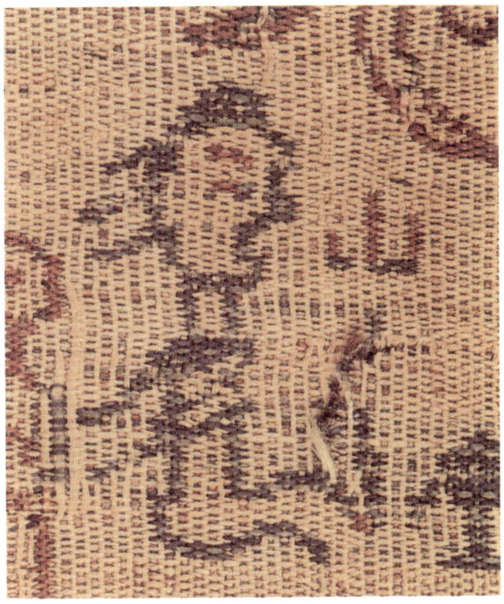

“德宜子生”锦上的西王母形象

“德宜子生”锦局部纹饰

图 3-5-17 “德宜子生”锦，汉晋，新疆民丰尼雅出土

动物纹锦中还有骑士的形象，但也有多种形态。尼雅所出“长乐大明光”锦上为骑马扬鞭形象，安乐绣文锦上的形象为跨龙举旗，而另一件织锦上的骑士则是引弓狩猎，十分生动。

3. 吉语文字

汉式织锦特别是云气动物纹锦中不少都织有吉语文字。这些文字不仅反映了当时的社会思想、人们的信仰理念，而且有的可能还涉及到当时重大社会政治事件，因此具有更高的历史价值。根据于志勇的研究，汉锦吉语文字大致可分三类。

第一类主要是祈祷延寿、子孙蕃昌的吉祥语。其中一部分在吉祥语前织出锦名或织坊名，有的则可能是织造者的名字。如“延年益寿大宜子孙”（图3-5-18）、“安乐如意长寿无极”、“延年益寿长葆子孙”、“千秋万岁宜子孙”、“世毌极锦宜二亲传子孙”、“续世锦宜子孙”、“韩仁绣文广右子孙无极”、“安乐绣文大宜子孙”、“得意绣文子孙昌乐未央”等。这种吉祥语在两汉时极为流行，瓦当、铜镜和漆器上也经常出现。说明在当时安定的社会环境中，人们对人生的留恋自然与祈求长生、保佑子孙绵绵无极的观念相结合。织锦，特别是云气动物纹锦中，织入这类吉语就像是给神山仙境配注了文字，把当时人们对神仙世界的企慕、渴望得道升仙并荫及子孙的理念表达得相当充分。

第二类的吉语文字虽然不长，也各有所指，但较为含蓄。如“长乐明光”“长乐大明光”“大明光受右承福”“长乐明光承福受右□□”“长寿明光”“阳”“广山”“威山”等。“明光”寓意有二说：一说取日升月恒、普天同乐的吉祥寓意；一说为汉宫殿名。“阳”为地名，也许是南阳郡的简称。“广山”和“威山”是两个山名。《邺中记》记载锦名有博山锦，对照汉时流行的博山炉，可知这类山名大多与神仙境界有关。

第三类的吉语文字较长，有些可能表达了特殊的含义。如“五星出东方利中国诛（讨）南羌”、“绮伟（琦玮）并出中国大昌四夷服诛南羌乐安定与天毋疆”（图3-5-19）、“王侯合昏千秋万代宜子孙”（图3-5-20）、“恩泽下岁大孰常葆子孙息弟兄茂盛无极”（图3-5-21）、“新神灵广成寿万年”、“登高明望四海贵富寿为国庆”等。

4. 五色与五星、五行

云气动物纹锦在色彩的配置上同样蕴含着当时人们的某

图 3-5-18　“延年益寿大宜子孙”锦，汉晋，新疆若羌楼兰出土

图 3-5-19　“诛南羌乐安定与天毋疆”锦，汉晋，私人收藏

图 3-5-20　“王侯合昏”锦，汉晋，新疆民丰尼雅出土

图 3-5-21 “恩泽下岁大孰”锦，汉晋，新疆民丰尼雅出土

种思想理念。当时除一些不属于云气动物纹的织锦或是非常简单的二色锦之外，大部分云气动物纹锦的用色总数恰好都是五色。这一现象应与当时盛行的阴阳五行学说相关[1]。

《周礼·冬官·考工记》云：“画绘之事杂五色。东方谓之青，南方谓之赤，西方谓之白，北方谓之黑。天谓之玄，地谓之黄。五彩备谓之绣。”可见标准的五色或五彩是白、黑、青、赤、黄，它们与五行或五星中的金、水、木、火、土或五方中的西、北、东、南、中分别对应。汉魏云气动物纹锦中的五色显然受此影响。特别是“五星出东方利中国”锦，明显将五星与织锦中的五种配色一一对应[2]。或许由于当时使用五色的情况还不是十分严格，出土的汉魏织锦五色一般都采用蓝、红、黄、绿、白五种，分别以蓝取代黑、以绿取代蓝。

云气动物纹锦的流行，反映了当时的思想文化与社会面貌。秦汉历代帝王十分热衷源于道家和荆楚巫术的神仙学说。他们登泰山封禅，建仙阁灵宫，在住宅里画以云气及各以胜日驾车辟恶鬼，其目的是为了招仙入室或引魂升天。因此，当时以为只要将自己的宫室布置成云烟缭绕或瑞兽丛生之状，就可以使自己更加接近神仙。神山就是人与天相通的途径之一，仙人们也会由此而经常光临，而这些瑞兽仙人往

1 于志勇：《尼雅遗址出土“五星出东方利中国”锦织文浅析》，《鉴赏家》，上海译文出版社，1998年。
2 赵丰：《汉魏云锦中的五色》，秦俑与彩绘文物研究与保护国际研讨会（西安），1999年。

往能帮助自己的灵魂升天或是保佑自己长寿，得到不死药，甚至保佑子孙绵绵无极。这一思想，在织锦的吉语文字中得到了明显的反映。

神仙思想不仅反映在织锦图案上，当时众多的艺术品均是如此。如东汉至魏晋的画像石和画像砖上就甚多云气动物纹样。当时铭文详细地描述了画像石上的图案，铭文中所描述的形象与云气动物纹锦是基本一致的，其他如东汉兴起的神兽镜和画像镜，其题材大多与神仙思想有关；再如金银错和博山炉等铜器上的造型亦是如此。这样，与人们生活密切相关的一些工艺美术品多是相同题材、相同风格，便形成了一种时代特色，李泽厚称之为楚汉浪漫主义的潮流，风格乃是气势和古拙的结合。

三、其他丝织品纹样

1. 独特的兽头纹

兽头纹样作为丝织品图案题材，早在殷商时期的刺绣品上就已经出现了，它和同时期青铜礼器上流行的饕餮纹有着密切关系。汉魏时期，文献中开始有以兽头

图 3-5-22　楼兰出土汉晋兽头纹锦纹样，梅元末治，1960 年

作为织锦纹样的记载。如史游《急就篇》描写当时织锦纹样时就有“豹首”之称，颜师古注云：“豹首，若今之兽头锦。”曹丕《与群臣论蜀锦书》中提到洛阳生产有如意虎头连璧锦。考古发现的织有兽头纹的锦绮实物亦为数不少。

图 3-5-23　楼兰出土汉晋豹首锦纹样，斯坦因，1921 年

最早的兽头纹可能是湖北江陵凤凰山西汉墓中出土的豹纹锦，在这一锦上豹纹和豹首相间排列。兽头纹在绮和织锦上常与其他纹样一起出现，有时也是

图 3-5-24　虎头连璧锦，汉晋，私人收藏

云气动物纹锦中一种特殊的动物。如尼雅出土的一件云气动物纹绮，兽头和翼兽、对禽等纹样分别穿插在波曲状的云气骨架中，并不十分明显。楼兰、营盘出土的对禽对兽兽头纹绮，兽头也是填充在杯形骨架中的基本纹样之一。斯坦因在楼兰发现的两件兽头纹锦，一件锦上兽头和连枝灯、虎、龙等纹样，横向并列横贯至通幅（图3-5-22）。另一件锦上的兽头居中，两旁各有一只体态较小的豹纹（图3-5-23）。营盘所出两件原来似为同一件，其兽头形象及排列已接近魏晋风格。尼雅、山普拉出土的兽头纹锦引人注目，其兽面纹样和玉璧纹交替出现（图3-5-24），很可能和曹丕提到的所谓“虎头连璧锦”风格一致。此时兽头纹已成为用于定名的纹样题材之一。当时的兽头纹还出现在绮上，由曲折的锯齿纹作骨架后再填以各种动物及兽头纹样（图3-5-25）。

这些兽头纹样中的兽头形象较为明显，形态特征近乎一致。兽面正视，巨目阔口，呲牙立鬣，头两侧有曲张的利爪。这种突出头部同时又带有肢干的兽头纹，显然继承了殷商饕餮纹的基本样式。到南北朝时，才开始向典型的铺首演化。更值得提及的是，魏晋至北朝初期，新疆地区生产的平纹纬锦上也见有兽头纹，它虽然模仿汉锦兽头纹样，也伸出两只兽爪，但兽面和善，更像是人面[1]。

图 3-5-25　楼兰出土汉晋动物兽头纹绮纹样，李文瑛，1999 年

2. 珍稀的植物图案

秦汉丝织品图案除众多的动物题材外，也有一些植物题材，最常见的要属茱萸纹。

茱萸本是普通植物，古人尚之以为可辟邪。中国传统文化中有九月九日重阳登高、佩茱萸、饮菊花酒以辟

1　李文瑛：《营盘出土丝织品初探》，《吐鲁番学研究》2000年第2期，第26—38页。

邪的习俗，这种习俗自汉魏南北朝以后一直沿袭下来。茱萸作为丝织品纹样，在史料中也有记载，《邺中记》列举后赵石虎织锦署生产的锦名中就有“茱萸锦”之名。茱萸属落叶乔木，三月开红紫色花，七八月结实似椒子。果实成熟后开裂，实中之籽极为香烈。在马王堆、楼兰、尼雅、营盘出土的织锦或刺绣中，都有一种相近的植物纹样，其花枝卷曲，果实常作裂叶形，其花有时呈蕾状，有时则为三瓣状。这种图案很可能就是茱萸纹，但这种茱萸纹并不是自然茱萸形象的写实。作为艺术题材，茱萸纹的产生自然有一个在植物原型基础上归纳、提炼、变形的过程。以茱萸为锦名，一方面取其吉祥辟邪之意，另一方面也更加表明了织锦纹样的取材受到当时社会文化的影响。

从出土的实物纹样看，当时的茱萸纹大致可分为两种类型。第一种，图案枝蔓涡卷，带有裂叶状的果实和花蕾，其形状与云气动物纹锦中的穗状云的单元纹样近似，在花枝间还插入非常奇怪的尖角几何纹，马王堆茱萸绣纹可认为是其母型（图3-5-26）。尼雅、楼兰出土的茱萸锦、绣纹样都由这种茱萸纹演化而来，此时枝蔓更为卷曲，裂叶纹样基本定型，原先花枝中间不起眼的尖角几何纹变成与花枝并联、循环较大并富于装饰性的回形纹（图3-5-27）。尼雅、楼兰的茱萸锦，纹样完全一致，仅地色有别。尼雅茱萸绣纹，其实是将茱萸锦纹打散，排列上更为随意而已。第二种，茱萸的果实形态均作裂叶形，枝蔓线条组合及卷曲程度都较简单。实例有马王堆出土香色地茱萸锦和营盘出土绿地茱萸锦（图3-5-28）。马王堆锦果实与空心线圈构成的枝条结合在一起，并以少量变形菱纹作点缀，单元图案还见有四叶形装饰。营盘所出织锦上枝条变为实线，造型更灵活。汉字吉语与小型动物如小鸟、蟾蜍取代了菱形纹与四叶纹[1]。

3. 器具纹样

在汉晋织锦图案中，偶尔还可以见到一些形状特征与当时社会流行的某些器具十分接近的纹样。

带钩是当时贵族官僚以及文人武士日常生活不可缺少的用具。马王堆和新疆且末县扎滚鲁克出土的夔龙锦，很像是一种通体作兽形的长条形带钩（图3-5-29）[2]，而蒙古诺因乌拉和武威磨咀子所出则和琵琶形的兽首纹带钩近似（图3-5-30）。从考古发现看，带钩的使用在魏晋时期急剧衰落，织锦上的带钩纹恰好都出现在魏晋之前。

战国秦汉间，各类造型、质地的灯具十分发达，连枝灯极富特色。斯坦因在楼兰发现一件织锦上见有一繁一简两种连枝灯，和动物纹相间排列（参见图3-5-23）。东晋王嘉《拾遗记》中就有“列明锦”，其“纹似列灯烛也”，可与出土实物对照。以灯为纹样，或许有吉祥光明之意。

玉璧在汉时已不限于礼仪上使用，当时居室墙壁上常悬挂穿连起来的玉璧作为装饰。这种装饰在汉画像石（砖）上、彩绘棺上经常可以看到，一般称为穿璧纹、连璧纹。三国时洛阳可能也生产有不和虎头相连的“连璧锦”。连璧锦的实物在国外私人收藏品中有见（图3-5-31）。

---

1 李文瑛：《营盘出土丝织品初探》，《吐鲁番学研究》2000年第2期，第26—38页。

2 新疆维吾尔自治区博物馆等：《新疆且末扎滚鲁克一号墓地发掘报告》，《考古学报》2003年第1期，第89—136页。

图 3-5-26　茱萸绣，西汉，湖南长沙马王堆出土

图 3-5-27　白地茱萸锦，汉晋，新疆民丰尼雅出土

图 3-5-28　茱萸锦，汉晋，新疆尉犁营盘出土

4. 几何纹的继承与发展

（1）散点几何纹

图 3-5-29　夔龙锦，汉晋，新疆且末扎滚鲁克出土

马王堆汉墓出土的织锦中发现有为数不少的散点几何纹，这种散点几何纹基本单位一般也按纬向排列，图案的经向循环极小。在一个经向循环中，有的图案只重复一种纹样，也有的以两个以上的不同纹样散点排列（图3-5-32）。马王堆西汉墓出土的绒圈锦地部是大几何纹，而表面清晰的绒圈纹也是散点几何（图3-5-33）。考古中发现的此类散点几何纹早在战国楚墓中就已出现，到秦代已基本定型，这从秦始皇陵出土铜车马上的装饰及秦百戏俑身上的服饰图案可以看出。其中铜车马的图案中有菱形及类似马王堆绒圈锦的图案（图3-5-34）[1]，而百戏俑服饰上则有磬形和菱形图案（图3-5-35）[2]。这种颇为奇特的纹样至少流行了三百余年，但到东汉时这类纹样已基本不见。

（2）波纹

图 3-5-30　带钩锦，汉，蒙古诺因乌拉出土

马王堆一号汉墓和江陵凤凰山汉墓中均出土有波纹孔雀（一说是凫纹）锦，图案是一排排相对的锯齿状波纹，密密匝匝，布满幅面，表示太阳的星形纹和可能是孔雀的禽鸟纹有规律地点缀其间（图3-5-36）。纹样布局结构虽很简单，却给人以规矩、匀称、舒展的视觉效果。同类风格的图案，在魏晋织锦上也发现不少。如尼雅出土的“世毋极锦宜二亲传子孙”锦（图3-5-37），楼兰出土的续世锦、方格曲纹

1　秦始皇兵马俑博物馆等：《秦始皇陵铜车马发掘报告》，北京：文物出版社，1998年，第113—124、162—180页。

2　张卫星：《秦始皇陵百戏俑的彩绘纹饰》，《文物》2002年第3期，第65—71页。

图 3-5-31 连壁锦，汉晋，私人收藏

图 3-5-32 战国至西汉几何纹锦纹样，马王堆出土，赵丰，1992 年

图 3-5-33 几何纹绒圈锦，西汉，湖南长沙马王堆出土

图 3-5-34 秦铜车马上的丝绸装饰纹样

图 3-5-35　秦百戏俑服饰上的丝绸纹样，张卫星，2002 年

锦等，都是以满幅平行的锯齿波纹为特征，但动物纹被取消，仅是以大、小方点纹点缀，并用不同的汉字吉语来增加变化。

(3) 菱形纹

菱形纹包括两种。第一种是被称为“杯纹”的复合菱纹，这也是战国以来十分流行的传统图案。马王堆出土杯纹绮、杯纹罗均属此类。汉晋丝织品中，杯纹略有变化，常常用来作为纹样的骨架，主题有花卉、禽、兽等，实例不少。早期的有马王堆的几何填花对鸟纹绮（图3-5-38），稍后的有叙利亚帕尔米拉出土的绮，其图案中把马王堆汉绮的对鸟换成了对兽。而楼兰、营盘所出魏晋时期对禽对兽纹面纹绮，画面中动物的种类增多，造型更加生动，由此可以看出这类图案的延续与发展。第二种是由直线条组成规范的菱形格，然后在菱格中填入适合纹样，纹样题

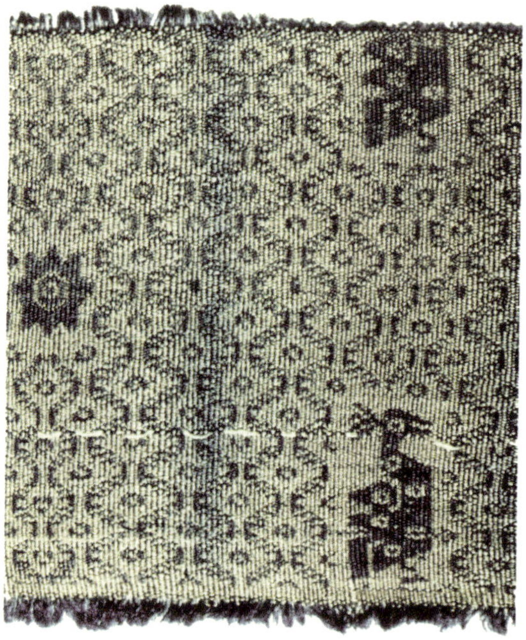

图 3-5-36　波纹孔雀锦，西汉，湖南长沙马王堆出土

图 3-5-37 “世毋极锦宜二亲”锦，汉晋，新疆民丰尼雅出土

图 3-5-38 几何填花对鸟纹绮，西汉，湖南长沙马王堆出土

图 3-5-39 菱格对羊纹锦，汉晋，新疆若羌楼兰出土

材丰富，几何纹、动物纹、植物纹均有。菱格的相接处有时也带有附加装饰。尼雅出土的德阳字锦，楼兰出土的菱格对羊纹锦（图3-5-39），斯坦因在敦煌西部发现的东汉菱格龙凤纹锦都是这方面的实例。但从考古发现看，复合菱纹到魏晋后便绝迹了，而第二种菱格填花图案，则沿袭很久，在其后历代丝织品图案中几乎都能见到。

第六节　丝绸之路与纺织文化交流

汉以前的丝绸之路尚处于自发开拓和初创阶段，中国的丝织品，以及铜镜、漆器等其他精美的工艺品，基本上是通过民间辗转交换而传到西域和西方各国。从汉武帝时张骞出使西域开始，汉代的丝绸之路在规模与性质上发生了质的变化。

西汉时期，张骞两次出使，"凿空"西域，并分遣副使，到大宛、康居、月支、大夏等国，随后汉武帝又连年派遣使官至安息（波斯）、身毒（印度）、奄蔡（咸海与里海之间）、条支（叙利亚）、犁靬（大秦）等国，打通了中原与西域、中亚、西亚乃至欧洲的交通，形成了横亘欧亚大陆的大道。武帝北击匈奴，逐匈奴出河西，置武威、酒泉、张掖、敦煌四郡，切断了匈奴与西羌的交通，开辟了通往西域的走廊，西域都护府设立，汉之号令行于西域三十六国，确保了丝路的畅通，促进了沿线各地的经济、文化和技术的交流发展，中西商贸产生了质的飞跃。

一、陆上丝绸之路的走向

从西域通往西方的陆上丝绸之路，称为绿洲之路，《汉书·西域传》记载了汉时西域至中亚的交通线路。"自玉门、阳关出西域有两道：从鄯善傍南山北、波河西行，至莎车为南道，南道西逾葱岭，则出大月氏、安息；自车师前王庭，随北山、波河西行，至疏勒为北道，北道西逾葱岭，则出大宛、康居、奄蔡。"[1]

综合中亚至西亚、欧洲的交通道路情况，汉代陆上丝绸之路主要有三条：第一条为北道，自玉门、阳关经车师前王庭，沿北山、波河至疏勒，逾葱岭至大宛、康居、奄蔡。此道由大宛又可至大夏，经康居、奄蔡、里海、黑海以北草原，则和欧洲相连。第二条为南道，自玉门、阳关经鄯善傍南山北、波河至莎车，西北行至疏勒，折向西南逾葱岭至大月氏、安息，此道在大月氏有多条岔道，为中亚交通之枢纽，向北越妫水和康居、奄蔡道通，向南和印度巴巴里肯、巴里柴格的海路相通，向西南和罽宾、乌弋山离至条支之路相通，向西则至木鹿、和椟、厄克巴丹、巴比仑、塞琉西亚，沿幼发拉底河而上至杜拉-欧罗波斯、帕尔米拉，由此又分两道。一条经安提屋克渡海到希腊、罗马；另一条经大马士革、推罗进入埃及的亚历山大。南道受沿途各国政府的保护，比较安全，是绿洲之路最主要的干线。

东汉时除了上述两条道路外，还增辟了第三条通道：从玉门、阳关经伊吾、高

1　《汉书》卷九六上《西域传》，北京：中华书局，1962年。

昌、金满、赤谷，取道天山以北准噶尔盆地至乌孙、大宛。但它长期被匈奴所控制，直到公元91年，汉破匈奴于金微山，匈奴西迁，汉才控制此道。上述三条道路是两汉时期经西域通往中亚、西亚、欧洲的丝路，也称绿洲之路。

除此之外还有通往缅甸、印度的西南夷道存在，这是一条西南丝绸之路，从成都出发，经云南、缅甸、印度到达中亚。《汉书·张骞传》载："臣在大夏时，见邛竹杖、蜀布，问曰：安得此？大夏国人曰：吾贾人往市之身毒国（即今印度）。身毒国在大夏东南可数千里。其俗土著，与大夏同，而卑湿暑热。其民乘象以战，其国临大水焉。以骞度之，大夏去汉万二千里，居西南。今身毒国又居大夏东南数千里，有蜀物，此其去蜀不远矣。今使大夏，从羌中，险，羌人恶之；少北，则为匈奴所得；从蜀宜径，又无寇。"[1] 这条通往印度的西南夷道，在张骞通西域前即已存在，公元前四世纪印度旃陀罗笈多王朝考第亚（Kautilya）所著书，说到"支那（Cina）产丝与纽带，贾人常贩至印度"。公元前四世纪成书的梵文经典《摩呵婆罗多》（Mahabharata）和公元前二世纪成书的《摩奴法典》（Manou）等书中也有"丝"的记载和支那的名称[2]。

二、丝绸之路与沿线各国的纺织品贸易

1. 中国西北与蒙古

汉初，高祖与匈奴结和亲之约，汉以宗室女为单于阏氏，匈奴不重珠玉，喜爱丝绸，岁奉匈奴絮缯、米、酒实物各有数。文帝前六年（公元前174年），文帝以宗人女嫁单于，赠送匈奴的礼品有绣十匹、锦二十匹，赤绨、绿缯各四十匹，另有绣袷绮衣，绣袷长襦，锦袷袍；武帝时，汉为联络乌孙共同夹击匈奴，先后将细君、解忧两公主分别嫁于乌孙昆莫，每年派使者慰问，带去大批的帷帐锦绣等丝织品。张骞出使西域时，携带了大量牛羊、缯帛和黄金，与他的副使到西域各地馈赠交换，丝织品作为信物与礼品，在西域的外交上起到其他物品不能替代的作用。

随着丝绸之路商品经济的活跃，在西域，珍贵的丝织品也常成为货币的代用品，用于交换其他商品。汉代西域木简记载"水槽掾左郎白前府掾所食诸部瓜菜（价）綵一匹付客曹"，屯田的戍卒用丝织品交换所需的瓜菜[3]。尼雅出土的佉卢文残卷中甚至发现有以丝绸作价购买女奴的记载，当时一个奴隶的身价等于41卷丝绸[4]。这些都说明丝绸在西域经济生活中所起的作用。

丝路东段发现的汉代丝织品也说明了两汉时期的丝绸贸易的繁荣与兴盛，汉代丝织品在丝绸之路东段沿线的罗布淖尔、民丰、尼雅、楼兰，武威，内蒙古的扎赉诺尔，蒙古的诺因乌拉等地都有发现。

2. 中亚

丝路中段主要包括伊朗东部高原以东、葱岭以西的中亚地区，是连接东西方

---

1 《汉书》卷六一《张骞传》，北京：中华书局，1962年，第2690页。

2 伍加伦：《古代西南丝绸之路研究》，成都：四川大学出版社，1990年，第35页。

3 张凤：《汉晋西陲木简汇编》，上海书局，1931年。

4 汪宁生：《汉晋西域与祖国文明》，《考古学报》1977年第1期，第23—31页。

的重要一环。中国与中亚的商贸活动至少可追溯到战国时期，在月氏人迁居大夏之前，中国的丝织品已经运往大夏，1936年考古学家在阿富汗喀布尔以北约60公里处发掘亚历山大城（约建于公元前四世纪后半叶）时，曾经在一处城堡中发现许多中国的丝织品[1]。由此可见，中国与中亚之间的丝绸贸易，远在张骞"凿空"西域之前，就已经存在了。有的学者认为这些丝织品有可能是从成都经"西南丝道"运到印巴次大陆，然后转手到中亚的[2]。

此外叶尼塞河畔的奥格拉赫提公元二世纪的古墓、贝加尔湖南侧的伊尔莫瓦德、黑海克里米亚半岛上的公元一世纪刻赤遗址、吉尔吉斯达拉斯近郊的古墓中都曾经出土有汉代的丝织品。这些汉代丝织品是当年丝路贸易盛况的见证。

3. 安息与罗马

丝路西段在西亚的安息与地中海周边罗马帝国统治的区域内。安息地处伊朗高原，东接中亚，西连罗马帝国，成为丝绸之路的要冲，控制着丝路的西段，汉与安息的稳定关系对丝绸之路的东西方贸易发展起到极大的作用。安息垄断中国与欧洲市场的丝绸贸易，除陆路外，安息的商人还以波斯湾为中心，与东方的印度与西方的罗马商人交易，这样，中国的丝绸无论从陆路还是海路，均需经安息商人之手方能转输罗马。罗马帝国也必须通过安息，才能将青铜器、玻璃器、酒、黄金，从高卢运到中亚、中国和印度，来换取丝织品、象牙、香料和宝石等。为此安息与罗马帝国长期不睦，为打破安息对丝绸的垄断，曾多次发生战争。但安息凭借山河险阻，使罗马不能东下。

罗马帝国在汉时被称为大秦，《后汉书·西域传》详细记载了大秦的情况："大秦国一名犁鞬，以在海西，亦云海西国。地方数千里，有四百余城。小国役属数十……其人民皆长大平正，有类中国，故谓之大秦。"[3]汉代，中国的丝织品已传至西方的罗马帝国，公元前53年的卡雷之战，帕提亚王国（安息）军队就打着用五颜六色的中国丝绸做的军旗，向入侵的罗马军团进攻，在这场大战中克拉苏和他的儿子以及数万罗马士兵毙命。历史学家弗罗鲁斯认为，"使罗马军团眼花缭乱的、绣金的、颜色斑斓的军旗，就是罗马人前所未见的第一批丝绸织物"[4]。丝绸很快就得到了罗马上层社会的青睐，公元前48年凯撒大帝在祝捷会上曾身穿丝绸服装，各行省的贵族也竞相效仿，罗马还有专卖中国丝绸的市场。西班牙、高卢、不列颠的罗马上流社会存在着对丝绸的旺盛需求。安敦尼王朝（公元96—192年）时，丝织品在罗马极西的伦敦，也像在洛阳一样普遍[5]。

东汉时，我国与罗马帝国在丝绸贸易方面的联系更加密切，罗马地理学家马林在《地理学导论》一书中记载了罗马商人到洛阳进行丝绸贸易的经过，东汉和帝永元十一年（公元99年）11月，马其顿巨商梅斯委托代理人组成商团，从马其顿出

---

1 王治来：《中亚史》，北京：中国社会科学出版社，1980年。

2 童恩正：《略谈秦汉时代成都地区的对外贸易》，《成都文物》1984年第2期，第20页。

3 《后汉书》卷八八《西域传》，北京：中华书局，1965年，第2919页。

4 〔法〕布尔努瓦：《丝绸之路》，济南：山东画报出版社，2001年，第3—86页。

5 〔英〕赫德逊：《欧洲与中国》，北京：中华书局，1995年，第47页。

发，经达达尼尔海峡、幼发拉底河上游汜复城（今叙利亚北部门比季），进入安息西境的阿蛮城（今伊朗西部哈马丹），沿里海南岸行至安息国都和椟城（今伊朗达姆甘）、安西东境亚里（今阿富汗西境赫拉特）和木鹿城（今土库曼斯坦南境马里），其后进入贵霜境内，到大夏国都蓝氏城（今阿富汗瓦齐拉巴德）。由此沿喷赤河东行至葱岭最高点休密人居地，然后下山，经瓦罕走廊，进入中国境内。沿塔什库尔干河北行至无雷（今新疆塔什库尔干县境），在此顺塔什库尔干河转向东行，至石塔、蒲犁沿叶尔羌河东行，经德若、西夜至莎车（今新疆莎车）。其后东行于阗（今新疆和田一带）、精绝（今新疆民丰县境），穿过大沙漠直抵罗布泊西岸的楼兰，再经山国、敦煌，最后于永元十二年（公元100年）十一月到达洛阳。在洛阳宫廷受到汉和帝接见，赐予“金印紫绶”。这支商团返回罗马时贩运了大批中国的丝绸及其他珍贵的手工艺品，对丰富罗马的社会经济和市场贸易起了很大作用[1]。

昂贵的丝绸使罗马的金银不断外流，奢侈之风盛行，公元4年罗马皇帝迪比琉斯（Tiberius）不得不下令禁止男性公民穿丝绸服装。普林尼（公元23—79年）在其《博物志》中曾提到，罗马妇女竟相穿透明的衣服来展现女性的魅力，奢侈之风盛行，其丝绸衣料来自赛里斯国（Seres意为丝国，指中国）。据普林尼估计，这一时期罗马每年支付阿拉伯半岛、印度和中国的货款就达1亿赛斯特提（Sesterces），合10万盎司黄金，而其中大部分是购买中国丝绸的货款。因此，比价与黄金相同的中国丝绸，在罗马贸易总额中占有很大比例。到了罗马后期，由于罗马人恣意耗用奢侈品，国库枯竭，黄金大量外流，财政极度困难，称雄一时的罗马帝国，就是在经济陷于崩溃的状况下，走向衰落和瓦解的。

综上所述，在秦汉时期，尤其是在张骞两次出使“凿空”西域后，丝绸之路贸易在规模与性质上发生了根本性的变化。丝绸贸易从自发的民间辗转交换模式，向在官方保护与支持下的模式发展，初步形成了一条东起中国长安，西至地中海沿岸，连接古代中国文明与伊朗文明、罗马文明的商贸大道。这条商道，长达7000多公里，以丝绸为贸易的主要载体，促进了中国、中亚大草原、伊朗高原、地中海区域的沿线各国的经济、文化和技术的交流与发展。

1 林梅村：《公元100年罗马商团的中国之行》，《中国社会科学》1991年第4期，第71—85页。

第四章
魏晋南北朝时期的纺织文化

魏晋南北朝历时360余年，是中国历史上最混乱的时期，战争连绵，国家分裂，政权更替，但持续的民族交融、广泛的国际往来，却令中国的纺织文化史无前例地拥有丰富的内涵、多样的面貌，意义极其重大。从产地看，三国以来，南方特别是长江三角洲地区桑蚕丝织迅速发展，为唐中期以来江南丝织业的持续繁荣奠定了基础。以艺术而论，从西方传入的联珠纹与其组合方式至少影响了中国丝绸艺术150年，而以丝绸图案为代表的中国装饰出现了大量的植物纹样，各类装饰形象已走出了两汉的夸张稚拙，转为写实，这些对中国后世的影响十分深远。丝绸艺术的重要变化发生在南北朝晚期，突出表现于北方，而其文化背景是频繁的中西交流，变化的内因则是统治者对异域文明的喜爱。在北方，统治者文化状态的相对落后是招致这种喜爱的直接缘由。

第一节　魏晋南北朝的纺织生产概况

一、纺织生产区域

北方的山东、河南，历来为著名丝织产区，后加上河北，此三地成为魏晋南北朝的主要纺织品供应区。按《魏书·食货志》记载，北魏境内有19个州产丝及丝织品，一半以上的州郡产麻布[1]。

这些地区不仅是产丝的重地，也聚集了众多丝织品的品种。魏晋时期，这里仍然保持着丝织生产的统治地位和精湛的技术水平。如左思《魏都赋》有“锦绣襄邑，罗绮朝歌”[2]之句，除称道襄邑的织锦，又指出朝歌（今河南淇县北）的罗绮，可知锦绣、罗绮都是河南的名产。石崇《奴券》中说：“常山细缣，赵国之编，许昌之总，沙房之绵。”[3]左思也在《魏都赋》中将房子（今河北高邑西南）的绵纩、清河（今河北清河西北）的缣总，与襄邑的锦绣、朝歌的罗绮相提并论，足以见其佳妙，相信已成此时的名产。至北齐时，泾州丝局、雍州丝局、定州紬绫局已经成为中央

1 《魏书》卷一一〇《食货志》，北京：中华书局，1974年，第2581—2582页。
2 〔晋〕左思：《魏都赋》，《全上古三代秦汉三国六朝文》卷七四，北京：中华书局，1958年，第1889页。
3 〔晋〕石崇：《奴券》，《全上古三代秦汉三国六朝文》卷三三，第715页。

官属丝织作坊[1]。

江南地区以产苎麻著名，麻葛纺织比较发达，这种情况一直延续到唐代前期。《晋书·苏峻传》载："峻陷宫城，……时官有布二十万匹，……绢数万匹。"可见南方官库所藏亦以麻布为主。

但在魏晋南北朝时，情况也出现了一些比较明显的变化。孙吴政权割据江东，北人南移者渐多，蚕桑业与丝织技术也逐渐传播到江南，加之孙氏部属及当朝权贵多系北人南移者，提倡蚕桑更是势所必然，因此丝织业较诸前代有显著发展。如吴末华覈上疏谏孙皓说，"大皇帝……广开农桑之业，积不訾之储"，又说"宜暂息众役，专心农桑"[2]。陆逊在海昌做屯田都尉时，亦曾督劝农民蚕织，官私兼得其利[3]。三国末期至晋初，会稽缫织技术有所提高，诸暨蚕丝为皇室所用，时人称："诸暨、永安出御丝。"[4]会稽人杨泉，依据农家养蚕缫织经验，著有《蚕赋》和《织机赋》，反映了当时丝织的兴起[5]。东晋义熙十三年（417年）刘裕灭姚秦，迁关中技工于建康、设立"斗场锦署"之后[6]，给南方丝织业发展带来新的契机。刘宋以后，江南成为重要丝织品产区，"荆城跨南楚之富，扬部有全吴之沃。鱼盐杞梓之利，充仞八方；丝绵布帛之饶，覆衣天下"[7]。

南朝政府大力发展桑蚕业，宋武帝"劝课耕桑，使宫内皆蚕"[8]。南齐永泰元年（498年）时，"教民一丁种十五株桑、四株柿及梨栗，女丁半之，人咸欢悦，顷之成林"[9]；浙江地区盛植桑树，但养蚕技术与中原有所不同，永嘉（今温州）一带，有"八辈蚕"[10]；原料茧的贮藏方法及盐渍技巧也有所改进。南朝的桑蚕业虽逐渐兴起，但丝织品产量仍远不如麻织物。在古代，"布"一般特指麻织物，东晋至南朝租调皆布绢兼收，但绢之收入远逊于布，东晋时官库藏绢尚不及布之半数[11]，对臣僚的赏赐绢的数量也远不如布。丝织品产量虽然不高，但南朝社会奢靡之风的蔓延，助长了皇室及士族权贵对丝织品的需求。刘宋以来，中央染织作坊的规模不断扩大，并在民间大量调绢。

益州也是丝织业的著名产地，其中心成都的蚕桑业历史悠久，汉时蜀锦就已负盛名，并成为蜀地富庶繁荣的重要标志。刘备定都成都后，蜀汉政权充分认识到蜀锦的战略意义，加强了掌控和生产。三国时，战争虽然频繁，但蜀锦和其他的一般丝织品却仍运销到魏、吴境内，广受赞扬。蜀锦素以质地紧密、色泽鲜艳、图案华美而著称于世。蜀汉时，除官府设有锦官，掌管蜀锦的织造外，民间织锦业也相当普遍。

---

1 《隋书》卷二七《百官志中》，北京：中华书局，1973年，第757页。
2 《三国志》卷六五《吴志·华覈传》，北京：中华书局，1982年，第1468页。
3 《三国志》卷五八《吴志·陆逊传》，北京：中华书局，1982年，第1343页。
4 《太平御览》卷八一四《布帛部一·丝》引《（三国吴）陆凯奏事》，北京：中华书局影印本，1960年，第3617页。
5 《艺文类聚》卷六五《产业部上·织》引三国吴·杨泉《织机赋》，北京：中华书局，1965年，第1168页。
6 《太平御览》卷八一五《布帛部二·锦》引《丹阳记》，北京：中华书局影印本，1960年，第3624页。
7 《宋书》卷五四《沈昙庆传》，北京：中华书局，1974年，第1540页。
8 《宋书》卷九九《元劭传》，北京：中华书局，1974年，第2424页。
9 《梁书》卷五三《良吏传·沈瑀》，北京：中华书局，1973年，第768页。
10 《太平御览》卷八二五引南朝宋·郑缉之《永嘉郡记》，北京：中华书局影印本，1960年。
11 《晋书》卷一〇〇《苏峻传》，北京：中华书局，1974年，第2630页。

从三国两晋到南北朝，蜀地织锦业一直在全国处于领先地位，民间织锦生产也经久不衰。

远离中原的新疆地区也是一个纺织生产的重要区域，纺织材料明显不同于内地。北朝人曾提到那里气候温暖，宜蚕、饶漆[1]，早在三至四世纪时，当地居民已学会养蚕缫丝，织制丝织品。四至五世纪时，丝织业逐渐兴起，能生产组织复杂、具有较高艺术价值的锦。五世纪以前，就形成了龟兹、疏勒、高昌、于阗等丝织中心，创造了具有当地特色的锦，如丘慈锦、疏勒锦等。同时新疆是羊毛织物的最重要产地。公元三至四世纪之间，新疆开始输入棉纺织品，甚至棉纺织业也在新疆开始出现。所以，新疆在中国纺织史上的地位非常独特，特别是在魏晋时期显现出其混合了毛、棉、丝、麻多种工艺的特点。

二、纺织品赋税

当时，统治者向民众征收赋税，在当时称为租调。租为田租，调指收纳绢、绵、布、麻之类。当时的统治者为保证国家收入的稳定，往往制定政策，预加营理，力求“先时而备，至时而输”。租调有其定制，如曹操时“户出绢二匹，绵二斤”[2]。吴国官府也曾三令五申要民间增产蚕丝，在养蚕缫丝时可“暂免他役”。西晋的户调制度比三国时更为苛重，其户调制规定，“丁男之户，岁输绢三匹，绵三斤，女及次丁男为户者半输。其诸边郡或三分之二，远者三分之一。夷人输賨布，户一匹，远者或一丈”[3]。东晋南朝的赋税制度承袭晋制，“其课丁男调布绢各二丈，丝二两，禄绢八尺，禄绵三两三分，……丁女并半之。”[4]

北魏延兴三年（473年），“诏河南六州之民，户收绢一匹，绵一斤，租三十石”[5]。太和八年（484年），租调制又发生变化，户调帛增至5匹[6]。太和改制后检校户口，设立三长制杜绝逃避官役的荫附，因此，一年后赋税制度也相应作了改革，大约相当于一户年调一匹[7]。但是贤主有心与民生息，酷吏为求政绩却度外征调。熙平中（516—518年），相州刺史奚康生即擅自将岁调增至七八十尺，几近两匹[8]。稍早，华州也存在这种现象，幸亏杨津为官清廉，下令以公尺度量，才解百姓横征之苦[9]。东西魏、北齐时制度基本沿袭北魏，北周的制度亦与北齐相仿，基本上每户调绢一匹、绵八两。这种赋税制度对纺织业的影响之大不言而喻，使家庭纺织业成为农民生活中的重要内容。几乎家家户户都置备机杼，并勤于纺织，织造出以布帛为总名的大量织物，既贡献君王、交纳政府，同时解决了服用之需。

1 《魏书》卷一〇一《西域传》，北京：中华书局，1974年，第2243页。
2 《三国志》卷一《魏志·武帝纪》注引《魏书》，北京：中华书局，1962年，第26页。
3 《晋书》卷二六《食货志》，北京：中华书局，1974年，第790页。
4 《隋书》卷二四《食货志》，北京：中华书局，1973年，第674页。
5 《魏书》卷七《高祖纪上》，北京：中华书局，1974年，第139页。
6 《魏书》卷一一〇《食货志》，北京：中华书局，第2581—2582页。
7 《魏书》卷一一〇《食货志》，北京：中华书局，第2585页。
8 《魏书》卷七六《卢同传》，北京：中华书局，第1681页。
9 《魏书》卷五八《杨津传》，北京：中华书局，第1297页。

三、官营织造与民间生产

官府作坊、权贵豪强作坊和民间织户是魏晋南北朝纺织生产的主要承担者。三国以后，官府对纺织业的管理较前代更为严格。招募的工匠、没入的罪犯家属和工巧奴婢是官府作坊中的主要劳作者。在少府所属的尚方、御府和织室中，他们按官府限定的品种、花样织造，以供皇帝后妃享用。曹魏已设宫廷丝织作坊，司马芝“迁大理正，有盗官练置都厕上者，吏疑女工，收以付狱”[1]。此女工当是官营丝织业中的织造官练的女工。东吴则有配隶犯法妇女的织室，而宫中“织络”者的数目也在膨胀[2]。东晋宫中设有“织坊”[3]。十六国时，石虎在邺都中尚方设锦署、织成署，用工各数百人[4]。南朝各代均设有少府，少府辖下的平准令掌管织染，灭姚秦后，刘裕在建康建立“斗场锦署”，此后，锦署便成为南朝官府手工业常设的机构，以供帝王权贵衣物之需。北齐时，太府寺下辖的中尚方领别局、泾州丝局、雍州丝局、定州紬绫局四处专营丝织的作坊，司染署又别领京坊、河东、信都三局丞，主管染色[5]。官府染织作坊里，能工巧匠集中，其制作禀承上命，用料精良，代表了时代丝绸织造的最高水平。

当时权贵大多占山护泽，拥有自己的田园和山墅，庄园内农业耕作与手工业制造密切结合。刘宋时，阮佃夫家所制衣物华美新奇，甚至超过内廷，成为京师效法的对象[6]。南朝的诸侯藩王也拥有自己的染织作坊，南齐时，庐陵王萧子卿“在镇营造服饰，多违制度”，鱼复侯萧子响“令内人私作锦袍绛袄”[7]。北魏初年，丝织户也每为权贵私占，以至“杂营户帅遍于天下，不属守宰，发赋轻易，人多私附，户口错乱，不可捡括”[8]。这种情况，一直到道武帝灭后燕，此后才逐渐改变[9]。

北朝时，励精图治的北魏孝文帝为示节俭，太和十一年（487年）曾下诏罢尚方锦绣绫罗之工，听民任造，并将御府所藏锦绣遍赐百官[10]。而在更多的时候，这种昂贵的丝织品是不可随意织造的。如姚兴即禁百姓私造锦绣[11]，至北齐，毕义云的罪名便包括家有锦机十余及私藏工匠[12]。

民间纺织多为妇女的劳作，由于其产品数量甚多，因而出现了专门贩卖丝织品的商户。萧梁时，王僧孺之母“鬻纱布以自业”[13]。诗歌中也多见对民间织妇勤于机杼的描述，而“三日断五匹，大人故嫌迟”、“三日五匹未言迟”[14]虽属套语，但它们

---

1 《三国志》卷一二《魏志·司马芝传》，北京：中华书局，1982年，第387页。

2 《三国志》卷六一《吴志·陆凯传》，北京：中华书局，1982年，第1402页。

3 《晋书》卷三二《孝武文李太后传》，北京：中华书局，1974年，第981页。

4 〔晋〕陆翙：《邺中记》，《丛书集成初编》本，上海：商务印书馆，1937年，第8页。

5 《隋书》卷二七《百官志中》，北京：中华书局，1973年，第757页。

6 《宋书》卷九四《恩倖·阮佃夫传》，北京：中华书局，1974年，第2314页。

7 《南齐书》卷四〇《庐陵王萧子卿传》，北京：中华书局，1972年，第703—705页。

8 《魏书》卷九四《仇洛齐传》。

9 《北史》卷九二《恩幸传·仇洛齐》，北京：中华书局，1974年，第3030页。

10 《魏书》卷七《高祖纪下》，北京：中华书局，1974年，第163页。

11 《晋书》卷一一七《姚兴载记上》，北京：中华书局，1974年，第2978页。

12 《北齐书》卷四七《酷吏传·毕义云》，北京：中华书局，1972年，第658页。

13 《梁书》卷三三《王僧孺传》，北京：中华书局，1973年，第470页。

14 《古诗为焦仲卿妻作》，《乐府诗集》卷七三《杂曲歌辞十三》，北京：中华书局，1979年，第1034页；萧

一再出现，却也是当时纺织效率颇高的证明。

当时的织物沿用汉代规格，绢、布皆幅广 2尺2寸，长40尺为一匹，60尺为一端。限定本严格，但颁布日久，违制滥造便屡有发生。为此，北魏延兴三年（473年）、兴和三年（541年）两次颁诏[1]，严令逾制，要求依准前式。直至北齐，为防违制，南清河太守苏琼仍会制定绵绢样度以为参照[2]。锦作为贵重的丝织品在内地每以匹计，在西北却又不同，那里的丘慈锦、钵斯锦常以"张"作计量单位。规格也异于内地织物，如丘慈中锦一张长9尺5寸，广4尺5寸；西向白地锦半张，长广各4尺，其幅宽相当于内地织锦幅宽的2倍以上。有学者相信，这种尺度的差异，原因在于当地织锦机与中国传统锦机不同[3]。

第二节　魏晋纺织考古发现

魏晋时期的纺织品集中出土在西北地区，特别是丝绸之路的沿途，如甘肃的武威、酒泉、玉门、敦煌一带，新疆塔克拉玛干大沙漠沿途的民丰尼雅、洛浦山普拉、且末扎滚鲁克、若羌楼兰、尉犁营盘、吐鲁番阿斯塔那等地。

一、玉门花海墓地

近年甘肃玉门花海毕家滩魏晋墓地又出土了不少丝绸织绣品，带有十分明确的年代，属公元400年前后，是极为典型的魏晋丝织品。2002年5月，甘肃省玉门疏勒河管理局在花海灌区的花海毕家滩进行移民区土地开发时发现了一座墓葬，当即对现场进行了保护，并上报甘肃省文物局。6、7月间，为了配合该地区的土地开发和移民安置，甘肃省文物考古研究所组成考古发掘队对该墓地进行了抢救性考古发掘。共发掘墓葬55座，其中位于沙岗之上的M26中出土一具女尸并丝绸服饰若干。此墓中极有价值的是出土了一件衣物疏。衣物疏的正面是随葬衣服及其他物品的品名和数量，这是一份目前所知有绝对纪年而且名物基本可以对应的衣物疏。据出土衣物疏记载，墓主人为东晋时"大女孙狗女"，死于升平十四年九月十四日，即公元377年。

由于考古发掘条件极为恶劣，墓中随葬品保存状况也不是很好，出土时的服饰基本只剩上身部分，而且，背后也已基本腐烂。不过，对照随墓出土的衣物疏，还是可以将文物归为9件，用当时的语言来命名的话，包括绯罗绣裲裆一领、绿襦一领、绀缟被一牒、紫绣襦一领、碧裤一立、绯绣袴一立、绀青头衣一枚、绯碧裙一牒、练衫一领。此外，M29还出土了较为完整的练面衣一枚。新疆吐鲁番阿斯塔那TAM39也有一件裲裆出土，其墓主人也是一位青年女性，而且墓中出土了一些随葬文书，

诠：《赋婀娜当轩诗》，《艺文类聚》卷六五《产业部上·织》，北京：中华书局，1965年，第1168页。

1 《魏书》卷一一〇《食货志》，北京：中华书局，1974年，第2582页、2863页。

2 《北齐书》卷四六《循吏传·苏琼》，北京：中华书局，1972年，第644页。

3 武敏：《从出土文物看唐代以前新疆纺织业的发展》，《西域研究》1996年第2期，第5—14页。

其中最晚的一件也是升平十四年（377年）[1]，与花海M26年代完全一致。但玉门花海墓地是第一次将裲裆的名称与实物对应起来，具有重大的意义。

二、营盘墓地

营盘又称因半，位于新疆尉犁城东南150公里处，东距楼兰近200公里。1989年，新疆自治区组织巴州文物普查队对这一地区进行文物普查时，在营盘清理了被盗墓葬10座，获得了不少纺织品[2]。但对营盘墓地进行全面的科学发掘开始于1995年11月至12月间，新疆文物考古研究所对营盘墓地的一百余座被盗墓和地表有木桩标志的32座古墓进行了抢救性发掘，其发掘的墓葬分布在东西长1.5公里、南北宽数百米的范围内。墓中最为突出的随葬品为纺织品，出土后，考古工作者对它们进行了基本的研究和分类。李文瑛和周金玲在《营盘墓葬考古收获及相关问题》一文中对墓地所出纺织品基本作了分类，并对部分织物作了专门研究[3]。这些纺织品从质地上可以分为丝、毛、棉、麻四类，前两类最多，占出土文物总数的三分之一以上。丝织品中有绢、绮、绦、绣、锦、染缬等，毛织品中有罽、毯、毡、编织带、毛绣及毛绳等。营盘出土的纺织品无论从技术上还是从图案上来看，均反映出东西方文化交流的影响，特别具有研究价值。1999年，新疆考古所又对墓地进行了完全彻底的发掘，出土了大量的纺织品和服饰实物[4]。

图 4-2-1　M15 墓木棺与干尸，汉晋，新疆尉犁营盘出土

营盘出土纺织品中包括中国传统的平纹地斜纹织物，有几何菱纹绮、方胜纹绮

1 新疆维吾尔自治区博物馆：《吐鲁番县阿斯塔那—哈拉和卓古墓群发掘简报（1963—1965年）》，《文物》1973年10期，第7—27页，图51。新疆维吾尔自治区博物馆简报中将升平十四年按东晋的纪年断为370年，无论谁对谁错，当为同一年。

2 新疆文物考古研究所：《新疆尉犁县因半墓地调查》，《文物》1994年第4期。

3 李文瑛、周金玲：《营盘考古收获及相关问题》，《丝路考古珍品》，上海译文出版社，1998年。

4 新疆文物考古研究所：《新疆尉犁县营盘墓地15号墓发掘简报》，《文物》1999年第1期，第4—16页。

图 4-2-2　龙纹缂毛绦裙，汉晋，新疆洛浦山普拉出土

和对禽对兽纹绮等六种，织锦之中也有如“登高”、“寿”等云气动物纹锦。但营盘出土丝织品中更有特色的是平纹经二重的绦带和平纹纬二重的织锦。除上之外，营盘所出丝织品中还有少量的锁绣品、绞缬品，特别值得注意的是印金织物。营盘出土的毛织物（图4-2-1）更为令人注目，其组织采用了双层组织和平纹纬重组织。其中对人兽树纹罽系M15墓主人的外袍面料，它采用双层组织，以红黄两色显示花地，其图案是典型的罗马风格的裸体天使和石榴树纹。营盘墓地还出土有不少毛毯，其中一件栽绒毯覆盖在M15的彩绘木棺上，其主体纹样为一伏卧的狮子，其形象明显带有异域的风格。

三、山普拉墓地

山普拉墓地位于新疆和田洛浦县境内。除早年被盗掘破坏外，此墓地曾于1983—1984年、1992—1993年及1995—1996年先后进行过清理发掘，共发掘墓葬68座，殉马坑2座，出土文物千余件[1]，其中纺织品包括保暖御寒的毛织毯、不加裁剪的贯头衣、简单裁剪的织成衣裤、缂毛绦装饰的喇叭裙，风格独特。山普拉最有特点的织物是缂毛绦，主要用于裙子装饰，可能产于当地（图4-2-2），但同时也有不少汉式织锦和绮的发现，明显来自中原地区，还有不少棉布和毛织品明显来自更西的中亚地区，如蜡染棉布、缂毛武士人物像和缂毛马人（图4-2-3）等，为国内外学术界所关注。瑞士阿贝格基金会不仅资助新疆维吾尔自治区博物馆和新疆文物考

1　阿合提·热西提：《洛浦县山普拉古墓地》，《新疆文物》1985年第1期；新疆维吾尔自治区博物馆：《洛浦县山普拉古墓发掘报告》，《新疆文物》1989年第3期。

古研究所出版了图录[1]，还特地为此举办了展览，将他们收藏的与山普拉织物较为相似的藏品进行研究和展示[2]。

图 4-2-3　缂毛武士人物像和缂毛马人，东汉，新疆洛浦山普拉出土

四、扎滚鲁克墓地

扎滚鲁克村在新疆且末县托格拉克勒克乡西南三公里处，其周缘的戈壁上分布着大小不同的五处古墓葬群，最大的一处称为一号墓地。1985年新疆维吾尔自治区博物馆开始了一号墓地的发掘[3]，1989年巴州文物管理所进行了第二次发掘[4]，1996年、1998年新疆博物馆考古部与巴州文物管理所、且末县文物管理所联合进行了较大规模的发掘，共发掘了167座墓葬[5]。扎滚鲁克一号墓地的主体文化共分三期，其中第二期相当于战国至西汉初期，墓中出土了来自中原的织锦和刺绣，第三期文化时代为东汉至晋，即三至六世纪。其中出土有大量棉毛织物，也有不少丝织品，特别重要的是一

1 新疆维吾尔自治区博物馆、新疆文物考古研究所：《中国新疆山普拉》，乌鲁木齐：新疆人民出版社，2001年。

2 Fabulous Creatures from the Desert Sends: Central Asian Woolen Textiles from the Second Century BC to the Second Century AD, Reggisberger Berichte, 10, Abegg-Stiftung, 2001.

3 新疆博物馆文物队：《且末县扎滚鲁克五座墓葬发掘报告》，《新疆文物》1998年第3期。

4 何德修：《且末扎洪（滚）鲁克墓地清理简报》，《楼兰文化研究论集》，乌鲁木齐：新疆人民出版社，1995年。

5 新疆博物馆考古部、巴音郭楞蒙古自治洲文物管理所、且末县文物管理所：《新疆且末扎滚鲁克一号墓地发掘报告》，《考古学报》2003年第1期。

图 4-2-4 鸟纹刺绣，汉晋，新疆且末扎滚鲁克出土

批丝线加有强捻的丝织品，被确定为新疆当地产品，还有一件双头鸟的刺绣也十分有趣（图4-2-4）。

五、吐鲁番阿斯塔那与哈喇和卓墓地

新疆吐鲁番阿斯塔那与哈喇和卓两处墓地的考古是新中国成立后北朝到隋唐丝织品发现的最主要成果。阿斯塔那汉名二堡，哈喇和卓汉名三堡，它们基本相接，均距胜金口和火焰山不远。吐鲁番的这两处墓地，也曾先后经斯坦因、橘瑞超等人调查和盗掘，有不少纺织品被带至国外，现藏于伦敦大英博物馆和日本的一些博物馆。但自1959年起，新疆的考古工作者在吐鲁番地区进行调查和科学发掘，先后11次，共清理古墓456座。其中有330座可以根据随葬文书或纪年物判明其年代，文字材料最早为晋泰始九年（273年），最晚为唐大历七年(772年)。虽然属于魏晋时期的只是少数，但其中出土的纺织品却也是十分重要，成为魏晋时期罕见的有明确纪年的纺织品。

第三节　魏晋南北朝的纺织生产技术

魏晋南北朝时期诞生了一部在科技史上有着显著地位的农学著作《齐民要术》，作者是北魏的贾思勰，书中对蚕桑技术和染色技术作了详尽的描述。另外，杨泉的《蚕赋》、《织机赋》和郑缉之的《水嘉郡记》等文献资料，以及新疆营盘、吐鲁番，甘肃嘉峪关、敦煌、花海等地的出土实物，都是探讨这一时期的纺织生产技术的重要资料。

一、蚕桑技术

1. 种桑

《齐民要术》卷五“种桑柘”条中，记载了五种不同的桑树名称：女桑、檿桑、荆桑、地桑、鲁桑。在这五种桑树名称中，女桑据郭璞的解释是“桑树小而条长者为女桑”；檿桑可能就是柞树；荆桑并非一种桑树品种，而是某一地区的实际生长桑树的统称；地桑仅是一种无主干剪养方式的桑树。由上述史料来看，贾思勰提到的前四种并非专门的品种名称，只有“鲁桑”一名，是该书中出现最早的桑树品种名称。鲁桑（Morus multicaulis L.）是在山东当地被驯化、选育而成的桑种。从贾氏所引农谚“鲁桑百，丰绵帛”可知，它是一个优良的品种。在长期不同的驯化和选择条件下，鲁桑产生变异，有黑鲁桑和黄鲁桑等，形成了一个系统——鲁桑系，在和现今山桑系、白桑系等组成的三大桑树系统中占有极重要的地位。

植桑当时多用压条法：在正月二月之时，用钩弋把桑枝压下着地，待条叶生高数寸后，乃以燥土壅之；次年正月中，即可截取而种。但有时也采用播种法培育实生苗：桑椹熟时，收黑鲁椹，马上以水淘取子并晒燥，然后畦种；次年正月，再移而别栽。相比之下，“大都种椹长迟，不如压枝之速”。因此当时多数采用压条法。无论是种椹法还是压条法都须重新栽植。在住宅边或园畔，多采用定植。栽植在田中，则还需经过一假植过程。假植时间，一般为种椹或压条后第二年的正月，二三月也可以。此时的栽植密度为五尺一根。等到假植两年后，枝干大如臂时，再于正月移栽定植，栽植密度为十步一树。“行欲小犄角，不用正相当”，即采用品字形栽培法。

桑树在定植后要年年修剪，年年采叶。《齐民要术》中说：“剶桑，十二月为上时，正月次之，二月为下，百汁出则损叶。大率桑多者宜苦斫，桑少者宜省剶。秋斫欲苦，则避日中，触热树樵枯，苦斫春条茂，冬春省剶，竟日得作。”采叶分春秋两次，各有要诀：“春采者必须长梯高几，数人一树，还条复枝，务令净尽；要欲旦暮，而避热时，梯不长，高枝折；人不多，上下劳；条不还，枝仍曲；采不尽，鸠脚多；旦暮采，令润泽；不避热，条叶干。秋采欲省，裁去妨者，秋多采则损条。”

2. 蚕种

关于蚕的品种名，《齐民要术》记载了当时北方常见的蚕名。贾思勰首先将其分为三卧一生蚕（三眠一化性蚕）和四卧再生蚕（四眠二化性蚕）两类。对具体品种来说，以体色和斑纹为主进行分类，则有白头蚕、颉石蚕、楚蚕、黑蚕、儿蚕、灰儿蚕之分；按照饲育或繁殖时间分类，是分秋母蚕、秋中蚕、老秋儿蚕、秋末老獬儿蚕，这是指南方的多化性蚕；按照茧分类，有绵儿蚕、同功蚕等品种。可以看出当时饲养的蚕品种之多和人们对此认识的仔细和深刻。在南方，以郑缉之《永嘉郡记》中的记载为最详：“永嘉有八辈蚕：蚖珍蚕（三月绩）、柘蚕（四月初绩）、蚖蚕（四月初绩）、爱珍（五月绩）、爱蚕（六月末绩）、寒珍（七月末绩）、四出蚕（九月初绩）、寒蚕（十月绩）。”从《永嘉郡记》中其他记载的综合分析，可以知道，除柘蚕为别种以外，其余七辈蚕的亲缘关系如下（图4-3-1）：

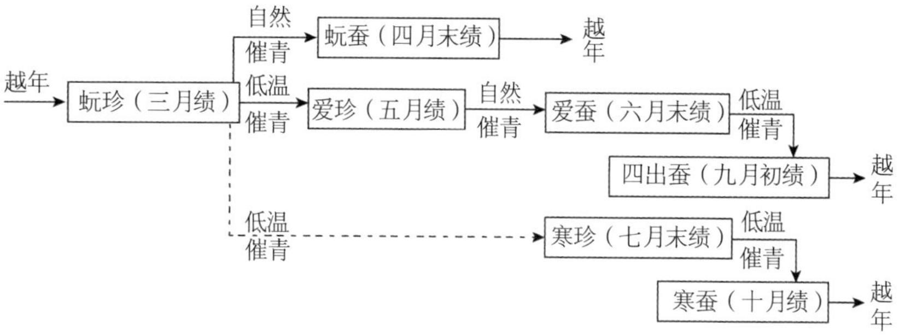

图 4-3-1 蚖珍、蚖蚕、爱珍、爱蚕、寒珍、四出蚕、寒蚕的亲缘关系示意图

在此期间，选种和制种技术均有了很大的进步。选种时注意产丝量和产种量，"收取种茧，必须居簇中者，近上则丝薄，近下则子不生也"。多化性蚕种一般在选种后7—8天便自行孵化，但当时已经发明了用低温控制蚕种孵化时间的方法。《永嘉郡记》中记载的方法是这样的：取蚖珍的卵藏于瓮内，内用腊月桑柴14枚，支架卵纸，卵纸多少由容器而定，可多到10张。然后盖覆器口，安置于坑谷冷泉水中，用冷气的低温来抑制蚕卵孵化。将容器置于水中的要求是，使水面与最高的那张卵纸纸面相平齐。若外水高，则卵死不复出；若外水过低，则温度不能有效地抑制蚕的孵化，不到二十一日它就自行孵化，而低温控制得当，则在二十一日后孵化。冷却法一般要求冷水在有树荫处，若无树荫，可用泥密封器口。这是当时用温度来调节蚕卵孵化时间的有效方法。

3. 养蚕

在蚕的饲养过程中，当时人们已注意到桑、火、寒暑、燥湿等因素，对各种生态因素有着较严格的要求。如贾思勰所说，对蚕室的要求是"四面开窗，纸糊，厚为篱。屋内四角着火，火若在一起，则冷热不均"，"调火令冷热得所，热则焦燥，冷则长迟"。在桑叶方面，采桑后要"著怀中令暖，然后切之"，"凡蚕从小与鲁桑者，乃至大入簇，得饲荆、鲁二桑。若小食荆桑，中与鲁桑，则有裂腹之患也"。这里对桑叶的温度、营养价值都根据养蚕的不同阶段作了严格规定。另外，在蚕具上也有较高要求，"初生以毛扫，用荻扫伤蚕"，"比至再眠，常须三箔，中箔上安蚕，上下安置。下箔障土气，上箔障尘埃"。说明对养蚕环境的重视。杨泉《蚕赋》中主张以蚕行动的"逍遥偃仰，进止自如"为标准，说明已注意到蚕座的疏密。

当时上蔟常在室外进行，杨泉曰："在室之东，东爱日景，西望余阳"。但遇雨天，则宜于屋里蔟之。据贾思勰记载，当时有三种上蔟方法。一是平面上蔟法。不用制簇，仅"薄布薪于箔上，散蚕讫，又薄以薪覆之。一槌得安十箔"。二是悬挂上蔟法。用蓬蒿簇，其形制可能类似后世伞形簇，方法是"以大科蓬蒿为薪，散蚕令遍，悬之于栋梁、椽柱，或垂绳、钩弋、鹗爪、龙牙，上下数重，所在皆得。悬讫，薪下微生炭以暖之。得暖则作速，伤寒则作迟，数入候看，热则去火。蓬蒿疏凉，无郁浥之忧；死蚕旋坠，无污茧之患；沙、叶不住，无瘢痕之疵。郁浥则难缲，茧污则丝散，瘢痕则绪断"。可见当时已利用上蔟加温、控制簇中清洁来改善茧质。三是用蓬蒿簇在室外平铺而上蔟。

茧处理已有日曝法和盐浥法两种。贾思勰已明确认识到日曝法的缺点，“日曝死者，虽白而薄弱”。因此当时多用盐浥法，“用盐杀茧，易缫而丝韧。”陶弘景说“东海（今浙江海宁）盐官盐，白草粒细，……而藏茧必用盐官者”，说明当时用盐浥法贮茧时对盐的白度和粒子大小有较高要求。

二、织造技术

1. 马钧改机

当时的踏板织机依然使用，在当时石刻上还可以看到素织机的形象还是采用斜织机，当与汉代斜织机相去不远（图4-3-2）。

图 4-3-2 孝子棺石刻上的斜织机，北朝，美国堪萨斯城纳尔逊博物馆藏

三国曹魏时，多综多蹑机曾由马钧进行改革。史载：“（马钧）乃思绫机之变，不言而世人知其巧矣。旧绫机五十综者五十蹑，六十综者六十蹑。先生患其丧功费日，乃皆易以十二蹑，其奇文异变。因感而作者，犹自然之成形，阴阳之无穷，此轮扁之时不可以言言者，又焉可以言校也。”[1]可惜的是，关于马钧改机的记载过于简单，难以据此复原。迄今为止，最为大胆而合理的推测属周启澄的研究。据周启澄的研究，马钧改革绫机，主要是减少了蹑的根数，即控制开口用的踏脚杆从五六十根减少到十二根，但并未提到“皆易十二综”，可见综片仍保持原来的数目（五六十片），使织出的花纹“奇文异变，犹自然之成形”。

不过，中国丝织史上的这一发明在出土实物中却找不到任何踪迹。绫的生产虽然在魏晋时有较大的发展，但在技术上却无任何突破可言。因此，马钧改机的行为可能只是一种局部的技巧的尝试，而没有一个生产性的突破。事实上，就周启澄所复原的马钧改机机构来看，这种复原的机构只是一种工艺技巧，很难实用，在当时也不可能被推广。

2. 束综提花机的成型

后世典型的束综提花机应该在这一时期得以定型。南朝梁刘孝威的《鄀县遇见人织率尔寄妇》（鄀县即今湖北宜城县东南）中较为详细地描写了一台织机，很有可能就是束综提花机：“妖姬含怨情，织素起秋声。度梭环玉动，踏蹑佩珠鸣。经稀疑杼涩，纬断恨丝轻。蒲萄终欲罢，鸳鸯犹未成。……机顶挂流苏，机旁垂结珠。青丝

1 《三国志》卷二九《方技传》，北京：中华书局，1982年。

引伏兔，黄金绕鹿卢。艳彩裾边出，芳脂口上渝。”[1]此诗描写的是一个多人共织的场面，诗的后半部分是描写一台花本提花机。“机顶挂流苏”，刘良注左思《吴都赋》时说“流苏，谓翦缯彩，垂于雕文之楼也”，在此“流苏”指从机顶悬垂的综丝。“机旁垂结珠”，“结珠”应指悬于机旁的花本，花本由“垂”向的脚子线和一束束横向的耳子线组成。耳子线以束成结，束与束间又常有腰箍（金属）相隔，长长的花本悬垂下来，确实很像“垂结珠”。“伏兔”指承受织轴的一对支架，“鹿卢”疑指后世所称的“特木儿”，地综上的提升装置。诗中提及的有关织机的部件还有杼和梭。杼在此主要指打纬装置，梭子是引纬工具。这一时期的梭子在安徽麻桥墓有出土，梭长31.6厘米，宽3.1厘米，形似枣核，中间有一个长12.8厘米、宽2.6厘米的槽口，槽口两端有对称的两个小凹槽，供放纡管，且原有金属物线钩将其固定；槽口一侧有一小圆孔，纬丝即从此穿出。

图 4-3-3　吉字对羊灯树纹锦，北朝，新疆吐鲁番阿斯塔那出土

真正意义上的束综提花机也应该在这一时期定型，这一论点得到了来自出土文物的极大支持。在吐鲁番阿斯塔那170号墓中出土了一件羊树纹锦，其图案是对羊灯树纹，沿织物的幅边各有成对的对羊纹样，对羊之间为一棵粗杆的灯树，灯树之上为对鸟。吐鲁番出土的同类织物相当多，在随葬文书中也可以看到“阳（羊）树锦”的记载。这类织锦共有两种形式，一种就如上所述，而另一种在织物左右两侧对称的图案之中织有“吉”字，“吉”字也是一个对称的文字（图4-3-3），由此可以确认，这件织物的图案不仅沿纬向循环，而且又沿经向循环（图4-3-4）。这一织锦的发现，标志着束综提花机的真正定型。由于M170的年代在550年前后，因此，束综提花机的出现年代也不会晚于六世纪中叶。

3. 丝织品规格

在此时期的丝织品规格基本沿用汉朝规格，北魏沿袭“旧制，民间所织绢、布，皆幅广二尺二寸，长四十尺为一匹，六十匹为一端，令任服用。后乃滥恶，不依尺度。高祖延兴三年（公元473年）秋七月，更立严制，令一准前式，违者罪各有差”[2]。这一规格与汉制完全一样，可见在此时期，我国北方生产的丝织品规格仍

1 〔南朝梁〕刘孝威：《郗县遇见人织率尔寄妇》，《玉台新咏》卷八。
2 《魏书》卷一一〇《食货志》，北京：中华书局，1974年。

图 4-3-4　对羊灯树纹锦复原，赵丰，2005 年

沿用汉制。根据出土实物考察，嘉峪关新城M2出土的木尺长为23.8厘米[1]，可以算得北魏时织品幅宽约为今之55.4厘米。南方六朝所使用的丝织品规格当与北方基本相同。

新疆吐鲁番出土的羊树锦，残存有过半的纬向纹样循环，根据一半的纹样循环来推测，此锦原来的幅宽约为42厘米[2]，比标准的魏制55.4厘米窄一些，这当然与织物的品种不同有关。

在新疆地区还有一种丝织品规格称为“张”，这与新疆地区特有的纺织技术有关。吐鲁番文书中地毯、波斯锦、丘慈锦等均用“张”作单位。《义熙五年（409年）道人弘度举锦券》和《承平五年（447年）道人法安第阿奴举锦券》中，均记载了这种“张”的规格（表4-1）。

表 4-1　吐鲁番文书中有关“张”尺寸的记载

锦名	年代	大小	规格（寸）		合今之规格（厘米）		文号番号
			长	广	长	广	
西向白地锦	409 年	半张	40	40	95.2	95.2	75TKM99:6（b）
黄地丘慈中锦	447 年	一张	95	45	216.1	107.1	75TKM88:1（b）

由此可见，当时丝织品中“张”的规格为长180.4—216.1厘米，宽95.2—107.1厘米，长约为宽的两倍。

1　国家计量总局：《中国古代度量衡图集》，北京：文物出版社，1981年。

2　武敏：《吐鲁番出土蜀锦的研究》，《文物》1984年第6期，第70—80页。

三、染色技术

魏晋南北朝时，随着对外交往日趋频繁，域外染料也渐传入，一些主要色调中的主要染料被新品种所代替。如原产东南亚的苏枋，此时开始跨过南岭进入中原；又如红花，传说由张骞自西域带回，即便不可尽信，但也表明了它的西方渊源。

植物学和农学的发展，使得这些染色用植物的种植培育有了长足进步。《齐民要术》中对红、蓝、紫、黄诸色染料的种植、制取的时令和方法有着详尽的记载。它们作为经济作物，能获得比种粮食更丰厚的收益。当时种红花者“负郭良田种顷者，岁收绢三百疋。一顷收子二百斛，与麻子同价，既任车脂，亦堪为烛，即是直头成米。二百石米，已当谷田。三百疋绢，超然在外”。而“种蓝十亩，敌谷田一顷。能自染青者，其利又倍矣”[1]。

1. 红花染

红花是这时最具特色的染料，开始逐步取代早期的茜草。它引种自西域，也适应中国水土。不仅一年可种两季，而且亩产量大，“一顷收花，日须百人摘，以一家手力，十不充一。但驾车地头，每旦当有小儿僮女百十为群，自来分摘，正须平量，中半分取。是以单夫只妻，亦须多种”[2]。红花染制的衣物色彩鲜艳，似乎颇受时人看重，在文献中屡屡见及，但极易褪色，东晋文人有诗曰：“休洗红，洗多红在水。新红裁作衣，旧红番作里。”[3]

《齐民要术》载有红花栽培法：“花地欲得良熟，二月末三月初种也。种法，欲雨后速下，或漫散种，或耧下，一如种麻法。亦有锄培而掩种者，子科大而易料理。花出，欲日日乘凉摘取，摘必须尽。”红花的生长期约为两个月，五月籽熟，因此，五月时还可种一次晚花。“七月中摘，深色鲜明，耐久不黦，胜春种者。”红花摘后一般要经制备，便于贮藏和贩运。制备法在当时称为杀花法，“摘取即碓捣使熟，以水淘，布袋绞去黄汁；更捣，以粟饭浆清而醋者淘之，又以布袋绞去汁，即收取染红勿弃也。绞讫，著瓮器中，以布盖上，鸡鸣更捣令均，于席上摊而曝干，胜作饼”。文中黄汁即指红花中所含黄色素，它能溶解于酸性介质中，而红花素不溶。因此，通过“粟饭浆清而醋者淘之”后，两种色素得到分离，黄色素用于打底，红花素则用于罩外。再从文中“胜作饼”一句看，当时制备红花已有“干红花”和“红花饼”两种方法。红花由西渐东，因此，我国西北地区的红花染色擅名中原，号称“凉州（甘肃武威）绯色天下之最”[4]。

红色染料中除红花以外，还有苏木从越南经云南、广西逐渐向内地输入。苏木，又称苏枋（Caesalpinia sappan L.），“树类槐花，黑籽，出九真（今越南），南人以染绛，渍以大庾之水，则色愈深”[5]。此段说明我国南方庾岭（今江西与广东交界处）一带已用苏木染色，并已认识到它的媒染性能，但它的广泛应用却是在唐朝以后。

1 〔北齐〕贾思勰：《齐民要术》卷五《种红蓝花、栀子第五十二》；同卷《种蓝第五十三》。
2 〔北齐〕贾思勰：《齐民要术》卷五《种红蓝花、栀子第五十二》。
3 无名氏：《休洗红二首》，《全晋诗》卷八《杂曲歌辞》。
4 《北史》卷二〇《尉古真传》，北京：中华书局，1974年。
5 〔西晋〕嵇含：《南方草木状》卷中。

2. 御黄染

我国黄色染料向来很多，在汉时已使用栀子、黄栌、黄檗等。魏晋时仍大量使用地黄（Rehmannia glutinosa L.）染色，以河东（今山西永济）为中心，主要用于染御黄，北齐设河东染局，亦与染御黄有关。贾思勰详细地记载了河东染御黄法，“碓捣地黄根令熟，灰汁和之，搅令匀，搦取汁，别器盛。更捣滓，使极熟，又以灰汁和之，如薄粥，泻入不渝釜中，煮生绢。数回转使匀，举看有盛水袋子，便是绢熟。抒出，著盆中，寻绎舒张。少时，捩出，净振去滓。晒极干。以别绢滤白淳汁，和热抒出，更就盆染之，急舒展令匀。汁冷，捩出，曝干，则成矣。大率三升地黄，染得一匹御黄。地黄多则好。柞柴、桑薪、蒿灰等物，皆得用之。”

文中的“御黄”，应该就是皇家所用黄色，被一般人所禁服。文中的“河东”，应该是指当时河东郡。河东郡自秦代始置，初治安邑（今山西夏县），晋时移治蒲坂（今山西永济），至隋方废。《后汉书·郡国志》载河东郡下领共二十个县：安邑、闻喜、猗氏、大阳、河北、蒲坂、汾阴、皮氏、绛邑、临汾、襄陵、杨县、平阳、永安、北屈、蒲子、端氏、濩泽、东垣、解县。其地为黄河与渭河分叉口的东北部，位于西安和洛阳之间的北部，正处于两京之间，自然是为皇家提供产品的最佳地点。

（1）地黄根作染料

地黄根来自植物地黄。地黄，学名Rehmannia glutinosa Libosch，药材。管花目玄参科多年生草本植物，初夏开花，淡红紫色，似喇叭形，数朵串联。其地下有块根呈黄白色，因此称为地黄。地黄分布在辽宁、河北、河南、山东、山西、陕西、甘肃、内蒙古、江苏等地（图4-3-5），最早作为传统中药载于《神农本草经》，依照炮制方法分为鲜地黄、干地黄与熟地黄。《韩诗外传》卷五载：“蓝有青，而丝假之，青于蓝；地有黄，而丝假之，黄于地。蓝青地黄，犹可假也，仁义之事，不可假乎哉！”从这条记载看，说明地黄在汉代初年已用于染色。

地黄虽有野生，但作为药材和染料，主要还是栽培。地黄栽种之法见于《齐民要术》卷五十五《伐木》所附：

种地黄法：须黑良田，五遍细耕。三月上旬为上时，中旬为中时，下旬为下时。一亩下种五石。其种还用三月中掘取者。逐犁后如禾麦法下之。至四月末、五月初生苗。讫至八月尽九月初，根成，中染。若须留为种者，即在地中勿掘之。待来年三月，取之为种。计一亩可收根三十石。有草，锄不限遍数。锄时别作小刃锄，勿使细土覆心。今秋取讫，至来年更不须种，自旅生也。唯须锄之。如此，得四

图 4-3-5　地黄

年不要种之，皆余根自出矣。

文中说到八月末、九月初之时，地黄根成中染。这与《齐民要术》将“河东染御黄法”放在崔寔《四民月令》八月之下是一致的，说明染御黄所用的地黄根可能就是新鲜采集的地黄根。根据现代分析结果测定，地黄根中所含大量地黄酸色素，可用作黄色染料。

（2）灰汁作媒染剂

这里的灰是指草木灰。贾思勰在《齐民要术》中说明了制作草木灰的草木，“柞柴、桑薪、蒿灰等物，皆得用之”。也就是说，用柞树、桑树或蓬蒿等烧灰，再和以水，均可以制成染色用的灰汁。

柞树，按俗人呼杼为橡子，以橡壳为“杼斗”，以剜剜似斗故也。橡子俭岁可食，以为饭。所以，这里的柞树，应该就是山毛榉科的Quercus acutissima。柞树亦可栽培，栽种之法在《齐民要术》中也有提及，“宜於山阜之曲，三遍熟耕，漫散橡子，即再劳之。生则薅治，常令净洁。一定不移”，“柴在外，斫去寻生，料理还复”。所以，柞柴就是从柞树上砍下来的杂枝，可以烧作草木灰。

《齐民要术》记载桑有数种，但主要只是外形的差别较大。桑为落叶乔木，有时亦低矮，桑枝在采叶后应该伐条，伐下的枝条可作烧火。这里的桑薪应该就是来自养蚕桑树的伐条。

《齐民要术》养蚕法中提及以大科蓬蒿作簇，让蚕吐丝。这里的蓬蒿就是白蒿，学名Artemisia stelleriana，可以用做蚕簇的材料，做完之后，可以烧灰。

所有的草木灰烧灰之后均含有金属元素，特别是这些植物富含钾，和水之后形成碳酸钾（K_2CO_3），可以用作媒染剂。

（3）配方

《齐民要术》中提到“大率三升地黄，染得一匹御黄”。即用三升地黄根染一匹御黄。魏制一升相当于400毫升，当时的三升也就是今天的1.2升。由于染色用的是新鲜地黄根，其重量应该是比较重的。一匹绢在汉制是匹长四丈，宽二尺二寸，汉制一丈等于十尺，一尺相当于今之23厘米，一匹相当于今天的4.6平方米。这样的话，就是1.2升地黄根染成4.6平方米的绢。

（4）染色器具

河东染御黄法中提到的相关工具或器具也十分值得考证，其中有碓捣地黄根的杵和臼、临时盛装染液的陶器、煮烧染液的铁釜以及进行染色的容器盆等。

碓是一种打压并捣碎谷物的工具，很像一把巨型的榔头，由木柄和石锤组成（图4-3-6）。

图4-3-6　石碓

碓捣时，首先要将谷物盛于石臼之内，同时把碓架在一个碓架上，人用脚踩碓的另一端让石锤跷起，再放开使石锤自由落下，打击臼内谷物。碓捣地黄根的动作和碓捣谷物是一致的。三升地黄根如果一起碓捣的话，应该在一个石臼中基本够了。

《齐民要术》中提到的器一般均是泛指容器，有瓮（图4-3-7）、碗、瓶等，其材质有漆、铜、瓦（陶）等，但当时最为常见的容器是瓮。

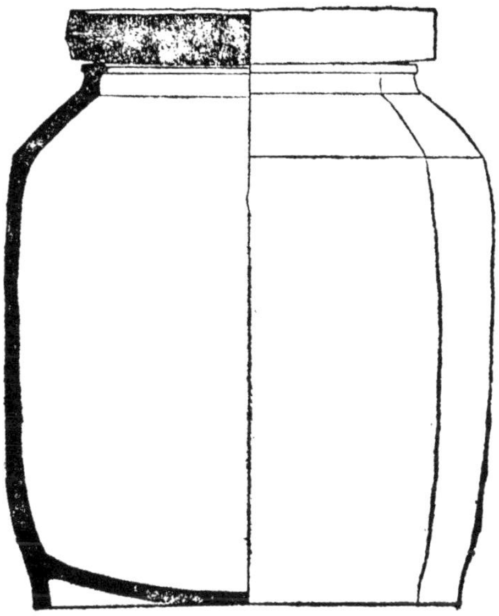
图 4-3-7　瓮

盆是古代较为常见的宽口容器（图4-3-8），与今天之盆含义基本相同。盆的材质很多，可以是铜盆，也可以是陶盆。但在染御黄中，如用铜盆就可能会有铜离子作用，所以不能用，而其他如陶盆或木盆等，均可以用于一定温度下的染色。

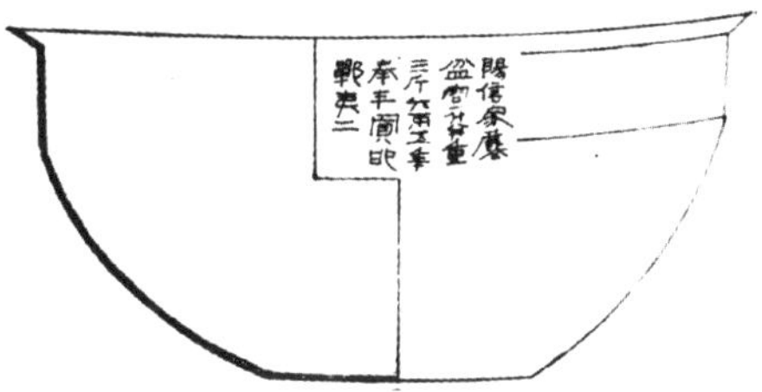
图 4-3-8　盆

釜是一个容器。圆体，平底，腹部或肩部较宽，但釜口收拢，形成颈部。较宽处两侧可能会生环，以便端釜（图4-3-9）。然而，这里的釜是不渝釜。《齐民要术》有“治釜不渝法”，在醴酷条中：

治釜令不渝法：常于谙信处买取最初铸者，铁精不渝，轻利易燃。其渝黑难燃者，皆是铁滓钝浊所致。治令不渝法：以绳急束蒿，斩两头令齐。著水釜中，以干牛屎燃釜，汤暖，以蒿三遍净洗。抒却水，干燃使热。买肥猪肉脂合皮大如手者三四段，以脂处处遍揩拭釜，察作声。复著水痛疏洗，视汁黑如墨，抒却。更脂拭，疏洗。如是十遍许，汁清无复黑，乃止；则不复渝。

这样看来，不渝釜就是不生锈的铁锅。如果渝了，铁就会出来，染地黄时就会以铁离子与染料发生媒染，就会干扰染色，染成别的色彩。

图 4-3-9　釜

（5）染色工艺

河东染御黄法中的所有细节均在《齐民要术》中有所记载，可了解其染色工艺。

碓捣地黄根令熟：将地黄根放在石臼内，用碓捣的方法，将地黄根打击并碾碎，一直碾到很熟为止。很熟的意思就是地黄根的纤维结构破坏，把鲜地黄的汁水和纤维混杂在一起。

灰汁和之搅令匀：将烧好的草木灰加水，形成灰汁，再将灰汁加到捣熟的地黄根中，混合在一起。将灰汁和地黄根再进行充分的搅拌。

搦取汁别器盛：搦，本义为用力按压，《说文》"搦，按也"，即将地黄的色汁挤出来。这是第一道地黄色汁。将挤出来的第一道地黄色素汁放到另一个瓮器之中，这个瓮应该是陶瓮比较合适。

更捣滓使极熟：把第一汁剩下的地黄根的渣再进行碓捣一次，也使它极熟。

又以灰汁和之如薄粥：再把草木灰汁和第二次捣的地黄和在一起，进行搅拌，一直拌到溶液像薄粥一样稠厚。这可以称为二汁。

泻入不渝釜中，煮生绢：将薄粥状的第二汁整个儿倒入釜中，将生绢也投入有地黄灰汁的釜中，釜底进行加热，一直煮着生绢。

数回转使匀：在加热过程中，要不停地搅拌，回转，使得染色均匀。

举看有盛水袋子，便是绢熟：这里的染色和精练，其实是同时进行的。丝织品没有精练之时，丝胶紧紧包裹丝素，经纬丝线之间会有空隙，染液容易穿透织物。但随着精练的进展，丝胶溶胀，丝素蓬松，经纬丝线挤在一起，织物变得没有穿透性，染液不易穿过织物，便出现了盛水袋子的情况。

抒出，著盆中：将在第二汁中染好了的织物和染液一起舀出，盛在盆中。

寻绎舒张：找到织物的开头，将其按序展开。"绎"，原意是丝绪，但在这里是织物，应该是匹料的头，沿着经线方向将其慢慢提起来，展开。

少时，捩出：过一会儿，就一边绞，一边拿出来。拿出来之后，按常规，一是挂在横杆上，或是摊在草地上，总之要使其相对平整。

净挋，去滓：当织物挂着或摊着时，就用其他的干布之类的去吸去过湿的局部，把渣弄干净。

晒极干：然后就在太阳下晒得极干。八月之时，正是夏日炎炎，容易晒得极干。

以别绢滤白淳汁：另取一块绢，将地黄的头汁再进行一次过滤，得到淳浓的地黄染液。

和热抒出，更就盆染之：将过滤后的地黄染液进行加热，再将其盛出来，盛到盆里。然后把晒干后的黄绢也放到盆里去进行染色。

急舒展，令匀：急速地在染液中搅拌，展开，使其染得均匀。

汁冷，捩出，曝干，则成矣：等到染液冷却之后，再将织物绞干取出。然后在烈日下曝晒，晒干之后，御黄也就染成了。

由此，我们可以得出整个染色工艺的过程如下示意图（图4-3-10）：

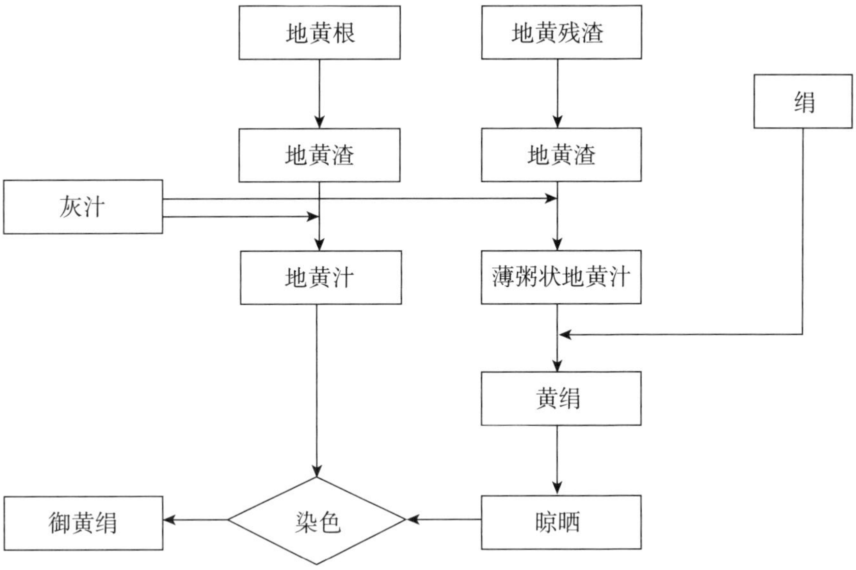

图 4-3-10 染御黄法过程示意图

3. 靛蓝染

蓝色染料在我国应用极早，汉代以前多为直接染，使用的染料以蓼蓝和菘蓝为主。但在此时，随着木蓝的输入，制靛技术也在中原兴起，从而为蓝色染料突破时间性和地区性的应用起到了重要作用。木蓝（Indigofera tinctoria L.）原产印度，魏晋时我国史料上方见记载，《广志》多载南方产物，其中提及“木蓝”，《图经本草》和《新修本草》都有记载：“木蓝，出岭南”，由此可见木蓝很可能是由印度传入的。中国早就用含有靛质的蓝草染青色，但从文献资料来看，最早都是采用直接法。而从南北朝起，记载中才逐渐出现制靛法，且以贾思勰所载最详。“七月中作坑，令受百许束，作麦稈泥泥之，令深五寸，以苫蔽四壁。刈蓝倒竖于坑中，下水，以木石镇压，令没。热时一宿，冷时再宿，漉去荄，内汁于瓮中。率十石瓮，著石灰一斗五升，急手抨之，一食顷止。澄清，泻去水。别作小坑，贮蓝淀著坑中。候如强粥，还出瓮中，蓝淀成矣。”

从《齐民要术》所载染料制备和染色工艺来看，还有两点值得注意：一是在染料的制备或处理上注意到了保存、运输等对染色性能的影响，如红花有干红花和红花饼两种制备法，可供长期使用；蓝亦制成靛青，保存和携带均很方便；紫草经过适当的压扁、日晒后在市场上出售。这与前代的染料受到染色季节限制的情况相比确是前进了一大步，对推广和传播丝织品染色技术作出了贡献。二是在染料制备和染色过程中应用了大量的助剂，这与酸性染料，还原染料等种类的增加有关。《齐民要术》所载，酸剂有粟饭浆、醋石榴、食用醋等；碱剂用石灰和草木灰，包括落藜、藜、翟、蒿、柞柴、桑薪或一般的草烧成的灰，媒染剂亦以草木灰为主。

第四节 魏晋南北朝的纺织品种

魏晋南北朝的纺织品种尤其是丝织品品种相当丰富，绢、缣、绡、紬、练、纱、罗、縠、绫、绮、锦、织成等应有尽有。绢、缣、绡、紬、练等虽然数量很多，也能反映普遍的丝织水平，但它们毕竟只是一种普及的丝织物，没有织纹，不能代表时代丝织品的最高水平。下面介绍的主要是有代表性的高档丝织品品种。

一、织锦

三国西晋时期，锦的产地已知不少，但品质各异。其中以蜀郡（今四川成都）、襄邑（今河南睢县）、齐郡（今山东临淄）、洛邑（今河南洛阳县南）等地最为知名。

从文献看，蜀地织锦规模最大，受到的赞美也最多。左思《蜀都赋》云："百室离房，机杼相和，贝锦斐成，濯色江波，黄润比筒，籝金所过。"左思身在洛阳，能发出如此赞叹，蜀锦品质应该确实不低。而北方最重要的织锦中心在襄邑，由于其历史悠久，技术成熟，花色品种多样，因此，曹丕对魏国织造的锦颇为高看，觉得即使蜀锦也不能与之相比[1]。此外，在稍晚的文献中，还有"金锦"的记录，如晋太子画轮车"两箱里饰以金锦"[2]，因中国内地织造金锦，或应始于隋代[3]，故这种金锦可能即是所谓的"魏大秦及西竺金织成"，或称"金锦"。三国魏明帝在位时，就有通过互市传入的这类金锦[4]，这应是对从西域传入的金锦的已知最早记录。当然，中原地区与周边少数民族地区的丝织技术交流也是双向的，柔然曾向南齐世祖求织成锦工，但遭到拒绝[5]。

从实物来看，魏晋织锦多出自新疆地区，其中以吐鲁番、营盘、尼雅楼兰等地出土的锦的数量、品种最多，也最精美。其组织结构和图案纹样多因袭汉式织锦，仍是以流动的云气纹为骨架，飞龙、奔虎、凤凰等祥禽瑞兽穿插其中的多彩经显花平纹经锦（图4-4-1）。南北朝时期的织锦依然以平纹经锦为主，但配色比较明快。和汉式织锦一样，其经线也是通过分区排列变换色彩，织锦表面往往呈现色条效果，每区通常是三色，即表里经排列比为1:2。几乎未见汉式织锦中常有的通幅五色和每区四色的情况（图4-4-2）。此时，织锦图案中写实的人物和动物大量增加，形态表现细腻、轮廓圆润，说明显花技艺有所进步。图案多采用对称布局，到北朝晚期，正式出现了图案可以在经纬两个方面进行循环的提花织物。而图案风格上的变化最大，使人明确感受到来自萨珊波斯、粟特、印度的影响。由于多种

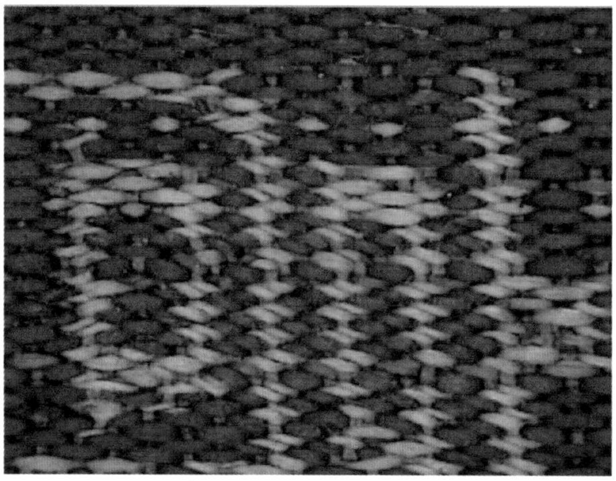

图 4-4-1　汉晋平纹经锦局部

1　魏文帝：《诏群臣》，《全三国文》卷六，北京：中华书局，2001年，第654页。
2　《晋书》卷二五《舆服志》，北京：中华书局，1974年，第764页。
3　尚刚：《唐代工艺美术史》，杭州：浙江文艺出版社，1998年，第47页。
4　《晋书》卷二六《食货志》，北京：中华书局，1974年，第784—785页。
5　《南齐书》卷五九《芮芮虏传》，北京：中华书局，1972年，第1025页。

文化的并存，组合形成了异常纷繁的面貌。

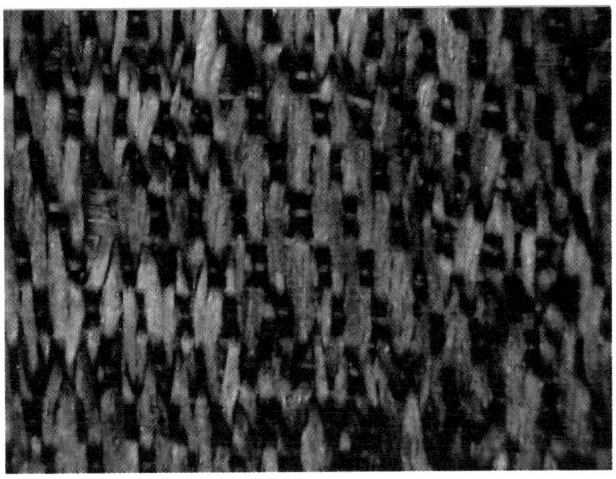
图 4-4-2　北朝平纹经锦局部

关于吐鲁番阿斯塔那墓葬出土的大量北朝织锦的产地，武敏认为，除一部分为高昌本地所产外，多为蜀锦[1]。其原因是，当时的中原地区战乱不已，生产破坏极大，而南朝梁武帝曾派少府到市上采购丝织品[2]，说明当时中央锦署产量不多，尚不能自足，如何可以使产品远销西北。只有蜀地的织锦业一枝独秀，到南朝时成为南方最大的丝织品生产和贸易中心，才能够提供商品流通于世。南北朝时，蜀地成为南北文化交流与商品贸易的重地，吐谷浑和柔然的商人也常至成都贩货而返[3]，成都附近还居住着一些专门从事丝织品贸易的西域商人[4]。吐鲁番阿斯塔那出土的这些织锦很可能就是通过丝绸之路河南道，由蜀地运往高昌的。但事实上四川不会是唯一的向西北地区输出丝织品的地方，在甘肃敦煌出土的北魏时期刺绣作品中，明白注明了供养人为洛阳的广阳王[5]，《洛阳伽蓝记》中也有不少记载提到当时从魏地运到丝绸之路上的丝织品数量极大，某些寺庙内"悬彩幡盖，亦有万计，魏国之幡过半矣。幡上隶书多云太和十九年、景明二年、延昌二年，唯有一幡，观其年号是姚兴时幡"[6]。而且在吐鲁番阿斯塔那170号墓中还出土了记载有"魏锦十匹"的衣物疏[7]，这虽然不是当年衣物随葬的准确记载，但起码说明了当时曾有过魏锦的使用。

值得指出的是当时新疆本地亦有织锦生产，其织造工艺和规格都很有特色。据吐鲁番出土《高昌永康十年用绵做锦绦残文书》载，公元五世纪时，高昌官府织作有"绵经绵纬"的锦绦，这类实物新近在新疆营盘墓地出土甚多，皆由加有Z向强捻的丝线以经二重平纹组织制成。多色彩丝在最宽不到10厘米、最窄不到1厘米的幅宽范围内分成数区排列。每区两色，排列比1:1。织造时纹地色彩互换，形成规整的长方格骨架，格内填织动物纹、几何纹、涡云纹、横向联珠纹等(图4-4-3)。锦绦织物虽小，但其中包含着多种纺织文化的因素。首先在图案上，占比例很大的动物纹多数都与吐鲁番、营盘出土织成履上的夔纹相近，涡云纹也见于楼兰出土晕繝花卉缂

1 武敏：《织绣》，台北：幼狮文化事业公司，1998年，第98页。
2 《南史》卷五三《邵陵携王萧纶》，北京：中华书局，1975年，第1323页。
3 《南史》卷七九《夷貊传·河南王》，北京：中华书局，1975年，第1978页；《梁书》卷五四《诸夷传·河南王》，北京：中华书局，1973年，第810页；《南齐书》卷五九《芮芮虏传》，北京：中华书局，1972年，第1025页。
4 《北史》卷八二《儒林传下》，北京：中华书局，1974年，第2753页。
5 敦煌文物研究所：《新发现的北魏刺绣》，《文物》1972年第2期，第54—60页。
6 〔北魏〕杨衒之：《洛阳伽蓝记》卷五《宋云惠生使西域条》。
7 《吐鲁番出土文书》(二)，北京：文物出版社，1981年，第60页。

毛织物及尼雅出土栽绒毛毯上，基本可以肯定为西亚风格的纹样。在织造技术上，织物基本组织是我国传统的平纹经重，但所用丝线却加有Z向强捻，这种丝线可能为西域当地所产。织物方格中的图案在经向明显不循环，或在视觉上虽有一定循环，但实际上并非真正的循环，这都是西域织造技术的特点。由此可以推测，这类锦绦很可能是在东西方纺织文化广泛交流的背景下，产自新疆当地的一个新品种。

但是，从近年不断发现的实物来看，新疆地区更为大量的绵经绵纬织锦采用的是平纹纬重组织，其结构正好是平纹经锦的90度转向，一般认为这是中国传统的平纹经锦对西域丝织工艺的影响所致。这类平纹纬锦丝线多加有Z捻，个别的为S捻。多数平纹纬锦丝线粗细不匀，织物外观粗疏厚实（图4-4-4）。据考证，新疆地区的人们有以“蛾口茧”所治丝锦加捻成线再用于织造的习惯，此特点正好与之相符[1]。平纹纬锦的色彩比较单调，常见土黄、白、红（绛色）、浅褐色等，以两色和三色锦最为常见，其幅宽有的1米左右，即以“张”为计量单位。

根据对出土实物的观察，新疆地区出土的平纹纬锦大致可分为两类：第一类用明显的绵经绵纬进行织造，其图案又可分为三型，一是摹仿汉式织锦中的云气动物纹，但图案的方向刚好相差90度，即其云带沿经向伸展（图4-4-5）。从营盘的发现看，这类图案的

图 4-4-3 方格变形动物纹锦绦，汉晋，新疆尉犁营盘出土

图 4-4-4 魏晋平纹纬锦局部

图 4-4-5 龙纹纬锦，汉晋，新疆尉犁营盘出土

1 贾应逸：《新疆丝织技艺的特点》，《考古》1985年第2期，第173—181页。

纬锦出现时间最早，至迟不晚于四世纪。第二型图案题材较丰富，单位纹样皆沿纬线方向以二方连续的形式横向排列，如杯树纹锦，以高脚杯、十字和树纹组成纹样[1]。营盘出土的一件纬锦，纹样构成更为复杂，有人物、兽面、小鸟、树、楼阙等。由于采用对称连续布局，整体纹样仍显得比较规整（图4-4-6）。第二型纬锦出现的时间大概在北朝初，比第一型晚，但流行时间持续较长。第三型为骨架式排列的图案，在属于麴氏高昌时期的墓葬中，就出有这方面的实物。如红地人面鸟兽纹锦（图4-4-7），由四方连续的圆角方形构成骨架，和簇四的环形团窠骨架近似，骨架内填直发人面、对兽、对鸟、对鹿、花瓶纹样。其中的人面纹带有两只兽足，这种造型显然受到汉晋时期兽面纹的影响。新疆这种地产锦首先可能出现在地处丝路沿线的主要绿洲城镇，时代上不会晚于四世纪。魏晋以后，南北朝时，高昌地区的纺织业迅速发展起来。它们除生产高昌锦外还织造丘慈锦、疏勒锦。入唐以后，随着中原纺织业的复兴，新疆地产锦因缺乏竞争力，很快便销声匿迹了[2]。

第二类的平纹纬锦由平直的纬丝与加有Z捻的经丝织成，出现的时间似乎晚于前一类平纹纬锦，其实例有阿斯塔那出土的多件“吉”字纹锦，纹样由平行线、六角龟甲纹、椭圆圈等组合而成，有的还加入汉文“吉”和“土”字，或是“王”字（图4-4-8）。在国外一些私人收藏中也可以看到这一时期的平纹纬锦，纬丝平直而图案较小（图4-4-9）。

图4-4-6　对人对兽树纹锦，魏晋，新疆尉犁营盘出土

二、绫和绮

今人看来，绫、绮都是本色提花（即暗花）的丝织物。二者区别在于，绫是在斜

1　新疆文物考古研究所：《吐鲁番阿斯塔那第十一次（1973年）发掘简报》，《新疆文物》2001年第3、4期合刊。

2　李文瑛：《营盘出土丝织品初探》，《吐鲁番学研究》2000年第2期。

图 4-4-7　红地人面鸟兽纹锦，北朝，新疆吐鲁番阿斯塔那出土

图 4-4-8　王字龟背纹锦，北朝，新疆吐鲁番阿斯塔那出土

图 4-4-9　北朝平纹纬锦局部

纹地（或变形斜纹地）上起斜纹花，绮却是在平纹地上起斜纹花[1]。魏唐之际，除诗赋小说中还能见到绮字外，如《东宫旧事》中记载的绫、绮织物名目甚多，有绛碧结绫、七彩杯文绮裤、熟绛绫帐、长命绮、紫棋文绮、七彩文绮等，在正式记录里，绮已大大减少。另一方面，南方地区还能较多地看到绮，但北方极少。如湖南长沙升平五年（361年）周芳命妻潘氏墓随葬绫、绮织物较多，有“绮方衣、紫绫半裕、黄绮枕、绮飞衣”等织物，但吐鲁番文书中则基本只有绫，不见绮。对此，有专家指出，

1　区秋明、袁宣萍：《中国古代丝绸品种的分类》，《中国丝绸史（通论）》，北京：纺织工业出版社，1992年，第258、261页。

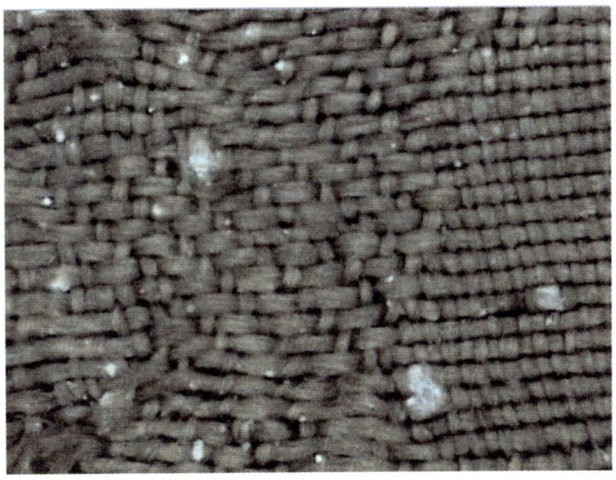
图 4-4-10　北朝平纹地绮局部

此时绮的概念范围已大大缩小，平纹地暗花织物也可归为绫类[1]。

在魏晋织物中，绫的地位尤为重要，晋代，它甚至与锦一道被纳入禁令，不准私自织造，也不准六品以下官员服用[2]。在北方，至少北魏时，绫曾有大量织造。如太和年间，告老还乡的毕众敬，所献家中旧藏同一纹样的绫就能达百匹[3]。而听闻凉州染绯工艺为天下之最，秉权的元叉即一次送白绫二千匹至凉州，令尉聿将其染为绯色[4]。毕众敬家中的绫图案为仙人纹，这或许沿续的是汉代的云气、羽人题材。而诗人庾信的笔下，还记录了凤凰纹，它既与天鹿对举，也应当是祥瑞一类的母题[5]。在南方，绫也极受社会上层喜爱。东晋才女谢道韫曾设青绫步鄣自蔽，与客人谈玄论道[6]，传为一时美谈。竟陵王萧子良曾赠沈约之母云气纹黄绫裙[7]。白色素面的绫、绮还被用来制作团扇的扇面，梁简文帝就有细绫大文画柳蝉山扇[8]。

绫、绮是仅次于锦的高等织物，依据律令，其服用会有限制。刘宋时，朝廷曾下令三品以下官员不得服“杂采衣、杯文绮、齐绣黼”，六品以下不得服“绫、锦、锦绣、七缘绮”[9]。北魏则规定对衣绫绮的奴婢加以鞭笞，无奈世风奢靡，严令不得久行[10]。至北周，尺度渐宽，至少圆绫已成为平常民庶的常服面料之一[11]。

今人名为绮的实物，在新疆吐鲁番阿斯塔那古墓中曾有发现，据同出的纪年文书判断，它们应织造于北朝晚期。组织结构上，隔经显花的汉绮组织逐渐消失，平纹地四枚斜纹显花的绮极为盛行（图4-4-10）。实物中，尤受称道的是套环“贵”字纹绮，在平纹地上，以紫绛色起斜纹花。纹样以横排交切的椭圆形为基本骨格，形成套环，内填相向而立的双鸟、“贵”字，及其他朵花、钩藤等。绵密的上下两组套环之间，间隔以一排联珠团花，使之疏密得当，气韵生动，图案组合严谨，织造工细。

1 许新国、赵丰：《都兰出土丝织品初探》，《中国历史博物馆馆刊》1991年第15—16期，第78页。
2 《艺文类聚》卷八五《布帛部·绫》引《晋令》，北京：中华书局，1965年，第1460页。
3 《魏书》卷六一《毕众敬传》，北京：中华书局，1974年，第1361页。
4 《魏书》卷二六《尉古真传》，北京：中华书局，1974年，第659页。
5 《艺文类聚》卷三《岁时上·春》引南北朝·庾信《春赋》，北京：中华书局，1965年，第45页。
6 《晋书》卷九五《列女传·王凝之妻谢氏》，北京：中华书局，1974年，第2516页。
7 《艺文类聚》卷六七《衣冠部·裙襦》引南朝·沈约《谢齐竟陵王赉母赫国云气黄绫裙襦启》，北京：中华书局，1965年，第1190页。
8 〔唐〕徐坚：《初学记》卷二五《器物部·扇第七》引梁简文帝《谢賚肩吾启》，北京：中华书局，2004年，第605页。
9 《宋书》卷一八《礼志五》，北京：中华书局，1974年，第518页。
10 《魏书》卷二一上《高阳王雍传》，北京：中华书局，1974年，第556页。
11 《周书》卷六《武帝纪下》，北京：中华书局，1971年，第104页。

另外，平纹地上嵌合组织显花的绮，此时得到进一步推广。吐鲁番属于麹氏高昌时期的墓葬中出土较多此类织物。如蓝色联珠纹绮、黄色菱格纹绮都由1/1地组织与2-4重平组织配合形成。

三、织成

织成是按实际用途、规格和要求，设计、织造的各种成品与半成品[1]。泛指按服用之需，设计、织造其形状和图案的各类高档织物，以它裁造衣物，无须尺量，仅须裁剪和缝缀。织成不分质料，不计品种，丝织品中，纱、罗、绫、锦等都可以包括在内[2]。

六朝文献中，频频见到"织成"一词，足见其盛行。由于制作颇费工时，朝廷曾屡次禁断，如《晋令》称"织成衣，为禁物"。南齐延兴元年（494年）又"申明织成、金薄、彩花、锦绣履之禁"[3]。但禁令主要针对臣下，统治者并不受约束，如十六国至北朝，皇家造作织成的风气很盛，石虎的御府所用织成工人可达数百。织成不仅费工，而且造价昂贵，梁时，勋豪子弟董暹的"金帖织成战袄，直七百万"[4]。

织成的用途也相当广泛，可以裁造衣物，亦可铺陈装饰，还可礼拜供奉。以其裁衣，则有织成帽、袍、袄、襦、裤褶、衮衣、裙、被、褥、靴、履、绶、带等。织成衣物一向受帝王重视，南齐东昏侯萧宝卷"着织成裤褶，金薄帽，执七宝缚矟"[5]。南朝至隋，统治者服用织成十分风行，但南齐明帝觉得织成重，"乃采画为之，加饰金银薄"[6]，更加奢丽，被称为"天衣"。《邺中记》称，石季龙出猎时戴金缕织成帽，又着金缕合欢袴，以女伎组成的卤簿，还穿着五文织成靴共游凉马台，人数竟达千人。至隋，皇后的袆衣、鞠衣仍以织成为领袖[7]。用于铺陈装饰和礼拜供奉的织成数量虽不及裁造衣服，但亦复不少，如石虎富贵精丽的御床帐顶上安有金莲花，花中又悬盛香的金箔织成綩囊，同样的香囊，帐的四面还有十二只[8]。伴随佛教的盛行，帝后屡向寺院或高僧奉以织成佛像，以为供养。这一风气十六国时已经开始，到北周，织成佛像甚至高逾两丈[9]。

魏晋南北朝保存最完好的织成实物是出土于新疆吐鲁番阿斯塔那39号墓的织成履（图4-4-11），墓中同出升平十一年（367年）文书[10]，其底及里层用麻线编织，其余用多彩丝线编结。编结手法为先编底，用合股麻线为经，单股麻线为纬，以两根纬线向同一方向环绕，每编一周变换纬线环绕方向，使纬线的编织纹形成对称，表面呈辫子效果。织里成形后，将原来织底的粗麻经余下部分劈分为与丝线粗细

1 陈娟娟：《缂丝》，《故宫博物院院刊》1979年第3期，第22页。

2 尚刚：《唐代工艺美术史》，杭州：浙江文艺出版社，1998年，第48页。

3 《南齐书》卷五《海陵王纪》，北京：中华书局，1972年，第78页。

4 《南史》卷五一《临川靖惠王宏传》，北京：中华书局，1975年，第1280页。

5 《南史》卷五《齐本纪下》，北京：中华书局，1975年，第151页。

6 《南齐书》卷一七《舆服志》，北京：中华书局，1972年，第341页。

7 《隋书》卷一二《礼仪志》，北京：中华书局，1973年，第276页。

8 〔晋〕陆翙《邺中记》，《丛书集成初编》本，上海：商务印书馆，1937年，第5页。

9 〔唐〕道世：《法苑珠林》卷一〇〇《兴福部》，上海古籍出版社，1995年，第696页。

10 新疆维吾尔自治区博物馆：《吐鲁番县阿斯塔那—哈拉和卓古墓群发掘简报》，《文物》1973年第10期，第17页。

相当的履面经线，以彩色丝线为纬，按同样方法编织履面。履面以两根纬线向同一方向拧绕，每拧一圈环抱一根经线。以绛红、墨绿、橘黄、退红、海蓝、白、黑、烟等八色纬丝编成履面，纹样分为前后两区，纹样前后不同，前区为履面，以白色为底，用绛红、墨绿、黑色、海蓝、橘黄、烟色分别显以叠山、点梅、对称的忍冬蔓草和柳叶形花纹，并在叠山纹两侧织出“富且昌”、“宜侯王”、“夫（天）延命长”共三排文字。后区为履的两侧及后帮，织以海蓝、橘黄、海蓝三色地，分别显以绛红、墨绿、退红等色涡形忍冬蔓草纹，再间以白色小圆珠。这双织成履，构思巧妙，设色绚丽，制作精细，难怪南朝的一些君主在提倡崇简斥奢、禁用珍宝奇服之时，往往也将这类织成锦履列为禁断之物。

图 4-4-11　织成履，东晋，新疆吐鲁番阿斯塔那出土

图 4-4-12　汉晋绞编履局部

同类织成履在西北地区出土极多，但色彩与图案均稍为简单。如营盘也出土过织成履，只不过作红、白两色，其编织方法则完全一致，以绞编法编成（图4-4-12）。

四、纱、縠、罗

由于纱、縠轻薄，在气候炎热的江南数量尤多，水平也很高。常规的罗本非轻薄织物，但一些高档的罗也往往特别轻薄，在江南，这也表现得十分突出。

三国时的纱、罗、縠已具备很高的织造水平，其轻薄甚至被文人大加渲染。如小说里，东吴孙权夫人赵氏曾织造一种轻薄纤细的罗縠，用它做成帐幔，轻盈如烟气飘动，而其内则凉气自生[1]。东晋南朝人对这类轻薄织物甚为爱重，还用以制袍、裙、襦等衣物，如东晋谢尚有紫罗襦，谢玄好佩紫罗香囊，吐鲁番曾出土东晋的彩

1 《太平御览》卷八一六《布帛部三·罗》引《拾遗记》，北京：中华书局影印本，1960年，第3627页。

条纹罗（图4-4-13）。

图 4-4-13　彩条纹罗，东晋，新疆吐鲁番阿斯塔那出土

南朝天子朝服有绛纱袍、绛纱裙，杂服有五色纱裙，朱纱袍还成为听政之服[1]。刘宋时纱、罗、素、绡、縠同样是妇女服饰的主要面料，一般裁作襦、衫和裙。《乐府诗集》对轻薄的丝织品多有描述，“大妇舒绮绸，中妇拂罗巾”[2]，“大妇缝罗裙，中妇料绣文”[3]，“锦带杂花钿，罗衣垂绿川”[4]，“縠衫两袖裂，花钗鬓边低”[5]。曹植《洛神赋》则云“奇服旷世，骨像应图。披罗衣之璀粲兮，珥瑶碧之华琚。戴金翠之首饰，缀明珠以耀躯。践远游之文履，曳雾绡之轻裾”。罗衣绡裾，轻盈飘逸，其美可想而知。

纱、罗、縠既以轻、柔、薄为贵，北朝人在记述时，为突出其朦胧、缥缈之美，会用“冰”、“雾”来形容，或直接名之以“蝉翼”。以其裁衣，宜于制作内衣和夏服，如石虎的“蝉翼丹纱里服”、北魏高祖赐予游明根的“青纱单衣”。除服用外，当时还曾用纱制帽，或裁作帐、幌。虽然纱、罗、縠在当时贵族中使用极广，高质量的纱、罗在北朝内府也可能会有专作。但在民间，普通的纱服用并无严格的限制。至少北周武帝时，纱还曾与绡、葛等九种织物同被列为民庶的常服面料[6]。

当时常规的平纹丝织物也不乏精品，东晋南朝的绢织物承继了两汉特点，南京大学北园东晋早期墓葬曾出土残存铁剑及铁刀，上面均包裹平纹绢，绢纹细密，每平方厘米的经纬线各为60根左右，与汉代平纹绢的密度相近[7]。南朝文人说：“清河之珍，邱园惭其束帛；关东之妙，潜织陋其卷绡。”[8] 对外贸易的繁盛还使国内丝织品通过海上丝绸之路源源输出国外，东晋高僧法显到天竺取经回国，途经狮子国（今斯里兰卡）时，就曾看见当地商人使用“晋地白绢扇”[9]。

1 《宋书》卷一八《礼志五》，北京：中华书局，1974年，第525页。

2 梁简文帝：《长安有斜街》，《乐府诗集》卷三五《清调曲三》，北京：中华书局，1979年，第516页。

3 〔南朝梁〕刘孝绰：《三妇艳诗》，《乐府诗集》卷三五《清调曲三》，北京：中华书局，1979年，第519页。

4 〔南朝梁〕吴均：《采莲曲》，《乐府诗集》卷五〇《清商曲辞七·江南弄上》，北京：中华书局，1979年，第732页。

5 〔南朝宋〕刘义恭：《读曲歌八十九首》，《乐府诗集》卷四六《清商曲辞三·吴声歌曲三》，北京：中华书局，1979年，第672页。

6 《周书》卷六《武帝纪下》，北京：中华书局，1971年，第104页。

7 南京大学历史系考古组：《南京大学北园东晋墓》，《文物》1973年第4期，第44页。

8 〔唐〕徐坚：《初学记》卷二七《器物部·绢第九》引南朝梁·庾肩吾《谢武陵王赉绢启》，北京：中华书局，2004年，第658页。

9 〔南朝梁〕释慧皎：《高僧传》卷三《译经下·宋江陵辛寺释法显》，中华书局汤用彤校本，1992年，第89页。

五、毛织物

1. 毛布与毛褐

大量的毛织物均以较为简单的方法织成，其中包括毛布和毛褐。毛布是一般的毛织物，主要发现在新疆地区，其组织采用平纹、斜纹等织成，多数只有单色。此外还有较多的毛带，虽然门幅较窄，但其经线通常按色彩排列，织成之后，往往可以得到较为丰富的色彩效果。如尼雅和山普拉墓地出土的大量毛带就是如此（图4-4-14），其色彩通常以黄色为主，但有间隔织入红色或褐色经线，带宽通常在20厘米左右。

图 4-4-14　彩条毛绦带，汉晋，新疆洛浦山普拉出土

2. 罽

罽，许慎《说文》释作“西胡毳布”，又称毳是“兽细毛”。东汉班固给当时在西域的兄弟班超信中云“窦侍中前寄人钱八十万，市得杂罽十余张也”。其中所言杂罽即指各种罽，且以张计量，汉晋时期文献中又见“细罽”、“花罽”等记载，可见带有花纹的色织精细毛织物通常被称为罽。汉高祖刘邦曾下诏禁止商人穿着“锦、绣、绮、縠、罽”等，将罽

图 4-4-15　四瓣花纹罽，汉晋，新疆尉犁营盘出土

与名贵的锦、绣同列，说明它是档次较高的毛织物。事实上，由于受到提花丝织品的影响，提花毛织物在魏晋时期也得到了极大的发展，其组织结构和图案设计水平均有了极大的提高，但是罽的出土并不很多，说明罽在当时的西北地区还是极为珍贵的。目前我们所知罽的出土主要也是在魏晋遗存之中，如新疆的山普拉、扎滚鲁克、尼雅、营盘等地。

第一类罽的组织结构是平纹纬锦，这明显是对平纹经锦的模仿，在新疆营盘发现了较多的实例。其中花树纹罽（M15:3-2），接缝在男尸所著外袍的左襟边缘，裁成长三角形，经向最宽处存15厘米、纬向存50厘米。基本组织为平纹纬二重，排列比1:1。经纬线均加Z捻，交织经单根，密度14根/厘米，夹经双根，密度28根/厘米，纬线2根相并，密度34对×2（双色）根/厘米。红地，以绿、深黄、浅黄以及黄绿杂色织出涡卷的宽带构成对波骨架，内填不同样式别致的花树。这种很有西域特点的对称波弧骨架，在营盘发现的一件鹰蛇飞人罽上则是利用缠枝葡萄藤蔓构成，这种对波骨架在北朝晚期到初唐流行于丝织品图案中。而营盘出土的这件花树纹罽，为达到色彩丰富的效果，纬线讲究渐次晕色，同时花树的花心部分采用独特的挖梭技法，花心部分的组织与周围花纹完全相同，仅是利用了不同的彩色纬线循环往复作局部挖织，同一纬向的花心分别使用了黄、蓝两色彩纬。这种技法无疑是对通经断纬的缂毛织法的借鉴，所不同的是缂毛织物的基础组织通常是简单的平纹或斜纹，属单层织物，且缂织的花纹轮廓与地纹之间的交界处一般都有明显的缝隙，而当挖梭技法与纬重组织结合时，挖花部分的彩纬只是在织物背面与相邻的非通梭的里纬相互绞接，然后依据花样在织物表面形成花纹，所以其织物结构严密自然，花纹显得很平挺。这种颇为复杂的显花技法，在法国卢浮宫收藏的埃及安丁诺（Antinoe）出土的织物中也有发现，是一件菱格树叶纹罽，其图案风格与营盘发现的四瓣花纹罽相似（图4-4-15）。

第二类罽采用的是双层组织，其最佳的实例是营盘出土的红地人兽树纹罽（图4-4-16），为男尸所著外袍的主面料，它由红、黄两色经纬按排列比1:1平纹交

图 4-4-16　新疆营盘出土坯对人兽树纹罽局部

织，形成重叠的上下两层，两层组织在花纹的边缘处接结换层，形成两面花纹相同但花色互异的效果——表为红地显黄色花纹，里为黄地显红色花纹。这种双层结构，在新疆山普拉墓地也有发现，是一件蓝黄色的葡萄纹罽，说明这类毛罽在当时的流行[1]。

3. 缂毛

缂毛的名称，在英文中称为tapestry，据说源自法文的tapisserie，更早的源头则是拉丁文中的tapes，中文其实也有对应，就是拓壁，或写作毾壁。《册府元龟》卷九七一载："开元六年四月，米国王遣史献拓壁舞筵及鍮。"这里的拓壁，应该就是缂毛[2]。

缂毛的历史基本就与羊毛纺织的历史相仿，丝绸之路上的毛纺织物告诉我们，至迟到4000年前的青铜时代早期，缂毛已经出现在欧亚大陆上。在新疆塔克拉玛干沙漠东侧、孔雀河流域内的小河墓地，就曾出土了大量年代在公元前21至前16世纪的缂毛织物。

魏晋之际的丝绸之路沿途，缂毛织物更为大量地在新疆出土，特别是楼兰、尼雅、山普拉等汉晋时期墓地，年代在公元前1世纪到公元3世纪前后。其中最为典型的一是以晕綢为特点的条状缂毛装饰带，二是以希腊艺术为题材的人物和相关景象，后者最为典型的例子是山普拉出土的缂毛武士与马人（参见图4–2–3）[3]。

4. 地毯

新疆出土的毛织物中也包括相当数量的栽绒毯，这些栽绒毯虽然可以早到战国时期，年代相当于公元前3世纪至公元7世纪，但其大量出土物年代是在魏晋时期，相当于公元3—4世纪。山普拉的出土实物中有8件栽绒毯残片，还有一件目前所知最为完整的树叶纹栽绒鞍毯，在平纹组织上结马蹄扣，为间歇结扣，绒头长1.2厘米。鞍毯以黄、红、棕、白、蓝、草绿等颜色构成花纹，纹样以树叶纹为主，并饰有宽线、曲折线和花边。毯的四角垂吊毛穗。鞍毯长76厘米、宽74厘米[4]，现藏新疆博物馆（图4–4–17）。尼雅的发掘中也有不少栽绒毯残片，零星见于报道和展览（图4–4–18）[5]，特别是在1995年对尼雅一号墓的发掘过程中，发现了7件栽绒地毯，其中M8出土的一件较为完整，毯长238厘米、宽118厘米，用马蹄扣织成，黄色为地，最外是一卷云纹框，其次是锯齿纹框和朵花纹，在一排三角纹框之后，中间是菱格架中间的花叶纹[6]。

---

1 李文瑛：《营盘95BYYM15号墓出土织物与服饰》，《吐鲁番学研究》，2006年第1期。

2 赵承泽主编：《中国科学技术史》（纺织卷），北京：科学出版社，2002年，第337页。

3 新疆维吾尔自治区博物馆、新疆文物考古研究所：《中国新疆山普拉——古代于阗文明的揭示与研究》，乌鲁木齐：新疆人民出版社，2001年，第188—189页。

4 新疆维吾尔自治区博物馆、新疆文物考古研究所：《中国新疆山普拉——古代于阗文明的揭示与研究》，第12页。

5 新疆维吾尔自治区博物馆出土文物展览工作小组：《丝绸之路——汉唐织物》，北京：文物出版社，1973年，图12。

6 中日/日中尼雅遗址学术考察队：《中日/日中共同尼雅遗址学术报告书》第二卷，京都，1999年。

图 4-4-17　树叶纹鞍毯，汉晋，新疆洛浦山普拉出土

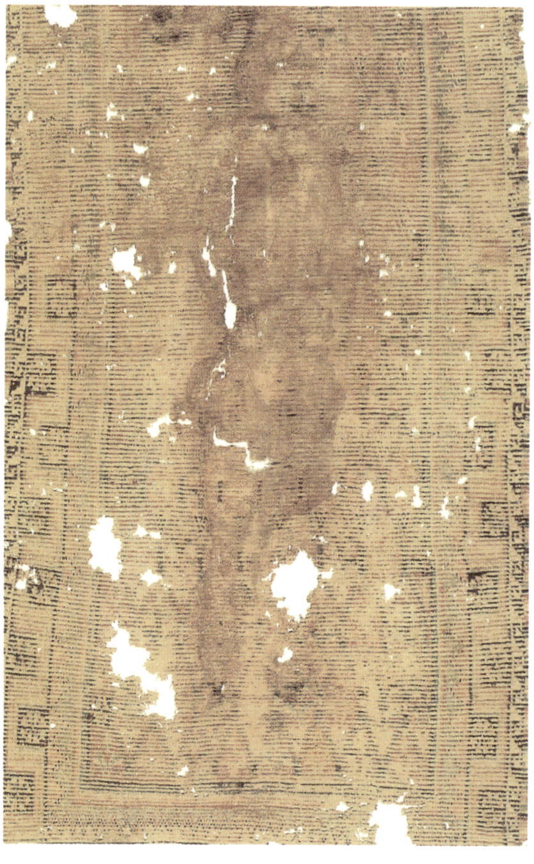
图 4-4-18　彩色龟甲纹地毯，汉晋，新疆民丰尼雅出土

楼兰在罗布泊之西，当年斯坦因也在楼兰的L.C.高台墓葬中发现过不少栽绒毯残片[1]。这几件现存于伦敦维多利亚阿尔伯特博物馆和大英博物馆中，大部分采用马蹄扣。营盘共出过三件栽绒毯。两件狮纹毯，一件是方格纹毯[2]。其中一件采用U形扣，两件采用马蹄扣。其中的狮纹栽绒地毯为1989年于营盘墓地被盗墓中采集。经向95—100厘米，纬向残幅260厘米，四边均经剪裁。此毯完整的幅宽已不可知，但其残幅仍是所发现地毯中最宽的。图案也由中央纹样和边框纹样组成，以红、黄、蓝、茶、棕、白等色栽绒显现花纹。中央纹样为一图案化的动物，动物几何化，头部呈长方形，眼、鼻、口、身躯都由长长短短的直线、折线“构勒”。由于绒头磨损，图案已很模糊，一般认为是狮子。主体纹样外侧为二方连续的菱形格和彩条构成的边框。此毯以Z捻的棕色或白色毛线作经纬，平纹交织，每隔6道地纬栽一排绒头，绒头一般由3—5根毛线合并，绒头高0.7—1.2厘米，采用马蹄扣，经向扣密7排/10厘米，纬向扣密26结/10厘米，在毯的背后用线缝缀着一些褐色毛线。

1 A. Stein, Innermost Asia, Vol.3, XLIV, L.C.09a, L.C.09b, L.C.10, L.C.14

2 新疆文物考古研究所：《尉犁县营盘15号墓发掘简报》，《文物》1999年第1期；赵丰主编：《纺织考古新发现》，香港：艺纱堂/服饰出版，2002年，图版17。

图 4-4-19　狮纹栽绒毯，汉晋，新疆尉犁营盘出土

另一件狮纹栽绒毯（图4-4-19）出土于营盘M15，覆盖在彩棺上，已残成数片，经拼对可基本复原。此毯经向残长312厘米、纬向残宽178厘米。由中央主体纹样和四周边框纹样组成，主体纹样为一雄狮，四周有边框，边框内填连续的花卉纹，边框之外还有一段几何纹样的边饰，因为过于残破，已无法辨识。中部图案以红色为地，红、深黄、土黄、桔黄、绿、草绿、藏青、湖蓝、汪蓝、粉红、深棕等多种彩色绒头显示雄狮形象。狮头侧成正面，狮身呈匍匐状，腰部细缩，前身后臀隆起，形成大的起伏，狮鬣以及狮足、臀、尾被延伸到了边框外，这种设计打破了方正规矩的构图程式，使得纹样具有较强的动感。该毯以白、棕本色羊毛合股线为经（S-2Z），以Z捻的白色、棕色或白棕两色混纺毛线作纬，纬线粗细不均，5或7根纬线合并与经线织成平纹地，每隔一道地纬栽一排绒头，绒头根据纹样的需要，或单股或双股，最多的采用5根毛线合并，绒头高1.5—2厘米，采用U形扣（绒头在一根经线上盘绕，两端垂挂于前。其扣形如大写字母U，故名），经向扣密14排/10厘米，纬向扣密32结/10厘米。

从新疆出土魏晋时期的羊毛地毯来看，魏晋时期是栽绒毯的流行期。其技术主要采用马蹄扣，毛纱采用Z捻或是两根Z捻合成的S向股线，地组织一般为平纹，也有用重平组织的。绒纱的色彩极为鲜艳，保存也相当好。栽绒毯的图案中不仅有狮、虎等动物纹样，也采用大量的花卉和几何纹样，特别是涡云纹等明显带有强烈的希腊艺术的影响，无疑是希腊化时期之后的作品，这与南疆这些地区其他艺术明显带有贵霜王朝特点的情况相符。

六、刺绣

三国西晋时，北方刺绣不如南方发达，这大约与曹操早期厉行禁绣有关。晋武帝司马炎也曾禁绣[1]，入北魏，曾禁王公以下贱妾穿着织成锦绣，可惜世风奢靡，令不久行[2]，也反映了北方刺绣的盛行。在南方，刺绣乃是十分传统的工艺，孙吴时，刺绣风靡江南，以至"妇人为绮靡之饰，……并绣文黼黻，转相效仿"[3]。而笔记小说称，孙权赵夫人能绣山川地势图，"孙权常叹魏、蜀未夷，军旅之隙，思得善画者使图山川地势军阵之像。达乃进其妹，权使写九州方岳之势。夫人曰：'丹青之色，甚易歇灭，不可久宝；妾能刺绣，作列国方帛之上，写以五岳河海城邑行阵之形。'既成，乃进于吴主，时人谓之'针绝'"[4]。

附丽于服用品，绣可施绣满幅制作品格较高的绣衣、绣袍，也可作领、袖、带的局部装饰。当时文人有"领上蒲桃绣，腰中合欢绮"[5]、"带减连枝绣，发乱凤凰簪"[6]的诗句。连枝纹就是蔓草纹，蔓草和蒲桃纹样的绣品吐鲁番、营盘等地都有出土，技法上仍是传统的锁绣（图4-4-20）。有时，刺绣的装饰对象还会由身上所衣延伸到足下所蹑。只是由于南北环境、风俗的差异，北人做绣靴，南人做绣履[7]。

图 4-4-20　汉晋绮地锁绣局部

从出土实物来看，当时的刺绣多为锁绣，但也有局部串珠钉金的情况。唐代冯贽《南部烟花记》中提到梁武帝造五色绣裙，并加朱绳珍珠为饰，甚为华美。此物其实即为后世之穿珠绣。新疆伊犁昭苏突厥墓葬（六世纪前后）中发现了这种穿珠绣的实物[8]。昭苏的穿珠绣，不仅将大小不同的珍珠穿组成串，以代绣线，还同时使用了一种表面圆弧、背面有小纽的金泡饰。如一件簇四团窠忍冬花卉纹缀金珠绣。钉缀金泡饰构成团窠和团窠中的四瓣花纹，四瓣花周围的忍冬纹和团窠间的宾花则先用锁绣法绣出底纹，然后在底纹上满钉珍珠，每隔一珠钉一针（图4-4-21）。这件由中原传入北疆草原的缀金珠绣品，图案风格与同时期的锦、绮风格一致。此外，在伦敦私人收藏中还有一件钉金绣，只是钉的不是金线，而是将一块块的小金块中间打洞穿钉在织物上（图4-4-22）。

南北朝时佛教的盛行使刺绣的题材拓宽。善男信女不惜工本，以绣像做功德。此风的肇始可上溯到前秦，苻坚敬礼释道安，送去的礼物中就已见有"金缕绣

1 《晋书》卷三《武帝纪》，北京：中华书局，1974年，第53页。
2 《魏书》卷二一上《高阳王雍传》，北京：中华书局，1974年，第556页。
3 〔三国吴〕华覈：《上吴主孙皓疏》，《中国历代食货典》卷三六《农桑部》。
4 《拾遗记》卷八，《汉魏六朝笔记小说大观》，上海古籍出版社，1999年，第545页。
5 〔南朝梁〕沈约：《洛阳道》，《乐府诗集》卷二三《横吹曲辞三》，北京：中华书局，1979年，第340页。
6 〔南朝梁〕吴均：《采桑》，《乐府诗集》卷二八《相和歌辞三》，北京：中华书局，1979年，第415页。
7 〔唐〕虞世南：《北堂书钞》卷一三六《履》。
8 安英新：《新疆伊犁昭苏古墓出土金银器等珍贵文物介绍》，《文物》1999年第9期，第4—15页。

像”[1]。南齐陈夫人曾绣无量寿佛像[2]。北魏皇家寺院永宁寺里，也曾有绣珠像三躯，以做工奇巧赢得“冠绝当世”的美誉[3]。刺绣的佛像挂在寺庙殿堂中，一则作为僧人讲法聚会时的宗教用品，一则作为施主的供养。当年惠生西行，皇太后及京师权贵便奉献幢幡三千余口以供沿途布施，其中或就有绣像。敦煌莫高窟发现的一件即当属此类供养佛像（图4-4-23）。从现存部分约略可以推知，整幅刺绣从上而下应包括横幅花边、一佛二菩萨说法图、发愿文和供养人。研究表明，它极有可能从平城流传至此，其制作年代约在北魏太和十一年（487年），施主是广阳王元嘉[4]。刺绣残缺较甚，仍存留高约75厘米，可想当年尺幅必是不小。这幅绣像，作浅黄、朱红、蓝、绿、紫褐等色，虽力求随类赋彩，但颜色还是生硬；针脚紧密，以致覆盖衬底织物，虽足显礼佛做功德之诚心，但形象仍不免滞涩。供养人只是眉目略具，谈不上性格神采。究其原因，恐怕在于此时刺绣技法尚嫌稚拙。传统的锁绣短针相接，弯转尚可自然，色彩间的过渡却不易表现，线条也难做到光润平滑。

图 4-4-21 团窠花卉纹穿珠绣，北朝，新疆昭苏波马出土

图 4-4-22 红地钉金绣云气纹，魏晋，私人收藏

图 4-4-23 刺绣佛像供养人，北魏，甘肃敦煌莫高窟出土

新疆吐鲁番东晋墓葬曾出土一件双头凤鸟绣件，其图案非常独特。在朱红色绢

1 〔南朝梁〕释慧皎：《高僧传》卷五《释道安》，中华书局汤用彤校本，1992年，第179页。

2 《全梁文》卷三〇《绣像赞》，北京：商务印书馆，1999年，第329页。

3 〔北魏〕杨衒之撰，范祥雍校注：《洛阳伽蓝记校注》卷一《城内》，上海古籍出版社，1978年，第3页。

4 敦煌文物研究所：《新发现的北魏刺绣》，《文物》1972年第2期，第54—60页。

地上，用单列和多列锁绣法绣制凤鸟、龙纹和花卉云纹。双头凤鸟居中央，周围环绕四只鸣禽，上部左龙右虎相对排列，下方左右各有升龙两条，下部以云纹相托。武敏认为，此双头凤鸟纹样为佛经中的共命鸟（Jivajivaka），也作生命鸟，它一体两头，一名“迦喽荼”，一名“忧波迦喽荼”，二者相依为命，生死与共，同类题材的绣品在新疆且末扎滚鲁克也有出土（参见图4-2-4）。丝织品上共命鸟等佛教题材的出现，反映了宗教文化对工艺美术的影响。

七、绞缬和蜡缬

绞缬，又名撮缬、撮晕缬，即今日所谓扎染。它采用的是一种防染工艺，制作方法是按照预先设计好的纹样要求，用线扎结或缝钉织物，经水湿后放入染缸中浸染，这样被扎结或缝钉的部分就不受染，待晾干后拆去线结，就显出花纹来。又因扎结处不能完全防染，花纹边界受染液渗润而形成一种自然的晕色效果。

虽在北朝文献中，已将这种方法装饰的织物直接称为缬，但已知对它的最早解说出自唐人笔下，释慧琳在诠释佛经音义时，指出缬的本义就是绞缬[1]。由于它工艺简单，制作方便，极易推广普及。现已见北凉时期的实物，如敦煌佛爷庙和吐鲁番地区出土的绞缬已是极为典型和成熟的绞缬，营盘地区也出土了一些绞缬作品（图4-4-24）。

关于绞缬，王㐨曾做过工艺复原研究[2]，不同的染前制作方法会引出不同的图案。其中最简单、最易行的是绑扎法，这是将叠或不叠的坯料加以绑扎，花纹呈中空的方形，入染后则会得到色地白花的效果。新疆吐鲁番阿斯塔那墓地发现的红色绞缬绢即以此法制作，这种如同散点疏星般的花纹，恰似鹿身上的斑点，故常被称作鹿胎。神异故事里，穿着紫缬襦的美女为鹿精所化，即可为其印证[3]。鹿胎之中，还会有特殊的名目如醉眼缬[4]，或许，它的花纹会有更朦胧的晕色，一如宛转妩媚的醉眼。北周时，又见有“紫织成缬”，如若文献无衍字，那么有可能是先织成，再绑

图4-4-24　绞缬，西凉，甘肃敦煌佛爷庙出土

1 〔南朝宋〕慧琳：《一切经音义》卷五〇《摄大乘论》，上海古籍出版社影印本，1986年，第1996—1997页。

2 王㐨：《中国古代绞缬工艺》，《考古与文物》1986年第1期，第74—88页。

3 〔东晋〕陶潜：《搜神后记》卷九《鹿女脯》，《汉魏六朝笔记小说大观》，上海古籍出版社，1999年，第479页。

4 〔北朝〕庾信：《夜听捣衣诗》，《先秦汉魏南北朝诗》卷二《北周诗》。

图 4-4-25 蓝地蜡缬绢，西凉，新疆吐鲁番阿斯塔那出土

扎、入染的面料[1]。

绞缬道理简单，但满地的点状花纹直径不过1厘米，加工极为繁琐。仍以阿斯塔那的一片绢为例，它残长32厘米，宽8厘米，却有百余朵花点。若按当时丝绸匹长40尺，幅宽2.2尺计算，那么，一匹上大概会有近2万个花点，一一绑扎，必耗工费时。更何况加工后的织物会收缩，故染后的坯料面积小于染前。这样，缬恐怕价值不菲，否则，郑云也难凭四百匹紫缬的贿赂，换得安州刺史的官职[2]。

十六国时期，西北地区还出现了以点染法点上蜡汁后进行防染而成的织物（图4-4-25），这种方法说明早期的型版蜡染在十六国时期已开始在我国西北出现。

更为精美的是手绘蜡缬。早在1959年的尼雅考古中，人们已经发现两件蓝地白花的印花棉织品，一件带有格子等几何图案，另一件所带的图案因素特别多，在已残的部分中最起码可以看到四个可以判断题材的区域，一是中心区域，可以看到一个人的脚和一只狮的爪和尾，二是以方格为主的区域，三是位于下方的长条，如一兽咬着一条龙尾，四为最重要、最完整的区域，有一裸女像。这是目前为止所知最早的、最为复杂的蜡缬棉布。类似的印花棉布在山普拉墓地也有出土。

第五节 丝绸之路与纺织艺术

魏晋南北朝是民族大融合、中西文化交融的时代，也是继汉代以后又一个大量吸收西方文化、产品创新和文化观念更新的时代。这时的丝织品装饰一方面保持了中原文化的传统特色，在汉代的基础上有所发展，另一方面又体现了外来文化的影响。

一、新型图案题材的出现

魏晋南北朝丝织品的图案题材，以动物类最为丰富，有中国传统的龙、凤、双角兽、鹿、麒麟、兽头、羽人，也有大量来自异域的珍禽异兽如狮、孔雀、骆驼、大象、翼马、山羊，同时还有各种人物如狩猎骑士、牵驼胡人、对饮番人、吹奏乐手、杂耍

1 《周书》卷一一《晋荡公护传》，北京：中华书局，1971年，第169—170页。
2 《魏书》卷三二《封懿传》，北京：中华书局，1974年，第761页。

艺人以及宗教神衹。植物纹样也渐趋多样，有忍冬、小团花、树叶、莲花、花瓣等，另如棋格、菱格、波折、圆珠等几何纹也屡见不鲜。

1.珍禽异兽

魏晋南北朝时期丝织品上大量涌现出来自中亚、西亚、南亚一带的各种动物，其中的不少动物在异国的土地上，具有宗教或神话的含义，有的甚至代表着某一神衹。但这些异域的题材在向华夏文明圈的传播过程中，其内在的意蕴不断变化，中国人很难说完全知其义，所看重的更多应是其新奇的艺术形式。

(1)狮

狮子在南亚的印度，社会地位极高，很早就被用于艺术造型，著名的印度鹿野苑属于阿育王时期的石柱(公元前三世纪)上雕着四只背对背蹲着的雄狮，非常雄劲有力，在印度成为力量的象征，故印度人多有以狮为名者，锡兰人就自称狮子族。在波斯艺术中也常能见到狮子，有人认为这是密特拉神(Mithra)的化身，密特拉是波斯主神阿胡拉(Ahura)的主要侍从。狮子传入中国时间很早，汉画像石上已有狮子造型，但在丝织品上却迟至北朝才出现，并且在题材表现上与西方又有不同，狮子多为卧伏，吐出长舌，显得特别温驯，不同于中亚、西亚艺术中作搏斗、捕食、站立状，以体现其活力与威猛。吐鲁番出土的方格兽纹锦中有狮子图案(图4-5-1)，国外私人收藏品中亦有同样风格的狮子造型(图4-5-2)。

(2)象

象亦产于南亚地区，是南亚热带丛林中极为重要的交通工具。佛教兴起后，象常用以象征释迦牟尼，在下凡入胎和六牙白象等本生故事中，象就是佛的化身，受到重视。象背还是人们表演的场所，所谓“象舞”，也就是在象背上表演的舞蹈。方格兽纹锦中也有象，象背上的鞍鞯其实就是一个撑着华盖、铺着莲座、上有坐人的舞台。卧伏的狮子、备有鞍鞯的大象是对当时西域屡次进贡驯狮、驯象的表现(参见图4-5-1)。在吐鲁番出土的另一件对狮对象纹锦中，也可以看到狮、象纹样(图4-5-3)。青海都兰出土的织锦中，也有大象的身影(图4-5-4)。当年，北魏洛阳城南还专设有白象、狮子二坊[1]。

(3)马

马在波斯亦被视为神灵，身上生翅，最初表示天，进而特指日神密特拉(Mithra)[2]。中国人对翼马的情有独钟难说是基于对日神密特拉的信仰，更合理的解释恐怕还是自丝路开通以来，从汉武帝时代就开始的对西方“天马”的渴慕。汗血宝马、大宛良驹的故事妇孺皆知，当人们再接触到萨珊式织物中的翼马纹时，很自然地将它与本民族已有的文化概念结合起来，北朝末天马的形象频繁出现是在织锦图案中。吐鲁番出土多件织有相对翼马的对马锦，出土的六世纪文书中也有

1 〔北魏〕杨衒之撰，范祥雍校注：《洛阳伽蓝记校注》卷三《城南》，上海古籍出版社，1978年，第161页。
2 魏庆征：《古代伊朗神话》，太原：山西人民出版社，1999年，第441—443页。

图 4-5-1　方格兽纹锦，北朝，新疆吐鲁番阿斯塔那出土

图 4-5-2　狮子山树纹锦，北朝，私人收藏

图 4-5-3　对狮对象纹锦，北朝，新疆吐鲁番阿斯塔那出土

图 4-5-4　对狮对象牵驼纹锦，北朝，青海都兰热水出土

图 4-5-5　对马纹锦，北朝，新疆吐鲁番阿斯塔那出土

图 4-5-6　胡王牵驼锦，北朝—隋，新疆吐鲁番阿斯塔那出土

“饮水马锦”的记载（图4-5-5）。

（4）羊

汉锦中已有羊的形象，是一种绵羊。北朝之时，西亚的山羊形象出现在中国织锦上，如吐鲁番所见“阳（羊）树锦”。这种羊有长角，一般体形健壮，通常作站立或蹲踞状，颈部还有飘扬的绶带（参见图4-3-3、图4-3-4）。在波斯，山羊早期因其角的形状像新月而成为月亮的标志[1]。而动物脖颈、腿足上飘扬的绶带源于王室专用的披帛，借以强调其神圣的属性[2]，从波斯器皿上和新疆出土中亚风格的毛织物上也可以见到这种山羊的形象。

（5）骆驼

号称“沙漠之舟”的骆驼，性情温驯、耐饥渴，能在沙漠中负重致远，在横贯东西的丝绸之路上，是主要的运载工具。原非中国所有，北朝起开始大量出现有牵驼贸易的壁画、画像砖及丝织品等，其中最著名的是吐鲁番出土的胡王牵驼锦（图4-5-6）。

（6）孔雀

孔雀是南亚产物，十分漂亮，约在汉代或更早为中原所知，故汉代《急就篇》中之“爵”被称为孔爵，不过汉代之爵疑为朱雀。北朝时已有“金银孔雀文罗”的记载和对狮对孔雀的实例出现。此时孔雀长尾、顶冠、毛色鲜艳的特征极似中国人熟悉的朱雀，它们大多口衔绶带或花，是一种独特的姿势（图4-5-7）。

图 4-5-7　联珠孔雀纹锦，北朝，新疆吐鲁番阿斯塔那出土

2. 人物题材

魏晋南北朝时期的丝织品图案中，还屡见有各种人物形象，如由牵驼商人等内容构成的织锦，在吐鲁番、都兰都有出土。吐鲁番所出高昌延昌二十九年的一件，织物上还有“胡王”两个汉字，这类织锦描绘的应是丝绸之路上贸易往来频繁、胡人称臣纳贡的场景。丝绸之路沿途的胡人们多能饮善舞，当时许多艺术品如壁画及纺织品中就出现了穿着胡服的胡人豪饮、舞蹈或对坐等形象。如吐鲁番出土的对饮锦，胡人深目高鼻，穿窄袖长袍，长筒靴，系皮带，手上举起牛角形酒杯，此类酒杯在西安一带也有出土，对饮者中间一大瓮酒，此类酒瓮也是古代西亚地区流行的形

1 Ph. Ackerman, Some Problems of Early Iconography, p.844.
2 Ph. Ackerman, Some Problems of Early Iconography, p.881.

图 4-5-8　对饮锦，北朝，新疆吐鲁番阿斯塔那出土

式（图4-5-8）。同类织锦在都兰地区亦有出土，形式不一，说明北朝晚期到初唐时此类纹样的流行，它所展现的无疑是中国人对外来生活方式、器皿的猎奇。

还有大量骑马或骑骆驼的狩猎骑士。南齐时，宫中流行“射猎锦文”[1]，这一方面反映了丝织品题材的生活化，摆脱了两汉谶纬迷信色彩，同时也该看到外来文化的影响，在波斯，射猎是常见的图案主题，尤其是萨珊银盘上，表现国王狩猎的场景特别流行。魏晋南北朝时期织锦中，狩猎骑士常作为联珠圈中的适合纹样出现，这类纹样在吐鲁番和都兰均有出土（图4-5-9），但有时也采用散点式排列。尼雅四号墓中出土魏晋时期狩猎纹锦就是典型一例。这是一幅织造十分生动的野外狩猎图：两名全副武装的骑士，一前一后策马追赶一匹双峰驼。骆驼身躯笨拙，张口喘气，但仍在奋蹄奔跑。身后骑士穷追不舍，张弓搭箭，另一名骑士也手握强弓，紧紧跟随，整个场面惊心动魄、栩栩如生（图4-5-10）。同类风格的纹样也见于洛浦山普拉出土的缂毛织物上。

吐鲁番北朝时期织锦中还见有著高冠、宽袍大袖的吹奏人物（图4-5-11），国外私人收藏品中也有同类题材，而且保存更完整，旁边还有头戴插单翎胡冠的杂要艺人的形象（图4-5-12）。

还有一类人物与西方神话有关，代表着某一神祇。青海都兰出土的早到北朝时期的织锦图案中还有一种一主二宾的人物造型，如黄地对波狮象人物锦和红地对波楼堞狮面锦中的局部纹样，即是一主坐于中台，二宾持三戟叉旁立的造型（图4-5-13）。据

图 4-5-9　狩猎联珠锦，北朝，新疆吐鲁番阿斯塔那出土

1 《南齐书》卷一九《五行志》，北京：中华书局，1972年，第373页。

图 4-5-10　尼雅出土汉晋狩猎纹锦纹样

图 4-5-11　吹奏人物纹锦，北朝，新疆吐鲁番阿斯塔那出土

考证，这些织锦中的一主二宾人物与中国西南地区佛教石窟中的大日如来和大黑天神等造像非常相似。大日如来是密教中的主神，大黑天神源于印度婆罗门教的善神毗湿奴，后来成为密教中的护法神。密教虽属佛教，但在文化艺术中则更多地保留着印度的传统。吐鲁番出土《高昌条列出臧钱文数残奏》（574年）中多次提到“提婆锦”，提婆是印度婆罗门教中善神的通称，提婆锦应是产于内地并织有“提婆”图案的织锦，都兰织锦上的这种带有印度文化色彩的神祇，或可笼统地称为提婆[1]。都兰和吐鲁番织锦纹样中都见有太阳神形象（图4–5–14），它源自希腊神话中的赫利奥斯（Helios）。传说赫利奥斯每日驾四马金车在空中奔驰，用阳光普照人间。太阳神崇拜盛于公元前五世纪的古典希腊时代，大约在亚历山大东征时被传播到中亚地区，成为中亚佛教艺术中一种常见的题材。在阿富汗巴米扬、新疆克孜尔、敦煌莫高窟佛教石窟壁画中都可能找到太阳神的形象。当太阳神出现在北朝至隋之际的织锦上的时候，其所包含的文化因素就更丰富了。都兰的红地簇四云珠四神锦是西北地区所出日神锦中最典型的一件，图案中的华盖、莲座来自佛教，图案构成带有波斯风格，汉字、铺兽则为中国传统，这件织锦形象生动地反映了东西文化的互相渗透与融合[2]。另一件联珠绿地太阳神锦较为简洁，只有中间为一太阳神驾马车的形象（图4–5–15）。

3. 植物纹样

魏晋以后，受西域文化的影响，丝织品图案中的植物纹样也开始增多。最早传

1　赵丰：《丝绸艺术史》，浙江美术学院出版社，1992年，第133—134页。

2　赵丰：《丝绸艺术史》，浙江美术学院出版社，1992年，第133—134页。

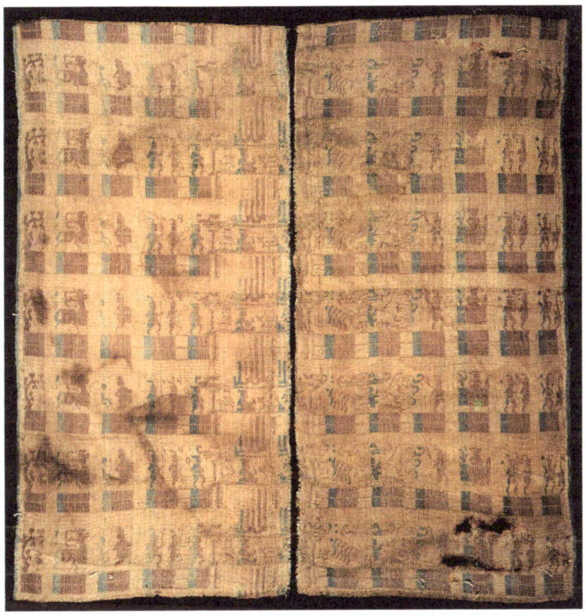

图 4-5-12　奏乐人物纹锦，北朝，私人收藏

图 4-5-13　红地对波楼堞狮面锦，北朝，青海都兰热水出土

图 4-5-14　簇四云珠太阳神锦，北朝，青海都兰热水出土

图 4-5-15　联珠绿地太阳神锦，北朝，青海都兰热水出土

图 4-5-16　龙雀葡萄纹刺绣，北朝，新疆吐鲁番阿斯塔那出土

入的是葡萄纹。魏晋时期丝织物中已不乏其例，南北朝以后隋唐时期更为流行。葡萄据说是汉武帝时由张骞出使西域后带回国内，并在上林苑种植。《西京杂记》记载当时丝织品上已有葡萄纹样。《邺中记》中也提到后赵石虎织锦署中生产有“葡萄锦”。葡萄纹在南朝也很流行，梁代文人有“蒲萄始欲罢，鸳鸯犹未成”之句[1]，这方面的实例有吐鲁番出土的龙雀葡萄纹刺绣（图4-5-16）。

图 4-5-17　龟甲忍冬纹刺绣边饰，北魏，甘肃敦煌莫高窟出土

图 4-5-18　鸟兽缘纹锦，北朝，新疆吐鲁番阿斯塔那出土

忍冬纹在南北朝丝绸图案中经常可以见到，但忍冬是中国对这类织物纹样的称呼。其原型来自西方，是产于地中海一带的莨苕蔓草（又称老鼠簕 Acanthus），最早见于古希腊建筑雕刻中，在中国最开始也出现在建筑和壁画装饰中，后来逐渐用于丝织品图案（图4-5-17），唐代达到极盛。南北朝丝织品图案中的忍冬纹比较简单，主要是一种双叶忍冬纹。吐鲁番出土织锦上有双叶忍冬与其他花草、动物组合排列的纹样（图4-5-18）。在各种新型骨架构成的图案中，忍冬纹则常作为主题纹样的陪衬。

莲花纹的出现通常被认为与佛教有关。在佛教艺术中莲花象征净土，所以一切进入极乐世界的人，都从莲花中自然化生，以示灵魂的净化。吐鲁番出土“天王”化生锦中的莲花就是这种具有寓意性的图案。还有一种是中国本土的莲花，南齐萧道度年幼时，其生母区贵人曾剪刻锦绣中倒炬、凤皇、莲芰、星月等图案给他玩耍[2]。莲芰是南朝时新出现在丝织品上的植物纹样，即中国本土的莲花。

波斯艺术中经常出现生命树的纹样，通常是作为两动物对称的中轴。其实，在世界上许多宗教里都有对树的崇拜，人们相信有一棵支撑着整个宇宙的树。对生命树的选择并不一定统一，据说在波斯为云杉，在中国为桑，在印度或许是菩提树。

1 〔南朝梁〕刘孝威：《在郄县遇见人织寄妇诗》，《艺文类聚》卷六五《产业部上·织》，北京：中华书局，1965年，第1167页。

2 《南史》卷四一《齐衡阳元王萧道度传》，北京：中华书局，1975年，第1038页。

营盘出土中亚风格的毛织物上动物对称的中轴则为石榴树。北朝末至隋唐时期的联珠图案对兽纹锦中，生命树的纹样非常丰富，也更为多样化，有时甚至用莲花等花状物替代。

树叶也是丝织品图案中表现的题材，吐鲁番出土的六世纪文书中明确记载“树叶锦”和“大树叶（锦）”的名称，指的就是这类织锦。阿斯塔那出土有众多树叶锦实物，两者可互相对应（图4-5-19）。以树叶为题材虽在尼雅、帕尔米拉出土的汉绮上已有发现，但阿斯塔那树叶锦纹，则带有更多的西方风格，其造型与埃及安丁诺发现的波斯织物上的树叶纹颇为接近，在伊朗塔克伊波斯坦萨珊波斯时期的雕刻中也有类似的服饰图案。

图 4-5-19 树叶纹锦，北朝，新疆吐鲁番阿斯塔那出土

二、新的图案组合方式

1. 传统骨架的沿用与更新

魏晋南北朝时期的丝织品图案，部分沿用了汉代传统的骨架和排列方式，可概括为两类。

第一类，连绵的曲波状骨架，其中填饰各种动物纹样，包括两型：一型直接继承了东晋十六国时期简化的山云式云气动物纹。吐鲁番出土的夔纹锦即是典型的一例，此锦伴出文书为延昌七年（567年）文书（图4-5-20）。香港私人收藏中也有一件实物为大卷云中的动物纹样，较汉式云气动物纹来得更为简洁，也可以划入这一类型（图4-5-21）。二型的曲波状骨架由波折弧线和层层相叠的涡状卷云组合而成，骨架间又以具有装饰性的垂直带相连，很像是重重叠叠的楼堞。这方面出土实例不少，营盘新近出土的兽面龙纹锦图案可视作这类纹样的雏形。其卷云云朵稀疏，骨架下

图 4-5-20 夔纹锦，北朝，新疆吐鲁番阿斯塔那出土

填饰带有双足的兽面纹、对称的龙纹，还点缀有“王”“宜”等汉字。其兽面造型依然因循汉晋时期的模式，但体型较大（图4-5-22）。国外私人收藏的一件与此件特别接近，只是纹样表现得比营盘的更为细腻（图4-5-23）。出自吐鲁番北凉承平三十年（455年）高昌太守沮渠封戴墓中的禽兽纹锦也采用了和营盘兽面龙纹锦近乎雷同的骨架，但纹样中不见了兽面和汉字，骨架间填满了众多珍禽异兽，十分拥挤。动物排列形式也不统一，或足背相对或首尾相对（图4-5-24）。敦煌出土龙虎朱雀锦图案则非常规范[1]，曲波骨架错落排列，云朵细密规则，填饰的动物减少，仅有龙和朱雀，皆头对头、尾对尾对称循环。令人发生兴趣的是在骨架的联接处也见有兽面纹，体形很小，造型和汉晋兽面纹模式相去甚远，已完全演化成铺兽的形象（图4-5-25）。和敦煌龙虎朱雀锦风格近同的实物国外私人亦有收藏，其涡状卷云缠

图 4-5-21　卷云动物纹锦，北朝，私人收藏

图 4-5-22　兽面龙纹锦，魏晋，新疆尉犁营盘出土

图 4-5-23　卷云兽面纹锦，北朝，私人收藏

1　Roderick Whitfield The Arts of Central Asia:The Stein Colleciton in the British Museum, Kodansha International Ltd, Tokyo。

图 4-5-24　兽面纹锦，北凉，新疆吐鲁番阿斯塔那出土

图 4-5-27　天青色幡纹绮，北朝，新疆吐鲁番阿斯塔那出土

图 4-5-25　楼堞龙虎朱雀纹锦，北朝，甘肃敦煌莫高窟出土

图 4-5-26　卷云对龙对凤纹锦，北朝，私人收藏

图 4-5-28　紫色涡云对龙人物纹绮，北朝，新疆吐鲁番阿斯塔那出土

图 4-5-29　绿地对羊纹锦，北朝，新疆吐鲁番阿斯塔那出土

图 4-5-30　鸟兽朵花纹锦，北朝，新疆吐鲁番阿斯塔那古墓群出土

绕、交错，其中似暗含着对波式的骨架（图4-5-26）。二型纹样在构图和运用动物题材上虽说与汉魏时期流行的云气动物纹有一定联系，但明显摆脱了云气动物纹框架，是魏晋以后引进外来纹样——涡云纹的创新之作。

吐鲁番出土南北朝晚期的织绮中，还有一种被称为“幡纹”的纹样，仔细观察，也属此类。这时的曲波骨架下往往增加了嵌卷云的折线，垂直的装饰带也被拉长，主题纹样除动物外，还出现了人物（图4-5-27）。这类织物的实例还有170号墓出土的紫色云纹对龙人物纹绮，这一织物很有可能就是同墓所出文书中提及的合蠡纹绫（图4-5-28）。

第二类则无明显骨架，图案单位皆沿经线方向竖向排列，花纹常常对称相连，构成变化丰富的二方连续式纹样。这类实例早期的有楼兰出土前凉时期的瑞禽兽纹锦，但在南北朝时期则出现有两种类型，一型是动物纹样较大，题材清楚，如树叶纹锦、对羊纹锦（图4-5-29）、对鸟对羊树纹锦、“大王”锦等。第二型一般纹样极小，经线色彩变化频繁，而且题材更加多样化，动物、植物、人物、几何图案皆有，排列组合也更加丰富。有时其纹样较为清晰，基本可以看清其题材，如对狮、对凤、小团花等，其实例有鸟兽朵花纹锦（图4-5-30）、鸟兽缘纹锦等。还有如隋代的“天王”化生锦，此类织物在国外的私人收藏中也非常多，而且保存色彩极好。一件是藏于伦敦的“吉祥天王”锦，其中织有凤鸟、飞天、人物、四鸟绕花、动物、正面人物等，两列纹样之间还有“吉祥天王”等文字织入。而香港私人收藏中的一件类似织锦却无法看出其具体纹样，但两者之间有着同样的风格。

2. 新型骨架

由联珠装饰带或单纯的带状线条，构成各种新型骨架，骨架内填以主题纹样。这种骨架包括多边形、弧形、圆形等多种形式。当时的新型骨架以联珠骨架为多，可分以下几种类型：

(1)多边形骨架

图 4-5-31　联珠菱纹锦，北朝，新疆吐鲁番阿斯塔那出土

图 4-5-32　方格联珠小花锦，北朝—隋，青海都兰热水出土

指菱形、方形及正六边形的龟甲骨架。菱形者，吐鲁番所出是以纯联珠构成的菱格状骨架，内填四瓣或八瓣小花，菱格四角有时也点缀花朵（图4-5-31），敦煌隋代壁画上服饰图案中也见有同类风格的纹样。菱格骨架是以联珠和卷云配合形成，中间填以狮、凤，图案十分华丽。方型者，吐鲁番出土有以三重线条组成的长方格，内填狮、象、牛。青海出土的是以纯联珠带交织成的方格，格内纹样常见多瓣小花，骨架的交叉处常置圆形联珠环（图4-5-32）。此类图案敦煌壁画中有较多发现，另外日本正仓院收藏丝织物中也见有此类图案的丝织品。

龟甲骨架，因其形状与龟背上的甲壳纹理相似，故名。联珠龟甲骨架的典型实例是敦煌发现的北魏时期的刺绣花边（参见图4-5-17）[1]。线条构成的龟甲骨架尼雅汉晋时期的织锦上已有发现。南北朝隋唐时期见于织绫上唐代文献中即有“龟甲绫”之名。吐鲁番出土此类实物较多，骨架中常填以禽鸟、卷云、忍冬、柿蒂花等适合纹样（图4-5-33）。这似乎是龟的形象首次出现在丝织品上，同类织物在青海都兰有出土，日本正仓院也有收藏。

(2)弧形骨架

弧形骨架包括套环、对波、交波骨架。

套环骨架在吐鲁番出土的北朝至隋的织绮图案中最为常见，这是一种由数个圆形或椭圆相套接形成的骨架图案，套环通常以联珠或卷云、卷云联珠构成，一般以二方连续的形式排列。如吐鲁番出土套环“贵”字纹绮（图4-5-34）、套环鸟兽纹绮（图4-5-35）、套环舞人对兽纹绮、套环人物纹绮等。环中主题纹样有动物、人物、忍冬、花卉等。动物一律成对排列，少的只有一对鸟，多的有三四组对禽对兽。织

1　敦煌文物研究所：《新发现的北魏刺绣》，《文物》1972年第2期，第54页。

图 4-5-33　黄色龟甲填花纹样，北朝，新疆吐鲁番阿斯塔那出土

锦上的套环纹样发现不多，青海出土套环卷云联珠人物锦是重要的一例，其中人物头戴宝冠交脚而坐，形象表现细腻，可以推测是留有络缌胡的胡人（图4-5-36）。

对波骨架以相接而不交错的对称波弧线为基本骨架结构。营盘出土的东汉时期的鹰蛇飞人罽、花树纹罽用缠枝葡萄藤蔓或涡卷的宽带构成对波骨架，这是对波骨架源于西域的一些例证[1]。北朝至初唐时期，对波骨架流行于丝绸图案中。青海发现甚多，骨架以线条或联珠或植物藤蔓构成，如都兰出土的黄地对波牵狮象锦（参见4-5-4）、绿地对波联珠狮凤锦（图4-5-37）、对波鸳鸯锦（图4-5-38）等。对波骨架中的主题纹样一般以纬向分布，经向重复，仍保留着汉晋时期固有的风格。

波弧线对称相交就形成了交波骨架，实例不多。典型的有吐鲁番出土鸟兽纹锦，骨架由联珠和简化的鸟纹配合构成，交叉处置八瓣花，骨架内是对牛、对马、对鸟，还有四个两两相对的人物（参见图4-5-18）。

（3）环形团窠

“团窠”一词见于唐代文献，一般认为是指环形区域中设置主题纹样的图案形式。团窠图案流行于唐代，但其源头可以追溯至南北朝时期。

从吐鲁番、青海的发现看，北朝至隋的环形团窠以四方连续排列的簇四团窠最为常见。团窠环多由卷云、联珠或卷绳等纹样构成。窠内主题通常是成对的动物纹，有时有好几对。窠外宾花图案或为对兽或为十样花，早期以对兽为多，还常配合以单个汉字。如吐鲁番所出簇四云珠对兽骑士纹锦，一窠内有对骆驼、对狮、对骑士射鹿、对象等，窠外宾花为对马，团窠间用小花作联纽（参见图4-5-9）。青海所出土红地簇四云珠日神锦，窠内图案表现的是太阳神驾车出行的隆重场面——太阳神端坐于设在马车上的莲花座上，上有华盖，左右各三匹翼马驾车奔驰，执戟卫士和侍从四人分立两旁，内容极为复杂。宾花为对兽、卷云和“吉”字，窠间用铺兽和小花相联。隋至初唐的簇四团窠环通常由联珠构成，窠内动物数量逐渐减少，流行一对动物，如对马、对羊、对狮、对孔雀以及对人牵驼等。宾花图案也趋于简单，多为十样花。

簇四团窠还有两种变化形式。一种是将团窠双向相连，形成簇二团窠，实例如

1　Zhao Feng, Three Textiles from Turfan, Orientations, Hong Kong, 2003.

图 4-5-34　套环“贵”字纹绮，北朝—隋，新疆吐鲁番阿斯塔那出土

图 4-5-35　套环鸟兽纹绮，北朝—隋，新疆吐鲁番阿斯塔那出土

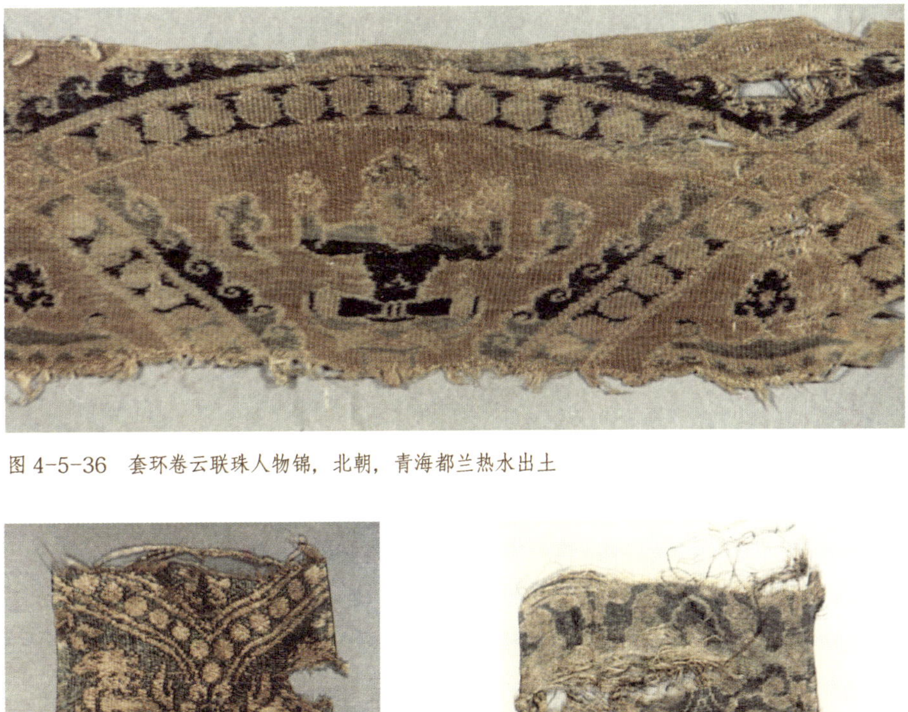

图 4-5-36　套环卷云联珠人物锦，北朝，青海都兰热水出土

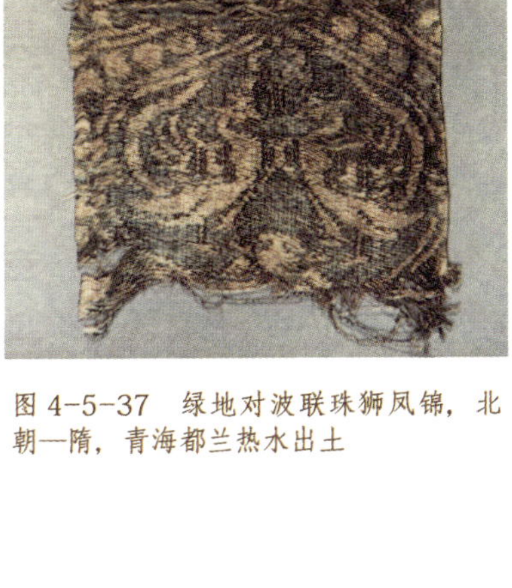

图 4-5-37　绿地对波联珠狮凤锦，北朝—隋，青海都兰热水出土

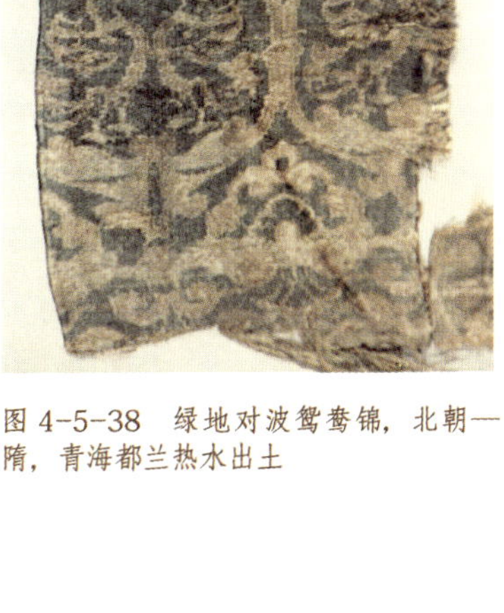

图 4-5-38　绿地对波鸳鸯锦，北朝—隋，青海都兰热水出土

吐鲁番出土鸟兽纹绮（图4-5-39）。另一种是将联接团窠的纽打开，团窠与宾花进行两点错排，形成一种散点团窠图案。这类团窠环几乎都是由联珠构成。散点团窠与簇四团窠产生的年代相近，但其延续的时间较长。吐鲁番、青海织物上所见散点团窠图案大多数是唐代产品，属于北朝至隋的有三件联珠对孔雀锦，团窠之外以对马、对虎或对马、对鹿为宾花，一件织有“贵”字（图4-5-40）。

图 4-5-39 对鸟对兽纹绮，北朝—隋，新疆吐鲁番阿斯塔那出土

图 4-5-40　联珠对孔雀“贵”字纹锦，北朝—隋，新疆吐鲁番阿斯塔那出土

三、织物上联珠纹的出现

在魏晋南北朝直至隋唐时期一个重要的图案因素是联珠纹，其出现和流行在我国的纺织纹样史中也扮演着一个独特的角色。在出土织物上，联珠通常并不作为主题纹样，而是作为骨架纹样，即由大小基本相同的圆形几何点联接排列，形成更大的几何形骨架，然后在骨架中填以动物和植物等几何纹样。在纺织图案上联珠纹可以有多种形式，如单纯的联珠、联珠与其他装饰纹样配合形成的复合联珠。其中以纯联珠最为常见，复合联珠富于变化，或两圈联珠配合，或联珠与卷云、忍冬、花蕾等纹样配合，形成各种样式新颖的装饰图案。

联珠这一图案形式在我国出现很早，新石器时代的彩陶，商周时代的青铜器，汉瓦当、铜镜上都不乏其例，但联珠纹特别是联珠动物纹在我国南北朝至隋唐时期的染织图案上普遍流行，则与萨珊波斯艺术的影响有密切关系。萨珊联珠纹有特定的组合程式，并蕴含着复杂的宗教意义。萨珊王朝忠实于阿契美尼德时代形成的伊朗本土文化，受教育阶层普遍具有星相学知识，民间传说也体现出古代信条，袄教被尊为国教，因此，古老的星相、神话、宗教主题成为艺术的重要题材。被理解为黄道带的表示天的圆圈是设计的主角，它的星相象征通过沿圆圈外缘排列的众多天的标志——小圆珠——来表现，如此形成的联珠纹寓意神圣之光，这一含义由将

图4-5-41 联珠纹裙子图像，北齐，山西太原王家峰徐显秀墓壁画

珠圈四分的更小的联珠圈中的新月、双头斧加以强调[1]，内填的各种主纹也都与天、神的语义相关。北朝末，粟特人大量来华，形成居住聚落，设置“萨宝府”，但祆教更多的是在其族内传播，中国人尚未形成对祆教的普遍热情。对于联珠纹，只是借用其艺术形式，注入中国人的理解，并且选取了心目中与西方有密切联系的题材结合这一新样式，以体现对西方风物的爱慕和对西方样式的追逐。

已知最早的联珠纹见于6世纪50年代的吐鲁番墓地，略早于此，文献也记载北齐时居并州的祖珽拿出“连珠孔雀罗”与人游戏，连珠孔雀罗面貌或类似于阿斯塔那所出的联珠对孔雀锦，其中最早的一片，可到557年。在571年葬于晋阳的徐显秀墓中，壁画上的侍女赫然穿着遍地大联珠纹的裙子（图4-5-41）[2]。对比纹样，那对称动物的安排，植物类的辅饰，单纯的珠圈，不相连的四方连续布局与前述557年织锦几近一致。敦煌隋代洞窟里，对联珠纹织物的表现更常见，菩萨的衣裙、佛的僧祇支、涅磐图中的枕头，窟顶仿幔帷的彩绘上无不见其踪迹[3]。相隔千里，相近的时间，联珠纹实物及对其的记载、描绘如此接近，无疑证明它在当时社会的风靡。

南北朝晚期的联珠纹丝织品产在何地？曾有学者提出蜀郡是产地之一[4]，现在看来，北方也有可能，特别在北齐境内，因为当时粟特人来华，多居北方，而北齐又是胡风最浓之地，徐显秀墓的壁画和祖珽家的联珠孔雀罗都表明联珠纹织物在此盛行。北齐疆域内的黄河中下游本是中国丝织技术最发达的地区，而且自三国以来，一些最重要锦产地如襄邑、丹阳、洛阳都在其境内。北朝晚期，也确有商胡来

1 Ph. Ackerman, Some Problems of Early Iconography, in ed. U. A. Pope and Ph. Ackerman A Survey of Persian Art II (Text), New Edition. Ashiya, Japan, 1981, pp.878—879.

2 山西省考古研究所、太原市文物考古研究所：《太原北齐徐显秀墓发掘简报》，《文物》2003年第10期，第4—41页。

3 中国美术大全集编委会编：《中国美术大全集·雕塑编14》图169，295窟；图192，407窟；图193，397窟；图197，390窟，上海人民美术出版社，1985年；敦煌研究院、江苏美术出版社编：《敦煌石窟艺术·莫高窟第420窟》图9，图27，图31，图91，南京：江苏美术出版社，1996年。

4 武敏：《吐鲁番出土蜀锦研究》，《文物》1984年第6期，第70—80页。

此贩买丝织品，经吐谷浑西去[1]。尤其是北齐国都所在的邺城，十六国时后赵石虎曾设织锦署，北魏馈赠梁简文帝的锦抑或出自于此[2]。赵州至少在唐前期曾经贡锦，而其当地织锦的传统必早于此。邺城、赵州属河北，山东应该也有联珠纹丝织品织造，如祖珽家中的"连珠孔雀罗"当即得自山东。北周织造与否，当然也有可能，但即便织造，也不会超过北齐，因为论经济实力，北周弱于北齐，且其境内也没有重要的丝织品产地。

此时的丝织品艺术对后世影响深远。如北朝后期开始出现联珠纹，到隋和唐前期，它成为中国最重要的装饰题材。唐代绣像之风盛行，但在敦煌已发现了北魏的绣像。从艺术发展的角度看，南北朝丝织品中最有意义的是植物纹样的大量出现和形象表现的写实倾向。中国的植物纹肯定出现很早，但先前，数量毕竟有限。南北朝时，以莲花和忍冬为代表的植物纹样等不断增加，植物纹样从此开始重要。入唐，各类花卉题材越来越多，品类越来越繁，地位持续上升，终于成为装饰题材的主流。写实性的中国装饰形象也可找出很早的源头。但夸张变形却是更常用的手法，南北朝以来，风气一变，写实倾向日益明朗，再经唐人的大力弘扬，写实风格的主导地位就完全确立了。

四、纺织品上的西方神祇

早在1959年的尼雅考古中，人们已经发现两件可以拼合的蓝地白花印花棉织品（图4-5-42），一般称为蜡染或是蜡缬。一件带有格子等几何形图案，另一件所带的图案因素特别多[3]，在已残的部分中最起码可以看到四个可以判断题材的区域，一

图 4-5-42　蓝白蜡染棉布，汉晋，新疆民丰尼雅出土

1 《周书》卷五〇《异域传下·吐谷浑》，北京：中华书局，1971年，第913页。

2 《艺文类聚》卷八五《布帛部·锦·梁皇太子谢敕赉魏国所献锦等启》，北京：中华书局，1965年，第1458页。

3 新疆维吾尔自治区博物馆：《新疆民丰县北大沙漠中古遗址墓葬区东汉合葬墓清理简报》，《文物》1960年第6期。

是中心区域，可以看到一个人的脚和一只狮的爪和尾，很可能是大力神Herackles。二是以方格为主的区域，三是位于下方的长条，如一兽咬着一条龙尾，四为最重要、最完整的区域，有一裸女像。人们围绕此像进行了许多讨论。原报告称此像为菩萨，但尚存疑问，后来俞伟超考证为菩萨，主要原因是因为其上有背光，而这种背光只出现在菩萨身上[1]。但是，近来学者的研究表明这一形象有很多种可能性，一是希腊神话中的提喀[2]，二是印度神话中的鬼子母或是佛教中的诃利帝[3]，三是贵霜王国的丰收女神阿尔多克修[4]。这一形象较多地流行于印度西北部的犍陀罗地区，她往往是一女性，手持角状花束，在当地被认为是保护小孩之神。至于下方的怪兽咬龙尾可能也是一种误解，据俄罗斯爱米塔什博物馆马尔沙克博士称，所谓的龙身更应该是一条河，这条河是从怪兽嘴上吐出来的，而这怪兽可能正是一条摩羯鱼[5]。而我们的考证，认为这是一种花环[6]。

位于和田地区洛浦县的山普拉墓地中也出土了不少有趣的纺织品，其中最为引人注目的是两只裤腿上所用的面料，它用缂织技术织成，一只裤腿上织有较大的武士人像，另一只裤腿上织有马人形象（参见图4-4-17）。李吟屏对此件织物作了较为详细的考证，认为这马人就是希腊、罗马神话中的坎陀耳（centaur），它的出现，进一步证实了欧罗巴人种曾入居于阗，而那武士人像则与斯坦因得于楼兰的毛织品上的赫密士头像极为相像。所有这些，无疑都是犍陀罗文化对中国西北地区影响的结果[7]。美国艺术史家玛丽莲·瑞指出了织物上的武士与中亚河中地区卡尔查延遗址出土的希腊风格的彩陶人像非常相似，而且很有可能与贵霜早期的赫来士家族相关[8]。林梅村也引用了这一观点，但更进一步地指出这一织物可能出自帕提亚或大夏的希腊艺术家之手[9]。

营盘出土的毛织物更为令人注目，其中最为突出的是对人兽树纹罽、鹰蛇飞人罽、卷藤花树罽等。对人兽树纹罽系M15墓主人的外袍面料，它采用的是双层组织，以红黄两色显示花地。更为奇特的是其图案，整个纹饰设计规整对称，每一区由六组以石榴树为轴两两相对的人物、动物组成（一区纵长0.8米），每一组以二方连续的形式横贯终幅（幅宽1.18米以上），各区图案又以上下对称布局。图案中人物共四组，形象一致，均为男性，裸体、卷发、高鼻、大眼，各组人物姿态互异，手中分别持兵器，两两相对，表现出不同的对练姿态，细致生动。两组动物，对羊和对牛，前蹄腾空，身躯矫健敏捷，极富动感。据李文瑛的研究，袍上的整体纹样体现出希

1 俞伟超：《东汉佛教图像考》，《文物》1980年第10期。

2 林梅村：《汉代西域艺术中的希腊文化因素》，《九州学林》2003年第1卷第2期。

3 张靖敏：《从希腊女神到东方圣母：诃利帝母像的起源及其在丝绸之路上的发展与演变》，《北京大学考古文博学院硕士论文》，2005年5月。

4 孙机：《建国以来西方古器物在我国的发现与研究》，《文物》1990年第10期。

5 China: Dawn of a Golden Age, 200-275AD, New York: The Metropolitan Museum of Art, 2004.

6 赵丰：《尼雅出土蜡染棉布研究》，饶宗颐主编：《华学》第九、十辑（二），上海古籍出版社，2008年，第790—802页。

7 李吟屏：《洛浦县山普拉古墓地出土缂毛裤图案》，《文物》1990年第11期。

8 Marylin M. Rhie: Early Buddhist Art of China and Central Asia, Vol.II, Brill, 2002.

9 林梅村：《汉代西域艺术中的希腊文化因素》，《九州学林》2003年第1卷第2期。

腊（罗马）、波斯两种文化互相融合的艺术特征[1]。林梅村认为其上的裸体男性是希腊神话中的爱神厄洛斯，其发式与米兰或库车等地流行的西域艺术中厄洛斯的发式不同，采用古典艺术或犍陀罗艺术中厄洛斯的表现形式，可见这件长袍显然来自大夏或犍陀罗等希腊化世界[2]。

图 4-5-43　鹰蛇飞人罽，汉晋，新疆尉犁营盘出土

在营盘墓地还出土过一件鹰蛇飞人罽（图4-5-43），此罽最早由钱伯泉在《丝绸之路》上撰文介绍，后来在营盘的正式考古中还有发现，可能就是出自同一墓葬。此罽采用的组织也是平纹纬二重，以蓝黄两色显示花地，图案的主体是两枝纠结成葫芦状的葡萄藤，藤上花繁叶茂，下部的枝条上分别缠绕两条海蛇，枝条下立着两只张翅昂首的山鹰，鹰头与蛇头相对，呈相持争斗状，另有一对有翼人像，一手持雏鹰，一手拿短棒。钱伯泉认为，其质地、色彩和图案风格为西亚和东欧类型，与中国古代的锦绮完全不同，因此，它是通过丝绸之路输入我国西域的一件西方织物精品[3]。类似的织物在瑞士阿贝格基金会也有收藏，埃玛·邦克对此作了较为详细的研究[4]。

最有意义的是出土在都兰和吐鲁番的一些太阳神像织锦，一件是都兰和吐鲁番均有出土的簇四云珠对骑对兽日神锦，一件是都兰所出最为精彩的红地簇四云珠日神锦（参见图4-5-14），另一件是绿地小窠联珠日神锦。从最为典型的红地簇四云珠日神锦来看，云珠圈内的主题是希腊神话中的太阳神赫利俄斯，该神头戴宝冠，冠顶华盖，身穿高领衫，腰间紧束，双手作持定印，双脚相交，头后有联珠头光，身下是莲花宝座，宝座设于六驾马车之上，车上有扛戟卫士，还有两位执龙首幡。这里的主题明显是希腊神话来到犍陀罗地区后的变化，头光、交脚及莲花宝座等则明显是印度佛教中的因素，而联珠圈外的“吉”字和平纹经二重的组织又无疑是中国的系统，因此，这是一件十分明显的带有各方文化因素的织锦[5]。

1 李文瑛、周金玲：《罕见的红地对人兽树纹罽袍》，《鉴赏家》第八辑，上海译文出版社，1998年。

2 林梅村：《汉代西域艺术中的希腊文化因素》，《九州学林》2003年第1卷第2期。

3 钱伯泉：《从新疆发现的有翼人像看希腊、罗马文化的东传》，《丝绸之路》1995年第5期。

4 Emma C. Bunker, Late Antique Motifs on a Textile from Xinjiang Reveal Startling Burial Beliefs, Orientations, May 2004, pp.30—36.

5 赵丰：《魏唐织锦中的异域神祇》，《考古》1995年第2期。

第五章
隋唐五代的纺织文化

隋唐五代，是中国历史上的一个重要时期，自隋代建立至后周灭亡（581—960年），共380年。纵观有唐一代，历贞观之治和开元盛世而由强转衰，成为中国中世纪前后的分界点。总的来说，这一时期政治较为稳定，制度和法律完备，军事强大，生产发展，交通发达，商业繁荣，尤其是其思想文化上的开放，使这一时代呈现出雍容大度、兼容并包的风格。正因为有了如此的政治、经济和社会基础，纺织业才会掀起高潮。

第一节　隋唐五代的纺织生产概况

一、纺织生产区域

1、隋唐纺织生产的地理布局

据记载，隋代分别在泾州、雍州设丝局，在定州设绸绫局，这三局均由太府中的尚方具体负责。另外，在河东、信都设染局，由司染署负责具体事宜[1]。

关于唐代纺织产区分布的资料甚多，主要是依据当时正史中的贡赋记载。如《唐六典》所载开元赋和开元贡、《元和郡县图志》所载开元赋和开元贡、《通典》所载天宝贡，其内容反映了唐代前期特别是开元、天宝年间的情况，而《新唐书·地理志》所载长庆贡、《元和郡县图志》所载元和贡则在一定程度上反映了唐代后期的发展趋势。由

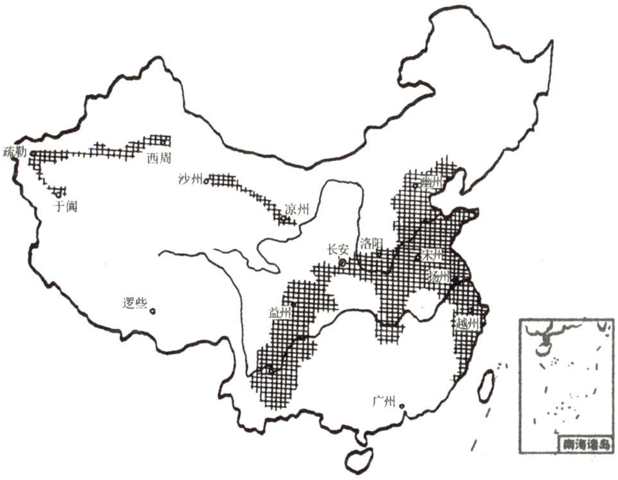

图 5-1-1 唐开元年间丝绸产区图，赵丰，1992 年

1 《隋书》卷二七《百官志中》，北京：中华书局，1973年。

于唐代贡赋原则上均是根据各地土产情况而定的，因此它较为可靠地说明了各地纺织生产的有无或发达情况，我们可借以总结出各时期纺织产区的布局。此外，还有大量诗文和出土文书可作补充资料。这里，我们采用表格形式加以整理，并以地图的形式描绘出一个唐代纺织产地分布格局的全貌（表5-1、图5-1-1）。

表 5-1 唐六典所载各地上贡绢等级表（引自朱新予《中国丝绸史（通论）》，1992 年）

等级	总州数	河南道	河北道	淮南道	山南道	剑南道	江南道
一	2	2					
二	4	3	1				
三	14	7	7				
四	15	5	10				
五	14	5	2	5	2		
六	12				2	10	
七	14				6	8	
八	12				9		3

唐代的纺织生产有三个较明显的重要地区。一是黄河下游地区，以河北、河南两道为主体；二是四川巴蜀地区，剑南道和山南道的西部可以划入本区；三是长江下游地区或称东南地区，包括江南东道的大部。三大区域虽然都是唐代纺织生产的重地，但其发展却并不均衡。在中国纺织文化的古典体系中，南轻北重的格局形成很早，并持续了很长的时期。自公元3世纪始，随着我国经济文化的第一次南下潮流，纺织产区逐渐发生了变化，巴蜀和江南地区得到了空前的开发，纺织业尤其是其中的丝织业得到了迅猛的发展。时至唐代，终于基本形成三强鼎立的局面。

然而，这一格局在唐代三百年间又有了不小的变化。宏观地看，黄河下游地区在唐代一直是主要纺织生产区域，只是历安史之乱而逐渐丧失主导地位；巴蜀地区自成一体，自有其兴衰过程，但始终为唐政府乃至后来的南唐王朝所倚重依赖的地方；东南地区在唐初已经崭露头角，然其能与其他两大区域并驾齐驱则在盛唐和中唐时，尤其是在中唐，其发展之迅猛，居各地区之首，从而导致纺织重心南移速度的加快。以上三个区域乃是唐代纺织业的巨鼎三足，而西北地区于阗、西州及沙州、凉州一带纺织业的发展也值得注意，其在当时各边远地区中乃是首屈一指的，并表现出浓郁的地方特色。

2、黄河下游地区

黄河下游包括河南和河北两道，南北两岸沃土遍野，成为蚕桑丝织业的极佳产地。河北道在盛唐时计有25个州，其辖地主要相当于今之北京市、河北省、辽宁省大部，并占有今河南和山东的小部分地区。从表5-1来看，道内几乎全境均贡赋绢绵，可知其产丝之盛。河南道计有28个州，相当于今之山东、河南两省的大部及江苏、安徽两省的部分地区，亦是几乎全境贡赋丝织品，而且其丝织品的等级乃是全国最高的。

这一地区早在汉魏时期就是著名纺织产区，如襄邑、朝歌、清河、常山、许昌等地到唐时均在河南、河北的畛域之中。到了唐代，这些星罗棋布的产地联成一片，行人们来到这里，总是“行复见城市，宛然有桑麻”，“下车之日，无土不殖，桑麦翳野，舟舻织川”，属下“尽业农桑”，境内“杼轴和鸣”[1]，呈现出桑柘遍野、机杼比户的情形。其出产并上贡朝廷的丝织品品种也比汉魏时显著增多，如方纹绫、仙文绫、鸂鶒绫、四窠云绫、龟甲绫、镜花绫、范阳绫、细绫、瑞绫、独窠绫、熟线绫、双丝绫、春罗、孔雀罗等。

黄河南北的纺织业依托深厚传统，在唐代长足发展，特别是河北道北部的蚕桑丝织业发展较快，变化较大。据记载，之前北燕慕容氏曾在平州（今辽宁盖县南）和昌黎（今辽宁朝阳）一带大力提倡蚕桑[2]，但未知成效如何。到唐代，与此邻近的幽州和易州产绢已十分有名，唐初曾专门调拨幽、易绢入京，太府寺定其级别为五等，幽州还生产范阳绫上贡，说明这一地区的发展是迅速的。究其原因恐怕与气候的变化亦有关系。据竺可桢研究，在隋唐至北宋时期，中国平均气温高于今天约1℃，这给高纬度的地区发展纺织业创造了较良好的气候环境。《唐六典》中记载，京兆府（今陕西西安）、华州（今陕西华县）、同州（今陕西大荔）、岐州（今陕西凤翔）四处赋调绵、绢，但同时又注明“开元二十五年（737年）敕：关辅既寡蚕桑，每年庸调并宜折纳粟、造米支用，其河南、河北不通水运州宜折租、造绢以替关中”[3]。由此可知，关中地区的纺织业尤其丝织业已大不如前，即使在蚕麦收成稍胜常年的时候，“百姓所收，才得自给，若无优假，还虑艰弊”[4]。因此玄宗令其纳粮代调。而同时期的河南、河北则因纺织业发达而同时水路不通，玄宗令其纳绢折租。这就不仅解决了河南、河北粮食运往京师不便的困难，同时也可补足关内道应缴纳的绢调数额。

3、巴蜀地区

从表5-1中我们还能发现一个几乎全境赋纺织品的地区，那就是剑南道，再加上山南道中利、合、阆、壁、集、果、渠、通、巴、蓬、开等出产纺织品的州，就是唐代第二个丝织品重要产区巴蜀地区了。

巴蜀地区是一个生产纺织品的老区，特别是当地生产的锦，名闻天下，被称为蜀锦，成都在当时也被称为锦城。唐诗中时时可看到蜀锦的名称，“蜀地锦织成”、“蜀烟飞重锦”、“夜雨催成蜀锦机”、“越罗蜀锦金粟尺”等诗句都说明了蜀锦的名噪一时。当然，巴蜀地区的丝织品名产绝对不止织锦一种，史载当地贡品还有单丝罗、交梭罗、衫段罗、樗蒲绫、重莲绫、双紃绫、对凤两窠和独窠绫、轻容、花纱、绵紬等。唐代诗文中亦有大量反映，张祜《送走马使》“新样花文配蜀罗”，王建《织锦曲》“锦江水涸贡转多，宫中尽著单丝罗”，白居易《玩半开花赠皇甫郎中》“成都新夹缬”，李贺《恼公》“峡雨溅轻容”等均是明证。

与巴蜀相邻的戎州、嶲州、姚州（今云南一带），当时亦属巴蜀，后来属于南诏，这一带的纺织生产在唐代也发生了较大的变化。从樊绰《蛮志》所载来看，在唐代初期，当地主要还是利用野生桑资源或柘树进行养蚕，工艺颇有特殊之处，以织绢和锦为主，与今日之少数民族相似。天宝年间，中原数次派兵远征南诏，结果损兵折将大败而归。南诏的势力反而越来越大。大和三年（829年），南诏兵入西川，“将

1 李白：《兖州任城县令厅壁记》，《全唐文》卷三五〇。

2 《晋书》卷一〇八《慕容廆传》，卷一二五《冯跋传》，北京：中华书局，1974年。

3 〔唐〕李林甫等撰：《唐六典》卷三《尚书户部》，北京：中华书局，1992年。

4 唐玄宗：《缓逋赋诏》，《全唐文》卷三〇，北京：中华书局，1983年。

还，乃掠子女、工技数万……南诏自是工文织，与中国埒”[1]。樊绰也认为，正是在这次战争之后，南诏“掳掠巧儿及女工非少，如今悉解织绫罗也”[2]。显然，这一带的绫罗生产技术是从四川传来的。但是，战争却使四川本身的织锦业元气大伤，一时无法复原。不少诗人为此大发感慨：“守隘一夫何处在？长桥万里只堪伤。纷纷塞外乌蛮贼，驱尽江头濯锦娘。”[3]也许正是因为这次悲剧式的技术交流，才使四川和南诏在丝织品产区上连在一起。

4、东南地区

论及东南地区纺织业何时崭露头角，人们常常引用李肇的一段话：“初，越人不工机杼。薛兼训为江东节制，乃募军中未有室者，厚给货币，密令北地娶织妇以归，岁得数百人。由是越俗大化，竞添花样，绫纱妙称江左矣。”[4]这一记载想必是较为可靠的，但同时也必须指出几点：首先，宝应元年（762年），薛兼训自殿中监授浙东节度使，任至大历五年（770年）止[5]。李肇所说江东并非指长江以南的广大地区，而是指钱塘江东南的地区，即浙东节度使属下的越州（今浙江绍兴）、婺州、衢州、处州、温州、台州、明州，所说的越人也应该是以东南第一州的越州为主。其次，在薛兼训任职之前，越人并非不会而仅是不工机杼而已，因此，薛兼训想要引进技术力量，而这一技术引进是通过军中未婚者娶织妇而完成的。第三，这些织妇来自“北地”，但这并不是长江以北的中原地区，而应是位于钱塘江之北的几个州，如润、苏、常、杭、湖等州。这不仅是因为华北和华东风俗大异，婚姻结合颇不容易，而且也因为纺织技术的传播或纺织重心的南移是需要一个过程的。因此，薛兼训的行动和结果只是这个过程中的一段，而东南纺织业崛起的整个过程开始得更早，延续得更久，其中的程序也更复杂。我们可从高档丝织品和普通丝织品两个方面进行考察。

早在唐初，东南地区的一些高档丝织品已享有盛名。天宝初年，水陆运使韦坚在广运潭中安置了小斛舟三百艘，每舟署某郡并以所产暴陈其上，其中广陵郡（今江苏扬州）则锦、官端（瑞）绫绣，会稽郡（今浙江绍兴）则罗、吴绫、绛纱，吴郡（今江苏苏州）则方文绫，还有丹阳郡（今江苏镇江）的京口绫和晋陵郡（今江苏常州）的绫绣。这些东南的名牌产品在京城引起了轰动，得到了玄宗的赞赏，特别是吴绫和越罗，至此已名扬天下，杜甫的“越罗蜀锦金粟尺”一句就将越罗与当时最负盛名的蜀锦相提并论，可作一证。但就其纺织生产的总体水平来说，还是不如黄河流域和巴蜀地区。

安史乱起，中原混战，东南偏安。北方人口再一次大规模南迁，形成了我国历史上第二次经济文化的南下潮流，促进了南方的发展。南方纺织产品的花色品种质量亦同样得到提高，在全国的知名度也越来越大。唐代后期有不少诗人都对东南地区的丝织特产交口称赞，出自韩偓《意绪》的“口脂易印吴绫薄”，刘禹锡《酬乐天衫酒见寄》的“舞衣偏尚越罗轻”，元稹《赠刘采春》的“谩裹常州透额罗”，白居易

1 《新唐书》卷二二二《南诏传》，北京：中华书局，1975年。

2 〔唐〕樊绰：《蛮志》卷七《特产》。

3 徐凝：《蛮入西川后》，《全唐诗》卷四七四。

4 〔唐〕李肇：《国史补》卷下。

5 吴廷燮：《唐方镇年表》卷五，北京，中华书局，1980年；郁贤皓：《唐刺史考全编》第四册，合肥：安徽大学出版社，2000年，第1763页。

《杭州春望》的“红袖织绫夸柿蒂”，等等，均反映了东南丝绸在人们心目中的地位较唐前期有明显提高。这一变化还能从东南地区在安史之乱前后的上贡丝织品种比较中看出。表5-2中唐代前期资料主要来自《唐六典》和《元和郡县图志》所载开元贡及《通典》所载天宝贡，唐代后期的资料则是《元和郡县图志》所载元和贡和《新唐书·地理志》所载长庆贡的综合，此表十分清楚地反映了这一地区高档丝织品种在前后期的变化和发展，特别是江南东道的越州，唐前期仅上贡较为一般的绫纱四种，而在贞元之后除常贡外又有数十种新型的绫、纱、縠、罗、绢等品种，成为当时进贡丝织品种类最多的地区。这可能与薛兼训的技术引进有关，但越州地区本身的创新亦相当重要，许多未见于其他地区的新图案新品种在此时此地出现了，难怪当时人们称赞“越地缯纱纹样新”，“异彩奇文相隐映”[1]。

表 5-2 唐代前后期东南地区上贡高档丝织品种类比较（引自赵丰《唐代丝绸与丝绸之路》，1992 年）

州名	今名	唐前期贡品	唐后期贡品
扬州	江苏扬州	蕃客袍锦、被锦、半臂锦、独窠细绫	锦、蕃客袍锦、被锦、独窠绫、半臂锦
润州	江苏镇江	方棋绫、水文绫	衫罗、方纹、水纹、鱼口、绣叶花纹绫
苏州	江苏苏州	红纶巾	绯绫
常州	江苏常州	紫纶巾	红紫锦巾、紧纱
杭州	浙江杭州	白编绫、绯绫、纹纱	白编绫、绯绫
湖州	浙江湖州		御服乌眼绫
睦洲	浙江建德	交梭绫	交梭文绫
越州	浙江绍兴	白编绫、吴绫、白纱、文纱	异文吴绫、花皷歇单纱、吴绫、吴朱纱、白纱、宝花花纹等罗、白编绫、交梭绫、十样花纹等绫、轻容、生縠、吴绢、花纱（文纱）、缭绫
明州	浙江宁波		吴绫、交梭绫
处州（栝州）	浙江丽水		小绫
宣州	安徽宣城		绫绮、红头丝毯

除高档丝织品外，普通纺织品在产区和产量上的发展亦能说明东南崛起的一个侧面。安史之乱以后，唐王朝对东南地区赋税的依赖越来越重。天下经赋，首于东南，浙东“机杼耕稼，提封七州，其间茧税鱼盐衣食半天下”[2]。随着社会经济发展，纺织产地扩展，生产技术进步，朝廷命官也常常劝民耕桑，这类例子极多。安史之乱后，湖州地区安置流民，鼓励耕桑，“流庸复者六百余室，废田垦者二百顷，浮

1 白居易：《缭绫》，《全唐诗》卷四二七。
2 〔唐〕杜牧：《授李纳浙东观察使兼御史大夫制》，《文苑英华》卷四〇八。

客臻凑，迨乎二千，种桑畜养，盈于数万”[1]；韩愈在袁州（今江西宜春）任刺史时，唯“劝以耕桑，使无怠惰而已”[2]；元锡任宣州刺史时也注意蚕织，“使蚕不失时，农无愆候”[3]；庐州（今安徽合肥）原来“艺桑鲜而布帛疏滥”，但罗珦上任刺史后，“劝之艺桑，以行赏罚。数年之后，环庐映陌，如云翳日。易其机杼，教令缜密，精粗中数，广狭中量。鬻之阛阓而得善价，人以不困”[4]。甚至连“地险而瘠，人贫而劳”的栝州，到后期也是“茧丝之税，重倍它郡”[5]。可见东南地区纺织业尤其丝织业的迅速发展相应地导致了唐政府对其地茧丝税赋的加重。

综考各种史料，可知原江南道丝织品生产区域已增至28州，较表5-1所列多出11州。尚无丝织产品上贡的主要是靠近黔中道的邵州（今湖南邵阳）、永州（今湖南零陵）、道州（今湖南道县）、连州（今广东连县）等，这些地区后来已不属于东南地区，而真正的东南地区则已成为丝织品生产的密集区了。

到五代十国时期，江南地区主要属于吴越国。吴越自公元907年钱镠受封称王，至公元978年钱俶献地归宋，共有国72年，实际统治达80多年。在这期间，中原战乱频仍，先后出现过五个短命的王朝。人民生活在水深火热之中，社会经济更是遭到极大的破坏。唐代曾是桑麻遍野的地方，这时正在变成大片的荒地。而南方的割据小国却大多未遭战争的破坏，社会经济在唐代的基础上进一步发展。吴越国处于吴、闽之间，其实力在十国中也不算强大。统治者明白两浙的兵力有限，故既没有统一中国的雄心，也不愿与邻国纷争以扩充势力，而是采取了“世方喋血以事干戈，我且闭关而修蚕织”[6]的措施，大力发展蚕桑生产。史载钱镠“善诱黎氓……八蚕桑柘”[7]，采用各种方法劝导黎民百姓经营蚕桑丝织，一年之中蚕可八熟。在劳动人民的辛勤开拓下，不但农村“桑麻遍野”，城镇里也是“春巷摘桑喧姹女”，一到采桑季节，到处呈现出繁忙景象。当时杭州地区种植了大批桑树，如功臣山、净度寺等地，桑园面积还有相当的规模。蚕桑生产的发展，无疑为杭州丝织业提供了充足的原料。

吴越国的丝织生产有一个特点，即官营织造业十分发达。统治者用于进奉中原王朝和奢耗用度的精致丝织品，大多来自官营织造机构。而普通绢帛则由民间生产。杭州是吴越国的首都，一般来说，也应是官营织造机构集中的地方。《吴越备史》卷一记载，钱镠在杭州设立一手工业作坊，网罗了技艺高超的织锦工300余人[8]。

5、西北地区

唐代丝织品产区分布极广，甚至连西藏都有可能出现过蚕桑生产。高宗初年，

---

1 颜真卿：《梁吴兴太守柳恽西亭记》，《全唐文》卷三三八。
2 韩愈：《袁州刺史谢上表》，《全唐文》卷五四八。
3 元锡：《宣州刺史谢上表》，《全唐文》卷六九三。
4 杨凭：《唐庐州刺史本州团练使罗珦德政碑》，《全唐文》卷四七八。
5 韦纾：《栝郡厅壁记》，《全唐文》卷六一三。
6 〔清〕袁枚：《重修钱武肃王庙记》。
7 〔五代〕李琪：《吴越王钱公生祠堂碑》，《全唐文》卷八四七，北京：中华书局，1983年，第8902—8906页。
8 周峰：《吴越首府杭州及北宋东南第一州》，杭州：浙江人民出版社，1997年。

文成公主派人“请蚕种及造酒、碾炮、纸墨之匠，并许焉”[1]，当然，养蚕之事后来有否在藏区真正发展起来，并没有得到进一步的史料证实，不过这个可能性是存在的。

此外还值得一提的是自安远门西尽唐境的西北地区。司马光有一段描写天宝时期陇右道盛况的话：“是时中国盛强，自安远门西尽唐境万二千里，闾阎相望，桑麻翳野，天下称富庶者，无如陇右”[2]，此言或有夸大，但也并非毫无根据。陇右道包括河西走廊及安西四镇，其纺织业亦在唐代达到鼎盛。这一地区历来就是丝绸之路的重要通道，华贵的丝织品在当地人民的心目中产生了极强的诱惑力。约在公元3世纪前后，丝织生产技术传播到西北。入唐之后，陇右道沿途平安，“桑麻翳路”，亦非虚词。元稹在《西凉伎》中描写河西重镇凉州（今甘肃武威）的情况说“吾闻昔日西凉州，人烟扑地桑柘稠”，可作佐证。元稹是中唐时人，此乃回忆之词，也许会引起怀疑，然而，敦煌和吐鲁番文书中的记载却是铁证如山了。

《长安三年（703年）董文彻牒》是一件沙州（今甘肃敦煌）官吏叫管理农事的检校营田官监督百姓从事桑麻生产的命令：“其桑麻累年劝种，百姓并足自供……如有一家不缉绩者，罚一回车驮远使”[3]，即用强制性的措施发展桑麻纺织生产；中唐时期吐蕃占领敦煌并在当地设置“丝绵部落”，应是从事纺织生产的专业部落，其生产人员当以汉人为主。王建的《凉州行》正反映了这一时期吐蕃掳掠汉人为其生产的情况：“蕃人旧日不耕犁，相学如今种禾黍。驱羊亦著锦为衣，为惜毡裘防斗时。养蚕缲茧成匹帛，那将绕帐作旌旗。城头山鸡鸣角角，洛阳家家学胡乐。”直到张议潮收复汉家失地后，将士们又在敦煌看到了“水流依旧种桑麻”的景色，这说明河西走廊的纺织业在整个唐代一直未曾中断过[4]。

新疆的材料亦相当丰富，塔里木盆地的南北两面均有连续的丝绸产地。南面以于阗（今新疆和田）为中心，于阗绫锦十分有名，曾东传敦煌等地，因此，敦煌已能见到“于阗绫锦家家惣满”的情况；北路的丘慈锦和疏勒锦在唐之前已享有盛名，高昌地区则在唐代仍有桑田；许多妇女都“晚弄琼梭，鸯纹出于红缕”[5]；在今巴楚县脱库孜沙来的唐代文化层中还出土了蚕茧、生丝及当地丝织品实物。

最有意思的是和田附近丹丹乌里克遗址出土的传丝公主画板，其所据的典故在《大唐西域记》中有详细记载，“昔者此国，未知桑蚕，闻东国有也，命使以求。时东国君秘而不赐，严敕关防，无令桑蚕种出也。瞿萨旦那王乃卑词下礼，求婚东国……瞿萨旦那王命使迎妇，而诫曰：‘尔致辞东国君女，我国素无丝绵桑蚕之种，可以持来，自为裳服。’女闻其言，密求其种，以桑蚕之子，置帽絮中……遂入瞿萨旦那国”[6]。丹丹乌里克遗址时属唐代，在其遗址中发现这一传说的画板正说明了当地人民对丝织业的重视，而另两块有着织机神的画板也说明了当地纺织业的发达。

1 《旧唐书》卷一九六《吐蕃传》，北京：中华书局，1975年。
2 《资治通鉴》卷二一六“玄宗天宝十二年”条，北京：中华书局，1956年。
3 大谷文书2836号《长安三年董文彻牒》，《敦煌社会经济文献真迹释录》第二辑，第328页。
4 王进玉、赵丰：《敦煌文物中的纺织技艺》，《敦煌研究》1989年第4期，第99—106页。
5 吐鲁番阿斯塔那188号墓出土《开元三年麴娘墓志》，《文物》1975年10期。
6 〔唐〕玄奘、辩机著，季羡林等校注：《大唐西域记》，北京：中华书局，1985年，第1021—1022页。

二、纺织生产形式

1、男耕女织的生产形式

唐代前期实行均田制和租庸调制，男耕女织就成为基本的生产模式。唐代孟郊《织妇词》云“夫是田中郎，妾是田中女。当年嫁得君，为君秉机杼”，田夫蚕妾，牛郎织女，自给自足，确是小农经济的典型代表。

唐代的均田制以丁男为授田对象，比较强调男劳力的作用，但其实丁男正代表了以一夫一妻制为主的农村普通家庭。“授田之制，丁及男年十八以上者，人一顷，其八十亩为口分，二十亩为永业”。“永业之田，树以榆、枣、桑及所宜之木，皆有数”[1]。永业之田正为农村家庭的蚕丝生产提供了基础。统治者也多次发布栽种桑树的诏令或劝民种桑，有时甚至还规定了栽种的数量。孟郊《织妇词》中也说“官家榜村路，更索栽桑树”。

当时永业田的数量虽然为人均约20亩，但并非20亩全部都用于栽桑，实际上当时的情况与官方的定额有着较大的差距，因为唐代普遍存在着受田不足的情况，永业田和口分田不再有栽培作物种类的区别，只是在户籍登记中首先保证永业田的数量，其余均作口分田计算。事实上，唐代每户种桑的数量在十亩土地百株树上下。有几个数据可资证明，储光羲的《田家杂兴》说“种桑百余树，种黍三十亩”，这显然是小农经济的写照，一丁种桑100余株；大历间，常衮拟制，“天下百姓，宜劝课种桑枣，仍每丁每年种桑三十树”[2]，若以三年种毕的常规计，合90株；陆龟蒙家有“百树鸡桑半顷麻”的情况，虽是虚拟，但亦可作旁证；侯仁宝也为劝课农桑制定了量的目标，“小户岁十本至二十本，中户三十至四十，大户五十至一百，如能广栽，不限本数”[3]。这是一个起步较低的目标，小户以一丁计，三年则能栽桑30—60株，但这毕竟是一个最低目标，是一个起码值。而实际上为适应生活及缴纳赋税的需要，生产者们自动地向着精耕细作方向发展，在栽桑面积不得不缩小的情况下，把栽桑密度从北魏时的每亩三株提高到每亩约十株。为了保持总产量的稳定，与此同时还必须增加栽桑总株数，因为单纯密植虽能增加单位面积的产量，却使每株桑树的产量降低。所以，历年衡量的结果使每丁栽桑株数从北魏时的50株提高到100株左右，占地约为10亩。

在遍栽桑树的基础上，农村家庭养蚕丝织业得到了很大的保障，呈现一片“有村皆纺织，无地不耕犁”[4]的景象。在北方，“五月虽热麦风清，檐头索索缫车鸣”[5]；在中原的朱陈村（位于今江苏丰县），“桑麻青氛氲，机梭声轧轧”[6]；在江南山村中，“依稀听机杼，寂历看桑麻”[7]。甚至在东南某些地方出现了专门发展蚕桑

1 《新唐书》卷五一《食货志一》，北京：中华书局，1975年。

2 常衮：《劝天下种桑枣制》，《全唐文》卷四一〇，北京：中华书局，1983年。

3 侯仁宝：《广栽桑枣奏》，《唐文拾遗》卷四七。

4 袁皓：《重归宜春偶成十六韵寄朝中知己》，《全唐诗》卷六〇〇。

5 王建：《田家行》，《全唐诗》卷二九八。

6 白居易：《朱陈村》，《全唐诗》卷四三三。

7 长村佐辅：《山行经村家》，《全唐诗》卷四六九。

丝织业的情况，“产业论蚕蚁”[1]，以养蚕的多少来评定家庭的贫富，说明这些农户中的蚕桑生产在家庭经济中所占的比重相当大。

2、官营纺织生产

隋代在官营纺织生产机构设置中有司染、司织二署（后二署合并为织染署），专门组织官府纺织品的生产和染色。在纺织业比较发达的地区，还设置专门机构，负责这里的纺织生产，为皇室及各级官府所需要的特殊纺织品提供货源。隋代宫廷有“女御”三十八名，其职能主要“掌女工丝枲”。宫中置六尚、六司、六典等，“递相统摄，以掌宫掖之政”，其中尚工“掌营造百役，管司制三人，掌衣服裁缝”。后来在此基础上又增置女官，设六局管二十四司，其中“六曰尚工局，管司制，掌营造裁缝；司宝，掌金玉珠玑钱货；司彩，掌缯帛；司织，掌织染”[2]。另外，隋代前期畜牧业经济比较发达，太仆寺下设畜牧业管理机构，政府在陇右牧设有“皮毛监、副监及丞、录事”等[3]，专门从事动物皮毛加工业。

唐代官营的纺织生产机构较上代进一步增多，史载唐代宫中专业纺织工匠有“绫锦坊巧儿三百六十五人，内作使绫匠八十三人，掖庭绫匠百五十人”[4]，此处提及的就有三个作坊，而事实上更多。

（1）织染署

织染署在唐代属少府监管辖，其任务是“掌供冠冕、组绶及织纴、色染”[5]，除冠冕制作之外，常设25个作坊：

织纴之作有十：布、绢、絁、纱、绫、罗、锦、绮、繝、褐；

组绶之作有五：组、绶、绦、绳、缨；

紬线之作有四：紬、线、絃、网；

练染之作有六：青、绛、黄、白，皂、紫[6]。

从现代纺织工程学的角度来看，这四大类作坊即机织、编织、纺纱、染整四类，其中除布、褐以外，均属丝织生产。

织染署的规模颇大，上述已知绫、锦两坊中巧儿已达365人，若加上一些辅助工，则总人数不在500人之下。织染署共25个作坊，其总体规模可想而知。管理织染署的长官是织染署令，属正八品上。《千唐志斋》中存有一碑《大唐故少府监织染署令太原王府君妻张氏墓志铭并序》，年代是景云元年（710年），由此得知王府君在7世纪末曾任织染署令，但其事迹却无从考证。

（2）内作使

《宋会要辑稿》载：“唐制百职皆九寺三监分典，开元中始置诸使，由是寺监之

---

1 白居易：《和微之春日投简阳明洞天五十韵》，《全唐诗》卷四四九。

2 《隋书》卷三六《后妃传》，北京：中华书局，1973年。

3 《隋书》卷二八《百官志下》，北京：中华书局，1973年。

4 《新唐书》卷四八《百官志三》，北京：中华书局，1975年。

5 《新唐书》卷四八《百官志三》，北京：中华书局，1975年。

6 《唐六典》卷二二《少府军器监》，北京：中华书局，1992年。

务多归诸使”[1]。内作使也就是这一时期的产物，而内作使绫匠的所在，我们不妨称其为绫坊（因为作大于坊），分工主管的就是绫坊使，其他可能还有染坊等使。

长庆四年（824年）夏四月丙申，染坊役夫张韶率百余人通过银台门进入大明宫，杀阍者，攻入清思殿，登御榻，与卜者苏玄明对食，震惊一时。结果使其上司染坊使田晟、段政直因失职而被流放[2]。从暴动情节分析，染坊显然就在宫中。类似的还有毯坊和毡坊使，它们虽然与玄宗时期相距已久，但它们的性质却是与内作使相似的，起码可以列入内作之类。

（3）掖庭局

掖庭局“掌宫人簿帐、女工。凡宫人名籍，司其除附；公桑养蚕，会其课业；供奉物皆取焉。妇人以罪配没，工缝巧者隶之，无技能者隶司农”[3]。其实，掖庭局是一个管理宫中闲散女劳力的机构，让她们进行一些力所能及的工作，既可以配合皇后的亲蚕活动，亦可以增收节支。宫蚕活动由来已久，唐代仍继续沿袭，并有极为复杂的仪式，《通典》中有详细描述，其中提到蚕室、蚕母、女工等，说明宫中从蚕桑到丝织生产全过程均有。而且，掖庭局绫匠多达150人，说明其规模确是不小。

（4）贵妃院

玄宗时，“宫中供贵妃院织锦、刺绣之工，凡七百人，其雕刻镕造，又数百人”[4]。我们推测这是一个特殊的机构，是一个专为贵妃一人临时设置的专用织造作坊，这对于“三千宠爱于一身”的贵妃来说是并不为过的。

（5）各地官锦坊

开元二年（714年），玄宗诏令禁奢侈服用，“两京及诸州旧有官织锦坊悉停”[5]，说明除中央外，还有许多分布各地的官营纺织作坊。

西京长安自不必说，东都洛阳亦有官锦坊。《卢氏杂说》中提到一位曾是东都官锦坊织锦巧儿的织锦人就是明证。两京之外，益州（今四川成都）也是相当重要的官锦坊设置地。史载，窦师纶“性巧绝。草创之际，乘舆皆阙。敕兼益州大行台，检校修造。凡创瑞锦、宫绫，章彩奇丽”[6]。我们知道，唐高祖武德初年因天下未定废少府监，因而当感到乘舆皆缺时就在益州设坊织造，这一作坊就是窦师纶创制瑞锦、宫绫的生产单元，而中央的少府监要到太宗贞观元年才重新恢复。因此，益州的纺织生产机构很可能是唐代官营纺织作坊中最早的一家。即使在开元二年诏令后似仍未停工，天宝中，西川又贡五色织成背子，“观此一服，费用百金”[7]，这是一般织造户所难以办到的。

1 〔清〕徐松辑：《宋会要辑稿·职官五二》“诸使杂录”，北京：中华书局影印本，1987年。

2 《旧唐书》卷一七《敬宗纪》，北京：中华书局，1975年。

3 《新唐书》卷四七《百官志二》，北京：中华书局，1975年。

4 《旧唐书》卷五一《后妃传上》，北京：中华书局，1975年。

5 〔宋〕宋敏求编：《唐大诏令集》卷一〇八《禁约上》，北京：商务印书馆，1959年。

6 〔唐〕张彦远：《历代名画记》卷一〇。

7 〔五代〕马缟：《中华古今注》卷中。

唐代的贡锦之地还有扬州、绵州（今四川绵阳）、赵州（今河北赵县）等地，但这几处是否也有官锦坊存在，尚不能确定。

（6）官营纺织作坊的管理

在官营作坊中从事纺织生产的工匠，唐初主要是选择材力强壮、技能工巧的艺匠，并以徭役形式调到官营手工作坊中来，每年轮番应役，番期较短，称为短番匠。有些身怀专长的艺匠则可长期应役，而获得应番工匠中不愿应役者所纳代役赀，他们称为长上匠，此外还有官奴婢或刑徒等。但到后来，由于生产规模及质量的要求，官营纺织作坊中较多的是明资匠、和雇匠与巧儿。明资匠乃是公开承受官府之工资者，是应官府招聘并在招聘时已公开报酬数目的；和雇匠的性质与明资匠相去不远，但他们似乎在期限上比明资匠更灵活些，临时性显得更强；巧儿乃是技术世家，法定的供内者，一般情况下不得用纳资或其他手段逃避官府征役。

凡是来官营纺织工坊服役者都是具有一定技术水平的，但其中又参差不齐。一般来说，以巧儿为最高，番匠为最低。在这种情况下，管理制度也就显得尤其重要了。

管理的第一条是建立匠籍。对散处各州的工匠，要造名籍登记。吐鲁番文书中有唐麟德二年（665年）前后的《憙安等匠人名籍》，其中分木匠、缝匠、篾匠等类进行造册。对已在官营作坊中工作的诸匠也会造籍管理，从开元二年诏书中有“受雇工匠，降一等科之”来看，这些工匠们还根据技术高低分了等级。其次，设有专门的教习制度。在少府监织染署下，“冠冕弁帻之工，（教以）九月，教作者传家技，四季以令丞试之，岁终以监试之”[1]。第三条措施是设有严格的考校制度，少府监中继承了前代“物勒工名”的传统，以增强工匠的责任感；掖庭局中种桑养蚕也要“会其课业”，检验的主要指标乃是质量和规格等。其他还有禁盗、保密等安全保卫措施。

3、织造户

唐代的官营纺织生产机构也并非一成不变，少府监的织染署在中唐时被李辅国等宦官侵权，直到杜佑时才使“染练归之少府”，但此时使职之盛，与各地贡献之多，已使织染署的作用大不如前了，而日益壮大的乃是织造户的队伍。

织造户是一种介于官方和民间之间的生产形式，在性质上，织造户受到官府控制，根据官方指令进行生产。在形式上，他们则使用自己的工具以较分散的状态从事生产。白居易用“天上取样人间织”对其形式进行精彩描述。事实上，这种形式在唐代亦有着多种称呼，以织物品种而论有“织锦户”、“织绫户”，以织造任务而言有“贡绫户”、“供应户”等，在此可以简称为织造户。

织造户的形式和名称在北朝时已出现，他们被分配居住于固定地区，并为官府服役，规定其专业，如绫罗户、丝茧户等。唐代的织造户应该与上述专业户有着密切的渊源关系，但从其分布区域看，这种形式被推行得更广。几乎凡有纺织产品进贡的地方，就会有这种生产形式，洛阳、益州、荆州、越州、恒州等均有史料佐证。王建的《织锦曲》是描写益州的织锦户的，“大女身为织锦户，名在县家供进簿。长头

1 《新唐书》卷四八《百官志三》，北京：中华书局，1975年。

起样呈作官，闻道官家中苦难。回花侧叶与人别，唯恐秋天丝线干。红缕葳蕤紫茸软，蝶飞参差花宛转。一梭声尽重一梭，玉腕不停罗袖卷。窗中夜久睡髻偏，横钗欲堕垂著肩。合衣卧时参没后，停灯起在鸡鸣前。一匹千金亦不卖，限日未成宫里怪。锦江水涸贡转多，宫中尽著单丝罗。莫言山积无尽日，百尺高楼一曲歌”。而元稹的《织妇词》乃是描写的荆州贡绫户，他曾在荆州（今湖北江陵）目击贡绫户有终老不嫁之女。此外如白居易的《缭绫》描写的是越州的织造户，专门织制当时极为名贵的产品缭绫，诗中写道：“织者何人衣者谁，越溪寒女汉宫姬。去年中使宣口敕，天上取样人间织。”白居易的另一首新乐府《红线毯》描写的可能是当时宣州织造户织毯之事，“宣城太守知不知，一丈毯，千两丝，地不知寒人要暖，少夺人衣作地衣”。

织造户一般由州县地方政府管理。元和二年（807年）六月癸酉，“东都庄宅使织造户，并委府县收管”[1]。从这一史料来看，东都洛阳的织造户曾由庄宅使管辖，但毕竟有些风马牛，便委托河南府洛阳县管理了。王建说织锦户的生产者长女“名在县家供进簿”，亦表明由县级官府管理。管理时设有类似匠籍的供进簿，其中想必既有织造户名，亦有织造品名和数量。

事实上，织造户所承担的任务主要是织造作为土贡的丝织品，为各地方政府官员织造进奉用的丝织品。在这种情况下，织造户所用的丝织原料由州县负责配给。唐代后期庸调废而两税兴，但两税中有税生丝的情况，唐彦谦《采桑女》云“官家二月收新丝”，柳宗元《田家》云“蚕丝尽输税，机杼空倚壁”，皆为其证。其中部分就提供给织造户。在益州蜀锦产地采用的正是这样的方法。北宋吕大防曾说“故旧贡篚，以丝布散于市民，至期而敛之”[2]。

由于织造户的任务多是织造官方贡品，因此其图案一般由官方设计，织造户按来样加工。唐敬宗曾诏李德裕在浙西督造1000匹缭绫，纹样是御用的玄鹅、天马、掬豹、盘绦[3]，这正是对“天上取样人间织”的极好注脚。王建《织锦曲》云“长头起样呈作官”，长头是织锦户中的头目，自有出众技艺和超人心计，但其式样也必须呈官审核、批准后方能织作。

尽管不能否定织造户在唐初已有出现，但其设置的成熟期却无疑是在中唐，因为中唐时期的税法和土贡制度已与初唐时期发生了极大的变化。我们所列举的各种史料主要都集中在中唐时期也正说明了这一点。但是，织造户的设置到晚唐时达到了恶性膨胀的地步。由于织造户负有上贡的任务，故能免去其他的差科，于是，一些有权有势的豪富之家纷纷投机加入织造户的编制，而受害者乃是真正的织造户和其他贫户，前者的织造负担会加重，后者要为那些富豪们分担正常的税赋科差。

4、私营纺织作坊

唐代也存在着独立的民间纺织作坊，它们游离于官府控制和土地束缚之外，发展和生存相对显得自由和轻松些。

民间独立的纺织作坊主要分布在城镇之中，唐代城镇中已有许多坊、作、铺，多

---

1 《旧唐书》卷一四《宪宗纪上》，北京：中华书局，1975年。

2 〔北宋〕吕大防：《锦官楼记》，《全蜀艺文志》卷三四。

3 《旧唐书》卷一七四《李德裕传》，北京：中华书局，1975年。

为手工业作坊并且兼行贸易，甚至还形成了同类作坊的组织——行。《卢氏杂说》载：“唐卢氏子不中第，徒步及都城门东。其日风寒甚，且投逆旅。俄有一人续至，附火良久，忽吟诗曰：学织缭绫功未多，乱投机杼错抛梭，莫叫宫锦行家见，把此文章笑杀他。又云：如今不重文章事，莫把文章夸向人。卢愕然，忆是白居易诗。因问姓名，曰姓李，世织绫锦，离乱前属东都官锦坊织宫锦巧儿，以薄艺投本行，皆云如今花样与前不同，不谓伎俩儿，以文彩求售者不重于世。且东归去。”[1]从这段文字中我们可以得到一些信息：第一，唐代洛阳已有织锦人所处的丝织“本行”，行的存在说明了民间丝织作坊的发达；第二，该行中已出现雇佣劳动，雇佣的决定权可能是由行会掌握的，这反映了民间丝织作坊的规模已相当大；第三，民间作坊已开始生产宫廷用品缭绫并且用于出售，虽然质量有待提高，但这也说明当时对高级织物及纹样的管理渐趋松弛和民间消费水平的日益提高。

唐代最大的民间纺织作坊要数定州（今河北真定）何明远家，其家“有绫机五百张”[2]，数目相当惊人。宋代官营的四川绫锦院也不过是154张机，尚不及何家的三分之一。若按每张绫机需织工和拉花工各一人计，500张绫机已需工匠1000余人，此外还得有挑花工，整经、络丝、染色等各种辅助工，总数将在1600人上下。然而，唐代大多数纺织专业作坊的规模都不很大，有不少还是以一家一户为单位的，这些小规模的家庭作坊在经营上也显示出其灵活性来。他们之中有些是买丝织绸的，“卿卿买得越人丝，贪弄金梭懒画眉”[3]。有些则是进行来料加工的，“在时纵嫌织绢迟，有丝不上邻家机”[4]，这个邻家就是进行来料加工的。当时还有一件诉讼案也涉及专门的织素之家，“樊贵使妻织素，先示其式而告之曰：必如此。妻织，遂善于式，乃出，妻兄诉州，特判合，仍笞贵六十，因损一脚，履地不得”[5]，樊贵既然对妻示其式而令其必如此织，这无疑也是一种来样加工的形式，丈夫在外联系接活，妻妇在内织作。各种形式的小型纺织作坊应是唐代游离的纺织生产单位中的主流，散布于全国各地。

以家庭为单位的纺织作坊通常有着技术保密和嫡传的传统，这类例子在中国封建社会中比比皆是，唐代虽然开放，亦存此风。《太平广记》载：“李清，北海人，代传染业。”[6]但不知传承着什么染色秘方；亳州（今安徽亳县）产轻纱，陆游《老学庵笔记》卷六载“一州唯两家能织，相与世为婚姻，惧他人家得其法”，说是从唐朝传来已有三百余年，他们的纺织生产技术虽然没有中断，但秘不外传，对于整个社会的工艺水平来说，却是不利的。

5、统一的质量管理

唐代各种纺织生产的单元分布在不同地区和不同层面，唐代统治者主要通过对产品质量的严格管理来控制各单元生产过程。对官营作坊的控制较为直接，对织造

1 〔唐〕卢言：《卢氏杂说》，引自《太平广记》卷二五七《织锦人》。
2 《太平广记》卷二四三《何明远》。
3 施肩吾：《江南织绫词》，《全唐诗》卷四九四。
4 王建：《去妇》，《全唐诗》卷二九八。
5 《全唐文》卷九八四《对织素判》。
6 《太平广记》卷三六《李清》。

户和家庭农户的管理通过产品检验，对游离的生产作坊则主要通过监督市场上交易货物的质量来控制。质量管理主要有三个方面，一是尺度规格，二是重量和密度规格，三是纹饰繁简。

唐代对丝织品的尺度作了统一规定："凡缣帛之类，必定其长短广狭之制，端匹屯綟之差焉。"[1]更具体的是："锦、罗、纱、縠、绫、紬、絁、绢、布，皆广尺有八寸，四丈为匹。布五丈为端，绵六两为屯，丝五两为絇，麻三斤为綟。"[2]可见丝织品的常用单位是匹，匹长四丈，幅宽一尺八寸，约相当于今之匹长12米，幅宽54厘米。敦煌遗书有不少契约中都记载了当时丝织品的尺寸，虽有些出入，但大体上还是相符的，从唐代出土丝织品的实际情况来看亦是如此，这一尺度规格的管理是得到切实实施的。

重量规格和密度规格是密切相关的，若总的尺度不变，则密度越大，重量也就越大。开元八年(720年)制曰："顷者以庸调无凭，好恶须准，故遣作样，以颁诸州，令其好不得过精，恶不得至滥。"[3]而当时的好恶主要是根据密度来定的，凡"疏织短截充匹数"者均属恶之类，而"轧轧千声不盈尺"是上好之列的。但是，密度的测定毕竟费工费时，因此在许多情况下就改作用与密度成正比的织物匹重来计算，简便明了。这便导致了下面的对策，"苟欲副于斤两，遂则加其丈尺，有至五丈为匹者"[4]。更有甚者，在尺度也受到严格检查时，竟然"蜡揩粉拭谩官眼"[5]，弄虚掺假压份量了，真是上有政策，下有对策，使统治者的统一管理颇有捉襟见肘之感。

对于纹饰的统一管理，则主要体现在对奢华过精者的限制。这以大历六年(771年)四月的《禁大花绫锦等敕》最为典型。"在外所织造大张锦、软瑞锦、透背及大繝锦、竭凿六破已上锦、独窠文绫、四尺幅及独窠吴绫、独窠司马绫等，并宜禁断；其长行高丽白锦、杂色锦及常行小文字绫锦等，任依旧例造；其绫锦花文，所织盘龙、对凤、麒麟、狮子、天马、辟邪、孔雀、仙鹤、芝草、万字、双胜及诸织造差样文字等，亦宜禁断，两都委御史台、诸州府委本道节度观察使切加觉察，如违犯，具状闻奏。"[6]敕文中痛陈利害，措词强硬，但实际多半是禁而不能止，只得听之任之了。

三、政府对纺织品的征敛和消费

1、庸调制度

(1)庸调的基本要求

唐朝初兴之时，高祖为了适应经济形势需要，颁布了新的赋税制度。高祖武德二年(619年)二月，天下未平，高祖就在关西"初定租庸调法，每丁租二石，绢二匹，绵三两，自兹以外，不得横有调敛"[7]。武德七年(624年)，唐朝又重新颁布了租庸

1 《唐六典》卷三《户部》，北京：中华书局，1992年。

2 《新唐书》卷四八《百官志三》，北京：中华书局，1975年。

3 〔唐〕杜佑撰：《通典》卷六《食货六》，北京：中华书局，1988年。

4 〔唐〕杜佑撰：《通典》卷六《食货六》，北京：中华书局，1988年。

5 章孝标：《织绫词》，《全唐诗》卷五〇六。

6 唐代宗：《禁大花绫锦等敕》，《唐大诏令集》卷一〇九《禁约下》，北京：商务印书馆，1959年。

7 《资治通鉴》卷一八七《唐纪三》"高祖武德二年"条，北京：中华书局，1956年。

调的细法："每丁岁入粟二石，调则随乡土所产绫、绢、絁，各二丈，布加五分之一，输绫绢絁者，兼调绵三两，输布者，麻三斤。凡丁，岁役二旬，若不役，则收其庸，每日三尺。"[1]这一方法被称为租庸调法，租纳谷物，调纳布帛，庸是力役，但在通常情况下服役均由有匠籍的匠人们承担，而普通丁男只需以值代庸。唐代法定的庸值是日绢三尺，这样，岁役二旬，其值绢六丈，计一匹半。加上调二丈就共是二匹了。因此，在大多数地方均是以一丁二匹庸调合计。

庸调的纺织品种类原则上是根据土产所定的，蚕土输绢，麻土出布，而在兼有桑麻的土地上则悉听自便。当然，官府更希望得到的或许是丝织品。吐鲁番曾经出土一份文书，《仪凤三年（678年）中书门下支配诸州庸调及折造杂练色数处分事条启》载："诸州庸调先是布乡兼丝绵者，有□□情愿输绵绢絁者听，不得官人、州县公廨典及富强之家僦句代输。"[2]明显带有鼓励输送丝绢的倾向。而为了避免官府督责，一般的农户或许也更愿意保留尺度上较大的麻布而输纳较为高贵豪华的丝织品，"田家衣食无厚薄，不见县门身即乐"[3]。

（2）庸调的交纳程序

庸调丝绢交纳的时间均在每年秋天。唐制规定："凡庸调之物，仲秋而敛之，季秋发于州。"[4]更具体的是"每年八月上旬起输，三十日内毕，九月上旬各发本州租调车舟"[5]。我们知道，唐代多是二化性蚕，虽然一年可养两次，但一般是以养春蚕为主，如此则自养蚕到织绢整个工序完毕约要到秋季，正赶上法定交纳时间，说明庸调交纳时间照顾到了具体纺织生产的时间性。吐鲁番出土有大量庸调绢布，都写明是在八月交纳的，其中有一件白绢（64TAM36:11）右端有墨书题款"先天二年（713年）八月"，并钤朱色篆文印一方[6]，可证当时庸调绢的输纳时间管理严格。

在具体的汇集征收过程中，先根据户籍由县尉"收率课调"，庸调绢必须经过检验，然后书写标记或盖印为证。现藏新疆博物馆的折调细绫（72TAM226:16）上有墨书题记（图5-1-2）：

景云元年折调细绫一匹

双流县　以同官主　火愉

另有一绢（72TAM227:4）上钤"益州都督府之印"[7]。这两件织物分别可作为县、州经手并检收的实例。

（3）庸调的运输

各州县将庸调集中后，就按户部度支郎中的调度，分成两组输送。《唐六典》卷三《户部》载："凡物之精者与地之近者，以供御；物之固者与地之远者，以供军。"

1 〔宋〕王溥撰：《唐会要》卷八三《租税上》，上海古籍出版社，1993年。

2 《吐鲁番出土文书（八）》，北京：文物出版社，1987年。

3 王建：《田家行》，《全唐诗》卷二九八。

4 《唐六典》卷三《户部》，北京：中华书局，1992年。

5 《通典》卷六《食货六》，北京：中华书局，1988年。

6 王炳华：《吐鲁番出土唐代庸调布研究》，载《唐史研究会论文集》，西安：陕西人民出版社，1983年，第8页。

7 王炳华：《吐鲁番出土唐代庸调布研究》，载《唐史研究会论文集》，西安：陕西人民出版社，1983年，第8页。

第一条途径是从各地发往京师。京师设有输场，凡发至京师的庸调，《旧唐书》卷四四《职官志》说："先于输场简其合尺度、斤两者，卿及御史监阅，然后纳于库藏，皆题以州、县、年、月，所以别粗良、辨新旧。"庸调绢经过尺度、重量等质量检验后藏于左藏库。当时的左藏库主要收藏庸调等纳物；而右藏库则收藏宝货，凡四方所献金玉、珠贝、玩好之物皆藏之。据史载，左藏库的管理十分严密，"凡出给，先勘木契，然后录其名数，及请人姓名，署印送监门，乃听出，若外给者，以墨印印之"[1]，平时的警卫工作也相当严，这样使得皇帝本人需要时也颇感支度困难。因此到了玄宗时，便在宫内增设了内库，又称琼林、大盈库，在货物未入左藏前便先择精好者藏之，这一做法在两税法施行时仍有承袭。《册府元龟》卷四八四《经费》载大历十四年（779年）德宗初即位时下诏："凡财库（赋）皆归左藏库，一用旧式。每岁于数中择精好之物三五十万匹进纳大盈库。"

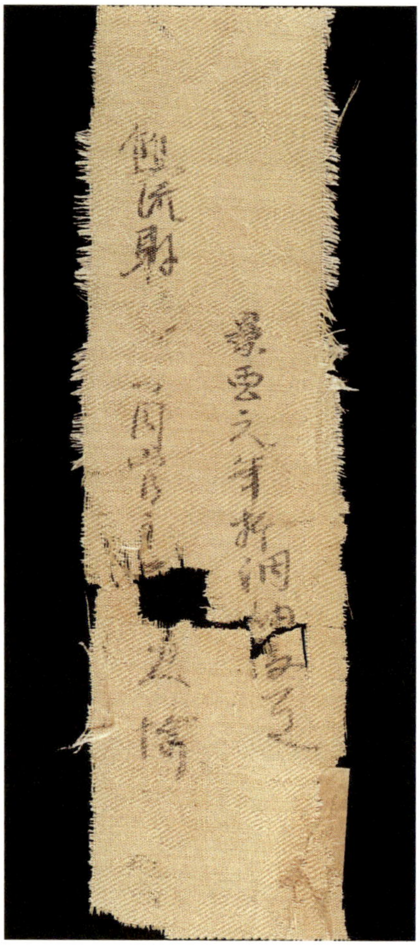
图 5-1-2 双流县折调细绫墨书，唐，新疆吐鲁番阿斯塔那出土

另一条途径是把部分庸调绢帛藏于其他地方的库房，或是直接交给边军，这部分的数量亦不少。如殷亮的《颜鲁公行状》中有天下北库的清河（今河北清河）贮藏着江东布三百余万匹，河北租调绢七十余万匹，当郡彩绫十余万匹，主要用于供北军费用的记载[2]。再从张鷟《对赵务以蒲陕布供渔阳军而幽易绢入京判》中可看出，张鷟和当时不少人一样，都主张以路之远近为根本原则来调配庸调绢帛，如幽易之绢就可以直接供给渔阳军了[3]。

2、土贡和进奉

（1）两税法

建中元年（780年），杨炎在唐德宗的支持下正式开始推行两税法。两税法的得名来源于其纳税的时间分为夏、秋两次，然其原则却是"户无主、客，以居者为簿；

1 《唐六典》卷二〇《太府寺》，北京：中华书局，1992年。
2 殷亮：《颜鲁公行状》，《全唐文》卷五一四，北京：中华书局，1983年。
3 张鷟：《对赵务支蒲陕布供渔阳军幽易绢入京判》，《全唐文》卷一七二，北京：中华书局，1983年。

人无丁、中，以贫富为差”[1]，即按财产多少而定税收。由于两税法中明文规定不用布帛而用钱、粮交税，因此，官方颇觉布帛丝绢来源不足，而百姓更觉卖绢换钱之苦，于是在朝野上下引起了一场货物重轻的大辩论。这场辩论旷日费时，涉及面广，直到长庆元年（821年）正月，唐穆宗才下诏，“应征科两税、榷酒钱内旧额，须纳见钱者，并任百姓随所有匹段及斛斗，依当处时价送纳，不得邀索见钱”[2]。至此，两税法中以钱为额，亦得输纳纺织品。虽然仍需按时价折算，总比被奸商们任意克剥要好得多了。

然而，唐政府的织物匹料直接来源却是远远不如唐前期了。这种情况在客观上助长了中央政府向地方上索取丝绢等，而地方官吏亦通过进奉以取媚，这种情形在唐后期愈演愈烈，其基本途径有二：一是勒令上贡，二是怂恿进奉羡余。

（2）土贡

唐代前期官府主要依靠庸调收入布帛丝织产品，土贡和进奉只占很少的比例，进奉的记载不多，而土贡又是制度所明文规定的，各州府“岁市土所出为贡，其价视绢之上下，无过五十匹”[3]。《通典》所载天宝年间年贡各类织品仅3160匹，其余还有绵和锦袍等若干，其品种虽然丰富，但其数量却是有限，因此在布帛岁收总额中不占重要地位。

中唐以后，土贡制度受到严重破坏，土贡成了政府无节制搜刮民脂民膏的手段，对于未贡或迟贡者加紧催促，对于已贡者要求增加花色品种和数量，贡得不对胃口者则要求调换贡品种类，以取得实物，这些行为严重违背了土贡制度的初衷。

以纺织业发展迅速的两浙地区为例。浙东观察使坐镇的越州在唐前期仅上贡少量丝织品，但自贞元（785年）以后，在常贡之外又另加“异文吴绫及花皷歇单丝吴绫、吴朱纱等纤丽之物，凡数十品”[4]，种类大增。贞元十年（794年），越州刺史皇甫政运送的贡物计绫、縠1700匹，当货物到达汴州时，适值兵变，这些贡物全部散失。但即使遇到如此意外，也没能使统治者们开恩免贡，出于无奈，只得“请新来客户，续补前数”[5]，结果苦的是那些织造户们。若仅以绫与縠计，贞元十年起码织33433匹，是原先土贡定额的68倍。若再考虑到“越縠缭绫织一端，十匹缣素功未到”[6]的质量差别，那它与原先土贡的价值比就是数百倍了。

再看浙西观察使李德裕的处境也不妙。长庆四年（824年）二月敬宗即位后表态“诸道常贡之外，毋得进奉”[7]。但不到两个月就自食其言，反令浙西织造“罗纱袍段及可幅盘绦缭绫一千匹”。质精量多，使李德裕不禁“倍增惶灼”，冒险上了一本《奏缭绫状》“况玄鹅、天马、掬豹、盘绦，文彩珍奇，只合圣躬自服，今所织千匹，

1 《新唐书》卷五二《食货志二》，北京：中华书局，1975年。
2 唐穆宗：《长庆元年正月南郊改元赦》，《唐大诏令集》卷七〇《典礼》，北京：商务印书馆，1959年。
3 《唐六典》卷三《户部》，北京：中华书局，1992年。
4 《元和郡县图志》卷二六《江南道二》。
5 皇甫政：《请补进绫縠奏》，《唐文拾遗》卷二四。
6 元稹：《阴山道》，《全唐诗》卷四二〇。
7 《资治通鉴》卷二四三“长庆四年三月”条，北京：中华书局，1956年。

费用至多，在臣愚诚，亦所未谕"[1]。此番上贡虽得以免除，但两浙的例子却成为中唐之后上贡泛滥的证据。

（3）土贡的程序

土贡的程序与庸调有所不同。土贡到达京师之后往往先陈列于庭，展览一下。《唐六典》载："凡元正冬至所贡方物，应陈于殿庭者，受而进之。"[2]对于表现较好的州郡便予褒奖，如元和十二年（817年）十二月户部奏，（请宣示申光蔡三州贡物奏）申、光、蔡三州历年贡赋不入，到元和年间贡鸂鶒绫等物，"今便欲取申、光、蔡贡物，以元日陈于乐悬之南，示中外"，以资鼓励[3]。

对土贡的严令要求及采取的一系列措施，都明显地带有鼓励精而多的倾向。上既有意聚敛，下也就会出现一批奉承之徒，土贡开始后不久，已见越轨之举。太宗时，"比闻都督、刺史邀射声名，厥土所赋，或嫌其不善，逾境外求，更相仿效，遂以成俗，极为劳扰"[4]，但毕竟还有所克制。但到中唐以后，这种逾境外求就远非土贡的额度所能满足，变成进奉名义下的大行勒索。

进奉和土贡原则上应有主动和被动的区别，但君王甚至连进奉也开口索要，因此这种区别实际上也就很难区分了。区别的标志反而在于量的多少，土贡多则多矣，但每次还是千匹左右，再多的话就不好意思称作土贡了，于是便以个人进奉羡余的名义纳入内库。德宗兴元元年（784年），"帝属意聚敛，常赋之外，进奉不息"[5]。《资治通鉴》载贞元时韩弘入京，一次就献绢50万匹，其他锦纨绮缬又3万匹，合计53万匹[6]。而根据《册府元龟》和《旧唐书》的记载，王播更是创下了连续进奉的记录：宝历元年（825年），进羡余绢100万匹，仍请日进2万，计五十日方毕；次年七月，又进羡余绢50万匹；到大和元年（827年），又进绫、绢各23万匹，共计46万匹[7]。这样，王播以连续三年巨额进奉，总数达196万匹，而创下了唐代进奉的最高纪录，并以此取得了宰相的职位，若以他最多的一年100万匹计，乃是天宝年间年庸调绢总额的13.5%强，难怪当朝天子要刮目相待了。

（4）土贡之害

安史之乱后，杨炎修改税收制度，改为两税制，分为夏秋两次征税。唐王朝纺织品收入大为减少，因此，多利用土贡或进奉等进行征敛。无论是土贡还是进奉，聚敛之物总是源出百姓。《资治通鉴》记载："藩镇多以进奉市恩，皆云税外方圆，亦云用度羡余。其实，或割留常赋，或增敛百姓，或刻减俸禄，或贩鬻蔬果，往往私自入，所进十一二。"[8]李翱在《疏绝进献》中说得更为明了，"钱帛非天之所雨也，

---

1 《旧唐书》卷一七四《李德裕传》，北京：中华书局，1975年。

2 《唐六典》卷二〇《太府志》，北京：中华书局，1992年。

3 阙名：《请宣示申光蔡三州贡物奏》，《全唐文》卷九六五，北京：中华书局，1983年。

4 〔唐〕吴兢：《贞观政要》卷八《贡赋》。

5 《新唐书》卷五二《食货志二》，北京：中华书局，1975年。

6 《资治通鉴》卷二四一"元和十四年七月"条，北京：中华书局，1956年。

7 《册府元龟》卷一六九《帝王部·纳贡献》、卷五一〇《邦计部·重敛》；《旧唐书》卷一六四《王播传》，北京：中华书局，1975年。

8 《资治通鉴》卷二三五《唐纪五十一》"德宗贞元十二年"。

非如泉之可涌而生也，不取于百姓，将安取之哉？故有作官店以居商贾者，有酿酒而官沽者，其他杂率，巧设名号，是皆夺百姓之利，亏三代之法。公托进献，因得自成其私，甚非太平之事也”[9]。

这种进奉，加重了人民的负担，出现了税外加税的弊端。尽管两税法以钱为主要征收单位，唐穆宗也只宣布亦可直接折纳纺织品，但事实上强征纺织品的情况乃是司空见惯。白居易的《秦中吟·重赋》一诗真实地记载了两税法后越趋贫困的人民生活："厚地植桑麻，所要济生民。生民理布帛，所求活一身。身外充征赋，上以奉君亲。国家定两税，本意在爱人。厥初防其淫，明敕内外臣。税外加一物，皆以枉法论。奈何岁月久，贪吏得因循。浚我以求宠，敛索无冬春。织绢未成匹，缫丝未盈斤。里胥迫我纳，不许暂逡巡。岁暮天地闭，阴风生破村。夜深烟火尽，霰雪白纷纷。幼者形不蔽，老者体无温。悲喘与寒气，并入鼻中辛。昨日输残税，因窥官库门。缯帛如山积，丝絮似云屯。号为羡余物，随月献至尊。夺我身上暖，买尔眼前恩。进入琼林库，岁久化为尘。"

与庸调时代较为正常的赋税制度相比较，唐代后期简直可以说是乱套了。第一表现在收税的时间上，庸调时代是在每年秋八月，两税是分夏、秋两税，而到后来却是越征越早了。唐彦谦《采桑女》"愁听门外催里胥，官家二月收新丝"，元稹《织妇词》"蚕神女圣早成丝，今年丝税抽征早"等诗句都是明证。第二是在征税的程序上出现了多头征税的情况，地方官吏亦乘机大捞便宜，李贺的《感讽》诗描绘了越中县官催税时的情景，"越妇未织作，吴蚕始蠕蠕。县官骑马来，狞色虬紫须。怀中一方板，板上数行书：不因使君怒，焉得诣尔庐？越妇拜县官：桑芽今尚小，会待春日晏，丝车方掷掉（摇）。越妇通言语，小姑具黄粱。县官踏飧去，簿吏复登登"。那县官的无知、傲且贪，都在李贺的笔下暴露无遗，但"簿吏复登登"又不知要如何逼税呢？第三是征收的种类变了，兼征丝绢。征丝的目的已如前所述，主要是提供给专业织造户以生产更高质量的丝织品。日益增加的税赋，压得百姓喘不过气来，一首首重赋吟的诗，都反映了人民的厌赋心理，王建在《田家行》中吟到"年来寄与乡中伴，杀尽春蚕税亦无"。

第二节　隋唐五代纺织考古发现

一、新疆吐鲁番阿斯塔那与哈喇和卓的发现

吐鲁番的发掘始于1959年底，当时，新疆博物馆东疆文物工作组在吐鲁番阿斯塔那北区发掘了六个墓葬，各墓均有纪年文字出土。其中出土有丝织品的M301出有贞观十七年（643年）契约、M302出有永徽四年（653年）墓志、M304出有垂拱四年（688年）墓志，均属于唐西州时期[10]。1960年底，新疆博物馆又对阿斯塔那墓

9 李翱：《疏绝进献》，《全唐文》卷六三四，北京：中华书局，1983年。

10 新疆博物馆：《新疆吐鲁番阿斯塔那北区墓葬发掘简报》，《文物》1960年第6期，第13—22页。

区进行了发掘，部分丝织品已发表于武敏《新疆出土汉–唐丝织品初探》一文，从列表来看，属唐西州时期的有M317、M322、M325、M330、M332、M337。在这些出土织物中，有不少已被各种论著反复引用，或反复见于各种图录，成为著名的文物。此外还有香地菱纹锦（M301）、规矩纹锦（M301）、对马纹锦（M302）、鸳鸯纹锦（M337）、大鹿纹锦（M337、322、332）、小团花纹锦（M325、317、302）、猪头纹锦（M325）、骑士纹锦（M337）、双鸟纹锦（M322）、龟背纹锦（M317）、鸾鸟纹锦（M332）、对鹿纹锦（M330）、瑞花遍地锦（M330）、花树孔雀纹绮（M337）、棋局团花双鸟绮（M325）。这里所提到的绮，基本上都是以平纹为地、斜纹作花的组织；而关于其织锦，则有不同的看法，武敏认为这些织锦“不论原有的经畦纹或隋唐之际的二枚经斜纹织物，都是经丝彩色显花”。但国内外有许多学者认为其中有部分为纬锦[1]。

1963—1965年是吐鲁番考古的第二个阶段，新疆的考古工作者在阿斯塔那与哈喇和卓两地共发掘了56座墓葬，其中属于西州时期的36座，出土的丝织品只有小部分得到介绍，包括出于延昌29年（589年）唐绍伯墓中的胡王牵驼锦（64TAM18）、对鸟吉字锦（620年，64TAM31）、红地宝相花纹锦（706年、64TAM20）、杏黄色绮（685年、64TAM29）、印花绢（64TAM29）、彩绘绢（706年、64TAM20）等，其中的红地宝相花纹锦是第一件由新疆公布的纬锦[2]。

“文革”期间，为配合开展农田水利建设，新疆博物馆又于1966—1969年四次进入吐鲁番地区对这一墓葬区进行发掘，共发掘墓葬105座，出土大量的丝织品，其中当时已整理登记的标本达46件，除少量如夔纹锦、瑞兽纹锦、方格几何纹锦、联珠对孔雀贵字锦、蓝地棋局纹锦等属于北朝到隋朝时期外，大部分织物都为唐代织物，属于西州时期。特别是一些新的品种的出现，如TAM105出土的彩条纹锦，为单层的彩条经斜纹作地、金黄色纬浮显花的组织，被称为锦上添花锦。更多的是染缬产品的出现，引人注目，如绿纱地狩猎纹缬，墨绿地上显粉绿纹样，狩猎者骑马飞驰，天空地面飞鸟奔兔，生动活泼；如黄纱地花树对鸟纹缬、绛纱地柿蒂纹缬等。这些染缬产品最初被定为蜡缬，后经武敏的研究，大部分改定为碱剂印花产品[3]。

“文革”中后期，即1972—1975年间，吐鲁番的考古工作仍继续进行，又有一百余座墓葬被发掘。1972—1973年的发掘，出土了由晋到唐的绢、纱、罗、绫、绮、锦等丝织品，色彩绚丽，图案新颖，其中高昌时期的对鸟对羊树纹锦复面（图5–2–1）和对狮对象纹锦遮胸，都是极为精致的织品，而唐墓所出的团花纹锦和宝花纹锦更是当时常见的风格。除此以外，出土的黄、绛、绿、紫各色纱以及各种彩色的印花绢都非常不错，尤其是出土的一件金红色的彩绘蓝纱及一件狩猎纹印花绢（图5–2–2），都是前所未见，反映了唐代丝织技术的水平。同时，墓中还出土了不少带有题记的麻布，是内地纺织品流通到新疆地区的实物证明[4]。1973年3月

1 武敏：《新疆出土汉唐丝织品初探》，《文物》1962年第7—8期，第64—76页。
2 新疆博物馆：《吐鲁番阿斯塔那–哈喇和卓古墓群清理简报》，《文物》1972年第1期。
3 新疆博物馆：《吐鲁番阿斯塔那–哈喇和卓古墓群发掘简报》，《文物》1973年第10期，第7—28页。
4 新疆博物馆：《1973年吐鲁番阿斯塔那古墓群发掘简报》，《文物》1975年第7期，第8—26页。

对张雄夫妇合葬墓（张雄死于633年，其妻死于688年，相隔55年）的发掘，更为唐代丝织品宝库增添了新的资料。其中最引人注目的是双面锦和缂丝的发现，它们都被剪成小片用于随葬的木质女舞俑的服饰。双面锦以沉香色显白色变体方胜四叶纹图案，其组织与后来营盘所出对人兽树纹罽完全一致，但此组织出现在丝织物上则以此为早。另有一件宽仅1厘米的用作舞俑腰带的缂丝带，以草绿作地，显大红、桔黄、海蓝、天青、白色、沉香等八彩织成的四叶形图案，这是目前所知最早的有明确纪年的缂丝实物，十分珍贵[1]。1975年的发掘主要在哈喇和卓进行，出土丝织品中包括十分精致的联珠戴胜鹿纹锦二件，双人侍坛锦复面一件，各色彩绢、纱、绫等[2]。

图 5-2-1　对鸟对羊树纹锦，北朝，新疆吐鲁番阿斯塔那出土

图 5-2-2　狩猎纹印花绢，唐，新疆吐鲁番出土

吐鲁番的大规模考古就到此告一段落，上世纪80年代和90年代只有小规模的考古活动[3]，而吐鲁番的研究却在深入进行，以致在一定规模上形成了一门吐鲁番学。值得指出的是，在“文革”期间还有一次偶然的发现，距吐鲁番不远处盐湖的一座唐墓中出

1 新疆博物馆：《吐鲁番阿斯塔那363号墓发掘简报》，《文物》1975年第7期，第7—13页。
2 新疆博物馆考古队：《吐鲁番哈喇和卓古墓群发掘简报》，《文物》1978年第6期。
3 吐鲁番地区文管所：《1986年新疆吐鲁番阿斯塔那古墓群发掘简报》，《考古》1992年第2期，第143—157页。

土了几件唐代的丝织物，包括银红地宝相花纹锦，属唐代斜纹纬锦；烟色暗花绸，斜纹地上起变则缎纹花；蓝色染缬绢及各种色彩的绢等。墓中虽然没有纪年物出土，但其织物却可以认定是非常典型的唐代风格[1]。此外，位于巴楚境内的脱库孜沙来遗址中也出土了一些可能属于唐末时期的织物，包括双层锦与大量毛织物[2]。

二、青海都兰吐蕃墓的发现

自1983年起，另一个唐代丝织品的宝库在青海省都兰县被逐渐开发。这是一个极大的墓区，在都兰热水、夏日哈等乡有广泛的分布，其中最大的为M1，极为雄伟，推测是吐谷浑旧部在吐蕃时期的墓葬。青海省考古研究所以许新国为主的考古工作者自1983—1985年间对此墓进行了发掘，墓中出土的丝织品据统计有三百余件，近百余种不同的图案或结构，其中大部分为锦、绫之属，花纹极美，织造极精，从年代上看，墓中出土的不仅有早到北朝至隋的织物，也有大量盛唐时期的作品，但主要的则属于唐代中期，即吐蕃占领河西走廊这一时期。

图5-2-3　红地中窠花瓣含绶鸟锦，唐，青海都兰热水出土

都兰出土的丝织品尚无正式的考古报告出版，到目前为止最为集中的发表是刊于《中国历史博物馆馆刊》上许新国与赵丰的文章《都兰出土丝织品初探》，文章系统地介绍了都兰出土丝织品的品种类别与图案类型并对其进行了初步的研究。从种类来看，出土物中包括早到北朝晚期或隋的平纹经锦，如红地簇四云珠日神锦；隋或初唐的斜纹经锦，如黄地对波狮象人物锦、红地对波联珠狮凤龙雀锦、橙地小窠联珠镜花锦、黄地簇四联珠对马锦等；具有中原风格的纬锦，如黄地大窠联珠花树对虎锦、黄地大窠宝花锦；带有较为强烈的中亚风格的纬锦，如红地中窠花瓣含绶鸟锦（图5-2-3）、中窠花瓣鹰纹锦；织金锦带等。此外还有各种各样的绫和罗织物，包括平纹地暗花绫、斜纹地暗花绫和素绫，另有少量的缂丝和絣织物，弥足珍贵[3]。

都兰大墓发掘之后，都兰丝织品日益引起人们的注意。北京大学和青海的考古

1　王炳华：《盐湖古墓》，《文物》1973年第10期，第28—37页。

2　李遇春、贾应逸：《新疆脱库孜沙来遗址出土毛织品初步研究》，《中国考古学会第一次年会论文集（1979年）》，北京：文物出版社，1980年。

3　许新国、赵丰：《都兰出土丝织品初探》，《中国历史博物馆馆刊》1991年第15—16期，第63—81页。

工作者在此之后又对都兰这一葬区的其他同时期的小墓进行了发掘，出土了一些纺织品[1]。但同时，这一地区的盗掘也非常严重，大量丝织品流散国外。其中部分见于报道，其质量之精美，超出人们的想象。

三、陕西法门寺的发现

1981年8月23日，位于西安之西一百多公里的扶风县法门寺塔轰然倒塌了一半，塔中发现了大量的佛教文物，1987年，陕西省的考古工作人员开始对宝塔进行拆除并重修的工作，在清理塔基的过程中，偶然发现了地宫后室上的藻井盖，石盖上有一道裂缝，用电筒一照，金光反射，原来这是埋有大量金银器及织金锦的缘故。考古队员们勘查地形，打开地宫，使埋藏一千余年的大量唐代皇室用品包括纺织品重见天日。

据法门寺地宫出土的碑文可知，法门寺初建于汉代，地宫中藏有佛骨。佛骨每隔三十年被迎入宫中供养一番，这在唐代时达到了极盛。碑文中所记最后一次迎送佛骨是在唐懿宗时期，此后地宫就被关闭，一直至1987年才打开。因此，地宫中供奉的纺织品大部分是懿宗时期晚唐的产品[2]。

地宫分为前后三室，三室中均出土了大量的纺织品，数量极大。最为精美的是红罗地蹙金绣随奉真身菩萨佛衣模型一套五件，以及包裹佛指用的锦套一件。另在一个腐朽的白藤箱里，堆积的丝织品有23厘米厚，达780层，如将其揭开铺展，可达400多平方米。从目前取样分析所知的种类有锦、织金锦、绫、缭绫、绮、罗、绣等，其中最有价值的是织金锦，其所用捻金线极为精致，但可惜的是总体保存状况不佳，大部分仍封存于冰箱之中。但是，法门寺地宫出土的随葬物账碑《应从重真寺随真身供养道具及恩赐金银器物宝函等并新恩赐到金银宝器衣物账》，碑上详细记载了当时供奉的各种物品名称，或许可以帮助我们了解当时纺织品的种类，其中有丝、帛、罗、花罗、绘罗、可幅绫、缭绫、织成绫、赭黄熟绿绫、细异纹绫、白异纹绫、织成绮线绫、绮、龙纹绮、辟邪绮、锦、金锦、金褐、银褐、白叠、夹缬、绣、蹙金绣等，包括丝、棉、毛等各种材料的织物。这些织物，无疑是晚唐时期染织业最高水平的代表[3]。

四、甘肃敦煌的发现

二十世纪初，一位名叫王圆箓的道士打开了藏经洞的大门，在其中发现了无数的写经及各种用丝织品制成的佛幡绣像。后来，斯坦因与伯希和来到敦煌，从王道士手中骗取了大约三分之二的文物，这些文物被运到英法两国后，主要被收藏于伦敦的大英博物馆和巴黎的集美博物馆，其中有不少丝织品制成的佛幡、经帙、绣像

1 北京大学考古文博学院、青海省文物考古研究所：《都兰吐蕃墓》，北京：科学出版社，2005年。

2 王孖：《法门寺织物揭展后的保存状况和已揭展部分的初步研究》，载《王孖与纺织考古》，香港：艺纱堂/服饰出版，2001年，第120—122页。

3 韩伟：《法门寺地宫唐代随真身衣物账考》，《文物》1991年第5期，第27—37页。

及各种残片。

斯坦因带回的纺织品主要收藏于大英博物馆，还有部分现藏伦敦维多利亚阿尔伯特博物馆，其中大英博物馆的纺织品除有零星介绍外，主要的部分均发表于日本出版的《中亚艺术：大英博物馆藏斯坦因集物》第三卷[1]，书中给出了基本的织物分析和介绍。而集美博物馆所藏藏经洞所出织物已基本完整地发表在里布夫人和维亚尔先生的《敦煌织物》（编为敦煌艺术第13卷）中，其织物组织的分析极细并极为准确，是研究敦煌织物的重要著作[2]。此外，俄罗斯爱米塔什博物馆和印度国立博物馆等也分别藏有敦煌藏经洞出土的织物[3]。敦煌纺织品的最新研究成果是国际合作项目《敦煌丝绸艺术全集》，其宗旨是综合研究二十世纪初敦煌莫高窟发现的纺织品，这是一部相隔了百年之后，由当今新一代中外学者在新世纪的形势下携手合作的系列专题全集。由此，我们终于可以全面地看到自1907年始，曾被当时的英、法、俄、日探险考古队在敦煌带走后流落在海外百年的中国大唐时期珍贵丝织品的经典，让世人全面地看到具有悠久历史的中国纺织艺术和技艺的辉煌。根据这些著作的介绍，敦煌藏经洞所出织物种类繁多，其中最重要的是织锦，包括斜纹经锦、斜纹纬锦和缎纹纬锦等，其中的斜纹纬锦不仅有中原风格的，也有中亚风格的，从组织上来看，甚至还有具有晚期风格的辽式斜纹纬锦。此外，绫织物的种类也非常丰富，无论是平纹作地还是斜纹作地的暗花织物均有发现，其中特别明显的一点是，有不少绫织物均用2-2织法进行织造。除锦和绫外，敦煌织物中还有大量刺绣、夹缬及绛丝等织物，这些都是非常具有装饰性的特殊丝织物，非常珍贵（图5-2-4）。如夹缬是盛唐时期才出现的新的印染品种，刺绣已较多地采用平针绣，绛丝也在唐代新出，但敦煌所出者带有金线，而且是以纸作背

图 5-2-4　敦煌藏经洞出土的对鹿夹缬幡，唐，俄罗斯爱米塔什博物馆藏

1 Roderick Whitfield, The Arts of Central Asia: The Stein Collection in the British Museum, Kodansha International Ltd, Tokyo, 1982.

2 Krishna Riboud and Gabriel Vial, Tissus de Touenhouang, Paris, 1970.

3 魏同贤、孟列夫主编：《俄藏敦煌艺术品：俄罗斯国立艾尔米塔什博物馆藏敦煌艺术品》Ⅱ，上海古籍出版社，1998年。

衬的金线。

从对藏经洞封闭年代的判断来看，洞内所出文物最迟为北宋初年，因此，洞中主要文物的年代应在五代时期，部分可以早到中晚唐，甚至是北朝到初唐。因此，大多数学者都是将藏经洞出土的织物当作唐代丝织品来研究的[1]。

新中国成立之后，敦煌文物研究所又对莫高窟前部分洞窟进行了维修，在维修过程中又发现两批丝织品，一批是北魏时期的刺绣，其中一幅是有着供养人广阳王及其家眷绣像的佛说法图（参见图4-4-23）[2]，另一批是盛唐时期的，1965年在莫高窟的K130、K122、K123窟前出土[3]。敦煌文物研究所在发表报告时对其作了初步的鉴定，盛唐时期的织物以绫、绢为主，并施以碱印、夹缬、拓印等印染加工方法。

第三节　隋唐五代纺织生产技术

唐代是一个纺织生产高度发展的时期，而产品所体现的技艺也达到了前所未有的水平，但我们却只能从出土的纺织品中欣赏当时的织工之精之新之巧，而无法找到记载较为详细的技术专著。其实《新唐书·艺文志》中载有不题撰人的养蚕技术专著《蚕经》，一种一卷，一种二卷，但后世均不传。倒是一些其他史籍和唐代的文人墨客们在他们的文学作品中保存了一些相关资料，虽然只是星星点点，缀连起来，却也可窥唐代纺织技术体系的概貌[4]。

一、从蚕桑到制丝

1、栽桑

（1）桑的品种

唐代的桑品种已经不少，有鲁桑、白桑、鸡桑、胡桑、黄桑等。

鲁桑（Morus multicauis L.），是我国北方地区常见的桑品种。其种植方法是“收鲁桑椹，水淘取子，曝干。熟耕地，畦种如葵法。土不得厚，厚即不生。待高一尺，又上粪土一遍。当四五尺，常耘令净。来年正月移之”，“移桑，正月、二月、三月并得。熟耕地五六遍，五步一株，著粪二三升。至秋初，斸根下，更著粪培土，三年却堪采”[5]。

白桑（Morus alba L.），《四时纂要》卷一载：“白桑无（少）子，压条种之。才收得子便种亦可，只须于阴地频浇为妙。”这是我国农书上首次出现白桑的记载。白桑这一桑种在唐代得以重视和开发，对后世影响颇大。南宋陈元靓《博闻录》赞道：“其叶厚大，得茧重实，丝每倍常。”

---

1 高汉玉等：《敦煌窟藏的丝绸与刺绣》，《丝绸史研究》1985年第4期。

2 敦煌文物研究所：《新发现的北魏刺绣》，《文物》1972年第2期，第54—60页。

3 敦煌文物研究所：《莫高窟发现的唐代丝织品及其他》，《文物》1972年第12期。

4 赵丰：《唐代的蚕桑生产技术》，《中国农史》1991年第4期，第49—56页。

5 〔唐〕韩鄂：《四时纂要》卷一。

鸡桑（Morus australis P.），广泛栽培于南方，陆龟蒙家四周就种有“百树鸡桑半顷麻”[1]。南宋《梦粱录》中所载鸡爪桑，可能就是鸡桑的演变。

胡桑，见于司空曙《塞上曲》“寒柳接胡桑”。李昂《从军行》中也谈到了这种可能是宜种于西北地区的桑的变种，“桑叶先知胡地秋”。

黄桑，见于李贺《南园》，“宫北田塍晓气酣，黄桑饮露窣宫帘。长腰健妇偷攀折，将餧吴王八茧蚕”。从诗中来看，这种黄桑分布在江南地区。但黄桑一名在历史上出现甚少，到清代方观承在《看蚕词小序》中才又见提及，“桑之宜蚕者，海桑、黄桑、油桑，椹少叶密而厚”，不知是否是指同一种桑。

（2）栽桑的基本形式

当时栽桑的基本形式有三种。环庐树桑是一种节约耕地面积的方法，唐诗中记载极多。“满园植葵藿，绕屋树桑榆”[2]，“绕屋遍桑麻，村南第一家”[3]。桑粮间作的形式在唐代曾有出现，如韩愈在南阳见到过“桑下麦青青”[4]的景象，储光羲也曾见过“桑间禾黍气”[5]的情况。但是，这种形式受到地力、地隙等条件的制约，李翱也说麦田“不可以植桑”。

桑树与其他副产类作物间栽的情况是十分普遍的，它们也就是专门桑田，专门桑田或称桑园、桑村，在唐代是栽桑的主要形式。韩鄂在《四时纂要》中描写的桑田与贾思勰《齐民要术》中所述相仿，都是指桑与豆、芜菁类作物间栽的桑田。“中妇桑村挑叶去”[6]，说明桑村中桑树较密；“柳浦桑村处处同”[7]，把桑村与柳浦并提，可见说的亦是专门桑田；刘驾的《桑妇》一诗专门描写了采桑妇在环庐所树的桑叶采完之后又特地去桑田采叶的情节，“墙下桑叶尽，春蚕半未老。城南路迢迢，今日起更早。四邻无去伴，醉卧青楼晓。妾颜不如谁，所贵守妇道。一春常在树，自觉身如鸟”。显然，除了墙下，还有一个栽桑集中区。这种情况在当时是相当普遍的。

（3）桑树的养护

栽桑之后，当须护养，其主要方法是在冬季剪枝修整，王维《奉送六舅归陆浑》诗中“条桑腊月下”的诗句即是指此。其养成形式一般还有乔木桑和地桑两种，乔木桑不易采叶，或者爬上树去采，“一春常在树，自觉身如鸟”[8]，或者就要“持斧伐远扬”[9]，才能采得新鲜的桑叶。为避免这样的辛苦，唐代一方面在南方大力发展地桑型养成形式，另一方面对乔木桑也采取了措施，“每年及时科斫，以绳系石坠四向枝令婆娑，中心亦屈却，勿令直上难采”[10]。泉州开元寺中目前还有一株唐代古桑，

---

1 陆龟蒙：《奉和夏初袭美见访题小斋次韵》，《全唐诗》卷六二五。
2 储光羲：《田家杂兴八首（其二）》，《全唐诗》卷一三七。
3 许浑：《春日题韦曲野老村舍二首 《全唐诗》卷五二九。
4 韩愈：《过南阳》，《全唐诗》卷三四一。
5 储光羲：《行次田家澳梁作》，《全唐诗》卷一三七。
6 皮日休：《西塞山泊渔家》，《全唐诗》卷六一三。
7 赵嘏：《西江晚泊》，《全唐诗》卷五五〇。
8 刘驾：《桑妇》，《全唐诗》卷五八五。
9 王维：《春中田园作》，《全唐诗》卷一二五。
10 〔唐〕韩鄂：《四时纂要》卷一。

图 5-3-1 古桑，唐，福建泉州开元寺

树干盘虬，枝叶繁茂，中心屈却，四周婆娑，似曾经过专门的养成造型（图5-3-1），也正是因此，桑树木材在当时被选为制作曲辕犁的材料。

2、养蚕技术

（1）中原地区的养蚕

唐代养蚕以二化性蚕为主，谓之“原蚕”，但也常有多化性蚕饲养。唐玄宗时，益州献三熟蚕；代宗时，太原民韩景晖养冬蚕成茧；尹恩贞治青州（今山东益都）时，“蚕至岁四熟”；而在南方，八辈蚕仍在继续饲养。

养蚕之前，还得做一些准备工作。一是蚕室的修补和卫生，二是蚕具的准备。《四时纂要》卷一载，正月“修蚕屋，织蚕箔，舂米，造桑机”。蚕屋即蚕室，亦称蚕房。“蚕房新泥无风土”，其目的既要防风遮尘，更要“上无苍蝇下无鼠”。蚕箔和桑机均是蚕具，桑机是采桑时用于垫高的椅几，蚕箔用竹篾或苇子编成，养蚕或上簇时使用。此外还要“尽趁晴明修网架”，网是蚕网，平时垫于蚕和叶之下，去蚕薙时只要把整张网拉起就能使蚕、叶换箔；架就是支撑蚕箔的架子，其直柱称为蚕槌，其横档称为蚕椽，韩鄂说那是用三年的白杨木做的。

约在清明前后，养蚕的整个程序便连续地铺展开来。首先是浴种，把蚕卵上的蛾尿及病原物等洗去。王建在《雨过山村》中描述了这一场面，“妇姑相唤浴蚕去，闲著中庭栀子花”。“浴蚕去”显然是离家去别地浴蚕，这地方无疑是河川之旁了，不同于后来的盆浴。

接着便可以催青，把蚕卵加温，促使其孵化出来，“漠漠蚕生纸”[1]。初生之蚕

1 李郢：《春日题山家》，《全唐诗》卷五九〇。

称为蚕蚁，其名称大概是因“春风吹蚕细如蚁”[1]而来。“蚕出小姑忙”[2]，接着就开始了小蚕饲养阶段，家家户户不相往来，专心养蚕。平时热闹的乡村，此时出现了“地幽蚕室闭，门静雀罗开”[3]的情景。

养蚕中最忌的就是雨，过大的湿度会引起蚕病，同时也使上簇吐丝难以进行。唐代似乎对此已有明确的认识，“南雨来多滞，……预怕为蚕病”，“叶湿蚕应病，泥稀燕亦愁”，“破碎旧鹤笼，狼藉晚蚕簇”[4]。

蚕的成熟在唐代已称为老，“蚕欲老，箔头作茧丝皓皓”[5]。结茧的场所称为簇，簇一般用草扎成，“不向中庭晒蒿草”[6]，正是反映簇常用蒿草做成。也有用其他杂薪为材料的，司空图曾见到“编篱薪带茧”[7]，正是做簇用过的薪。一般情况下，从“茧蚕初引丝”[8]到“开箔雪团团”[9]约需三天时间，这样从蚕到茧的过程就算基本完成了。

蚕茧结成之后，先要选择一些留种，又称“留蚕母”，以化蛾产卵。唐代的制种技术已相当不错，据说贞观年间，北方有人来至越州出售蚕种[10]，蚕种甚至被传至欧洲，如此遥远的路途能妥善保存蚕种，确实是难得的。再到次年，这些蚕种又开始“漠漠蚕生纸”新的一轮循环了。

（2）西北地区的养蚕

与中原相比，西北地区的养蚕技术独树一帜，从栽桑、养蚕乃至织造等均有其独特的技术体系。“阳春告始，乃植其桑。蚕月既临，复事采养。初至也，尚以杂叶饲之。自时厥后，桑树连荫。王妃乃刻石为制，不令伤杀。蚕蛾飞尽，乃得治茧。敢有犯违，明神不佑。遂为先蚕建此伽蓝。数株枯桑，云是本种之树也。故今此国有蚕不杀，窃有取丝者，来年辄不宜蚕。”[11]

从这一段文字中我们可以知道，新疆的桑是从内地引进的，到西北之后可能起了变化，因此不少人将其专称为“胡桑”。养蚕时若遇桑叶不够，也可用杂叶，这种情况在新蚕区中是相当普遍的。至于王妃明知杀蛹缫丝之法而明令在蚕蛾飞尽之后才得治茧就更具特色了。唐长孺认为这是由于“遵守佛戒，不愿杀生，所以一定要待茧破蛾出，才治茧取绵”[12]，所见极是。新疆脱库孜沙来唐代文化层中就有蛾口茧出土，可证此说（图5-3-2）。正因为茧已有蛾口，所以已不可能缫丝，只能

1 唐炎谦：《采桑女》，《全唐诗》卷六七一。
2 许浑：《春日题韦曲野老村舍》，《全唐诗》卷五二九。
3 骆宾王：《幽絷书情通简知己》，《全唐诗》卷七九。
4 皮日休：《吴中苦雨因书一百韵寄鲁望》，《全唐诗》卷六〇九。
5 王建：《簇蚕词》，《全唐诗》卷二九八。
6 王建：《簇蚕词》，《全唐诗》卷二九八。
7 司空图：《独坐》，《全唐诗》卷六三二。
8 杜牧：《句溪夏日送卢霈秀才归王屋山将欲赴举》，《全唐诗》卷五二二。
9 王建：《簇蚕辞》，《全唐诗》卷二九八。
10 何延之：《兰亭始末记》，《全唐文》卷三〇一，北京：中华书局，1983年。
11 〔唐〕玄奘、辩机：《大唐西域记》卷一二《瞿萨旦那》。
12 唐长孺：《吐鲁番文书中所见丝织手工业技术在西域各地的传播》，《出土文献研究》，北京：文物出版社，1985年，第148页。

图 5-3-2 蛾口茧，唐宋，新疆巴楚脱库孜沙来遗址出土

先取绵，然后纺绵成线，这与史籍中关于焉耆等地“养蚕，不以为丝，唯充绵纩”的记载是相符的[1]。

3、制丝和捻线

（1）缫丝

大量的茧子，用于煮茧缫丝，于是，村头街尾又是一番热闹的景象。“雨湿菰蒲斜日明，茅厨煮茧掉车声”，“五月虽热麦风清，檐头索索缫车鸣”，“竹里缫丝挑网车，青蝉独噪日光斜”，“会待春日晏，丝车方掷掉”[2]。

从以上的诗句来看，唐代已有相当普及的缫丝车，这种缫丝车是脚踏还是手摇尚无从确定，似乎以手摇更切字面意思，但可以肯定的是它与宋代缫丝车相去已不远。它已有完整的集绪和捻鞘机构，“索索缫车鸣”正是由于安装了起捻鞘作用的“响绪”而发出的声音，再说其承担响绪的横杆下有丝线穿过，正像一杆挑起罗网，故称为“挑网车”。

（2）捻绵线

新疆用蛾口茧作丝织原料，因此必须制成绵线后才能进行织造，俄国的贝特洛夫斯基在丹丹乌里克遗址发现的描绘丝织场面的画板上有一人在纺绵线的形象，正与此吻合。绵线在织造时分为绵经绵纬，当地颇有代表性的丘慈锦用的就是绵经绵纬[3]，有些锦绦也是用绵线来织造的[4]。在纺制绵线的过程中势必会涉及捻向问

1 《北史》卷九七《焉耆传》，北京：中华书局，1974年。

2 李郢：《涮河馆》，《全唐诗》卷五九〇；王建：《田家行》，《全唐诗》卷二九八；李贺：《南园十三首·花枝草蔓眼中开》，《全唐诗》卷三九〇；李贺：《感讽五首》，《全唐诗》卷三九一。

3 哈喇和卓99号墓出土《北凉承平八年翟绍远买婢券》，《吐鲁番出土文书（一）》，北京：文物出版社，1992年。

4 哈喇和卓99号墓出土《高昌永康十年用绵作锦绦残文书》，《吐鲁番出土文书（二）》，北京：文物出版

题，中原的丝织品一般由于长丝作原料而较少加捻，有时加捻亦采用与麻线一致的S捻，但西北地区的绵经绵纬却均采用Z捻，丝织画板中的打绵线者用右手高举绵线团，而用左手加捻，这样势必得到Z捻绵线。

二、丝织技术

1、准备工序

经丝要通过整理而固定到经轴上去，此谓整经。唐代在整经时已经出现了所谓的“蜡揩粉拭”及“夹带粉药”[1]，尽管有其增重织物的目的，但在形式上却是一种能加强经丝强力的过糊工艺，今称上浆。上浆工艺正式出现在宋代，显然，唐代可视作其初创期。

图 5-3-3　手摇纺车画像，五代，甘肃敦煌莫高窟

丝织准备中的并、捻及摇纬均可以采用纺车来实现。事实上，纺车只不过是一个高效的卷绕加速机构，它通过大轮和小轮的大小差异，先以摇手柄（或脚踏曲柄）带动大轮，此时，摇手柄与大轮的角速度相同，但线速度却在大轮上得到了明显的加快。然后，大轮用轮绳传动带动直径较小的小轮——锭子，在线速度不变的情况下使其角速度得到加快，大大提高了卷绕效率。若是在这一机构上同时安上多个锭子，即一个大轮带动多个小轮，则卷绕效率又可成倍增加。

在敦煌莫高窟五代时期的K6北壁和K98北壁的《华严经变》图中各描绘了一架纺车，属于一种手摇二锭纺车（图5-3-3），反映的是敦煌一带唐末五代时的情况[2]。两图大同小异，K98壁画中纺车包括车架、绳轮和装纺锭用的锭架。车架似有透视上的问题，中间一木应是着地的木架，竖木应是安装轮轴之处，绳轮显然是木制，竖木之顶有

社，1992年。

1　《册府元龟》卷五《邦计部》，北京：中华书局影印本，1982年。

2　王进玉：《敦煌壁画纺车织机浅淡》，《丝绸史研究》1984年第3期。

锭架，锭架木制，呈弧形，上有两个明显的置锭孔。K6壁画中纺车亦有车架和绳轮，绳轮亦是木制，但在轮轴上可以看到明显的手摇曲柄，车架乃有两根竖木，顶上未绘锭架，但有线状物把两竖木相连，推测可能亦是安装锭子的装置。两图均稍有不明，但综合起来，其面貌就较为清楚了，这是一种手摇二锭纺车。试以K98中的纺车形制为主要依据，参照K6纺车作复原设计如图（图5-3-4）。

图 5-3-4　手摇两锭纺车复原，赵丰，1992 年

与大多数纺车相似，敦煌纺车除用作纬车外，还可以用来进行丝织生产的加捻和并丝工艺。

捻丝的过程类似于纺线，需要两人合作。一人摇车，一个持丝，持丝时先将丝线一端在锭子上固定，丝线与锭子方向一致，从而加捻。加捻到一定程度后，解除固定，将丝线与锭子方向垂直，然后卷绕上锭子。

摇纬的工艺就更简单了，“邻声动纬车”，一人操作即可。把绕有丝线的篗子置于车旁，一头搭上锭子上的纡子。转动时，绳轮带动绳子，绳子带动锭子，锭子带动纡子，就把丝线卷绕上了纡子。纡子是一根中空的小管，绕上纬线后装入梭内便能投纬织造。并丝也方便，无非是把摇纬时的一根丝换成二根丝同时进行。

2、素织机

（1）敦煌立机

莫高窟K98壁画《华严经变》中还绘有一架织机，此图绘得相当简单，亦有不少疑点，但其形制却是十分清楚的，可定为踏板式立机。

立机又称竖机，主要根据其机身的方向命名。敦煌立机可以得到晚唐和五代的敦煌文书的证实，时间最早的是《净土寺食物等品出入账》，时属僖宗中和四年（884年），其中多次提到立机。不过，与其他的文书一样，立机多是指用立机织得的棉织品叠布，尽管如此，我们还是可以把立机看作晚唐五代时期在敦煌普遍使用的平素织机中的一种[1]。

敦煌立机机身由两根竖木支起，下有两片很长而且翘得很高的踏脚板。与织机

1　王进玉：《敦煌遗书所载立机、楼机初探》，《丝绸史研究》1985年4期，第14—17页。

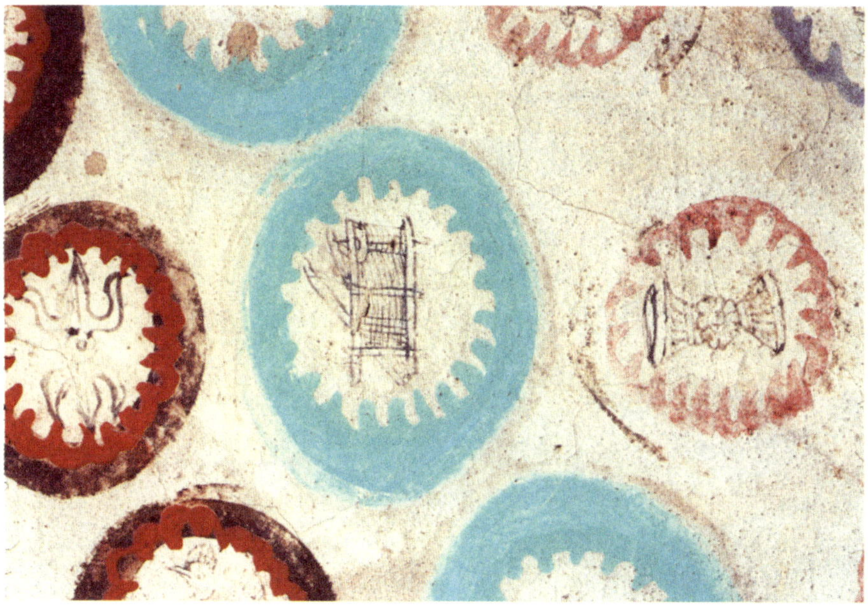

图 5-3-5　立机图像，五代，甘肃敦煌莫高窟 K98 北壁

的经面相关的有三个部分：最顶端是经轴，乃经线之所在；中间有一横木状物，应是豁丝木和单片综的简略形式；下面是织好的布和卷布的布轴。敦煌立机图上的开口机构画得特别简单，这可能是因为开口机构较为复杂并有经线挡住的缘故，画不清楚就索性不画。但既然机子有了踏脚板，它也就不可能像手提开口那么简单了（图5-3-5）。

西方也有竖机，主要有两种形制，一是重锤式织机，另一是双轴式竖机，它们与敦煌立机的根本区别在于没有踏脚板，要依赖手提综片织制，而敦煌立机是以中国传统的踏板式织机为主线而发展起来的。

（2）新疆的水平双轴织机

新疆丹丹乌里克遗址出土的与纺织有关的画板共有三块，一块是斯坦因发现的传丝公主画板，一块是贝特洛夫斯基收集的丝织画板，还有一块也是贝特洛夫斯基收集的机神画板。三块画板中均有丝织机具的形象描绘。

最珍贵的形象当推织机的形制。传丝公主画板上画有一台较为清晰的织机，丝织画板上也绘有一架织机，虽然模糊，但可以看清它与前者的形制基本一致。仔细查看两图，我们便可获得一些直接的信息和简短的推论：首先，织机有机框。幅边外有直木，直木就是机框，机框不可能直接置于地上，必有机架支撑；其次，卷绕织物的织轴已十分明显，卷绕经丝的经轴虽未看到，但必然存在；第三，在机框直木上，竖立着一个Y形支架，架上有横木，显然是提综杆。架前的横木有着两种可能，一种可能也是提综杆，即此机当是两根提综杆轮流提综，另一种可能是作开口杆，当提综杆和分经木分别启开梭口时，开口杆插入梭口使其开得更加清晰。而Y架横木之后的显然是分经木，由于提综杆是架在Y架上开口的，那就决不可能是踏板织机。这样，一个十分简单的水平式双轴织机就面目清楚了。

织机还需要一些附件，三块画板上所画有梭、筘、拔三种。梭是引纬的工具，机神画板上的机神左上手拿着一把梭子，这与丝织画板上织女所拿的完全一致，说明当地的梭子是基本一致的。筘出现在机神的右上手上，这是一种既能帮助固定幅宽又能打纬的工具，比较先进。但它似乎并未出现在画板中的织机上。丝织画板因图像不清而难以辨认，但传丝公主画板上的织女手中则明显是拿了一种呈三角形状的拔子取代筘用于打纬，这种拔子有锯齿状凹凸，打纬时直接从经面插入，就像梳子梳发一样边梳理边打纬，其实物在和田地区曾有出土[1]。在传入中原之后，拔子主要用于织制缂丝，这也从另一个角度说明缂丝技术源出西域。

3、束综提花机

唐代提花机的材料实在太少，从零星材料、出土实物的分析中，唐代提花机的形象便可明确起来。

唐代施肩吾《江南织绫词》云："女伴如来看新簆，鸳鸯正欲上花枝。"这里的簆很可能是竹制的花本，类似于竹笼机上的花本，在竹制的花本上是可以看出一些纹样的名堂来的；元稹在诗中多次提到"缦"字，《织妇词》中说荆州的贡绫户"变缦撩机苦难织"，《阴山道》说浙东的越溪寒女在织越縠缭绫时，"挑纹变缦力倍费"，这里的缦显然是指束综提花机花本上的耳子线，变缦撩机是指每提一次花时要换一根耳子线（变缦），然后把花本拉起提花（撩机）；挑纹变缦则是指挑花结本时亦要变换耳子线，一根一根地挑。由此看来，绫机几乎占有我国古代提花机的所有机型，然而在唐代，最常见的绫机乃是束综提花机，又称花楼束综机。

敦煌遗书中也有关于楼机织绫的证明。如《后唐清泰三年（936年）六月沙州信儭司教授福集状》中载："楼机绫一匹，寄上于阗皇后用。"此外还有一些诸如此类的记载[2]。虽然这些楼机绫的记载均在五代和北宋时期，但无疑能反映唐代用楼机织绫的真实情况。这种绫机有着所谓的花楼，需要两人合作织造，一人是织工，在下面投梭打纬织造，另一拉花者，坐在花楼上，按花本逐一"变缦撩机"提花。机上除两片地综由织工直接脚踏控制外，整个束综均由拉花者控制。束综束的是综丝，上端是花本，中段是衢盘，下端是衢脚。若是织物图案通幅循环，则花本中的一根脚子线对应着衢盘中的一根衢线。

这种可以控制织物图案同时在经向和纬向进行循环的提花机在北朝时期已经基本定型，但从实例来看，只有一件通幅对称的灯树对羊纹锦。到初唐时，这类实物越来越多，较为典型的是一批联珠小团花锦和联珠菊花纹锦，图案显示出明显的经纬向对称规律。因此可以确定当时已采用多把吊形式来控制提花的纬向循环[3]。

在日本《延喜式》中，记载了一些绫机在装造时需用综丝的数据，其中一窠绫综一具用丝25斤，二窠绫综一具用丝21斤10两，四窠绫综一具用丝19斤。我们通过核实综丝用量的规律后可以证实，唐代绫机正是按照高楼束综提花机的形式装造的。

1 A. Stein, Ancient Khotan, Vol. Ⅲ; Serindia, Vol. Ⅳ

2 王进玉：《敦煌遗书所载立机、楼机初探》，《丝绸史研究》1985年4期，第14—17页。

3 Zhao Feng, Jin, Taqute and Samite, The Evolution of Textiles along the Silk Road. China: The Dawn of a Golden Age, the Metropolitan Museum of Art, New York, 2004, pp67—77.

三、染色与色彩

1、精练工艺

精练工艺可根据精练剂的不同而划分，唐代有灰练、水练、酶练三种。灰练用草木灰作精练剂；水练即利用水中微生物来进行有机物的分解，其工艺仍是“夜悬诸井，昼暴于阳”，要七日七夜，唐诗中反映甚多的《捣衣曲》写的其实就是水练工艺；酶练是以猪胰合膏作剂，陈藏器《本草拾遗》说“又合膏，练缯帛”，这证明了我国是最早把生物酶用于纺织品精练的国家，比美国的马尔什（Marsh）进行这项研究早了1200多年[1]。

2、染色技术

（1）唐代植物染料的种类

唐代用于纺织品染色的植物染料不下30种[2]。从其所含主要色素的染料性能来看，它们可分成直接染料、酸性染料、还原染料、媒染染料、阳离子染料等，但从染色色泽来看则可分成红、蓝、黄、紫、黑五大色调，若再加上练白一项，就与织染署下的练染之作有六——青、绛、黄、白、皂、紫——完全相当了。[3]

（2）红花染料制备及染色

在红色调染料中，尽管传统的茜草在唐代仍见使用，但因其色暗滞，逐渐失去人们的宠爱，故被红花取而代之。

红花（Carthamus tinctorius L.），又名红蓝花，约于汉魏之际传入我国中原地区，至唐代红花栽培和染色几乎遍及全国各地。当时灵州（宁夏灵武）、蜀州（四川重庆）、汉州（四川广汉）、青州（山东益都）等地均上贡红花[4]，宣州（安徽宣城）用红花染红丝毯，宫中和韶州（广东韶关）用红花染退红色，均说明了当时用红花之盛。而李中的《红花》一诗则尤其反映了人们对红花的喜爱，“红花颜色掩千花，任是猩猩血未加”。猩猩血当时也用于南方少数民族地区的服装涂绘，血之殷红尚不及红花，可见红花作为红色染料之优质了。

据现代科学方法测定，干红花中含有0.5%左右的红花素（Carthamine）和30%左右的黄色素（Safflorgelb），前者能溶于碱性溶液而不溶于酸和水，后者正相反，溶于酸和水却不溶于碱。由于红花染红主要依赖红花素，红花素必须在酸性介质中才能上染于织物，故一般把红花染料归类于酸性染料，同时染色中必须去掉黄色素，因此，红花染料的制备、提取及染色技术均是建立在红、黄两种色素的不同化学性质之上的。“摘得花，即熟挼令匀。入器中，布盖，经一宿。明日趁早箔席上晒，取苗内干，脱作饼子。”[5]这里有三步：首先是挼，把摘得的湿红花马上研碎，破坏其

1 赵丰：《中国古代精练技术的发展》，《浙江丝绸工学院学报》1984年第3期。

2 赵丰：《唐代丝绸染色之染料与助剂初探》，《中国纺织科技史资料》1984年第17期，第69—77页。

3 《唐六典》卷二二《少府军器监》，北京：中华书局，1992年。

4 《新唐书》卷三七《地理志一》、卷三八《地理志二》、卷四二《地理志五》，北京：中华书局，1975年。

5 〔唐〕韩鄂：《四时纂要》卷三。

细胞结构，分离色素，黄色素便直接溶于水中；接着是发酵一宿，发酵后溶液变酸，导致黄色素和红花素进一步分离；最后是晒干制成饼状。

染红之时，“红花不限多少，净柔洗一二十遍，去黄汁尽。即取灰汁退取浓花汁，以醋浆水点。染布一丈，依染红法，唯深为上”[1]。这里的步骤是：先将红花反复水洗，尽可能地去除黄色素；然后用碱性的灰汁水提取红花素，即成红花染液；再用醋酸中和，加入织物，红花素即固着于织物纤维之上。

有时，红花染色后又进行水洗，一般来说，河水带有较多的有机质，呈弱酸性，洗后红花素固色更牢，而黄色素则得以进一步清除，因而红色更纯，谓之真红。蜀锦多用红花染色，织后要在锦江中洗濯，大概就是这个原因。但有些溪水或泉水水质较硬，带有弱碱性，洗后会使少量红花素溶于水，此时便得到了比真红稍浅的退红。唐代红花染料制备及染色的简单程序如下（图5-3-6）：

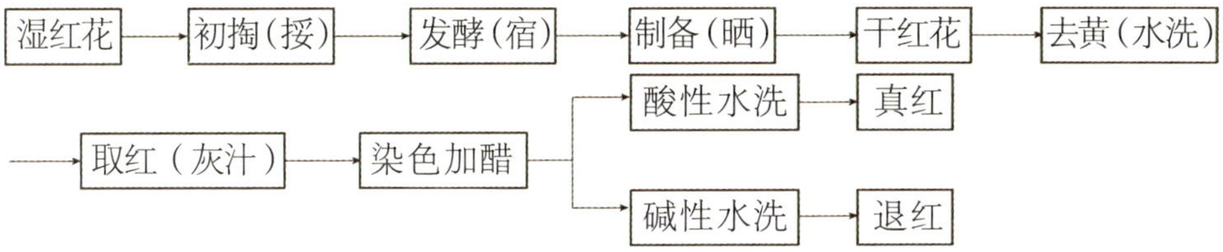

图 5-3-6　红花染料制备及染色过程示意图

（3）靛蓝染料制备及染色

唐代蓝草之用约有三种：菘蓝（Isatis tinctoria L.，又名茶蓝）、槐蓝（Indigofera tinctoria L.，又名木蓝）、蓼蓝（Polygonum tinctorium Ait.）。除蓼蓝在唐代尚“不堪为淀、惟作碧色”之外[2]，其余两种皆可制靛染青色、蓝色。与红花不同，靛蓝染色主要借助于碱性的介质。靛蓝是一种还原染料，制备方法在《四时纂要》中有较详细的载录。“造蓝淀：先作地坑，可受百束许，作麦秆泥泥之，可厚五寸，以苫蔽四壁。刈蓝倒竖于坑中，下水浸，以木石压之令没。热月一宿，稍凉再宿，漉去蓝滓，取汁内于十石瓮中，以石灰一斗五升，并手急打。（沫聚，收作淀花）。食顷，上澄清，泻去水。别作小坑，贮蓝淀著坑中，候如粥，还入瓮盛之，则成。（若是只于瓮中澄如粥，亦得随其土风所宜。其浸蓝，亦随土风用艇船及大瓮，不必作坑）。”[3]整个过程亦可由下图简示之（图5-3-7）：

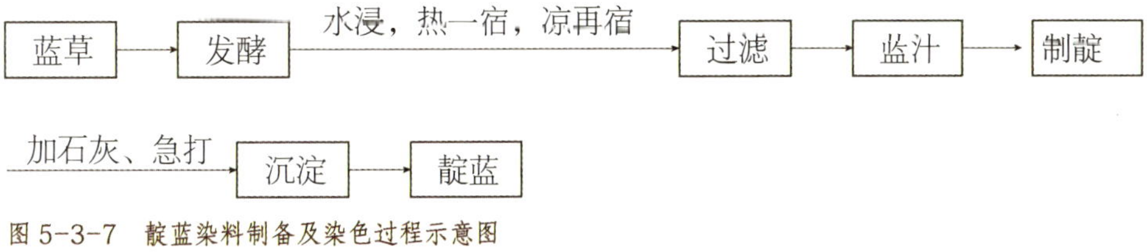

图 5-3-7　靛蓝染料制备及染色过程示意图

发酵是为了从蓝草中提取靛质，由于发酵过程中产生大量氢气和氢离子，充当

1 〔唐〕韩鄂：《四时纂要》卷三。
2 〔唐〕苏敬等：《新修本草》卷七《蓝实》。
3 〔唐〕韩鄂：《四时纂要》卷四。

还原剂，便将靛蓝还原成靛白而溶出。但酸性太强要影响靛白的溶解，故而就加入石灰以中和发酵中产生的氢离子。这样，靛蓝的保存就有了一个较为适当的酸碱条件。

靛蓝的还原染色工艺是由其染料的性质来决定的。靛蓝本身不溶于酸、碱溶液，它在染色前必须被还原成靛白，而靛白可溶于碱性溶液，再在空气中氧化成靛蓝而被固着于纤维上。反复数次，便能得到较深较牢的蓝色。唐代虽缺靛蓝染色工艺的详细记载，但原理同此，后世又有遗法，想来相差不会太远。

（4）媒染染料与媒染技术

媒染染色的原理是利用有机染料中的可络合基团和具有空轨道的金属离子络合后固着在纤维表面，绝大部分草木染料都具有这种络合基团，因而成为媒染染料，甚至连作为直接染料的栀子、酸性染料的红花和还原染料的靛蓝也都含有一些络合基团，有时也可作为媒染染料使用，因此，草木染料可谓是媒染的天下了。其中较著名的有：

苏木（Caesalpinia Sappan L.），又称苏枋，原产南方热带。《唐六典》载扬州和广州贡苏木，可能来自海上贸易。苏木是极佳的红色调媒染染料，在不同的媒染剂中可染得红、紫之类的多种色彩。连吐鲁番都出现了苏木染色所得的“苏芳”色的记载。

荩草（Arthraxon Ciliaris Beauv.），曾用于染绿。唐时“荆襄人煮以染黄，色极鲜好”[1]。

柘[Cudrania tricuspidata（carr.）Bur]，用其木染色，得柘黄色。元稹《酬谢孝甫见赠》诗云：“雉尾扇开朝日出，柘黄衫对碧霄垂。”柘黄在后代成为皇帝的专用服色。

紫草（Lithospermum erythrorhizon Sieb.），关内道、河南道、河北道均以紫草作贡品。《四时纂要》中记载了紫草的栽培方法以及收割、制备、贮藏的注意事项。

橡（Quercus acutissima Carr），用其壳斗（又称皂斗）染黑，其中含有丰富的单宁类鞣质，是极佳的黑色染料。

媒染染料的染色工艺首先涉及媒染剂。唐代媒染剂大致可分为铁剂和铝剂两类。铁媒染剂的来源主要有二。一为皂矾，又名青矾，主要成份是$FeSO_4$，其中的亚铁离子Fe^{2+}可以媒染；另一为铁浆，“此乃取诸铁于器中，水浸之，经久色青沫出，即堪染青”[2]，铁在水中被氧化成氧化铁，并转化成氢氧化铁而沉淀，极少量的铁离子能起到媒染作用。

铝媒染剂的主要来源应是草木灰。其中有冬灰，“冬灰本是藜灰，余草不真；又有青蒿灰，烧蒿作之；柃灰，烧木叶作。并入染用”[3]，此外还有蓼灰[4]。据我国著名植物地理学家侯学煜研究，柃木、藜、蒿类植物均属富集铝元素的植物，其中柃木含

1 〔唐〕苏敬等：《新修本草》卷一一《荩草》。

2 〔唐〕陈藏器：《本草拾遗》，引自李时珍《本草纲目》卷八。

3 〔唐〕苏敬等：《新修本草》卷五《冬灰》。

4 〔唐〕韩鄂：《四时纂要》卷三。

Al量高达1%左右，藜和蒿含Al量也在0.1%—0.3%上下。历史的选择和现代科学的测定竟是如此相符，确实让我们惊叹古人的经验和智慧。

值得指出的是铁媒染剂和铝媒染剂是有所分工的。铁离子媒染得色较深较暗，而铝离子得色较明快。在流行色已从暖暗深转向冷明浅的唐代，铝媒染自然也就更受欢迎，但由于草木灰带有较强碱性，对丝纤维会造成损伤，因而在染色过程中有必要加入一些酸剂进行中和。后来，则更多地采用中性偏酸的明矾作铝媒染剂。

第四节　丝织品的种类

唐代丝织品种类从生产技法上可以将其分为织、染、绣三大类，其中又以织造的品种变化最多，唐代织染署下有十个生产织物的作坊，其中除布、褐外，八个都是生产丝织品的作坊，有绢、絁、纱、绫、罗、锦、绮、繝等。这从另一方面说明了唐代丝织品种的丰富。

一、织锦

唐代颜师古在注汉代《急就篇》时对锦的定义是“织彩为文曰锦”，唐代鲍溶也有诗云“百日织彩丝，一朝停杼机，机中有双凤，化作天边衣”。这里的“织彩为文”和“织彩丝”的含义相同，指的是色织工艺过程。织锦虽不能包括所有的色织物，但在唐代，色织物中的最重要部分就是织锦，人们生活中最为看重的也是织锦。

唐代的织锦除沿用早期的暗夹型经锦外，还出现了大量暗夹型的斜纹纬锦、双层锦以及各种以单插合组织结构出现的织金锦。

1、斜纹经锦

周秦汉魏以来中国织锦的主要组织类型是平纹经锦，平纹经锦在初唐时仍有少量出现，但已不多见，而较多出现的乃是斜纹经锦。这种斜纹经锦在唐代初期发展极快，当时流行的联珠小花锦、方格联珠小花锦及一些小型的簇四联珠对兽对禽纹锦，几乎都毫无例外地采用了这一组织结构。

斜纹织锦是在原来平纹经锦的基础上再多加一片地综织出2/1地组织而形成的，从初唐时期的斜纹经锦来看，它主要有以下特点：首先，大量的斜纹经锦一般都采用1:2或1:3的经线比，即在每一区域通常有三至四种色彩显花，在1:2的斜纹经锦中，经常会有两种色彩在不同区域换色。而经锦的表层显花丝线密度均大于40套/厘米，一般在50—60套/厘米左右。例如联珠对马纹锦以黄橙色为地，白色为花，但另有蓝和绿两种色彩却在不同的区域换色显花（图5-4-1）。

唐代斜纹经锦的另一特点是织物的纹样。经锦遵循中原的传统惯例，幅宽一般在50厘米上下，当时纹样的特点是单元较小，一幅之中往往有六则或是八则，也就是说，纹样的经向循环都在8厘米之内，通常与纬向循环差不多。特别重要的是，唐代斜纹经锦的纹样已是严格的四方连续，图案在经纬两个方向都有严格的循环，这从当时的小团花纹锦花瓣的变化和循环中可以十分明显地看出（图5-4-2），说明当时的提花机不但能控制经向循环，而且还有了实现纬向循环的多把吊装置。

与平纹经锦相比，斜纹经锦只不过是多了一片地综。但我们切不可轻看这一片综的增加，平纹经锦已足够表现斜纹经锦所能表现的一切图案，为什么还要有斜纹经锦的出现？织锦的出现在唐以前已有一千多年的历史，组织一直没变，为什么唐代会变？这无疑是当时东西文化交流带来的影响。

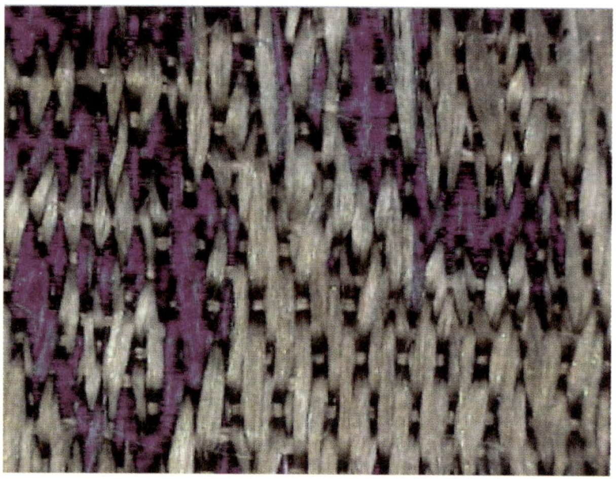

图 5-4-1　唐三色经锦局部

图 5-4-2　小团花纹锦，唐，新疆吐鲁番阿斯塔那出土

2、斜纹纬锦

斜纹经锦没能像平纹经锦那样沿袭千年，不久，斜纹纬锦就紧跟而来。纬锦从组织结构上看正好是斜纹经锦的90°转向，采用纬丝表里换层进行显花。都兰热水墓出土织锦有一半左右都是纬锦，其年代显然在斜纹经锦之后。阿斯塔那墓群中纬锦出现颇早，但大量的出现是在7世纪中叶开始，相当于贞观后期。但在唐代的纬锦中，还可以根据织物的风格分成若干类别。

（1）西方纬锦

斜纹纬锦中的第一类可确定为西方的产品，它有着一般的纬锦效果。其一，纬锦的显花丝线较粗、平整，表面具有台面效果，表里覆盖严实；其二，纬锦表层显花丝线密度一般在20—30枚/厘米，不超过40枚/厘米；其三，纬锦的色彩数量一般较多，一般可达五种，远远超过经锦的色彩数；其四，纬锦的门幅一般都有特大的幅宽，约100厘米左右。其实，这应该就是张的规格。由于纬锦纬线密而经线稀，在幅边处，纬线无法依靠其他手段得到减稀，为了承受大量纬线的挤拉，纬锦的幅边往往用较粗的麻绳作边经，故而其幅边一般由二至三根较粗的麻绳承担，显得特别粗糙；其五，更为重要的，这类纬锦实例中，其夹经多是由二根或三根加强Z捻的丝线充当，这与中亚地区传统的织锦风格是相符的。因此，凡夹丝为多根并加强捻的锦一般都是纬锦，这种多夹经技术对于保证纬锦的台面效果及表面的平整无疑起到了重要作用（图5-4-3）。

图 5-4-3　唐中亚、西亚斜纹纬锦局部

从织物的图案来看，西方纬锦也有一定的特点。在吐鲁番出土的唐代西方斜纹纬锦中，大量的都带有联珠纹的团窠图案，如联珠大鹿、联珠猪头、联珠骑士等，另一类是几何纹。在联珠大鹿锦中有一个特点，即鹿胸前有一区域内由两种色彩同时在正面出现，最后得到混色后的效果。这好像也是西域织物的一个传统。

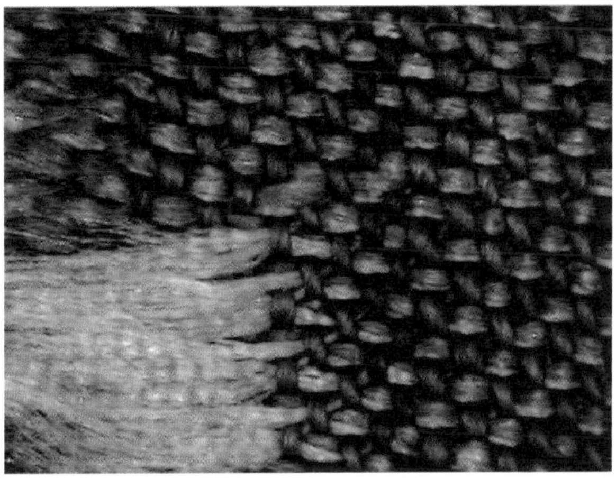
图 5-4-4　五色鸟锦局部（背面）

从都兰出土的斜纹纬锦来看，大量的是瓣窠含绶鸟锦，亦即是敦煌文书中所说的“五色鸟锦”，这类织锦的经线通常用紫色并加有Z捻，表面特别平整，背面还出现抛梭现象，亦即有部分纬线在局部地区不织入织物而沉浮在织物背面（图5-4-4）。这种锦无论从图案还是技术来看都是西域地区的产物，但从名称上来看却与宋代所谓的“绒（茸）背锦”较为吻合。

所有这些带有明显西方风格的织物还有一个技术特点，即其图案虽有纬向的对称或重复循环却无真正的经向循环，也就是说，这些图案在经线方向上是由挑花织成的。特别是吐鲁番出土的红地联珠对鸟锦和克利夫兰博物馆与一私人收藏的联珠对鸟锦，都可以看出其图案在纬向是绝对对称循环，但在经向，初看起来是循环，但却不是严格意义上的循环，这样的例子极多。

（2）早期东方纬锦

另一类纬锦具有明显的东方特色。除了与西方纬锦有一些共性外，从细节来看，其最为重要的特点是经线加捻的捻向为S向，与西方纬锦恰恰相反。其图案则以宝相花或花鸟等题材为主。用色与西方织锦也有区别，大多以蓝绿类色彩为主，如现藏甘肃省博物馆的唐代宝花纹锦，但也有部分是以红色作为基本色调，如都兰出土的黄地团窠宝花对鸟纹锦。吐鲁番出土的宝相花纹锦和花鸟纹锦的显花方向曾引起人们争议，但确是纬锦无疑，这一类纬锦主要来自中原。

东西纬锦的最重要区别实际上在于提花技术。检查所有的东方纬锦，其图案循环事实上已经是上下左右均有严格循环了，也就是说，真正意义上的提花机已被用于纬锦的织造（图5-4-5）。这与斜纹经锦所使用的提花机是一致的，但图案循环则远远大于经锦。说明提花技术在唐代得到了飞快的发展。

图 5-4-5　花鸟纹锦，唐，新疆吐鲁番阿斯塔那出土

东方的纬锦还有一个特点，常常还有一种“边”存在，它与纬线平行，结构为1:1的斜纹纬二重，很容易使人认为那是幅边。实际上，在分析大量织物后可以明白，那仅是一种裁边，是纬锦分段织花后间隔处的一种过渡组织，这种边可称为“裁剪界边”，它主要是为了便于裁剪（图5-4-6）。在裁剪界边的两侧，一般都有两种不同的图案出现，说明当时的提花机上可以较为容易地更换花本，也是当时人们寻找扩大织花图案的探索，这与四川至今仍在使用的多扒花提花机的原理十分相似。我们不仅可以从大量的织物实例中找到这些裁边，而且还能在敦煌壁画中发现大量带有这种裁

图 5-4-6　宝花纹锦，唐，新疆吐鲁番阿斯塔那出土

边的纬锦形象。

(3)晚唐时期纬锦的发展

大约到晚唐时，纬锦的结构又出现了变化。从表面上看，它只是将普通的暗夹型纬二重变成了半明经的暗夹型纬二重，但其基本组织也发生了变化。由于其大量出现在后来的辽代织锦中，所以我们称其为辽式纬锦组织。实际上，这种组织最早出现在中唐时期的织物上，并且以后来被称作辽式斜纹纬锦的组织为多。在甘肃省博物馆收藏的一件绿色葡萄纹绫边上，缝着一小片织锦残片，虽然非常小，图案也不清，但可以明显看出，其组织为辽式斜纹纬锦，同类的组织在法门寺地宫出土更多。

图 5-4-7 唐式缎纹纬锦，晚唐，陕西扶风法门寺地宫出土

另一种基本组织是缎纹纬锦。缎纹纬锦在唐代晚期有两种形式，一是唐式缎纹纬锦，即将标准的唐式纬锦的斜纹变为缎纹，这种纬锦在法门寺地宫中有出土（图5-4-7），英国伦敦一私人收藏中也有这样的实例；另一种是辽式缎纹纬锦，敦煌藏经洞曾发现此类纬锦。

3、双层锦

双层组织由两组经丝和两组纬丝分别对应交织，并通过表里换层而显花。吐鲁番出土的一件双层锦，沉香色地显白色变体方胜四叶纹图案。这种组织在汉魏时期已见于西北地区出土的毛织物上，到唐代则被应用到丝织物上，直到唐末宋初的新疆巴楚脱库孜沙来遗址还出土有新月和兔纹的双层织物。

二、缂丝、絣、繝及其他色织物

1、缂丝

缂丝以通经断纬的方法织成，这种织法的特殊之处在于部分甚至是全部纬丝都根据图案需要在局部用挖梭织法织制。这种挖梭之法即是用一小梭子在该局部中往来引纬穿绕，而在余下的部位中又由其他小梭完成。这样，在同一个纬丝方向上可能会有多根纬丝盘绕，在整匹织物的织制过程中，则同时有几把梭子齐头并进。经丝一通到底而纬丝分区织制，这便是通经断纬的织法。这种通经断纬的方法最早用于毛织物上，人们一般称为缂毛，但到唐代开始用于丝织品上，其织成品就被称为缂丝。

吐鲁番和都兰的考古中，也有数件唐代缂丝出土。吐鲁番的缂丝虽然只是一条小带，用作俑的装饰，但它伴有垂拱元年（685年）的纪年物同出，价值特别高。吐鲁番228号墓出土了更大的缂丝，但年代较晚，约在唐天宝年间（742—756年）。而都兰所出缂丝更大，与后世缂丝的区别也十分明显。它不仅根据换彩需要而缂断，而且在同一色区内亦有缂断，纯粹是为了表现别种雕镂之状的效果，它的丝线都加有强Z捻，图案表现为十字形小花。显然，这件缂丝与西北地区的缂毛技术有着明显的传承关系，而且很可能是出自当地居民之手。斯坦因与伯希和都曾在敦煌藏经洞中找到过缂丝实物，但其年代可能略晚于吐鲁番和都兰出土者（图5-4-18）。

图5-4-8　缂丝幡首，唐，甘肃敦煌藏经洞出土

2、繝

繝与絣也属于织彩为文的范畴，因此，它们又有“繝锦”、“晕繝锦”、“絣锦”等名。然而，这些锦的组织结构却与前面所说的织锦不同，它们常采用单层组织甚至是平纹组织，而其变幻的装饰效果主要来自经纬线本身的色彩排列或扎染等变化，局部地再利用小提花来增加一些效果，有时也采用一些重组织进行显花。具体地，繝主要依赖丝线的横向色彩排列变化，改变丝线纵向的色彩。

繝原是一种染缬效果，故《续日本纪》云：“染作晕繝色，而其色各种相间；皆横终幅。假令白次之以红、次之以赤、次之以红、次之以白、次之以缥，次之以青、次之以缥、次之以白之类，渐次浓淡，如日月晕气杂色相间之状，故谓之晕繝，以后名锦。”这里很准确地把繝的来历、特征都表达清楚了。染色所得的繝在都兰有出土，有青黄相间的葡萄纹绫，在吐鲁番则更有红、白、黄、绿四彩的条纹染缬绮。但织造所产生的繝按织物组织可分为斜纹经二重、山形斜纹和斜纹小提花三种，分别属于锦和绫的组织范畴。

斜纹经二重的晕繝锦一般都有表里两组经线，表层经线按晕色渐次排列，里层经线一般只有一色或最多只是分区排列而无晕色次序，它在需要时进行表里换层而显示一点小花纹。单层的斜纹晕繝只有一组按晕色排列的丝线，它与纬线成3/1山形斜纹交织，这种品种较之于前者省料省工，而且丝毫不减其装饰效果。但在需要时可由纬线浮于经线上而显花，而在局部以4枚纬浮显花，此时可称为晕繝提花绫（图5-4-9），也有人根据其装饰效果的特征，称之为锦上添花锦[1]，颇能道出它的与众不同处。

图 5-4-9　晕繝提花绫，唐，新疆吐鲁番阿斯塔那出土

繝的种类中还有一种被后世称之为间道，它应由繝道而来，其特点是色丝排列时没有像以上晕繝那样浓淡渐次过渡，而是直接由几种不同色彩的经线相间排列成彩条状，然后以单层斜纹晕繝的组织进行织造，必要时亦可以小提花显花，增加生动性。这种织物现在一般被称作条纹锦，但更妥当地应称为间道绫。

3、絣

在青海都兰出土有一种扎经染色织物，又称印经织物，其工艺是先将经丝分区扎染，然后再进行织造。这样，其织物经间由于不能准确对花，故而纹样朦胧，产生一种“和云伴雾不分明”的效果，颇具特色（图5-4-10）。今天在新疆地区生产的艾

a

b

图 5-4-10 a 絣锦，唐，青海都兰热水出土；b 局部

1 新疆维吾尔自治区博物馆：《丝绸之路——汉唐织物》序，北京：文物出版社，1973年。

德莱斯绸的工艺与此同出一源，这种品种可借用日本的习惯称其为絣或絣锦。

絣在今天虽然是日本的叫法，但论其词源还是来自中国，《说文》中已有絣字，“氐人殊缕布也”，段玉裁注中引用了《华阳国志》的记载，“武都郡有氐叟，殊缕布者，盖殊其缕色而相间织之。絣之言骈也”。扎经染色织物正是分区把经丝（缕）扎染形成“殊其缕色”的效果后再并起来相间织之（絣）。

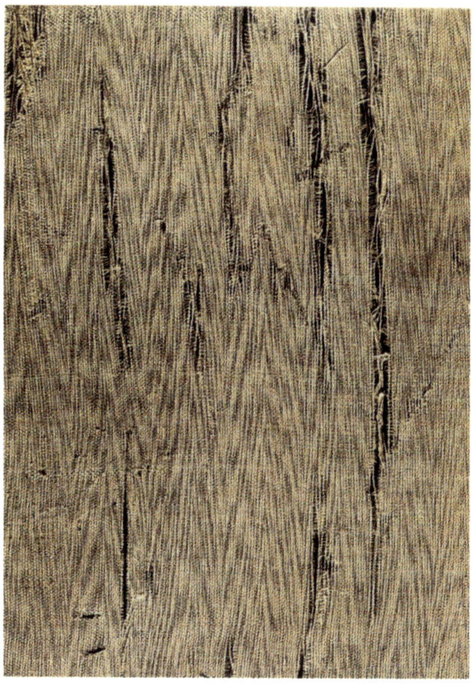

图 5-4-11　木纹锦，唐，新疆吐鲁番阿斯塔那出土

絣的起源可能是在印度一带，然后沿陆路和海路传遍亚洲和欧洲[1]。在印度、中国、日本等地的佛教壁画中都有这种织物的形象发现，但若论实物，那就为数有限了。除了日本正仓院所藏的几件属于同一时代外，热水所出的这件青褐絣锦就是出土实物中的最早者了。不过，这件青褐絣锦的织造技术却是有些特别。它似乎采用了织边整经法，这种整经法在国内尚未见先例，而其经线又是加了S捻，S捻乃是中原的习惯捻向。因此，关于这件絣锦的产地何在，尚有待进一步详细研究。

繝具有横向的晕色效果，絣具有纵向的晕色效果，然而吐鲁番发现的木纹锦则在纵横两个方向上均有参差朦胧的效果（图5-4-11），日本正仓院所存唐代紫地缟纹裂也是如此。其经线十分普通，但纬线却是用蓝、黄、红、紫等色加捻合成，类似于今天的花式纱，确实是匠心独具，巧夺天工，这种以两种不同色彩丝线加捻而成花式纱再织成织物的工艺也可以在同时期的纬锦中见到。

4、加金织物

唐代的加金织物还处在一个起步的阶段，目前出土的唐代加金织物也非常少。而从文献来看，目前所知最早的记载是隋代何稠仿制的波斯锦，隋开皇间，“波斯尝献金绵锦袍，组织殊丽，上命稠为之。稠锦既成，逾所献者”[2]。出土实物有两件，一是青海都兰的一件织金带，另一件是陕西法门寺地宫出土的菱纹对凤对兽加金织物。前者从组织上看属于地络类织物，在蓝色的平纹地上用片金织出花纹，即以紧密的平纹为地，每四根地经中有一根同时兼作片金的接结经，纬线共有两种，一是蓝色的地纬，与经线一样加有Z向的强捻，一是宽宽的片金，无背衬，直接用金打成片，接结经与片金的交织组织仍然是平纹。

法门寺的物账中就有金锦之名，但实物却无详细的报告发表，从发表的照片来

1 〔日〕冈村吉右卫门：《インドの染織——世界の絣》，《染织の美》27集，京都書院，1984年。

2 《隋书》卷六八《何稠传》，北京：中华书局，1973年。

看，这也是一种地络类的加金织物。地组织由红色丝线织成，纹纬是圆金，但当时的圆金也是由较粗的片金卷绕而成。织物的门幅与正常织物无大区别，图案的骨架是菱形，菱形中有对凤和对兽纹样，非常生动，但经线已不能触摸。

5、织成

织成之名在中国古代出现甚多，如织成履、织成帙、织成绫、织成袈裟等，除了它们都有织而成之的特点之外，其采用的组织方法并不完全相同。

第一类是采用地络组织。如唐代传入日本的七条织成树皮袈裟，它由七条织成拼缝成一件袈裟，由于此件袈裟登录于日本天平胜宝八年（756年）光明皇后的献物账上[1]，因此使我们获得织成组织与名称直接对应的实例。它由一组经线与两组纬线交织而成，经线与地纬以平纹规律交织，与纹纬也是以平织规律交织，但纹纬与地纬之比为1:2，即每织两根地纬织入一根纹纬，纹纬与其中一根地纬同梭口并覆盖其上。地纬通梭而织，纹纬则断纬而织。这样，实测得经密为13根/厘米，地纬密为14根/厘米，纹纬密度为7根/厘米，纬线总密度达21根/厘米（图5-4-12）。这种织成袈裟在国内尚无发现，但敦煌壁画中有几件袈裟的图案与其很类似，可以作为这种袈裟在唐朝存在的旁证。

图 5-4-12　织成树皮袈裟局部，飞鸟天平时代，日本奈良正仓院藏

另一类织成帙或织成履的组织结构又有较大区别。它们其实是靠编织而成的，二组丝线相互纠绕与第三组丝线相固结，在这一点上倒是与罗织物有些相像，但这里的纠是像加捻似的单向纠绕，若是两组纠绕的丝线色彩不一的话，还可以进行表里换层而显花。这种织成帙在敦煌藏经洞中发现不少，但那第三组丝线是用竹芯来代替的，为的是使织成帙更为硬挺，包覆经书的性能更好（图5-4-13）[2]。

6、丝绒毯

还有一种较为特殊的丝织物是丝绒毯。《新唐书》载宣州上贡“丝头红毯”，《元和郡县图志》载宣州进贡“五色线毯”，白居易有专门的《红线毯》诗咏其物。“红线毯，择茧缲丝清水煮，拣丝练线红蓝染。染为红线红于花，织作披香殿上

---

1 〔日〕松本包夫：《正倉院裂と飛鳥天平の染織》，京都：柴红社，1984年，第126页。

2 Riboud K, Tissus de Touen-Houang, Paris, 1970.3-26,EO1200,1203,1209.

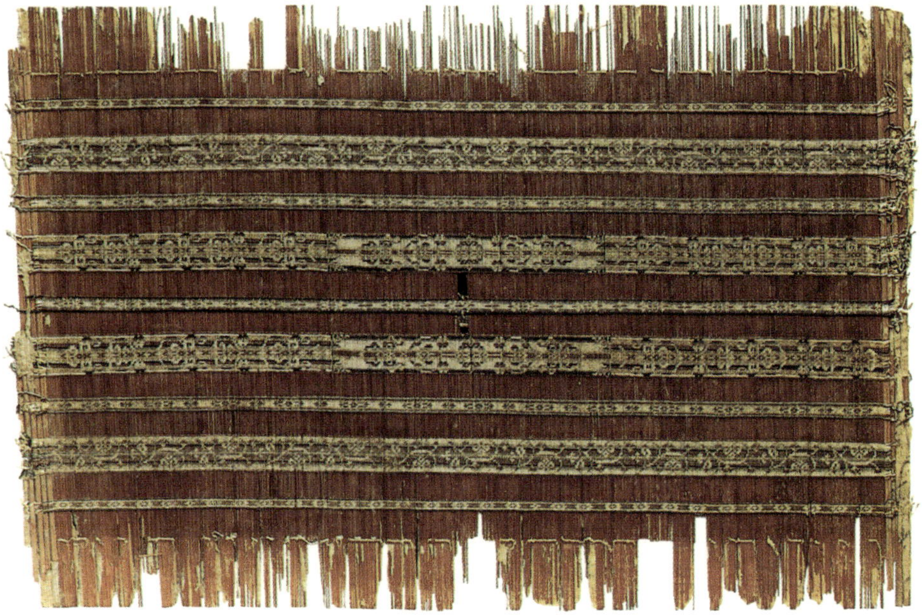

图 5-4-13　织成经帙，唐，甘肃敦煌藏经洞出土

毯。披香殿广十丈余，红线织成可殿铺。彩丝茸茸香拂拂，线软花虚不胜物。美人踏上歌舞来，罗袜绣鞋随步没。太原毯涩毳缕硬，蜀都褥薄锦花冷。不如此毯温且柔，年年十月来宣州。宣州太守加样织，自谓为臣能竭力。百夫同担进宫中，线厚丝多卷不得。宣州太守知不知，一丈毯，千两丝。地不知寒人要暖，少夺人衣作地衣。”[1]

此诗几乎是研究唐代丝绒毯的惟一史料，彩丝茸茸几句已十分明确地指出丝毯有剪断后的丝头呈茸茸之状，并能使得罗袜绣鞋没于丝头之中，线厚丝多和一丈千两都说明此毯的丝绒较厚，因而甚是费料，显然，此毯乃是一种栽绒丝毯。栽绒丝毯的织造工艺，应是从西北栽绒毛毯的技术移植而来。

三、绮绫纱罗暗花织物及简单织物

1、绮与绫

绫盛于唐，唐代的贡物目录、诗文词赋及吐鲁番敦煌文书中有大量各种绫的品名记载，略举如下：以产地命名者有吴绫、范阳绫、京口绫，以生产者姓氏命名者有司马绫、杨绫、宋绫（亦可能是地名），以纹样图案命名者有方纹绫、仙文绫、云花绫、龟甲绫、鸂鶒绫、镜花绫、重莲绫、柿蒂绫、孔雀绫、犀牛绫、樗蒲绫、鱼口绫、马眼绫、独窠绫、两窠绫、四窠绫等，以工艺特点命名者有双丝绫、双紃绫、交梭绫、八梭绫、白编绫、熟线绫、楼机绫，以表观色泽命名者有二色绫、耀光绫及各种色名的绫，不可尽数，绫的生产遍布全国各产丝区域。

1　白居易：《红线毯》，《全唐诗》卷四二七，北京：中华书局，1960年，第4703页。

绫的名目虽然是五花八门，但其工艺却是十分一致，均为先织后染，在染之前的外观效果统一都是“地铺白烟花簇雪”[1]，烟是白的，雪也是白的，依靠花地组织的不同造成对光反射的效果不同而显现花纹。换言之，绫的基本特征也就是我们称之为暗花组织的效果。它又可以根据地部组织的不同而分成两大类，一类是平纹地上起花，也就是汉代所称的绮，另一类是斜纹地上起花的绫。

图 5-4-14 平纹地斜纹花组织

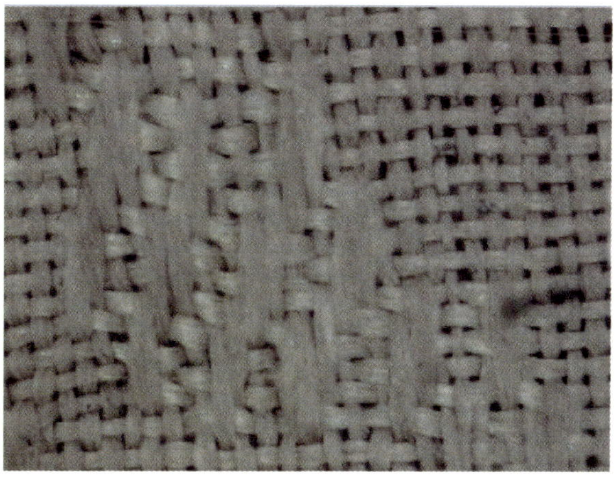

图 5-4-15 平纹地嵌合花组织

（1）绮（平纹地绫）

平纹地暗花织物在唐以前一般被称为绮，入唐后被称为绫。吐鲁番出土物中有景云元年双流县折调细绫一匹墨书题记的，正是平纹地上显花的中窠双联珠对龙纹织物[2]。另外在日本正仓院所藏平纹地显花的宝花纹织物上亦有“近江国调小宝花绫一匹”的明确题记[3]。但为了使各历史时期基本统一称呼，我们在此采用绮的说法。

图 5-4-16 四枚异向绫组织

但是，唐代绮的品种已较汉代更为丰富。从出土情况看，有平纹地显3/1斜纹花、平纹地上隔经或隔纬显花、平纹地上嵌合组织显花、平纹地上纬浮显花四大类。其中平纹地显3/1花的最为多见，大多数唐代的绮都采用这一基本组织，

1 白居易：《缭绫》，《全唐诗》卷四二七，北京：中华书局，1960年，第4704页。
2 王炳华：《吐鲁番出土唐调布研究》，《唐史研究会论文集》，西安：陕西人民出版社，1983年，第8—22页。
3 〔日〕松本包夫：《正倉院裂と飛鳥天平の染織》，京都：柴红社，1984年，第178页。

特别是吐鲁番和都兰出土的交枝葡萄纹绫（图5-4-14）、双珠团窠对龙纹绫。平纹地上隔经或隔纬显花即是汉代的“汉式绮组织”，这种组织到唐宋时发展成为一梭平纹地用普通纬丝，而另一梭显花纬则用散丝或较粗的纬丝，以便覆盖平纹纬，这就是交梭绫。而嵌合组织的变化亦相当丰富，有嵌2×2方平、嵌2×4变化方平和根据图案需要来进行嵌合的（图5-4-15）。

（2）斜纹绫

斜纹绫开始出现在唐代，其中又可分为同单位异向绫、异单位同向绫和斜纹地纬浮绫等。同单位异向绫通常是以1/3和3/1两种组织的斜向不同而显花，在唐代出现较多，如都兰出土的缠枝葡萄纹绫用的正是这一组织，大都会博物馆所藏双珠团窠对龙纹绫采用的也是同样的组织（图5-4-16）；异单位同向绫出土相对较少，它一般是以2/1斜纹为地，5/1斜纹为花，所知这一组织最早的出现时间是在盛唐时期，吐鲁番和都兰都有发现（图5-4-17）。

图 5-4-17　同向绫组织

图 5-4-18　2/2 素绫组织结构

此外，在都兰热水还出土了一块2/2的素绫，这种2/2组织虽然广泛见于编篮织席之中，但在丝织物上出现，此属首例，而且其经纬线均加Z向强捻，这在斜纹绫中也属首次发现，因此，其产地难以判断（图5-4-18）。

唐代最负盛名的绫织物要数缭绫，白居易有《缭绫》诗专写缭绫的生产与消费，法门寺物账碑中也记载当时皇帝贡缭绫给佛指真身。白居易的全诗如下：“缭绫缭绫何所似，不似罗绡与纨绮。应似天台山上月明前，四十五尺瀑布泉。中有文章又奇绝，地铺白烟花簇雪。织者何人衣者谁，越溪寒女汉宫姬。去年中使宣口敕，天上取样人间织。织为云外秋雁行，染作江南春水色。广裁衫袖长制裙，金斗熨波刀翦纹。异彩奇文相隐映，转侧看花花不定。昭阳舞人恩正深，春衣一对直千金。汗沾粉污不再著，曳土踏泥无惜心。缭绫织成费功绩，莫比寻常缯与帛。丝细缫多女手疼，扎扎千声不盈尺。昭阳殿里歌舞人,若见织时应也惜。"[1]其中的"文章"主要点明缭绫是图案非常精美的提花织物,而"地铺白烟花簇雪"一句则是描写其暗花丝织物的显花形式。诗中的花和地就是指织物上的花部和地部,白烟和雪均是白色,可以从光泽上区别花与地。"异彩奇文相隐映,转侧看花花不定",则是描写缭绫成衣后的装饰效果。异彩仅是指罕见的某一种色彩而不是指多彩,奇文是指人间难得看到的奇异纹样。

2、罗、纱与縠

罗、纱、縠在唐代也是十分流行的品种,表现特点都是稀疏、有空隙并有绉感。

(1)罗

当时罗的名称很多,《新唐书》中所载各地贡品中有瓜子罗、孔雀罗、宝花花纹罗、单丝罗、合罗等名。唐代文献中曾多次提及越罗、蜀罗等地方性品种,"越罗蜀锦金粟尺","新样花文配蜀罗"[2]。唐诗中也有不少关于罗的描写,如韦应物的《杂体》中提到春罗,"春罗双鸳鸯,出自寒夜女。心精烟雾色,指历千万绪"。王维的《织锦词》中也提到单丝罗,"锦江转涸贡转多,宫中尽著单丝罗"。

从出土的实物来看,唐代的罗基本上还是传统的四经绞罗。吐鲁番出土唐代丝织品中有少量罗织物,几乎都是小几何花纹,或可与史料中的瓜子罗等相互印证。江苏苏州虎丘塔和浙江杭州雷峰塔等地出土的吴越国时期织物中有大量四经绞罗,应该就是越罗,所以,当时的越罗和蜀罗,主要应该以四经绞罗为主。而唐后期出现的单丝罗从字面理解可能是经丝每织一梭绞转一次的组织,也就是有一一对应的固定绞组而能在有筘织机上织制的纱组织。敦煌藏经洞中发现了亮地纱,辽代早期墓葬中也发现了亮地纱,因此,单丝罗就是后来的绞纱组织的解释是合理的。

(2)纱

唐代的纱也有不少种类,纱之极轻者可名轻容,纱之平整者可名方孔。唐诗中有"嫌罗不著索轻容"之句,说明纱较诸罗更为纤薄,吐鲁番曾有一件天青地敷彩轻容出土,确是称得上薄如蝉翼了(图5-4-19)。此外,史料中还出现了隔织纱的记载,我们亦能从出土文物中找到相对应的实例,敦煌出土的团花灰缬纱(K130:1)的底织物由两组纬线,即一组单根,另一组三根为一枚,分别连续投两梭后交换织制而成。但有时也有不规则的情况发生,吐鲁番出土了多种印花纱,其中的原色地白花纱、黄地花树对鸟纹纱和绛地白花纱等,也由两组纬线各织二梭交换而成,一组单根,一组双根。上述几件纱织物都需要采用单丝纬和多丝纬间隔交换梭子织成,因此,当可以和隔织纱或隔纱相对应起来。

(3)縠

縠亦很轻薄,但具有起绉效果,故《增韵》曰"绉纱为縠"。唐代贡物中时见有

1 白居易:《缭绫》,《全唐诗》卷四二七。
2 张祜:《送走马使》,《全唐诗》卷五一一。

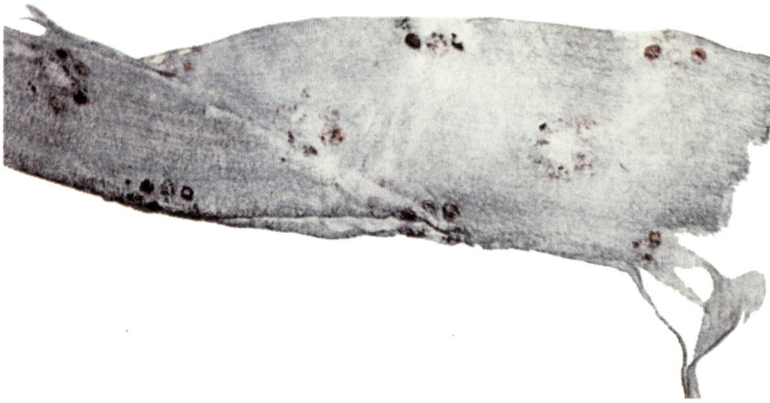

图 5-4-19　天青地敷彩轻容，唐，新疆吐鲁番阿斯塔那出土

图 5-4-20　绿地狩猎纹印花纱，唐，新疆吐鲁番阿斯塔那出土

白縠、雾縠、生縠等记载，其织造原理乃是把经纬丝加以强捻，然后精练脱胶，其捻度松散后就呈起绉状态。吐鲁番出土的绿地狩猎纹印花纱的经纬线均加有强捻，实际上可以看成是縠的一种（图5-4-20）。

3、轻薄型织物在南方的流行

唐代的史料中经常将南方和北方生产的丝织品进行比较，在普通类丝织品中，太府寺的检验指标主要是规格指标，如尺寸、密度和匹重，织物厚重就意味着质量好，而织物轻薄则说明质量差，但事实上，江南地区的丝绸技术体系中织物质地正是以轻薄见长的。

以绫、罗、纱、縠为例，“口脂易印吴绫薄”、“越罗冷薄金泥重”[1]等诗句都反映了吴越绫罗轻薄的特点。白居易任职杭州时，经常以当地的丝织品制成衣服寄给他的好友，如寄给刘禹锡的是罗衫，受到了称赞，“舞衣偏尚越罗轻”[2]；寄给元稹是纱縠制的生衣，上面寄托了白乐天的一片友情，“浅色縠衫轻似雾，纺花纱夸薄于云，莫嫌轻薄但知着，犹恐通州热杀君”[3]。如云似雾的轻薄型织物终于赢得了各地朋友的高度赞赏，元稹说：“红罗著压逐时新，杏子花纱嫩縠尘。第一莫嫌材地弱，些些纰缦最宜人。”[4]

这些诗虽然出现在唐代中期，但实际上织物尚轻薄的风格形成甚早。江南地区特别是长江沿岸地区的气温明显地高于北方，因此宜着轻薄织物。传统的白苎织物“质如轻云色如银”[5]，葛织物“织成一尺无一两”[6]，都是如此，因此，后来发展起来的丝织物受其传统的影响是理所当然的。到盛唐时期，已有越罗吴绫名扬全国，但还是受到人们的另眼看待。即使到中唐，“莫嫌轻薄”、“莫嫌材地弱”等话说明当时社会还是有人对江南的轻薄型丝织物带有偏见，而元白等人却成了推广江南产品的积极宣传者。

四、染缬与印花

1、绞缬

缬的原意乃是指绞缬。唐代文献中有不少相关的记载，如《一切经音义》说：“以丝缚缯染之，解丝成文曰缬也。”《韵会》说：“缬，系也，谓系缯染成文也。”即绞缬是指用丝线对织物进行绞扎后染色形成花纹的工艺。

绞缬在魏晋南北朝时期已经风行全国，敦煌和吐鲁番都曾发现西凉时的绞缬丝织品。但绞缬的真正兴盛还是在唐代。唐代的史料中出现了大量与绞缬密不可分的缬名，唐代绞缬在工艺上已相当成熟。据王㐨研究，中国古代绞缬主要有缝绞法、扎绞法和打结法[7]，这些技术在唐代都已出现。

缝绞法是利用针线按图案穿缝、然后抽紧作防染染色的方法。其特点是获得的图案可以较遂人愿。基本步骤可分成折叠、针缝、抽紧、浸水、染色等，浸水的目的是防止染料上染过快向缝绞深处渗透。由于缝绞法总是要在缝前折叠，因此，历史上曾出现过的哲缬（“哲”通“折”）一名或许就是缝绞类绞缬的别名，实例有吐鲁番阿斯塔那304号墓所出的“叠胜纹”绞缬，上有明显折痕和针孔（图5-4-21）。

扎绞法应有两种，一种是把织物按点撮起、用线扎绞后染色即成。这是出土

1 韩偓：《意绪》，《全唐诗》卷六八三；李商隐：《燕台四首·秋》，《全唐诗》卷五四一。
2 刘禹锡：《酬乐天衫酒见寄》，《全唐诗》卷三六〇。
3 白居易：《寄生衣与微之，因题封上》，《全唐诗》卷四三八。
4 元稹：《离思五首（其三）》，《全唐诗》卷四二二。
5〔晋〕佚名：《白纻歌舞》，《乐府诗集》卷五五《舞曲歌辞四》。
6 鲍溶：《采葛行》，《全唐文》卷四八七。
7 王㐨：《中国古代绞缬工艺》，《考古与文物》1986年第1期，第74—89页。

图 5-4-21 棕色绞缬绢，唐，新疆吐鲁番阿斯塔那出土

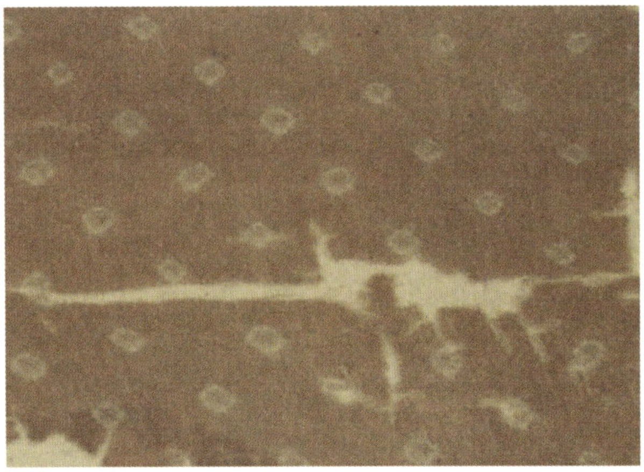

图 5-4-22 黄色绞缬绢，唐，新疆吐鲁番阿斯塔那出土

实物中最常见的绞缬方法，通常毋须折叠，所得效果呈放射状的点、方块或圆形图案（图5-4-22），唐诗中所见的“醉袂几侵鱼子缬”、“厌裁鱼子深红缬”、“龟甲屏风醉眼缬”、“醉缬抛红网”[1]都应是这类绞缬方法所产生的。有时绞扎时也可先折叠，则根据折叠层数显出四瓣花或米字形花来。杜牧《池州送孟迟先辈》诗中的“花坞团宫缬”，其图案造型应类似于团窠宫花，相当于吐鲁番出土的朵花绞缬。另一种方法是织物按横向逐段扎起染色，染得图案效果呈条带状，这大概就是真正的晕繝。大谷文书中有“晕繝”产品的记载，从价格分析应是染缬产品，都兰出土的对波葡萄纹绫也是一件青黄相间的绞缬晕繝产品，当由后一种方法染成。而吐鲁番出土的另一件条纹染缬绮则染成红、白、黄、绿相间的彩条，更是奇观。

《旧唐书·懿宗本纪》曾记述大中十三年（859年）的一个童谣故事，提到京城小儿“叠布渍水，纽之向日，谓之拔晕”。王孖认为这可能就是指一种打结绞缬法，只需将坯绸作经纬向或对角折叠，在不同位置上以织物自身打结抽紧，然后浸水染色即可，但这类产品，在目前似乎尚未发现唐代实物。

---

1 段成式：《嘲飞卿七首（之二）》，《全唐诗》卷五八四；段成式：《戏高侍御七首（其五）》，《全唐诗》卷五八四；李贺：《胡蝶飞》，《全唐诗》卷三九二；李贺：《恼公》，《全唐诗》卷三九一。

图 5-4-23　花卉纹夹缬绢，唐，新疆吐鲁番阿斯塔那出土

2、夹缬

夹缬是依靠木制花板夹住织物进行防染所得到的产品，它与蜡缬、绞缬的名称一样，均是以防染方法或防染剂种类进行命名的。夹缬一名在史料中又写作綊缬、夹结、甲颉等，其创始年代有多种说法，《中华古今注》说始于隋，没有什么根据；宋王谠《唐语林》卷四引《因话录》曰："玄宗柳婕妤有才学，上甚重之。婕妤妹适赵氏，性巧慧，因使工镂板为杂花，象之而为夹缬。因婕妤生日，献王皇后一匹，上见而赏之。因敕宫中依样制之。当时甚秘，后渐出，遍于天下。"

对照其他史料来看，夹缬出现的年代确在盛唐之际，最早记载"夹缬"被子的吐鲁番文书《天宝年间行馆承点器物账》[TAM193:15（b）]的明确纪年在天宝八载（749年）以后[1]，其余如白居易诗句"成都新夹缬"和"黄夹缬林寒有叶"以及载有"綊缬衫子"（S. 5680）和"甲颉一段"（P. 4975）的敦煌文书年代均在中唐之际[2]。出土实物也是如此，吐鲁番TAM38出土的白地葡萄纹印花罗和TAM216出土的天青地花卉印花绢均是天宝十载（751年）之后的产物（图5-4-23）。吐鲁番还有一部分夹缬现藏于旅顺博物馆，是唐代较晚的产品，敦煌发现的一些夹缬产品年代最早也不会早于盛唐时期，而更大量的夹缬产品均收藏于日本正仓院。由此看来，《唐语林》作者主张夹缬的发明者是唐玄宗的柳捷妤之妹或许不尽属实，但就其出现时间在盛唐之际而论，还是可信的。

夹缬所用的花板无疑以木制花板较符合实际，其形制颇多，但最主要的应是凹纹板。凹纹板不同于镂空板，它像浮雕一样地雕刻，凹处夹不到织物，可以染色，凸出处则夹紧织物，染不上色，故而织物被凸处夹紧的地方仍呈本色。但两块凹纹板对夹浸染，通常只能获得除地色之外的一种颜色，而从唐代许多多彩夹缬的情况来看，则可能采用了凹纹板和镂空板结合的方法，即将凹纹板在下、图案对应的镂空板在上、中间夹着织物，此时，每一色区（用凸纹分隔）就像一个小小的染池，可以根据不同的需要注入不同颜色的染液，染得图案（图5-4-24）。

这样的夹缬花板复原设计，较之于其他复原有以下几个明显的优点：首先，它与史料中所载的"镂板为杂花"没有矛盾，"镂板"明确指为用刀雕刻木板；其次，能找到它在技术上的渊源，早期印花的凸纹板、印刷术中的字板加上魏晋时期蜡缬工

1　国家文物局古文献研究室等：《吐鲁番出土文书（八）》，北京：文物出版社，1987年，第498—499页。
2　王进玉：《敦煌遗书中的丝织品》，《丝绸史研究》1987年12期合刊。

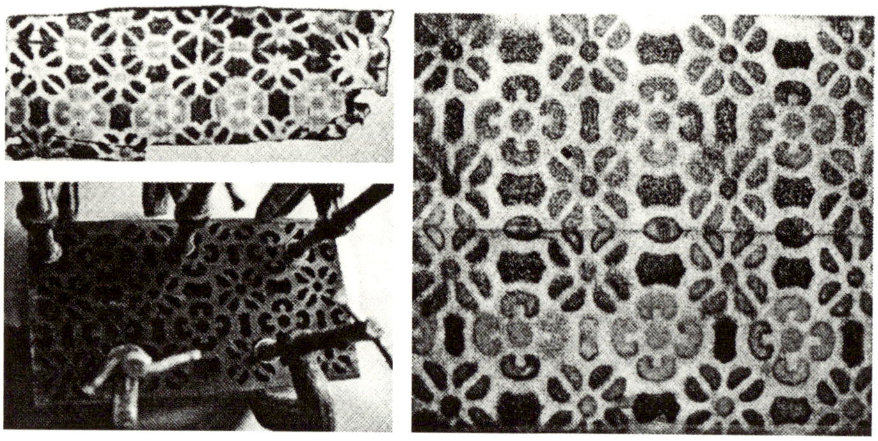

图 5-4-24　夹缬工艺实验图示，郑巨欣，2004 年

艺中的镂空板等均为唐代夹缬的凹纹板和镂空板提供了技术基础。而今日民间尚有遗存的夹缬板也是凹纹板，这应是由唐代夹缬变化而来[1]；第三，复原的夹缬板能解决唐代夹缬实物提出的所有技术问题，如植物染料如何上染，色区界限为何如此分明，如何会出现封闭圆线纹样，织物边缘为何都有色彩，等等。不过，应该指出，凹纹板和镂空板结合的夹缬花板乃是适用于真正的以夹板为防染物质的夹缬，而一些蜡缬或灰缬则有可能要使用稍加变化的花板。

3、蜡缬和灰缬

蜡缬用蜂蜡进行防染。先将蜡施于织物之上，然后投入染液进行染色，染后除蜡，便得到粲然可观的图案。蜡缬至今仍在广泛使用，俗称蜡染。

蜡缬在中国最早的实物是棉布，新疆尼雅遗址和山普拉墓地都曾出土过蜡染棉制品，说明蜡缬工艺在东汉已传入中国西部边陲。魏晋时期，蜡缬出现在丝织品上，吐鲁番阿斯塔那曾出土一些以点蜡作纹的蜡缬产品，当与玄应所说“今谓西国有淡涩汁点之成缬，如此方腊（蜡）点缬也”[2]相符。但也有用型板印制的，如都兰出土的蜡缬绮（图 5-4-25）。

图 5-4-25　蓝地蜡缬绮，唐，青海都兰热水出土

1 赵丰、胡平：《浙南民间夹缬工艺》，《中国民间工艺》1987年总第4辑，第61页。

2 〔唐〕玄应：《一切经音义》糸部。

图 5-4-26　绛色印花纱，唐，新疆吐鲁番阿斯塔那出土

图 5-4-27　黄绿色套印花绢，唐，新疆吐鲁番阿斯塔那出土

由于蜡缬的效果是花地界线特别分明，没有任何晕色层次，故与带有晕色效果的夹缬区别明显，然而，并非所有没有晕色层次的印花产品都是蜡缬。武敏的研究表明，在早期吐鲁番出土并被定为蜡缬的唐代产品中有不少应是碱剂印花的效果。此外，敦煌莫高窟K130前发现的部分染缬织物中也有类似现象，亦被认为是由于碱剂存在于防染剂中所引起[1]。由于唐代碱剂以草木灰或石灰为主，后世史料中亦有灰缬的记载，故而我们将其称为灰缬。灰缬所用防染剂含有碱性已为学术界所肯定，但这种防染剂究竟是什么尚不清楚。从后世蓝白印花织物所用黄豆粉拌石灰来推测，唐代灰缬用的防染剂也很有可能由淀粉类糊加石灰或草木灰等碱剂拌制而成。

灰缬的种类根据工艺的不同约有以下几种。一种是素色的灰缬，它在未曾脱胶的生丝织物上印上碱剂，印有碱剂的局部经水洗后就脱胶变软，这在吐鲁番出土物中有所发现，但亦有可能是件半成品；第二种是单套防染，得到深地白花的效果，如吐鲁番出土的大量朵花印花纱（图5-4-26）；第三种是两套防染，得到三种色彩的图案，如吐鲁番出土的柿蒂朵花纹印花绢（图5-4-27）和圆点宝花纹印花绮，但其

1　武敏：《吐鲁番出土丝织物中的唐代印染》，《文物》1973年第10期，第37—48页。

印花的具体工艺还有待研究。

唐代的蜡缬和灰缬上防染剂的方法主要有三种。一是手绘上防染剂，得到比较自由的图案；二是点蜡法组成图案，以几何形为多；三是用型印制，这种型板与夹缬所用比较接近，但似由对称的两块镂空板组成，在宋代的瑶区仍有遗存。“其法以木板二片镂成细花，用以夹布，而熔蜡于镂中。而后乃释板取布投诸蓝中，布既受蓝，则煮布以去其蜡。故能受极细斑花，灿然可观。”[1]但是，这种型板的大小却有不同。据武敏研究，一般来说，它是由两块对称的夹板夹持而印的，每块的宽度恰好就是织物幅宽的一半，但其长度则可根据图案的要求而定，约在20—50厘米之间。

4、手绘和印金

唐代的直接印花仍十分常见，包括手绘和印金，手绘中则还有泥金、泥银和彩绘。彩绘是直接将颜料绘于织物之上，十分简单，吐鲁番、藏经洞及法门寺等地均有大量出土（图5-4-28）。泥金银是将金银粉与粘合剂调合后进行绘制，而印金是先在织物上印上粘合剂，然后再将金箔贴在织物表面，待粘合剂与金箔固定后，再

图 5-4-28　彩绘白绢袜，唐，新疆吐鲁番阿斯塔那出土

将未粘着的金箔粉碎后除去，这两种方法均在法门寺出土织物中有大量的发现。其中的泥金银发现量特别大，在法门寺新近打开的丝织品服装中就有几件是泥金银的手绘满地花卉对鸟作品。另有一件附着在铁函顶部的丝织品残片上可以清晰地看到贴有金箔的蝴蝶和花卉纹样，是唐代印金作品的典型代表。

五、刺绣

1、蹙金绣和盘金绣

利用金线进行衣服的装饰在唐以前几乎没有任何迹象，但到唐代开始有所露

1　武敏：《吐鲁番出土丝织物中的唐代印染》，《文物》1973年第10期，第37—48页。

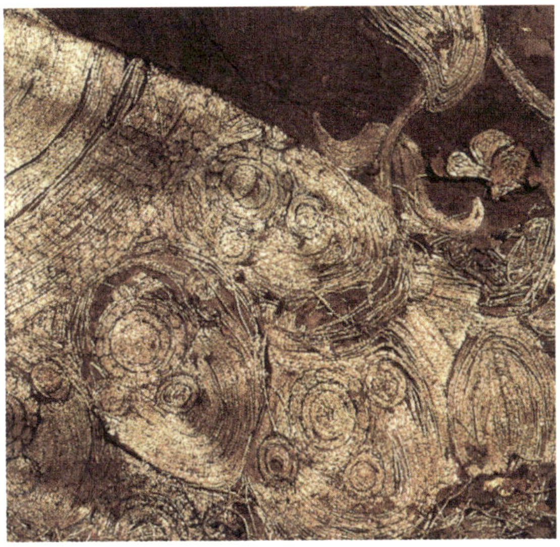

图 5-4-29　红罗地蹙金绣荷花，唐，陕西扶风法门寺地宫出土

面，唐诗中常见有“罗裙窣地缕黄金”[1]之类的句子，曲中则有“金缕衣”或“金缕曲”之名，法门寺地宫出土物中则有“蹙金绣”之名，《物账碑》中所记有“武后绣裙一腰，蹙金银线披袄子一领”，此外还有蹙金鞋一名[2]。蹙金就是蹙金绣，与实物的比较可知，其实也就是用金量特别大的盘金绣。法门寺出土物中有一件红罗地刺绣荷花用金面积特大，可以看作是一件蹙金绣（图5-4-29）。

盘金绣是用较少的金线单独勾勒而形成图案的刺绣。法门寺出土的盘金绣用极细的捻金线盘成图案所需的色块，再用丝线钉住，金线中有丝芯，金线粗仅约0.1厘米左右。从出土的一套五件绛红罗绣金献佛衣物模型来看，当时盘金和蹙金的技法已经非常成熟，其图案为与佛教相关的宝花、莲花、卍字纹、云纹等，带有大唐风格（图5-4-30）。

图 5-4-30　红罗地盘金绣袈裟模型，唐，陕西扶风法门寺地宫出土

1 毛文锡：《恋情深》，《全唐诗》卷八九三。
2 陕西宝鸡法门寺地宫出土《物帐碑》。

图 5-4-31　罗地压金彩绣花卉，唐，陕西扶风法门寺地宫出土

图 5-4-32　劈针绣卷草，唐，青海都兰热水出土

2、平绣及压金绣

法门寺地宫更多的出土物是平绣和压金绣。平绣是用基本平行的线迹进行刺绣的一种绣法，其针法丰富，有铺针、齐针、戗针等。唐时已经出现平绣中主要的针法，如铺针、戗针、套针等，法门寺出土物中有不少残片均以平绣绣成，敦煌藏经洞出土物中也有大量同类绣品。另一种平绣在其轮廓线上还压有金线或银线，根据后世史料来看，可称为压金彩绣。压金绣在法门寺中出土最多，其图案多为莲花，风格多为写生（图5-4-31）。这种方法，已与唐代早期的刺绣有较大的区别，却可以在后世的辽代和金代刺绣中找到大量实例，说明这一技法可能开始于唐代晚期，流行于宋代。

3、锁绣和劈针

锁绣是我国的传统绣法，唐代仍有使用，特别是在早中期，但唐代也出土了不少表观酷似锁绣的劈针，如都兰出土一件大型缠枝花卉纹刺绣采用多种色彩满地而绣，显得富丽堂皇（图5-4-32）。

第五节　唐代纺织品图案

由于丝绸之路的通畅和文化交流的频繁，唐代的纺织品图案一方面继承了中国传统的风格，另一方面更为重要的是从中亚西亚的装饰艺术中吸收了大量的营养，因此，这一时期的图案远远比前期丰富。唐代中亚地区的纺织品或波斯锦等已经大量输入中国，为了全面介绍当时的纺织品艺术的演变过程，不能不涉及这些国外生产的纺织品。

一、西来风格的流行

1、初唐西方织锦中的联珠团窠动物

一般的研究表明，具有中亚、西亚织锦特征的主要是联珠圈。在萨珊波斯文化影响较大的埃及、中亚地区及中国西北均发现了以天马、含绶鸟、猪头、人头、赛姆鲁（Senmurw）等为主题的联珠纹锦，在吐鲁番阿斯塔那墓中也出土了大量属于唐代初期的具有西方织锦技术特征的联珠团窠动物纹锦。

联珠团窠图案中的主要部分是联珠团窠环，它由小的圆珠联成大的圆环，通常是深色作环浅色作珠，一环中珠数不等，但以20颗上下居多。这种联珠环的含义不明，一般把它看作是波斯风格的典型代表，这在出土的唐代初期丝织品团窠环中占有主要的地位。

这些联珠团窠的主题一般都是动物，它们带有明显的异域风格，体形大，雄健威猛，造型古拙。从吐鲁番出土情况来看，有大鹿、猪头、大鸟和狩猎骑士等，并代表特别的意义。联珠环中的鹿是一种马鹿，壮硕无比，造型来自西亚，吐鲁番出土有多件大鹿纹锦，色彩虽然有所不同，有红色为地者，更多是以青黄色为主色调，但造型却基本相同（图5-5-1）。猪的形象通常以野猪头出现，青面獠牙，传说是波斯的伟力特拉格纳神(Verethraghna)的化身[1]。这种猪头纹样在丝绸之路沿途的巴米扬石窟、克孜尔千佛洞等处均有发现，说明是丝绸之路上的流行题材。而在吐鲁番出土的丝织品中，这种纹样至少有三种类型，一是斯坦因发现的一件，猪头硕大，色彩以青黄黑等

图 5-5-1　联珠大鹿纹锦，唐，新疆吐鲁番阿斯塔那出土

图 5-5-2　联珠猪头纹锦，唐，新疆吐鲁番阿斯塔那出土

1 Vladimir G. Lukonin: Persia Ⅱ, Nagel Publishers, pp.177.

为主（图5-5-2），而后来新疆考古工作者发现的两种有所不同，一件色彩与此接近，但形体较小，另一件则完全不同，采用非常鲜艳的红、蓝、白等色织出猪头，极具装饰意味。此类联珠团窠纹锦中禽鸟的形象也不少，多为嘴衔联珠绶带，或颈后亦系联珠绶带，如吐鲁番出土的联珠立鸟纹锦（图5-5-3）。

图 5-5-3　联珠立鸟纹锦，唐，新疆吐鲁番阿斯塔那出土

吐鲁番出土唐代早期的大窠联珠纹锦多数是团窠内只有一个动物，窠形较大，这与波斯或中亚地区所看到的一些壁画及石刻上的联珠纹十分一致，是较为经典的波斯风格。同时，吐鲁番也出土了不少较小的联珠团窠，其中的动物则是成对成双的，主题有对鹿等，但更多的是对鸟，如孔雀、雁鸭、小鸟之类。孔雀来自南亚，其造型特征较为明显，头上戴冠，有圆点状装饰的大尾，在吐鲁番出土也较多，有些十分逼真，有些则简练、抽象。其他鸟类造型也有区别，但无法明显识别。有一类较像雁鸭，粗壮有力，如吐鲁番出土的联珠对鸭纹锦（图5-5-4），事实上也是一种大鸟。但还有一类较小巧，被称为对鸡纹锦和对鸳鸯纹锦。

图 5-5-4　联珠对鸭纹锦，唐，新疆吐鲁番阿斯塔那出土

无论是大窠联珠还是小窠，无论是单个动物还是对鸟对兽，这一类的联珠团窠纹锦在技术上都采用斜纹纬二重组织，而且，其所使用的夹经都加有Z向强捻。图案排列以簇二排列为主，团窠环之间一般用小联珠圈相连，团窠外以几何形花树为主，宾花的选择中也常采用轴线对称的方式。更为重要的是，这类织物的图案在纬线方向对称循环，但沿经线方向却常常不是真正循环的，这也可以说是中亚西亚织锦的一个特点。

2、中国的仿制

为了增加对西方的出口或是为了满足居住在中国的外族的需求，中国的织工在南北朝时期就已开始仿制带有西方风格特别是联珠纹样的织锦。到唐代，这种仿制更多，可以分为两大类。

（1）小团窠联珠经锦

沿续北朝斜纹经锦的传统，唐代第一类仿制的是小团窠联珠纹。团窠一般较小，属于中小窠型，一幅之内通常有六到八则。窠内主题常为对马、对羊、对凤、对孔雀、对饮者、对驼、神像、小花等，在唐代更多的是对马、对羊、对凤、小花等。

图 5-5-5　红地联珠小窠饮水马锦，唐，新疆吐鲁番阿斯塔那出土

对马图案有饮水马和立马两种，造型十分类似西亚天马，但未见有骑士者。如吐鲁番出土的红地联珠小窠饮水马锦，一幅织物上有两种图案，一种是对马，另一种是一对饮水马（图5-5-5）。而青海都兰出土的对马纹锦团窠还有大小之分，色彩以黄色为地，蓝绿色为主。对凤图案简练、生动，直接沿用南北朝时的凤凰，但体形甚小，色彩也有两类，一类以红色为主，另一类则以蓝绿色为主。对羊图案也十分常见，羊角极弯，但羊的神态极为可爱。这类织锦可能仅在西北地区或是胡人使用较多。

这类织锦的主题也包括以小团花为主的团窠纹，这种图案在各地都有极多发现，吐鲁番、都兰、正仓院、中亚地区均有，但最惊人的还是敦煌画塑和陕西懿德太子墓中彩绘武士俑上的大量联珠小花锦纹。敦煌壁画中的大多属于隋至初唐时期，懿德太子墓年代属神龙二年（706年），已为盛唐，锦纹多作团窠状错排，联珠环中小团花，联珠环外十样花，花型变化相当丰富，色彩变化更多；从风格上看，联珠纹已退到不很注目的位置，而其全貌更像团花一般。所谓的联珠镜花锦或联珠菊花纹锦都可以看作这一类中的实例。其联珠环一种呈带状，与其他团窠中的联珠环基本相同，另一种是散点的联珠环，只有圆珠排列成环状。这类织物的主要流行年代是在唐代初期，可以看作是中国早期对中亚西亚织物只模仿图案、不模仿技术的结果。

小团窠排列形式也多种多样。一种是采用簇四形式，即每一团窠的上下左右均与另外的小团窠用小团花相连。但更多的是两点错排的团窠形式，宾花几乎都用十样小花，这种小花由早期的柿蒂花和忍冬纹发展而来。

（2）大窠唐草联珠

第二类是中国织工既模仿图案、又模仿织造技术的产物。在图案上，它采用较大的联珠环窠形，即大窠或独窠之类，团窠的直径基本都在40—50厘米之间，仅以散点错排为其排列形式，主题纹样主要选择马、鹿、虎、狮等中国人较能接受的纹样，而且在造型上又作了一定的修饰，使其更加华丽。在织制技术上，它采用中亚风格中的斜纹纬重组织，但在经线的选择上却是加了S向强捻的夹经。这类织物给人的感觉是制作特别精良，色彩以蓝、绿、黄为主，搭配典雅。特别明显的是其联珠团窠外的宾花用了唐草风格的十样花，花中心通常也是一个联珠环，再向四面伸出忍冬状的卷草，极为华丽。可惜的是此类作品所存不多。

对鹿纹样是以唐草为宾花的大窠联珠中的常见纹样，但此时的鹿已是中国式的鹿，身上有梅花斑，体态相对显得轻盈。有翼天马也是此类织锦所采用的题材，从当时流行小窠联珠对马纹锦的情况看，也可推测应有大窠联珠天马的存在。吐鲁番武德二年（619年）墓中出土的大窠马大球锦应该是同类织锦中年代最早的一件，只是所剩的马的形状已不多。此外，与马相关的是大量骑马狩猎纹锦。吐鲁番出土有一件织锦残片，可以明显地看到马头及骑士的脚，联珠环外也是唐草宾花。但最为有名和典型的要数日本京都法隆寺所藏联珠四骑狩狮锦，联珠圈内有四位骑士，骑在烙有"山"和"吉"字的马上，正在回头狩狮（图5-5-6）。属于同一类型的织锦还有现藏日本正仓院的大窠犀牛锦和都兰出土的大窠联珠对虎纹锦等，它们都可看作是中国织工同时模仿图案和技术的成果。而另一件黄地大窠联珠狩猎锦的联珠圈内的场面则更为壮观。图案中间是一棵花树，树上立一对鸟，两位骑士手持长枪，骑马往外出击奔跑的鹿和野猪，另两位骑士虽然也是骑马向外出击，但回首射击树下的老虎，还有两位徒步的勇士，一手持鹰，一手持匕首，与身边的猎犬一起在追赶猛逃的野兔，而在树下，还有一对公牛在相斗。这样的场面极难见到。

图5-5-6 大窠联珠四骑狩狮锦，唐，日本奈良正仓院藏

如果我们把大窠联珠纹动物纹锦看作是波斯锦或是中亚织锦的话，那么，此类少量融有中原唐草风格的大窠联珠动物锦可以看作是何稠指导下少府监生产的仿制波斯锦，确实是"逾所献者"。

3、中唐时期的中亚织锦

在中唐时期的出土物中，特别是在青海都兰出土的唐代丝织品中，有一组具有明显中亚风格的织锦。从组织来看，是典型的中亚纬锦，不仅经线采用Z捻，而且有时在背部有纬浮。从色彩上看，则明显呈现出两种特色，一是以青、绿、黄为主的冷色系列，另一是以红、黄、藏青为主的暖色系列。从图案来看，它有两个大类，一类是采用花卉或变形的联珠纹等作团窠环，中间以动物纹作主题，窠外则是较为稚拙的十样花，窠形尺寸一般较大，相当于中窠，织物图案仅沿纬线方向循环，而沿经线方向自由变化，门幅较宽；另一类则没有团窠，但其他的技术特征基本相同。

第一类花卉团窠环有着丰富的变化。桂叶环是将月桂树叶(laurel)形串连起来形成团窠环，也可称为三叶环(trefoil)，即用三叶草串连起来后形成团窠环，这在中亚地区特别流行。与此相类似的是心形环 (heart chain)，亦可称为桃形环，它将桃形装饰串连起来，形成花环。花瓣环是以花瓣的形式作环，青海都兰出土丝织品中有各种各样的花瓣环，有单瓣、重瓣，瓣形有弧形也有锯齿形，甚至还在瓣中再饰以花朵进行变化。这类花瓣团窠环在敦煌中唐时期彩塑和藏经洞中发现的丝织品中也有发现，其中都兰出土的红地中窠花瓣含绶鸟纹锦(参见图5-2-3）是最为典型的例子，此外还有花瓣环立鸟纹锦。小花环是将若干朵小花排成一个团窠环，花型一般比较简单，既有正面的小团花，也有侧面的朵花。这种环形在国内也见于都兰和敦煌的发现，如黄地中窠小花对鹿锦。这一类团窠图案中也有以联珠纹作环的，但联珠的大小和风格明显有别于前一类。这批织物基本上都出自都兰吐蕃墓，此外，还能在敦煌吐蕃时期壁画和藏经洞出土文书中看到图像和相关记载。其使用年代应该断在中唐或晚唐时期，晚于吐鲁番出土的联珠团窠动物纹的织锦。

从图案主题看，这些织物特别常用含绶鸟、狮、鹿、马和鹰几种纹样。含绶鸟锦一般以团形瓣窠作环，内置立鸟，鸟站于联珠台上，颈上和翅上都饰有联珠绶带，鸟嘴也衔有联珠绶带。同类织锦在都兰出土的量极大，有时以红、黄、青、绿、白五色出现，对照敦煌文书中记载可知，这就是当时所称的五色鸟，也有以黄、蓝、绿色调为主出现的含绶鸟，一个团窠内既有单只也有两只。大多数情况下它出现在团窠环之中，但有时也只是单独的排列。瑞士阿贝格基金会收藏的一件绫地刺绣五彩鸟没有团窠环，从其织地和绣技来看，可能是中国境内所生产的带有中亚风格的结构（图5-5-7）。

图 5-5-7　绫地五彩鸟纹刺绣，唐，瑞士阿贝格基金会藏

含绶鸟只是一种鸟的形

图 5-5-8 中窠花瓣灵鹫纹锦，唐，青海都兰热水出土

状，无法判别究竟是何种鸟，或是雁鸭之类。另一种鸟禽纹样可基本判定为鹰。以鹰为主题的纹样目前所知属唐代的只有两件，一是出自都兰热水的灵鹫纹锦（图5-5-8），花瓣团窠中只有一鹰，头侧向，有头光，两翅平展，颈与翅有联珠条饰，中间主体为腹部，腹中一人形，尾部共有七根尾羽。另一件是中窠小花对鹰锦，在以小花组成的中型团窠环中，鹰非常雄健，昂首挺胸相对而立，头上各有一圈光环。织物的色彩以黄、蓝、绿为主。

鹿也是这一时期的常见题材，这种鹿头上带有角叉，在西方又被称为ibex，是一种西班牙大角野山羊。脚踩棕榈花盘，窠外是十样花。类似的鹿纹织锦还发现于敦煌藏经洞，它以联珠纹作环，中间的鹿纹也非常相似，但窠外却是对鸟。更为有名的是收藏于比利时辉伊大教堂的带有粟特文“赞坦尼奇”（Zandaniji）字样的织锦，它以多重的联珠作环，中间的对鹿纹也非常相似[1]。

用尖瓣形作团窠环的对狮纹锦是目前世界各地收藏最多的具有粟特风格的织锦之一，在敦煌藏经洞中出土了带有此类图案的织物，可知它在当时曾流行于中国西北地区。其主题纹样是一对有翼的狮子立于棕榈花盘之上，团窠之外是两对兽与直立的花树。瑞士阿贝格基金会中收藏有两件特大型的花瓣团窠对狮纹锦，均以红色为地，风格明显有别于上述以黄绿色调为主的狮纹锦。一件两狮直立相对，另一件则作腾跃状，团窠之外也是对鸟或对兽，有时也作团花。除此以外，此类织物中也有以对牛、对马等为题材者，变化甚多。

对这一批织锦的来历，学者们有不少看法。一种看法认为是中亚织锦，或称粟特锦。美国学者舍费尔德及古文字学家海宁在收藏于比利时辉伊大教堂的对鹿纹锦上发现了粟特文“赞坦尼奇”的墨书，而赞坦尼奇是布哈拉附近的一个村子，至今仍以织造著称。因此，他们将这件织物作为中亚粟特地区织锦的标准物，把上述

1 Dorothy G. Shepherd and W.B.Henning: Zandaniji Identified? In Aus der Welt der Islamischen Kunst:Festschrift fur Ernst zum 75. Geburtstag. Berlin, 1959, pp.15-40. 图片见赵丰《织绣珍品》，香港：艺纱堂/服饰出版，1999年，第112页。

图 5-5-9　红地波斯婆罗钵文字锦，唐，青海都兰热水出土

同类织锦都归入粟特锦的范围。第二种观点认为是波斯锦，这一看法早在人们考察收藏于梵帝冈的团窠立鸟锦和对狮锦时已经产生，现在又得到出土于青海都兰的一件织有古波斯文的锦带的佐证（图5-5-9）。在这件波斯文锦上织有“王，伟大的王”等字样，以及与含绶鸟团窠环纹样相同的心形纹样，因此，这件织物被确定为波斯锦。波斯锦从公元六世纪起已经传入中国，《高昌章和十三年（543年）孝姿随葬衣物疏》和《高昌延寿十年（633年）元儿随葬衣物疏》中均出现了波斯锦[1]。而内地也在七世纪初看到波斯锦，隋开皇间，“波斯尝献金绵锦袍，组织殊丽，上命（何）稠为之。稠锦既成，逾所献者”[2]。因此，波斯锦出现在这一地区也是合理的。第三种观点则认为，从当时在中亚地区广泛使用波斯文的情况来看，此锦应由使用波斯文字的中亚织工进行生产，但从年代上看，这些织工可能已移徙中国西北地区。

4、新月纹锦

更有意思的是一件蓝地阿拉伯文新月锦。该锦由大谷探险队于1912年在新疆吐鲁番阿斯塔那墓葬区发掘所得，现藏于日本龙谷大学图书馆（图5-5-10）[3]。锦用蓝、黄两色色丝织成，图案相当简单，为两两错排的新月图案，弯月弦内有一阿拉伯文，两排不同，一正一反，用来称颂安拉的功德——“独一的”即是指伊斯兰教的唯一神安拉，“除了安拉，再没有神，穆罕默德是安拉的使者”，“胜

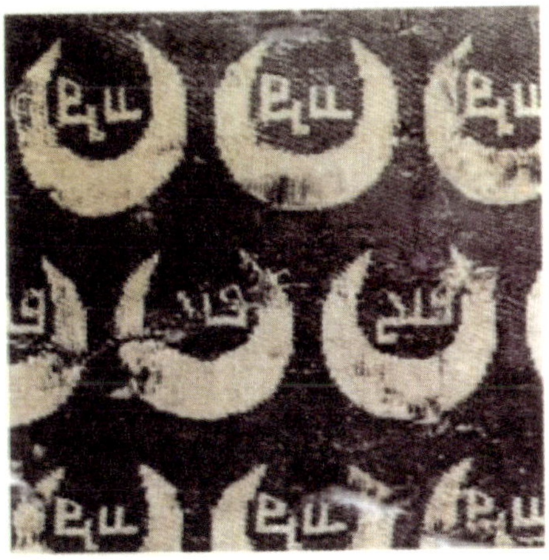

图 5-5-10　蓝地阿拉伯文新月锦，唐，新疆吐鲁番阿斯塔那出土，日本龙谷大学图书馆藏

1 国家文物局古文献研究室等：《吐鲁番出土文书（二）》，北京：文物出版社，1981年，第60页；《吐鲁番出土文书（三）》，第267页。
2 《隋书》卷六八《何稠传》，北京：中华书局，1973年。
3 赵丰：《织绣珍品》，香港：艺纱堂/服饰，1999年，第304—305页。

利、征服”正表现了阿拉伯在扩张时期那种横扫一切的气概。全意或为“胜利属于真主，安拉征服世界”。从词意上来说，为赞颂安拉所专用。从字体上，其书法属伊斯兰教历一世（622—721年）风格的库菲体[1]。因此，虽然此锦的年代并不明确，但仍可根据字体把它断在7世纪。

新月是阿拉伯世界的常见题材，在阿拉伯以外中亚西亚地区的艺术品中，新月形象出现更早，在阿契美尼德王朝的印信、银币、冠饰上均有新月为饰，在萨珊王朝时，新月图案还出现在织物图案中。新月与伊斯兰有着更为密切的关系，新月（crescent）一词在今天已成为伊斯兰和伊斯兰国家的代名词。因此，这一织锦当是阿拉伯征服区内的产品，它反映了伊斯兰文化的东进是曾以丝织品为先导而从西北一线进入的。

除此件新月纹锦外，新疆巴楚脱库孜沙来遗址也曾出土过一件新月兔纹锦，采用的组织是双层组织，其年代可能在唐宋之间，也可以反映出阿拉伯伊斯兰文化在唐宋之间已经传播到新疆境内的情况（图5-5-11）。

图5-5-11　新月兔纹锦，唐宋，新疆巴楚脱库孜沙来遗址出土

二、花卉团窠与陵阳公样

唐代丝织品在学习模仿西方图案的同时，也继承了中原传统的设计思想并根据当时人民的喜好进行了创新。这其中最有影响的是团窠宝花和陵阳公样。

1、宝花图案

宝花是唐代对团窠花卉图案的一种称呼。史载越州贡宝花花纹罗，日本正仓院亦有小宝花绫题记的织物传世，可能正是对唐代呈团窠形状的正视的花卉纹样的称呼。事实上，宝花是一种综合了各种花卉因素的想象性图案，叶中有花、花中有叶、虚实结合、真假难辨、四季相间、正侧相叠。在其造型中，既有来自地中海一带的忍冬和卷草，还有中亚的葡萄和石榴，当然中国的题材就更为丰富了。这是一种兼容并蓄的艺术，是中西文化交流的产物。宝花图案从造型来看可以分为瓣式、蕾式和侧式三种，这三种式样的宝花同时也是宝花图案演变的三部曲。

1　有关阿拉伯文译意为请教于陈达生先生所得。

(1) 柿蒂花和瓣式宝花

最简单的瓣式宝花事实上就是柿蒂花，其基本形状是普通的四瓣花。这类图案出现甚早，但在唐以前只是作为动物图案中的点缀而已，本身并没有太大的地位。真正的遍体柿蒂花图案直到唐代才出现，陕西一带出土的隋至初唐的彩绘俑中有不少简单的花卉纹都属于四瓣小花纹，都兰出土的柿蒂纹绫也特别多，变化丰富（图5-5-12）。著名诗人白居易在描写杭州特产时还提到"红袖织绫夸柿蒂"，她们织的正是一种柿蒂纹绫。此外，唐代大量的柿蒂纹印花织物也显示了这一图案的流行。

图 5-5-12　柿蒂纹绫，唐，青海都兰热水出土

瓣式宝花是比柿蒂花复杂、以花瓣变形而形成的宝花图案。与柿蒂花相比，其花型更为丰满，花瓣的轮廓更加细腻，层次重叠也较多，吐鲁番出土的海蓝地小窠宝花锦（715年）便属于此类（图5-5-13）。另一件深蓝地梅花纹锦中的六瓣小花也非常特别，显示出了色彩的华丽多变。

图 5-5-13　海蓝地小窠宝花锦，唐，新疆吐鲁番阿斯塔那出土

(2) 蕾式宝花

第二种宝花的形式可称为蕾式宝花，它把花瓣和叶、花蕾结合起来，这些花蕾均取其全侧面，因此初看与花瓣的效果相仿，后来花蕾变成了花苞，所占比重也越来越大，装饰手法中采用了多层次的晕綑，宝花更显华贵、庄重。这一类宝花是唐代最为流行的宝花团窠，在开元年间达到全盛，它富丽堂皇，雍容华贵，都兰出土的宝花纹刺绣锦袜上的宝花是一个例子（图5-5-14）。吐鲁番出土的银红地宝花锦和都兰出土的大窠宝花纹锦是属于藏蕾和显蕾两者掺半的情况，而那双著名的变体宝花锦鞋上的宝花则属于完全显蕾式（图5-5-15），最为华丽的大窠宝花纹锦要数现藏美国大都会博物馆的宝花纹锦，其经纬向循环均达61厘米。

（3）侧式宝花

侧式宝花的外延区用十分写实的半侧向的全朵花联成，这类宝花从天上回到人间，风格逐渐走向写实，变得清秀起来，尽管还有以往的结构，但看起来更像是一簇鲜花。都兰出土织锦已多见侧式宝花的锦和绫，对照敦煌壁画上的服饰图案可知这一类侧式宝花流行在中、晚唐时期。最突出的侧式宝花图案是现藏日本正仓院的蓝地大窠宝花锦，原件用作琵琶袋。经日本学者鉴定，此锦当产于中国（图5-5-16）。而法门寺地宫出土的晚唐宝花纹刺绣与织物中的宝花图案有较大区别，它是一种以莲花为主题材的纹样。其花正视，中间花盘甚大，应是莲蓬的象征，有无数颗莲子闪着金光。周围则有花瓣围绕，并不很大，有点类似向日葵。其布局往往只是一朵莲花，就是一件织物的中心，在四周再补充一些折枝莲花或其他纹样如飞凤等。

图 5-5-14 红地宝花纹刺绣锦袜，唐，青海都兰热水墓出土

图 5-5-15 变体宝花纹锦鞋，唐，新疆吐鲁番阿斯塔那出土

图 5-5-16 大宝花纹锦琵琶袋，唐，日本奈良正仓院藏

2、陵阳公样

凡述及唐代丝织品图案时，对陵阳公样人们总会津津乐道。“窦师纶，字希言……封陵阳公。性巧绝。草创之际，

乘舆皆阙，敕益州大行台，检校修造。凡创瑞锦、宫绫，章彩奇丽，蜀人至今谓之'陵阳公样'。……高祖、太宗时，内库瑞锦对雉、斗羊、翔凤、游麟之状，创自师纶，至今传之。"[1]从这段文字中我们获得了这样一个信息，窦师纶在唐初曾为唐朝宫廷设计锦绫图案，其设计的图案被人们称之为"陵阳公样"。但陵阳公样究竟如何，史料中只提及对雉、斗羊、翔凤、游麟四种题材，而未详述。

综合各种史料记载并比较出土实物可以基本明确，陵阳公样是一种以花卉作为团窠环、内含动物主题的图案，其表现形式有宝花环或卷草环。宝花环可以说是较为复杂的花瓣环，它以宝花的外圈作团窠环，中间再填以主题纹样，这种图案在吐鲁番和都兰发现较多，大多属于盛唐至中唐时期；卷草环可以说是花卉环的发展顶峰，又称唐草，它可能是从一种莨苕叶(Acanthus Leaves)或是葡萄藤蔓的纹样变化而来的，在中国，则被认为是从忍冬纹发展而来。卷草的枝蔓通常以S形盘绕，十分华丽。

这类陵阳公样的图案实例在唐代史料中也多见记载，元稹诗云"海榴红绽锦窠匀"[2]，就是指用石榴卷草作环的团窠动物纹；卢纶诗云"花攒麒麟枥，锦绚凤凰窠"[3]，是指以花卉为环的团窠麒麟、团窠凤凰图案，而麒麟和凤凰正是窦师纶所创陵阳公样中的翔凤、游麟之状。此外，由于陵阳公样名声很大，当时还会被各地贡品甚至是其他工艺品所模仿，如在唐代的高级工艺品如金银器上也能见到这类环式花卉团窠，而且其流行期也在初唐和盛唐。

陵阳公样的实例在吐鲁番、都兰、敦煌及日本正仓院均有发现。如敦煌藏经洞发现的团窠葡萄立凤"吉"字锦（EO.1201），该锦为双色斜纹纬锦，残存尺寸约27×25.6厘米，团窠环循环约在30厘米左右，属于中窠规格。葡萄缠绕，果实叶茂，立凤已残，仅见足与尾。一足立地，已是初唐后期的造型风格；都兰出土的中窠宝花立凤锦尺寸小于上件织锦，紫地上呈蓝、绿、棕、黄四色花，是一件纬锦。花型完整，环式团窠以各种花蕾连成，立凤双脚立地，姿态颇有早期朱雀之雄健，但凤头呈三角状，已带有外来的因素。

图 5-5-17　棕色地中窠蕾花立鸟纹印花绢，唐，新疆吐鲁番阿斯塔那出土

吐鲁番虽无团窠花环凤凰锦发现，但那件出自TAM191的棕色地中窠蕾花立鸟

1 〔唐〕张彦远：《历代名画记》卷一〇。

2 元稹：《早春登龙山静胜寺》，《全唐诗》卷四一三。

3 卢纶：《宴赵氏昆季书院因与会文并率尔投赠》，《全唐诗》卷二七九。

纹印花绢（伴出永隆元年680年文书）倒也可作为陵阳公样变化发展的一个实例（图5-5-17）。这样造型的图案，都兰还有中窠蕾花对狮锦和中窠蕾花对鸟锦，确实反映了陵阳公样的流传之广之久。

图 5-5-18　双联珠团窠对龙纹绮，唐，新疆吐鲁番阿斯塔那出土

双联珠团窠对龙纹是一种界于花卉团窠和联珠团窠之间的特殊形式，它采用双层的联珠环作团窠，宾花用的是唐草十样花，团窠中的主题则是非常中国化的对龙，而组织结构均为平纹地上显斜纹花的绮或是斜纹地上显斜纹花的绫，可称为双珠团窠对龙纹绫。这类织物在丝绸之路沿途出土很多，俄罗斯境内的穆格山下的唐代遗址，中国境内的吐鲁番、都兰、敦煌等地均有出土（图5-5-18），日本的正仓院也有收藏。

图 5-5-19　双联珠团窠对龙纹绫（宾花纹样），唐，青海都兰热水出土

总体上看，这类织物无疑是中国的产品，其中有一件出自吐鲁番的双联珠团窠对龙纹绮残片的背面还有“景云元年（710年）双流县折调细绫一匹”的墨书题记，是此类织物在初唐时期产于中国四川地区的有力证明[1]。结合陵阳公曾为益州大行台检校修造的历史，这种双联珠对龙纹织物可能也是陵阳公样中的一种。

此类对龙纹样和双联珠环是当时最为常见的组合，但也有不少变化。从联珠环来看，除双联珠外，还有花瓣联珠、卷草联珠等，前者可以在都兰出土物中看到，后者在正仓院的藏品中亦能得见。从所用宾花来看，或简或繁，与上述中国仿制的大窠联珠环外的宾花十分接近（图5-5-19）。从里面的对龙来看，也不完全一致，其中区别最大的一件是现藏于美国大都会博物馆中的斜纹地对龙纹绫，该织物上

1 武敏：《吐鲁番出土蜀锦的研究》，《文物》1984年第6期，第70—80页。

的对龙没有龙头。这是一个非常奇特的情况，唯一的解释是织造这一对龙纹绫的织工对龙的理解并不深刻，以至于把较为复杂的、但不可或缺的龙头省略了（图5-5-20）。

图 5-5-20 斜纹地联珠对龙纹绫，唐，纽约大都会博物馆藏

3、圆心对称的团窠纹样

到晚唐时，团窠中间的动物主题纹样排列方式也发生了一些变化。在唐代早期，一般流行的是呈轴对称的两个动物处于一个团窠之中，而到了晚唐，则开始出现以圆心对称的双动物造型。如法门寺地宫出土的一件舍利棺衬织锦残片，虽然图案已经不全，但仍可以看出上有两只鹦鹉组成的团窠，这两只鹦鹉的飞转方向呈首尾相对状，就是后世所说的喜相逢的式样，这是目前所见最早一件圆心对称的织锦团窠图案（图5-5-21）。类似的图案在敦煌藏经洞发现的织物中也可以看到，其中一件是以圆心对称的奔狮团窠图案，虽然没有花卉环围绕，但可以知道这种圆心对称法在唐代晚期就已经十分常见了。

图 5-5-21 小团鹦鹉纹织锦，晚唐，陕西扶风法门寺地宫出土

三、折枝和缠枝花鸟的兴起

唐代中期以后，随着宝花纹样中的写生意味日益加强，折枝花鸟图案就正式兴起了。从文献来看，官服图案在唐文宗即位时（827年）作了新的规定，“袍袄之制：三品以上服绫，以鹘衔瑞草，雁衔绶带及双孔雀；四品、五品服绫，以地黄交枝；六品以下服绫，小窠无文及隔织、独织”[1]。这里的鹘衔瑞草、雁衔绶带及地黄交枝等图案都非常接近折枝式图

1 《新唐书》卷一四《车服志》，北京：中华书局，1975年。

案。再从当时的一些诗文来看，也可以看出折枝图案的流行，如“红缕葳蕤紫茸软，蝶飞参差花宛转”、“瑶台雪里鹤张翅，禁苑风前梅折枝”、“合蝉巧间双盘带，联雁斜衔小折枝”[1]，可知折枝图案的流行在民间和官方是基本一致的。

折枝花鸟图案的出现应该源自宝花图案中的景象宝花团窠，它是唐代织物图案风格写生化的第一阶段。在较为写实的侧式宝花团窠四周配以蝶飞鹊绕之景，逐渐地，这些宝花变得更为松散，更为写实，也更为清秀，尽管还有以往的形式，但看起来更像是一簇鲜花，鲜花边有鸟、蝶、蜂、山、云等相伴，其实它已失去早期宝花那种华贵富丽的气质了。前面所述吐鲁番所出的花鸟纹锦正是这样一件实物，此外，正仓院藏品中也有大量生动的例子，在宝花周围，常常可见由小簇花演变而来的折枝，中间是一簇花丛，上下左右飞舞着小型的禽鸟。

图 5-5-22　鸟衔折枝小花绫，唐，青海都兰热水出土

图 5-5-23　鸳鸯栖花锦，唐，青海都兰热水出土

宝花周围的小簇花鸟逐渐开始独立，进行散点式的排列，或小团花，或简单折枝，或鸟衔小折枝等分散的纹样以较为自由的形式排列成散点图案。都兰夏日哈出土的鸟衔折枝小花绫上有小团花、对鸟、对蝶等成排地对称排列（图5-5-22），这种风格一直影响到辽代的绫锦图案。此外，都兰出土的一件鸳鸯栖花锦将花簇中的一对鸳鸯看作是一个纹样，进行均匀的散点排列，较为少见（图5-5-23）。

唐代折枝花鸟纹发展的极致是穿枝式花鸟图案，它具有更为明显的写生风格，

1 秦韬玉：《织锦妇》，《全唐诗》卷六七〇。

图 5-5-24 黄地狮凤穿花锦，唐，青海都兰热水出土

在排列上没有一定的程式，也没有像团窠那样的规律，只是根据纹样的本身需要来进行排列。花卉多是折枝，写实、逼真、生动，在这些花卉中间，穿插着飞舞的凤和鹊，或是奔走的狮子，也可以有其他题材的生物。这类织物的实例有吐鲁番出土的对狮穿花锦，但图案较为简单，都兰出土的黄地狮鹭衔花锦和黄地狮凤穿花锦更为复杂（图5-5-24），是此类织物中的典型实例。

缠枝排列是一种独特的排列形式，它用缠枝为基本骨架，又以花果、叶或鸟作主题纹样，有时很难把骨架和主题纹样区分开来。其中又可分为两类。第一类缠枝又可称作S形缠枝，其缠枝的基本形式是二方连续的S形，常常加上花叶，有时还饰以鸟类纹样。敦煌K130出土有一件提花绫，即为对波葡萄绫，同类绫在都兰和吐鲁番出土也甚多。较为复杂的类似图案在都兰出土物中也有所见，图案基本可以复原为卷草葡萄纹。S形缠枝中穿插花鸟的图案在唐代也十分流行，都兰所出的蓝地对波缠枝鸂鶒锦和吐鲁番所出对波对鸟对狮纹锦（图5-5-25）就是较好的实例。第二类缠枝形式是以某一宝花为中心同时向四个方向展开，这种缠枝我们称之为宝花缠枝。收藏于甘肃省博物馆的葡萄唐草文绫正是体现了这类宝花缠枝的风格（图5-5-26）。

图 5-5-25 对波对鸟对狮纹锦，唐，新疆吐鲁番阿斯塔那出土

图 5-5-26 葡萄唐草纹绫纹样，赵丰，2005 年

由此，唐代纺织纹样及其图案的演变和发展脉络已基本清晰。魏晋南北朝时期，丝绸之路上的文化交流使具有西域风格的联珠纹样大量

传入中原，中原织工一方面用斜纹模仿小型的联珠纹，另一方面也学习纬锦模织各种大型的联珠纹。初唐开始，官方的设计师们进行了创新，采用由忍冬纹或是直接由葡萄卷草纹发展变化而来的缠枝代替了联珠环，从而形成了花卉环式团窠，这就是唐初著名的陵阳公样。另一方面，传统汉锦中的柿蒂纹也在吸取各种植物纹样因素的基础上开始发展变化，并由此逐渐产生了宝花纹样，由瓣式宝花进而成为蕾式宝花，蕾式宝花是一个突破，它使宝花艺术进入了组合的领域，组合能产生无穷无尽的新宝花。约在中唐时，写实主义风格也开始影响丝织品艺术，较具写生风味的侧式宝花出现，而侧式宝花演变到最后成为了景象宝花，宝花周围一片蜂蝶鸟虫飞绕。渐渐地，这些鸟蝶独立出来，形成了折枝花鸟图案，并由此发展成为穿花式折枝图案。唐代以后，这种以清新秀丽风格为主的花鸟图案就成为了丝织品艺术的主流（图5-5-27）。

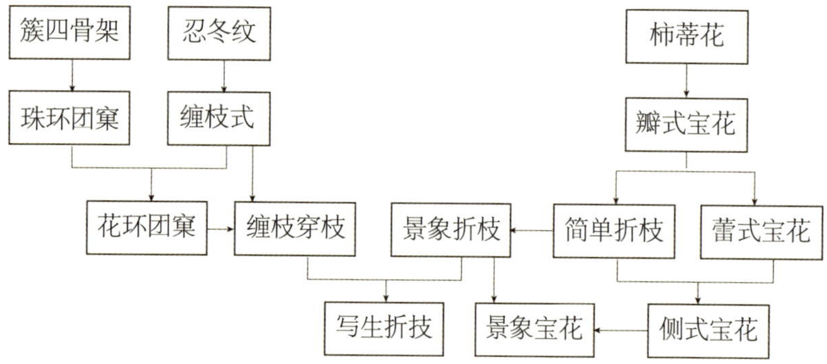

图 5-5-27　唐代丝绸纹样发展过程示意图（引自赵丰《唐代丝绸与丝绸之路》，1992 年）

第六节　纺织品贸易和丝绸之路

一、国内的纺织品贸易

唐代国内的丝绸贸易相当发达。史料中多能见到各种各样“鬻缯者”的记载，其人遍及全国各地。应该说，尽管人们思想中或多或少还有以往的重农轻商心理，但官方的态度确是比前代开放多了。唐代有一则“丙鬻缯不利，度木为业，邻告惰农”的判牒可以作证。“利百变法，功十易器，地平天成，罔有降格，为农服贾，厥道何常。丙市井其心，负贩为业。以贫求富，则农不及工，朝盈夕虚，乃末胜于本。提缃入肆，见无利于冰纨，操斧登山，更求材于霜刃。去彼取此，亦以有之，在于肆人，于时度木，顾惟迁货，何必守株。邻人有言，告者非是。”[1]判牒道出了一个以市场调节为主的经济规律，有利可图者，人们当然会争而趋之，无利可图者，也不能要求商人和生产者守株以待，这种较为灵活的政策无疑有利于唐代商业的繁荣。

唐代商人粗分有估客和坐贾两种。估客即转运商人，元稹的《估客乐》描写了他们走南闯北的生活，贩运物品中就有“炎洲布火浣，蜀地锦织成”。估客贩运货物往

1 《全唐文》卷九八一，北京：中华书局，1983年。

往批发脱销，通过或不通过中间人把货物批给行头或走贩，行头再将货物分给各行坐贾。唐代很多地方都有经营布帛丝绸的行、铺、肆等，兹举数例：

长安：长安有东、西两市，其中有不少商铺是经营丝织品的。大中六年（852年）中书门下省为了获得较为稳定的绢价而便于估定赃绢，令责两市绢牙人侯建武等状"京城元不出土绢，所货者诸州土绢"[1]。显然，长安两市有大量的丝绸贸易，其中西市有"绢行"，东市附近的宣阳坊有彩缬铺，应是出售染缬产品之处。

洛阳：龙门石窟净土堂中有洛阳北市"彩帛行"、"丝行"的题记。

淮安：白行简《三梦记》有"淮安西市帛肆，有贩鬻求利而为之平者"的记载。

范阳：据北京房山现存的唐代经碑题名来看，天宝至贞元年间范阳郡有绢行（11条）、大绢行（6条）、小绢行（2条）、新绢行（1条）、小彩行（4条）、丝绵行（4条）、丝帛行（2条）及丝绵彩帛绢行、总绵丝绢行、丝绢彩帛行等[2]。范阳郡远在北方，其丝绸贸易如此兴盛实属难得。

交河（今新疆吐鲁番）：大谷文书中有唐天宝年间交河郡的物价文书，其中提到彩帛行、帛练行及出售的各种丝绸产品的牌价。

杭州：唐代杭州号称"骈樯二十里，开肆三万室"[3]，三万肆中想必会有帛肆，曾任余杭尉的丁仙芝在《赠朱中书》中说"西邻贩缯日已贵"，可能就是在杭州市内做的生意。

此外，如有"扬一益二"之称的扬州、益州，虽无具体记载，但这类销售生丝及丝织品的行肆绝不会少。

从当时行、铺、肆的名称来看，可将其按经营的丝绸产品不同而分成三类：一类是经营普通丝织品的地方，称为绢行或帛练行，同类名称还有帛行、帛肆等。从交河郡帛练行经营的品种看有练（大练、梓州小练），絁（河南府生絁、蒲陕州絁），绢（生绢），缦（缦紫，缦绯）等，均为平素织物。各地中范阳郡分得最细，绢行中又分成新、旧、大、小数档；第二类是经营色彩缤纷、纹样绚丽的高档丝织品，如彩帛行、小彩行、彩缬铺等。交河郡的彩帛行经销的是紫熟绵绫、绯熟绵绫、杂色隔纱、夹绿绫、晕繝等较高档的丝绸产品；第三类以经营丝绸原料和半成品为主，如丝行、丝绵行、总绵行等。大谷文书中有一栏载有色丝、生丝和绵的价格，推测应属丝绵行。这也反映了唐代丝绸生产专业化的趋向。

正是以这些市场为交接点，以行贾（估客）为媒介，得以结成一张丝绸流通的网络。通过这张网络，各种丝织品传遍天下。在渔阳豪侠之地，出现了杜甫《出塞》中"越罗与楚练，照耀舆台躯"的场景；并且如杜牧《扬州》诗中描写的"蜀船红锦重"那样，一直沿江而下来到扬州。长安市中有阆州（今四川阆中）、梁州（今四川南充）、宋州（今河南商丘）、亳州(今安徽亳县）和河南府的土产绢出现，西州交河郡市场上则出现了梓州（今四川三台）小练等内地产品。这张网络之大，几乎覆盖了整个中国。

---

1 《册府元龟》卷六一六《刑法部》，北京：中华书局影印本，1982年。

2 曾毅公：《北京石刻中所保存的重要史料》，《文物》1959年9期，第16—21页。

3 李华：《杭州刺史厅壁记》，《全唐文》卷三一六 ，北京：中华书局，1983年。

二、与吐蕃之间的丝织品赠赐与贸易

唐朝与吐蕃之间的关系，冷冷热热、战战和和，文成公主、金城公主均以皇族之女的身份远嫁吐蕃和亲，因此唐朝政府和吐蕃赞普之间建立了一种微妙的舅甥关系，这种关系促成了中原丝绸以赠赐的形式流向青藏高原。在这一点上，丝绸流通网络在舅甥之间的连接枢纽就与前述西域的商队有较大区别了，当然我们并不否认舅甥之间也有着贸易关系。

建唐之初，太宗和亲，此时大概是舅甥之间关系最好的时候。吐蕃见中国丝绸之美，便生仰慕之意，“袭纨绡为华风”[1]，到中宗时，随金城公主出嫁而“赐锦缯别数万，杂伎诸工悉从”[2]，丝绸的赠赐，一直未曾间断，故玄宗说“爰自昔年，慕我朝化；申以婚姻之好，结为甥舅之国。岁时往复，信使相望。缯绣以益其饶，衣冠以增其宠”[3]。这种情况持续甚久。在安史之乱时，吐蕃曾出兵中原以助唐朝，但兵未至而乱已定，因此唐朝乃赏赐丝绸。从陆贽《赐吐蕃将书》可知此时每年的丝绸赐赠量为一万匹段，而且还带有吐蕃明显的索要性。“所论先许每年与赞普彩绢一万匹段者，本来立约，亦为收京。然于舅甥之情，此乃甚为小事，二国和好，即同一家。此有所须，彼当不悋，彼有所要，此固合供。以有均无，盖是常理。赞普若须缯帛，朕即随要支分，多少之间，岂拘定限。假使逾于万匹，亦当称彼所求。朕之所重者信诚，所轻者财利，思与率土，同臻太和。”[4]最后，唐朝还是答应了吐蕃的要求，赐物一万匹段，即发遣往。

在唐蕃通使往来之时，也有一些丝绸贸易的例子。唐初之时，吐蕃派来中原的使者大概多为“中原通”，熟知中原的风土人情及地理物产，“慕此处绫锦及弓箭等物，请市”，张鷟因此而批复：“只如土蕃使者，实曰酋豪，沮渠蒙逊之苗，秃发乌孤之族。占风入谒，越驼岭而输诚，就日来朝，隔驴山而纳款。观鹤绫之绚烂，彩映冰霜；睹凤锦之纷葩，光含日月。弯弧六合，犀角麋筋；劲箭三同，星流电激。听其市取，实可威于远夷；任以私收，不足损于中国。宜其顺性，勿阻蕃情。”[5]由此来看，吐蕃与唐朝之间的丝绸流通，任市、任索，均是十分大方地对待，而吐蕃获得了这些丝绸后一部分用于本民族的消费，另一部分可能就会从逻些城（今西藏拉萨）转道输往印度。

三、从中亚到欧洲的丝绸之路

西域多为沙漠、戈壁地带，气候干燥，对于保存古代纺织品来说是一个极佳的场所，迄今为止大量保存完好的唐代纺织品几乎都出自这一地区。现在，我们拟通过这一地区的唐代纺织考古发现来勾画出丝绸流通网络。

---

1 《新唐书》卷二一六《吐蕃传上》，北京：中华书局，1975年。

2 《新唐书》卷二一六《吐蕃传上》，北京：中华书局，1975年。

3 玄宗：《亲征吐蕃制》，《全唐文》卷二一，北京：中华书局，1983年。

4 陆贽：《赐吐蕃将书》，《全唐文》卷四六四，北京：中华书局，1983年。

5 张鷟：《鸿胪寺中土蕃使人素知物情慕此处绫锦及弓箭等物请市未知可否》，《全唐文》卷一七二，北京：中华书局，1983年。

先把国内一段的丝绸出土地点列举如下：

敦煌：古人历来把西出阳关看成是进入西域的标志，而出土大量纺织品的敦煌正位于这个大门口，莫高窟K130藏经洞中发现有不少唐代丝织品实物。

若羌：米兰古城位于若羌县城东北约75公里处，根据发掘情况来看，它主要是唐代遗址，其中F6中发现了米黄与深蓝色丝织品。

和田：1900年斯坦因第一次在塔里木盆地进行发掘时选择的就是和田的丹丹乌里克遗址，发现了传丝公主的画板。新中国成立后，在距此不远的阿克斯比尔古城中又发现了红陶蚕一件。于阗绫锦也是当时名产。

吐鲁番：这是新疆纺织考古的胜地，主要集中在阿斯塔那与哈喇和卓两个墓葬区，发现了大量魏唐纺织品及有关纺织生产的文书。

盐湖：位于乌鲁木齐市东南，1970年在盐湖南岸天山发现一座唐代墓葬，留存有锦绢绫丝织物若干，具有相当价值。

拜城：在克孜尔千佛洞中，黄文弼先生发现了许多丝织品，时属唐代，其中有回纹绫、双鱼纹锦等。

巴楚：巴楚脱库孜沙来古城乃是一个曾活跃于北魏至北宋年间的遗址。在其中的唐代文化层中，不仅发现了蚕茧、丝的实物，而且还有为数不少的纺织品实物。

喀什：喀什地区所存唐代丝织品极丰，却尚未发表正式的考古报告。

都兰：这是青海海西的一个点，出土了大量属于吐蕃时期的纺织品，风格兼有东西方的特点。青海也是从中原进入西域的一条重要路线，它一方面可以斜穿到敦煌，然后出关，另一方面也可直接向西，走过金山口，进入新疆的丝路南道。

若是穿过新疆地区，就要进入中亚地区，然后走向西亚或走向欧洲。在这些地区中，纺织品出土量相当丰富，但是，由于当时丝路沿途几乎均有本地的丝绸生产，要辨明是土产还是外来颇为不易，现择有明确的中国丝绸出土的情况作一介绍。

粟特人据说是丝绸之路上最会做生意的人，唐代的粟特被称为昭武九姓，主要分布在中亚地区，在历次考古中，发现了多处出有唐朝丝绸的遗存。20世纪40年代，位于塔吉克斯坦境内的穆格山下（Myr）发现了毁于8世纪的古城遗址，遗址中发现了90件文书，大多是用粟特语写的，其中还有三件是汉文文书。由文书可知，此城的统治者迪瓦什梯奇于722年遭阿拉伯人进攻而出走，穆格山城堡因此而毁。在遗址中还发现了大量的丝织物，其中有来自中国的小窠联珠小花锦，这种纹样在国内流行于初唐，与穆格山城堡的年代基本相当。

在北高加索山区，库班河的上源之一大拉巴河的一条支流巴勒卡流经莫谢瓦亚·巴勒卡（Мощевая Вαπкα）墓葬群。1967年，此墓区出土了丝织物143件，此墓区以东的哈萨乌特墓葬群（Хасаутский Могильник）也出土了65件。据前苏联学者阿·耶鲁撤利姆斯卡娅（А.Ерусалимская）研究，墓中汇集了本地区出产及来自东西方的纺织品，其中属于昭武九姓安国的占60%，中国和拜占廷的各占20%，年代属于8至9世纪。其中有一件簇四联珠赛姆鲁锦袍，其锦采用萨珊王朝以后的波斯锦，内衬沿边缝上了有兰花纹样的昭武九姓丝绸，领口前方镶以小块直角形的拜占廷丝料，袍带或饰纽是用中国产的黑底浅花的绫制作的[1]。

---

1 张广达：《论隋唐时期中原与西域文化交流的几个特点》，《北京大学学报（哲社版）》1985年第4期，第

这一发现充分显示了这一地区文化的多元性（图5-6-1）。

图 5-6-1　手绘丝绸，唐，北高加索莫谢瓦亚·巴勒卡墓葬区出土

中国的唐朝丝织品传入欧洲的肯定有，但确实很难辨别，导致一般学者都认为“很难肯定是否有中国出产的丝织品到达欧洲，惟一可靠证据是出土在比尔卡的一件中国织品，推测它是通过卡赞（Khazar）帝国的商队之路到瑞典的”。比尔卡（Birka）位于梅拉伦湖（Lake Mälar）的比约克（Björkö）岛上，1871年由H.斯特玻尔（Stople H.）发掘，其中有1100余座墓葬，年代大致属于公元800—950年的维京时代。其中发现有一件中国“汉式组织”的几何花纹绫（图5-6-2）[1]。

图 5-6-2　几何花纹绫，唐，瑞典梅拉伦湖比尔卡出土

波兰什切青省的考古发现是唐代丝织品出现在欧洲的另一个例子。据波兰什切青国家博物馆馆长、考古学家弗·菲利波维亚克介绍，什切青省波罗的海沿岸沃林地下的一幢木结构房屋在发掘中出土了一小条丝绸，是条长约8厘米、宽约3厘米的带子，像是腰带或头带的片段，呈金黄色，上有桃形图案。从同出的八世纪的阿拉伯货币来推测，这乃是相当于中国唐朝时期的丝绸产品。菲利波维亚克认为，中国丝绸是沿着古代丝绸之路从中国内地经准噶尔、花剌子模、伏尔加河下游、里海、阿拉伯运到拜占廷的，随后再流传到与拜占廷有通商关系的沃林[2]。

与汉代的丝绸之路相比，唐代的丝绸贸易似乎较多地采用一条偏北迂回的道路。正如一些中外关系史专家认为的那样，因为罗马“其王常欲通使于汉，而安息欲以汉缯彩与之交市，故遮阂不得自达”[3]，故而丝绸贸易的商队开辟了一条新的商道，以避免与波斯人冲突，引起麻烦并造成损失。我们用图简示唐代西域以远的丝绸之路走向，并将它与汉代的丝绸之路主道加以比较，可知汉唐之间是有所区别的

1—14页。

1 Ulla Cyrus-Zetterstrom：《比尔卡出土的一件暗花丝织物》，《丝绸史研究》1991年第1期，第34—36页。

2 《中国文物报》1988年4月29日第2版。

3 《后汉书》卷八八《西域传》，北京：中华书局，1965年。

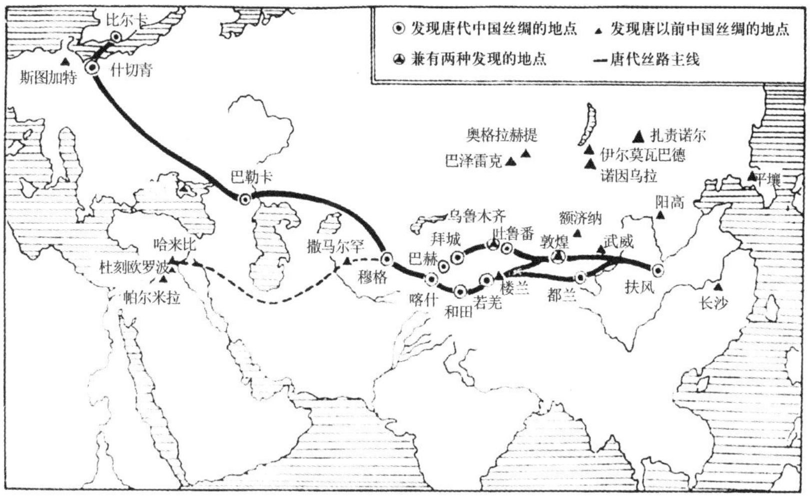

图 5-6-3 经中亚到欧洲的丝绸之路简图，赵丰，1992 年

（图5-6-3）。

四、海上丝绸流通

唐朝丝织品对外交流的很大一个特点就是海上贸易的兴起，海上的丝绸流通可分作东海线和南海线两个方面来叙述。

东海线主要面向朝鲜和日本。开元年间，玄宗赠给新罗王兴光瑞文锦、五色罗、紫绣纹袍等丝织产品，兴光也曾带来朝鲜的名产朝霞紬。民间的往来也极多，中国输入朝鲜的计有锦、绫、罗、绢等各类织物，特别是江南名产越罗被朝鲜指定为官服衣料[1]，可知中朝之间的丝织品交往是极频繁的。

与日本的丝织品交往更胜一筹。日本政府在唐朝近三百年间共派出遣唐使13次，唐政府亦派使回访6次，每次人数在一二百至五六百不等。遣唐使来时带来大量的贡物，每次有水织絁、美浓絁各200匹，细絁、黄絁各300匹，黄丝500絇，彩帛200匹，叠绵200贴，细屯绵1000屯，屯绵200屯，木绵100贴等，数量不少。但唐朝廷回赠得更是慷慨大方，如贞元二十一年（805年）遣唐使入长安者赐绢1350匹[2]。其余带回日本的作为政府间的礼物更是不计其数，质量也更精。每次遣唐使返回日本，日本皇室总是将唐之答信物供起，然后将唐之彩帛颁赐亲王以下参议以上及其内侍，有些还设市转卖，可知数量之巨。日本正仓院和法隆寺等一些地方至今还珍藏着大量的唐代丝织产品，其中的蜀红锦、大窠双联珠对龙纹绫、四骑狩狮锦、七条织成树皮袈裟等都明显带有中国舶来品的标志。

南海线的主要港口是广州。唐开元年间，广州已经设立市舶使，专门管理外商来华贸易业务。对海商要“常加存问，除舶脚、收市、进奉外，任其来往通流，自为

1 赵丰：《古代中朝丝绸文化的交流》，《海交史研究》1987年第2期，第55—65页。

2 〔日〕圆仁撰，〔日〕小野胜年校注，白化文等修订校注：《入唐求法巡礼行记校注》，石家庄：华山文艺出版社，1992年。

交易，不得重加率税”[1]。王虔休也说：“除供进备物之外，并任蕃商，列肆而市。交通夷夏，富庶于人，公私之间，一无所阙。”[2]广州港的外商主要来自三个地区，一是以室利佛逝（今印度尼西亚巨港）为中心的东南亚地区，二是以天竺（印度）为主的南亚地区，三是以大食为首的阿拉伯地区，因此，广州港十分繁忙。鉴真在广州看到“江中有婆罗门、波斯、昆仑等舶，不知其数，兼载香药、珍宝，积载如山。其舶深六七丈，狮子国、大石国、骨唐国、白蛮、东蛮等往来居住，种类极多”[3]。《慧超往五天竺国传》载波斯“亦泛船汉地，直至广州，取绫、绢、丝、帛之类”。

南海线上还有一个重要港口是交州（今越南河内），当时属唐朝政府管辖。交州附近的龙编在当时又被称作鲁金，被视为中国第一港。9世纪中叶的波斯人伊本·库达特拔在他的《邦国道里志》中写道：“在鲁金，有中国石头、中国丝绸、中国之优质陶瓷。”[4]这里的中国丝绸，显然有很大一部分是供外商选购而流传至海外的。

五、丝绸之路将丝织生产技术传播到国外

丝绸之路导致了丝织产品的外传，但更重要的是丝织生产技术的外传。外传导致了丝织品服用面和生产空间的突破，至公元7世纪，当时的世界东起日本，西至欧洲，南到印度均有丝织生产。空间分布之广，远远超过纪元前后的两汉时期，基本奠定了今日蚕丝产区的格局。

丝织传入朝鲜的时间约在西周至战国之际，丝织生产技术也几乎同时传入，但其真正的发展是在公元8世纪新罗统一大同江以南的朝鲜半岛之后。据《三国史记》载，新罗设有官营的朝霞房（专织朝霞紬）、染宫、红典、苏芳典、攒（扎）染典、漂典、锦典、绮（一作缟）典、机概典等丝织生产专业工场，其生产的品种有朝霞紬、鱼牙紬、野草罗、乘天罗、小文绫、二色绫、纱、絁等，装饰手法已有染缬、刺绣、金银泥、金银丝、孔雀羽等，染色色彩亦十分丰富，其中如红花染、扎染和夹缬、锦绫织、金银泥等装饰方法明显来自中国[5]。

日本的丝织业起点是在弥生时代中期，约相当于纪元前后的一段时间，但就其发达期来说已在8世纪以后的飞鸟、奈良时代，当时的丝织产区分布可以说明这一情况。日本在奈良时代亦仿照唐朝制定庸调输绢之法，因此在日本史籍中保存了当时输纳丝织品的地区记载，与唐朝情况一样，这些地区均可视作为丝织产地。据布目顺郎整理，当时本州、四国、九州三岛上有49国出产丝织产品，占当时全日本总国数的3/4，可知其产区分布之广。而其丝织产品的质量也相当高，今正仓院所存中有不少锦绫织物均是日本本土所产。《延喜式》所载有各种织物用料、染色配方，均可说明中国丝织生产技术对日本的启蒙影响。

沿着西北丝绸之路，中亚地区在唐代也有了丝织生产，特别是粟特织锦极为著

1 唐文宗：《太和八年疾愈德音》，《全唐文》卷七五，北京：中华书局，1983年。

2 王虔休：《进岭南王馆市舶使院图表》，《全唐文》卷五一五，北京：中华书局，1983年。

3 〔日〕真人元开撰，汪向荣校注：《唐大和上东征传》，北京：中华书局，1979年。

4 伊本·库达特拔：《唐代大食国通中国之海道》，宋岘节译自《邦国道里志》，《中外关系史译丛》第3辑，上海译文出版社，1986年。

5 赵丰：《古代中朝丝绸文化的交流》，《海交史研究》1987年第2期，第55—65页。

名。粟特人在唐代泛称昭武九姓，不仅善于经商从事丝织品的转手倒卖，同时也进行丝织生产。据前苏联学者研究，昭武九姓安国（位于乌兹别克斯坦的布哈拉）乃是丝织品的重要产区，丝织业乃是粟特地区的重要手工业，粟特锦在风格上和波斯锦有较明显的区别[1]。前述北高加索山区的莫谢瓦亚·巴勒卡墓地和哈萨乌特墓中出土的丝织物中有60%产自安国，中国境内如敦煌、吐鲁番及都兰的出土物中有不少织物似应为粟特地区所产。

萨珊波斯已成为丝织品的著名产地。在唐以前，中国官方史籍如《魏书》、《隋书》等已多次提到波斯出产绫锦，波斯锦已经名扬中国。自7世纪开始，波斯为阿拉伯人所征服，从此伊朗沦为伊斯兰哈里发国家的行省之一。然而，从文化上说，波斯并未被征服，波斯的丝织重镇大马士革和巴格达等地的丝织品生产依然兴旺发达，各种带有明显传统风格的属于9至10世纪的波斯织物继续在各地发现，反映了波斯纺织生产的生命力。

拜占廷又称东罗马帝国，在6世纪时拥有地中海东岸的地区，其中的小亚细亚、叙利亚、埃及等地均生产丝织品，到9至10世纪的马其顿王朝时，拜占廷的丝织生产达到了极盛。君士坦丁堡不仅是世界性的贸易市场，同时也是重要的工业重镇，生产和出售猩红呢料、五色丝绒和各种高档丝织品。丝织品的生产中心是伯罗奔尼撒和底比斯，圣者尼康·麦塔诺伊特的传记证明，10世纪在斯巴达有一个很大的犹太人协会，会员都是生产丝织品的能手。“吉玛里昂”对话集里指出在帖撒罗尼卡（即萨洛尼卡）定期市场上的商品中主要是丝织品。拜占廷的史料对底比斯丝织品的透明、光亮、轻柔赞扬备至[2]。

至于印度半岛上的天竺国，虽是一个较为神秘的国家，但当时的朝圣者玄奘在其《大唐西域记》中不仅记载了天竺一地服用丝织品的情况，而且还记载了一种野蚕丝：“其所服者，谓憍奢耶衣及叠布等，憍奢耶者，野蚕丝也。”憍奢耶是梵文音译，梵文作kauseya，它是丝的意思，但与专门表示中国产的丝的Cīnapatta用法不同，由此可知憍奢耶乃是印度本地所产，说明唐时印度亦盛行取野蚕丝而织[3]。至于印度利用憍奢耶是因为受中国影响还是有着独立的起源则不得而知，蒋猷龙认为憍奢耶在印度是独立地被利用的[4]。

上述数地，已包括当时世界上主要的发达地区，丝织生产的空间得到如此广大的突破，确实反映了丝织品为世界人民所喜好的程度之深及中国丝织品对世界文明的贡献之大。

1 Prudence Olive Harper, The Royal Hunter, Asia House Gallery Publication, 1978.

2 〔苏联〕列夫臣柯：《拜占廷简史》，上海：三联书店，1959年，第1—361页。

3 季羡林：《中国蚕丝输入印度问题的初步研究》，《中印文化关系史论文集》，北京：三联书店，1982年，第34页。

4 蒋猷龙：《家蚕的起源和分化》，南京：江苏科学技术出版社，1982年，第1—74页。

图书在版编目（CIP）数据

中国古代物质文化史．纺织 / 赵丰，尚刚，龙博编著
-- 北京：开明出版社，2014.1
ISBN 978-7-5131-1757-9
Ⅰ．①中… Ⅱ．①赵… ②尚… ③龙… Ⅲ．①物质文化-文化史-中国-古代
②纺织工业-文化史-中国-古代
Ⅳ．① K220.3 ② TS1-092

中国版本图书馆 CIP 数据核字 (2014) 第 178956 号

出 版 人：陈滨滨

责任编辑：程 锦　柴 星　王 拓　谭天佼
美术编辑：周怡君
装帧设计：羽人·高伟

出 版：开明出版社（北京市海淀区西三环北路 25 号青政大厦 6 层）
印 制：保定市中画美凯印刷有限公司
开 本：889×1194　1/16
印 张：21.5
字 数：290 千
版 次：2014 年 1 月 北京第 1 版
印 次：2014 年 1 月 北京第 1 次印刷
定 价：150.00 元

ISBN 978-7-5131-1757-9
9 787513 117579 >